"双高"建设系列成果

HANGZHOU VOCATIONAL & TECHNICAL COLLEGE

廿年蝶变

2003—2023

杭州职业技术学院党委宣传部 编

媒体视域下的

「魅力杭职」

浙江工商大学出版社 杭州

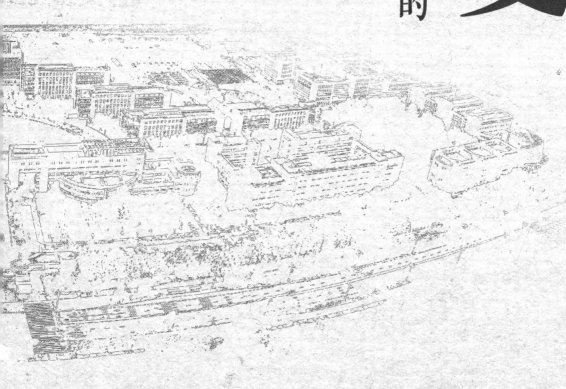

图书在版编目(CIP)数据

廿年蝶变:媒体视域下的"魅力杭职" / 杭州职业
技术学院党委宣传部编. —杭州:浙江工商大学出版社,
2023.10

ISBN 978-7-5178-5664-1

Ⅰ. ①廿… Ⅱ. ①杭… Ⅲ. ①杭州职业技术学院—校
史 Ⅳ. ①G719.285.51

中国国家版本馆 CIP 数据核字(2023)第156371号

廿年蝶变:媒体视域下的"魅力杭职"

NIAN NIAN DIEBIAN:MEITI SHIYU XIA DE "MEILI HANGZHI"

杭州职业技术学院党委宣传部 编

策划编辑	王黎明
责任编辑	王 琼
责任校对	李远东
封面设计	王启宾
版式设计	林朦朦
责任印制	包建辉
出版发行	浙江工商大学出版社
	(杭州市教工路198号 邮政编码310012)
	(E-mail:zjgsupress@163.com)
	(网址:http://www.zjgsupress.com)
	电话:0571-88904980,88831806(传真)
排 版	杭州朝曦图文设计有限公司
印 刷	杭州宏雅印刷有限公司
开 本	787mm×1092mm 1/16
印 张	26.25
字 数	557千
版 印 次	2023年10月第1版 2023年10月第1次印刷
书 号	ISBN 978-7-5178-5664-1
定 价	88.00元

编写组成员

周　曦　张　杰　伏志强　商雅萍

袁月秋　刘　航　周梦圆　吴　杨

序　言

　　2022年11月5日,杭州职业技术学院建校20周年办学62周年纪念大会隆重召开。从2002年在下沙高教园区正式建校起,几乎每隔几年,杭州职业技术学院就能迈上一个大台阶:成为全国高职高专人才培养工作水平评估优秀学校,获评浙江省"示范性高职院校",以优秀等级通过验收成为"国家骨干高职院校",入选国家"双高"院校,连续3届获得4个国家级教学成果奖一等奖……建校20载,杭州职业技术学院充分发挥了浙江的人文优势和杭州的区位优势,积极响应浙江省委、省政府提出的"科教兴省、人才强省"的"文化大省"建设战略,生动展示了浙江省教育系统积极践行"八八战略"的实践缩影。

　　"历史是过去的新闻,新闻是将来的历史。"本书收录了杭州职业技术学院自2002年建校以来的部分媒体宣传报道,一方面有力展示了职业教育从"大有可为"到"大有作为"的发展路径,另一方面也客观反映了杭州职业技术学院办学成绩、办学影响力的大幅提升。

　　本书的出版,是杭州职业技术学院历任领导班子团结带领广大师生辛勤奋斗的成果缩影,是杭州职业技术学院党委宣传部张杰、伏志强、周曦、商雅萍、刘航、吴杨、周梦圆、袁月秋等老师通力合作的成果,也得到了杭州职业技术学院融媒体中心唐光顺、张雨轩、石唯一、江秀文、戚昕瑜等同学的大力支持。在此一并表示感谢。

本书编写组

2023年4月

目　录

一、党建统领　立德树人

习近平总书记指出,加强党对高校的领导,加强和改进高校党的建设,是办好中国特色社会主义大学的根本保证。党的十八大以来,以习近平同志为核心的党中央坚持把立德树人作为教育的根本任务,强调"为谁培养人、培养什么人、怎样培养人"始终是教育的根本问题,汇聚起为党育人、为国育才的磅礴力量,为中华民族伟大复兴提供了强大的人才保障和智力支持。

杭州职业技术学院党委始终坚持以党的历届全会精神为引领,落实立德树人根本任务,深入实施铸魂工程、领航工程、固本工程、头雁工程"四大工程",创新"管理—课程—服务—育人"四维、"党委—总支—支部"三级融合赋能机制,陆续通过"党建结合点"项目、"能工巧匠"党员先锋示范岗、党员头雁工作室、党员志愿服务队等方式,推进组织建设与专业建设深度融合,推进党员培养与工匠培育全程融合,推进党组织服务与区域发展精准融合,推动党建工作与学校高质量发展深度融合。在高度关注学生身心健康、促进学生全面发展的过程中,杭州职业技术学院党委引导教师将思政元素融入课堂,让思政正能量入脑入心,起到润物细无声、潜移默化的作用,为国家培养输送了一大批德技并修的高素质技术技能人才、能工巧匠。

发挥党员教师在教书育人中的引领作用

——杭州职业技术学院基层党组织三大工作机制扫描

安蓉泉

高校基层党员分布在课堂、实训、创业和对外服务各层面,与教师、学生、合作企业及相关部门联系广泛。关于怎样发挥基层党员在高校"教书育人"中的先进引领作用,杭州职业技术学院党委做了积极探索。

创新党内民主机制,让基层党员"当家做主"

在要求党员承担各种"急难险重"任务的同时,如何释放党员关心党内事务的热忱,关系党员义务和权利的相互支撑。

发挥党员代表大会作用。党员代表大会是高校党的最高权力机关。党员代表大会召开前,杭职院党委全体成员分别到各自联系部门调研,针对党员代表大会"两报告"不断征求意见,采纳了"深化人才培养模式改革""加快学生宿舍和餐厅建设"等建议;通过广泛发动,征集到代表提案和建议33件,涉及党的建设、学生工作、辅导员队伍等方面。校党委和提案工委及时督促提案办理和落实期限,提案和建议办理满意率达到93%。

定期召开党员代表会议。杭职院党委每年召开党员代表会议,并将会议置于教代会之前召开。在日前召开的2015年党员代表会议上,党员代表围绕工作报告、年度重点工作、代表提案工作等进行讨论。经党员代表工作室整理,16条工作建议被提交给当月召开的党委会研究,保证了基层党员建议直接进入党委决策议程。

实行基层书记向党代表述职制。为提高基层党员对党的工作的知情权和监督权,杭职院实行二级党组织书记年度述职制。各党总支、直属党支部书记就履行工作职责、完成重点任务、存在问题分析等,向全体党代表述职。校党委书记现场点评,全体党代表对各述职人打分评议。述职结果作为支部书记年终评比的重要依据。

创新党内激励机制,让基层党员"平台优先"

怎样让基层党员强化"党员意识",发挥"党员优势"?杭职院党委的理念是:给党员创造发挥作用的平台。

提炼"党员形象八条"。2013年,杭职院党委组织开展了"杭职院师生心目中的党员形象"征集活动,对征集到的333条意见建议,在遵循《党章》核心要求的前提下,提炼形成"党员形象八条",即"教学骨干、服务标兵、管理能手、改革先锋、雷厉风行、关爱师生、处事公正、公私分明"。党委将其制成桌签牌,发放到党员手中,教育和引导党员严格要求,规范言行。

创新支部建设优势平台。一是将支部建在专业上。凡具备条件的党支部全部建在专业上,选拔优秀专业负责人或骨干教师担任支部书记。二是推进"三个一"活动。在全体党员中开展"进行一次学生职业素养调研""读好一本有关职业素养或师德师风的书""办好一件有益于学生职业素养养成的实事"活动,将工作成效纳入年终考核。三是开展"党员先锋行动"。围绕争做"教书育人先锋"、争做"全面发展先锋"等主题,通过丰富的活动载体,激励党员提升个人发展目标与岗位工作绩效的融合度。

创设党员代表工作平台。一是开设校领导与党员代表对话平台。校领导每年定期到二级学院调研,和中层干部、党员代表座谈讨论。二是创新党员代表参与党建活动载体。在围绕学生职业素养教育的活动中,校党委要求40多个党支部,再分成若干个课题组,课题组负责人一律由党员代表大会代表担当。三是进一步完善党员代表日常提案工作。印发相关文件,明确党代表的工作机构、权利义务、履职保障等内容。

创新党政融合机制,让基层党员"服务大局"

杭职院党委认为:当前高校党建工作存在的主要症结,不是"重视不重视"的问题,而是"方法适应不适应"的问题。解决党建工作方法问题的着力点,是要探索解决好党建工作和中心工作的"结合点"。

完善党委领导下的校长负责制。针对基层党建工作容易出现的"两张皮"问题,校党委率先垂范,制订了党政同心共事的认知机制、议事机制和保障机制,完善了党政职能分工机制、职能协商调整机制等,实现了党政两种领导资源互补、两套运行机制高效运行和两种决策原则优势同在的良性融合。

优化二级学院党政决策机制。在建立党政联席会议制度的问题上,杭职院党委提出"必须建"。在"三重一大"经过集体讨论后,院长行使最后决定权。院长拍板后,与会人员如有不同意见,还可向院党委书记或院长反映。这种方式使决策信息丰富了,且集体讨论将决策公开化,避免滋生暗箱操作等问题。

党员教工先进作用凸显。一是专业建设带头领先。目前杭职院29名专业带头人中,党员17人;4个央财支持建设专业和3个省级示范专业的负责人都是党员。二是师德师风走在前列。2013年、2014年评选的优秀教师65人中党员45人,占比69.2%;学校荣获国家和省级黄炎培职业教育杰出教师奖的3位骨干教师都是党员。三是社会服务引领示范。近年来,党员教师带头服务区域行业企业技术革新和产业升级,累计开展课题研究60项,获得实用新型专利授权15项,外观设计专利授权7项。

(本文原载于《光明日报》2015年5月10日8版)

高校教师怎样借专业平台育人

安蓉泉

学习习近平总书记在全国高校思想政治工作会议上的讲话精神,有几个关键问题需要思考:立德树人怎样才能成为教育的"中心环节"辐射全局? 思想政治工作怎样改革才能"贯穿教育教学全过程"? 实现"全程育人、全方位育人"关键要解决什么问题?

"作为中心环节""贯穿教育教学全过程""全程全方位育人"这3个视角,其实分析的是我国高校教育的同一个问题:高校广大教师怎样不仅重视"教书",还要热心"育人"。问题在于,每个教师都有自己的学科专业,都有繁重的教学科研和社会服务任务,让他们都来"立德树人"和做"思想政治工作",路在哪里?

立德树人和思想政治工作,是分层次、讲细节的。目前一些高校的思想政治工作仅限于公共课教师和群团组织,思政课又过于宏大叙事,导致思想政治工作力量弱、"两张皮"问题突出。高校各学科专业教师占总数的80%以上,构成教师主体;各专业课时也占到总课时的80%左右。专业教师所掌握的学科专业,是教师"教书"的立身之本,其实,也为"育人"准备了虚实结合的丰厚条件:财会课教师结合做账实务谈"诚信"与否的得失案例,旅游课教师现身说法讲能否"微笑待客"取得完全不同的带团效果,模具课教师开着精密机器介绍是否"一丝不苟"关系企业利害的生动故事,所有教师结合专业分析敬业、守时、认真、合作是想做事和做成事的必备素养……这些其实就是社会主义核心价值观的"落小落细落实",是和思政理论相呼应的职业素养细节,是教师凭借专业平台虚实结合的思想引导方式。

专业教师"育人",需要搭建平台、摸索方法。专业教师的"育人",和思政课教师侧重理论阐释、理性分析不同,如果没有结合专业课程的具体手段,没有结合教学环节的实操平台和有效方法,让广大专业教师成为"育人"主体就是一句空话。杭州职业技术学院党委经过近3年探索,在发掘专业教师内在热情和聪明才智基础上,通过企业调研、课题研究、骨干实践、观摩教学、说课比赛和全员培训等途径,通过把职业素养融入课堂设计、课堂互动、课堂任务、实训及教学考核等环节,通过专业负责人做课题、骨干教师谈方法和教务部门总结提炼《职业素养教育融入专业课程方法指南》40条,做到了广大教师凭借专业"育人"学有榜样,做有示范,教有方法,对"全程全方位育人"进行了有益尝试。

专业教师"育人",需要组织力量,充分实践,提炼和推广方法。广大专业教师的"主业"在学科专业,普遍没有经过"育人"的意识培养和方法引导,各高校教师专业课的内在结构和教学方式特点各异,让他们把立德树人、思想引导和职业素养融入专业课程,很多专业教师"道理明白,无处入手"。教育主管部门和高校党委,要像重视思政教师队伍和思政课程建设一样,重视对专业教师"育人"实践工作的研究和指导,通过组织专门力量和到教学一线调

研,深入高校二级学院与不同专业的教师座谈,分析学科专业要求和教学有效环节,探索实践思想素养融入不同专业课程的方式方法,开展思想素养融入专业课程的教学创新比赛,并在实践基础上,提炼推广适合融入不同学科专业的教学方法。

成事的关键在人。引导专业教师成为高校育人的主体,各级党委和管理部门一定要和专业教师多沟通,多向他们请教,多了解教学一线实际。行政命令式的开大会、发文件,表面上增加多少思政课的课时,都解决不了教学实践的改革问题。培养和激发广大教师的"师德心"和"素养情",是解决、落实好所有相关工作的前提,态度往往有着决定性作用。

(本文原载于《人民日报》2017年2月9日18版)

培养德技并修的新时代工匠

金　波

习近平总书记对职业教育作出重要指示,要培养更多高素质技术技能人才、能工巧匠、大国工匠。杭州职业技术学院党委深刻领悟习近平总书记重要指示精神,坚决扛起为党育人、为国育才重任,贯彻落实浙江省委省政府关于实施新时代浙江工匠培育工程的意见,充分发挥党建引领优势,着力打造"工匠摇篮",培养德技并修的新时代工匠人才。

立德铸魂,着力完善"三全育人"体系。学校以党建"四大工程"为抓手,将习近平总书记关于工匠精神、劳模精神的重要论述融入人才培养全过程。一是实施铸魂工程,出台《职业素养教育实施意见》,推动习近平新时代中国特色社会主义思想"三进",为学生铸就工匠之心、厚植家国情怀。二是实施领航工程,着力打造50支教学创新、科研创新和人生导师团队,培育100位名师名匠,推进高水平"工匠之师"队伍建设,成功培育2支国家级职业教育教师教学创新团队、两支国家级课程思政教学团队。三是实施固本工程,推出党员导师制、党员先锋指数,全面推行党员干部"四个一"联系制度,让全校党政干部走近学生,面对面解决学生思想困惑。四是实施头雁工程,推出"能工巧匠"党员先锋示范岗、党员头雁工作室等"党建+"系列品牌,选树一批培育学生工匠精神的先进典型。近年来,学校选派食品安全、网络安全和电梯维修等专业多名学生,赴G20杭州峰会、世界互联网大会等提供专业服务,获得广泛好评。

崇德塑身,努力打造"工匠摇篮"品牌。培养"眼里有光、肩上有责、手中有艺、脚下有劲"的学生,"精气神"尤为重要。学校党委专题研究"工匠摇篮"的目标、措施和实施路径,成功申报浙江文化研究工程项目"浙江工匠精神研究",特别是围绕培养"工匠之才",从思想引领、科研领路、平台支撑和项目推进等4个维度进行系统架构。丰盈校园"工匠文化",全力打造工匠学院、书院、研究院以及工匠文化博物馆、培训中心;倾心讲好"工匠故事",开展大国工匠进校园、德技大讲堂等活动,邀请世界技能大赛冠军杨金龙等来校举办分享会,让工匠精神滋润学生心田。近2年,10名学生参加全国技能大赛,获4金2银4铜,服装设计专业学生连续7年获全国技能大赛冠军。

秉德强技,深化人才培养模式改革。据统计,通过和企业合作,每年至少有120余位能工巧匠和企业高管来校开展教学实训,相当于平均每个专业有4位像"阿福师傅"王水福一样的实训教师为学生指点迷津。这些年,学校创新"校企共同体"高职教育特色办学模式,整合多方优势资源,共建杭州市公共实训基地,建立友嘉智能制造学院、达利女装学院、特种设备学院等8个"人财物融通、产学研一体、师徒生互动"的校企共同体。深化"三教"改革,发挥学校与企业育人"双主体"作用。一方面积极引企入校,引导区域支柱产业的龙头企业将

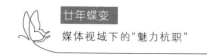

维修中心、研发中心等设到学校,及时将新技术、新工艺、新规范等转化为教学内容和要求,共同深化德技并修、课证融通、育训结合的工匠型人才培养;另一方面,主动送教入企,面向长三角地区特别是省内企业员工开展技能提升等培训,近5年来共为企业及客户培训超万人次。积极助力"技能非洲计划",为浙商"走出去"前往南非、尼日利亚培养本土高素质技术技能人才。学校连续两届获得国家级职业教育教学成果一等奖,应届毕业生就业率连续多年在98%以上,毕业生留杭率连续多年位居全省高校前列。

(本文原载于《中国教育报》2021年11月9日6版)

以立德树人为根本任务 全力推进职业教育高质量发展

金 波

新时代、新征程、新使命。党的二十大报告提出,统筹职业教育、高等教育、继续教育协同创新,推进职普融通、产教融合、科教融汇,优化职业教育类型定位。我们要全力做好党的二十大精神的学习宣传和贯彻落实工作,将党的二十大精神作为引领职业教育高质量发展的行动指南,融入学校各项事业发展,着力培养更多高素质的技术技能人才、能工巧匠、大国工匠。

坚定立德树人根本任务

职业教育的突出特点是培养学生的实践能力,但绝不能忽视学生思想政治教育工作。学校将深入贯彻落实党的二十大精神,坚定不移地用习近平新时代中国特色社会主义思想铸魂育人,推进思想政治教育与技术技能培养融合统一,着力构建富有时代特征、职教特点的育人工作机制。

高度重视学生理想信念教育。加强社会主义核心价值观和"四史"教育,增强学生爱党爱国意识,使其听党话、感党恩、跟党走。遵循习近平总书记"'大思政课'我们要善用之"的指示精神,充分利用浙江省"红色根脉"宝贵资源,推动地方红色资源与教育教学活动充分融合,用鲜活的事例涵养青少年家国情怀,引导学生立鸿鹄志、做奋斗者,成为担当民族复兴大任的时代新人。

深化职业教育思政课改革创新。将思想政治教育融入课堂教学、技能培养、实习实训等各环节,切实提高思政教育的实效。通过培育一批思政课专任教师、打造一批思政课示范课堂,推动职业教育思政课"教材、教师、教法"改革,促进思政课程与课程思政有机衔接,努力实现课程精品化、课堂精彩化和教学品牌化。

打造具有职业教育辨识度的育人模式。规范、优化、创新长学制技术技能人才培养模式,推进贯通式培养,逐步扩大一体化设计、长学制培养学生的规模。着力构建完整、有机、互联、贯通的职业教育生态链条。坚持德技并修,大力弘扬劳模精神、劳动精神、工匠精神,将崇尚劳动、敬业守信、精益求精、敢于创新的职业精神贯穿教育全过程。加强职业道德、职业素养、职业行为习惯和创新精神的培养。高度关注身心健康,促进学生全面发展,奋力打造高素质技术技能人才蓄水池,为区域经济社会发展提供强有力的人才和技能支撑。

秉持类型发展必由路径

产教融合、校企合作是职业教育类型发展的必由之路。学校以"校企合作之双赢,以企业赢为先"为准则,选择与区域主导产业的主流企业进行合作,以资源共享优势互补为前提,以文化共融为抓手,以师资共育为核心,以课程共建、教学共管、基地共建为依托,探索深化校企"共建、共管、共育、共融、共进"的校企共同体创新发展之路。

探索构建"校企命运共同体"长效机制。积极推进和完善"六大运行机制"建设,即:在产学对接上,创新管理共同体领导机制、产学研共同体融合机制和专业共同体建设机制;在工学结合上,创新资源共同体互助机制和文化共同体交融机制;在双师共育上,创新师资共同体互补机制。深化以"共构愿景、共构组织、共同建设、共同管理、共享成果、共担风险"为主要特征的校企合作内涵建设,促进校企深度融合、同生共长。

探索实践"校企命运共同体"多元发展模式。坚持"学校发展融入区域发展、专业发展融入产业发展、学生发展融入专业发展",围绕产业链、创新链、人才链、教育链融合,综合实现人才培养、技术创新和产业发展等功能,打造一批与杭州主导产业主流企业深度合作的特色产业学院,探索构建"校企命运共同体"多元发展模式。与华为共建华为云计算学院,与安恒以混合所有制共建杭州数智工程师学院;成立龙渡湖国际时尚产业学院、独山港新材料产业学院,校地协同培养区域紧缺技术技能人才,推动校企共同体迭代升级。

以"校企命运共同体"建设为抓手推进教育教学改革。强化类型教育思维,专业立足自身特点,深化高素质复合型技术技能人才培养培训评价模式改革,推进现代学徒制人才培养模式改革,探索"学历证书+职业技能等级证书"制度有效实现方式。以课堂革命为突破,推进教学时空变革,实施智慧课堂和虚拟工厂建设。企业现场与教学现场视频互通,深化线上线下融合,全面推进多形态教学方法改革,打造一批基于"互联网+"的"金课"。推进教学诊断与改进工作,完善质量年报制度,健全质量自我保证机制。

强化协同创新重要抓手

习近平总书记强调,要全面深化教育领域综合改革,增强教育改革的系统性、整体性、协同性。改革创新是浙江最大的底色和亮色。我们将以系统观念深化教育教学改革,从体制、机制、制度层面加强顶层设计,促进各项政策举措更加系统集成、协同高效。

专业紧贴产业创新。职业教育专业建设要"应需而变",精准对接产业需求,动态调整、实时优化,实现与产业发展同频共振。一方面,聚焦浙江区域经济社会发展新特点,重点设置与数字安防、网络通信、智能计算、生物医药等浙江标志性产业相关的专业,减少或取消设置限制类、淘汰类产业相关专业。另一方面,围绕推动浙江区域产业转型升级,注重制造业、纺织服装业等浙江传统产业相关专业的改革和建设,服务传统产业向高端化、低碳化、智能化发展。

课程紧贴岗位创新。职业教育课程建设要"经世致用",推动课程内容与岗位需求相一致,促进社会元素与教育元素相对接。其一,在课程开发机制上,按照生产实际和岗位技术需求,建立健全职业教育课程标准并建立定期更新机制。其二,在课程开发主体上,应积极与企业合作开发课程内容,将有代表性的技术、工艺和规范以及典型生产案例及时纳入教学实践内容,校企合作共同构建课程评价指标。其三,在课程资源开发和利用上,要化虚为实,不断推进优质教学资源共享,扩大受益面。

　　教师紧贴行业创新。职业院校"双师型"教师队伍建设既要满足学生技术技能发展的需要,又要满足服务经济社会发展的需要。"双师型"教师要求不断地和学术界取得联系,同时和企业界密切联系。一方面,积极构建教师多元培养格局。大力支持教师到技术师范或高水平院校等平台培训进修。全面落实教师 5 年一周期的全员轮训制度,推进职业院校教师以多种形式参与企业实践。另一方面,以《教育部办公厅关于做好职业教育"双师型"教师认定工作的通知》为指导,优化岗位设置结构、优化教师岗位分类,明确教师发展定位和职业生涯发展规划,建立健全职业院校自主聘任兼职教师办法,着力推进校企互通、双向互聘。充分发挥"双师型"教师在立德树人、企业实践、教学改革、社会服务等方面的带头引领作用。

(本文原载于《浙江教育报》2022 年 11 月 4 日 1 版)

从"结合"走向"融合"：杭州职业技术学院党建引领高质量发展的探索与实践

金　波

近年来,杭州职业技术学院传承"围绕中心抓党建、抓好党建促业务"的"结合"理念,着力重塑党建统领工作体系,创新"管理—课程—服务—育人"四维、"党委—总支—支部"三级融合赋能机制,通过打通"融合"路径,创新"融合"机制、搭建"融合"载体,由表及里推进党建工作更好地融入并统领治理架构,推动党建与业务深度融合、互促互进,进一步将党建优势转化为发展优势,逐步实现以高质量党建引领学校高质量发展。

多维推进构建融合生态

推动党建工作与学校高质量发展深度融合。系统实施党建"四大工程""六大行动",统筹出台关于人才强校、数智杭职、三全育人改革、马克思主义学院建设、清廉杭职等5个三年行动计划。聚焦培养德技并修的工匠型人才,构建了"三全育人"新格局,创新了"大思政"新平台、塑造了"融善"文化新生态,为落实立德树人根本任务提供有力支撑。

推进组织建设与专业建设深度融合。实施"标杆院系""样板支部"建设,推进党建和业务工作同步规划、同步部署、同步落实。选优培强"双带头人"队伍,打造"头雁工作室""先锋示范岗",发挥专业负责人和党员骨干教师专业指导和示范引领作用。推进"思政聚合",协同探索专业课程思政映射点与教学融合新模式,充分发掘各门课程思政元素,培育出一批示范课程和思政金课。

推进党员培养与工匠培育全程融合。注重创新党员培育方式,以文化研究工程项目为抓手,将党员培养发展与劳模精神、工匠精神培育紧密融合,实施"党员匠师引领匠苗"的精准培养模式,不断将优秀匠苗培养成优秀发展对象,将优秀学生发展对象培养成优秀匠苗。

推进党组织服务与区域发展精准融合。学校与银行携手创建校银联建项目、与中华职教社合作开展"温暖工程",对外联合打造的校地企党建共同体等19个党建融合联建项目顺利实施,建立互帮、互学、互助长效机制。

分层实施打通融合脉络

在分党委、党总支层面,积极开展"党建融合点"创新项目申报培育工作。找准、找深、找实党建工作与教育教学、科学研究、学生管理、校企合作、社会服务等方面工作的"融合点",形成主题鲜明、导向明确、实效明显、便于推广的党建"融合点"项目,以项目建设推进机制创新、载体创新。

在支部层面,实施"一创双树"行动。通过支部申报、组织遴选、公布挂牌,在全校累计完成创建30个"头雁工作室",选树60支志愿服务队、100个先锋示范岗,让头雁工作室、先锋示范岗建设以及专业志愿服务活动开展成为支部组织生活"新范式"。

在党员层面,实施学思践诺"三个一"活动。学校党委每年围绕职业素养教育、"两学一做"学习教育、师德师风、效能提升、服务抗疫、"数智杭职"建设等主题,要求党员每年完成读好书、破难题、办实事等相关任务,发挥先锋模范作用,激发干事创业活力。

系统保障确保融合长效

打造"融合赛道",激发组织动能。以融合思维推进组织建设,对照教育部"双创"工作标准实施基层党组织"标准+标杆"建设,持续打造"标杆院系""样板支部"。常态化评选"最强领头雁""最强党支部",精心选育"党建融合点"项目,全面激活基层党组织干事创业、实干担当的内生动力,全力营造"奋勇争先、比学赶超"工作氛围。

构建"融合引擎",打造研究中心。学校高规格召开党建与思政工作会议,出台关于加强马院建设、高质量党建、课程思政、辅导员队伍建设等多份文件,完善优化学校"大党建"工作格局;高起点成立学校党建与思政工作研究中心,通过加强理论研究、重视队伍培养、强化平台引领、加大宣传力度,整体提升学校党建思政工作水平;聚焦党建业务融合机制开展理论研究,为基层组织创新实践提供理论指导,对"我和党委书记面对面"等优质融合项目进行优化提升。

拧紧"融合发条",考评融合成效。出台并修订《党总支书记抓党建工作年度述职评议办法》《党支部"堡垒指数"考评管理办法》《党员"先锋指数"考评管理实施办法》等制度,注重考评党组织在业务工作中的引领作用发挥,考准考实党员干部"一岗双责",彰显了党建工作引领高质量发展关键作用。

学校以高质量党建引领事业高质量发展实现了同频共振。近年来,有2个专业团队入选国家级职业教育教师教学创新团队,2个课程团队入选国家级课程思政教学团队,学生获国家技能大赛一等奖13项、全国技能标兵称号2项等多种奖项,聚力打造"数智杭职·工匠摇篮",谱写了学校新时代高质量发展的新篇章。

(本文原载于人民网2023年2月16日)

弘扬工匠精神的实践逻辑

徐时清

党的十八大以来,习近平总书记多次礼赞劳动创造,讴歌工匠精神。2020年11月24日,习近平总书记在全国劳动模范和先进工作者表彰大会上精辟阐释了工匠精神"执着专注、精益求精、一丝不苟、追求卓越"的科学内涵,为我们弘扬工匠精神提供了根本遵循。工匠精神的理论依据、文化基础、制度保障,统一于弘扬工匠精神的实践逻辑。

马克思主义劳动理论是工匠精神的理论依据

工匠精神作为一种劳动精神,是劳动者实现劳动幸福的价值旨归。马克思认为劳动是人的自我实现。在劳动过程中,人不仅达到了目的,也使自己得到了发展。工匠劳动作为人们专门从事技术性、技能型的实践活动,不仅为人类的生存提供生活资料,而且为人类社会的发展提供生产资料,这种物质与精神并重的生产劳动构成了人类历史的底色。按照马克思《1857—1858年经济学手稿》提出的三大社会形态理论,依据工匠在不同社会形态的表现形式,我们可以将"工匠"分为手工艺工匠、机械工匠和数字工匠3种形态。新时代可谓三大"工匠形态"美美与共的时代。然而,无论是哪种社会形态或者劳动形态,发挥人的主观能动性,发扬工匠们敬业、专一、求精、创新的职业品质,无疑是工匠精神的核心要义所在。

新时代弘扬工匠精神,必须立足马克思主义劳动理论,以夯实社会主义现代化建设基础为出发点,以实现共同富裕和人的自由全面发展为落脚点,将弘扬工匠精神与经济社会高质量发展、践行社会主义核心价值观相结合,培育爱国、敬业、诚信、友善的劳动理念,营造自由、平等、公正、法治的社会环境,为建设更加富强、民主、文明、和谐的社会主义现代化国家提供精神动力和智力支持。

厚植工匠文化是弘扬工匠精神的文化基础

工匠文化是工匠们在社会实践过程中创造的劳动成果和获得的精神力量的总和。我国悠久的历史孕育了丰富的工匠文化。然而,受封建等级观念的影响,中国古代工匠的劳动成果基本上服务皇权贵族、封建地主。当时工匠精神传承的动力主要是统治阶级的赏赐。今天,市场经济导向下的工匠精神传承与培育大多以经济价值为导向。但无论何时,从工匠鼻祖鲁班到新时代许许多多大国工匠,从巧夺天工的赵州桥到创造多项世界纪录的港珠澳跨海大桥……出自工匠之手的传世之作都是厚植工匠文化、恪尽职业操守的结果。这种对职业的使命追求、作风特质,早已转化为匠人们的理想信条、社会的价值观念、国家的精神指引。

厚植工匠文化将是大国崛起、民族复兴的精神动力,也是包括工匠群体在内的各行各业的人们不辱使命、匠心筑梦的力量源泉。我们应该运用历史唯物主义的方法,坚持系统观念,区分时代境遇,避免让弘扬工匠精神脱离实际,着实使其成为一种价值追求。近些年在全社会大力弘扬工匠精神的背景下,杭州工匠日、苏州工匠日、工匠文化馆、工匠文化公园等营造了工匠文化的氛围环境,同时也为进一步激发工匠的积极性与创造性,为新时代工匠们"有奔头""有出息"奠定了坚实的文化基础。

完善工匠制度是弘扬工匠精神的制度保障

工匠制度是关于工匠培育、管理、认证等方面的制度。古代的工匠制度通常指统治者用于工匠服役的户籍制度,类似于"军户"制度。如唐代的"番匠"、宋代的"当行"、元代的"匠户"、明清时期的"轮班匠""住坐匠"等制度。虽然古代工匠受制于封建盘剥,但他们创造了中华文明精粹的历史遗存。如今,社会生产已经进入信息化、数字化、智能化阶段,人工智能等新兴科技的迅速发展使机器生产越来越强大、精致。但是,工匠们精益求精、勇于创新的精神品质是机器无法替代的。相反,数字时代更需要传承工匠精神以谋求高质量发展。

激发各行各业的劳动者像工匠一样勤劳智慧、忠于职守、守住匠心、创造辉煌,就需要以工匠精神为指引加强顶层设计,完善工匠制度。另外,从企业和个人发展层面,如何让工匠制度的顶层设计更加公平、公正,以防止"躺平""内卷"等影响生产效率的政策漏洞,还需要花大力气去调查研究。只有这样才能公平配置资源、疏通上升通道,从而以制度保障各行各业劳动者弘扬工匠精神,并以一技之长实现人生价值。

培育工匠摇篮是塑造大国工匠的现实需要

当前,数据、信息、知识等在生产中的地位和作用日益突出,且越来越成为衡量一个国家发展水平乃至竞争力的标志。放眼全球,美、日、德、法等发达国家多年前就启动了"再工业化"政策,目的就是想重振制造业。眼下,我们正致力于从制造大国向制造强国、从中国制造向中国创造迈进,特别是产业结构的调整、数字经济的发展、智能产业的崛起,将会对传统劳动观念造成一定冲击,进而影响工匠精神的传承与践行。针对国内外发展形势需要,近些年,我国先后出台推动现代职业教育高质量发展的一系列指导性文件,这对于我国制造业的转型升级、提质增效具有重大的现实意义。事实证明,数字时代、智能时代更加需要弘扬工匠精神。因为智能机器是人创造的工具性产品,人的脑力劳动在产品价值创造中的作用将更加重要。新时代我们需要勇于抓住新机遇、面对新挑战,加快建设现代职业教育体系,全力推进技能型社会建设,培植孕育"工匠摇篮",造就更多"能工巧匠""大国工匠"。

习近平总书记指出,劳模精神、劳动精神和工匠精神是以爱国主义为核心的民族精神和以改革创新为核心的时代精神的生动体现。我们今天弘扬和践行工匠精神,不能仅限于掌握一门炉火纯青的技术,而且要有专心如一的热爱、尽心竭力的付出、物我两忘的境界。如此才能为新时代弘扬工匠精神、培植工匠摇篮、塑造大国工匠铺就实践道路。

(本文原载于《中国教育报》2022年10月11日5版)

杭职院:思政教育要融入"第一课堂"

周　曦

杭职院教师张星有一个特别的工作笔记,其中记录了500多个鲜活、生动的有关学生素养的小故事。他还自编了特有的"职业素质教育"教材,通过一个个真实案例,告诉学生应该具备的职业道德和素养。

"提高高职学生的职业素养是我校推进思政教育工作的一个途径。"杭职院党委书记安蓉泉说,思想教育工作不能仅仅交给由党委主管的宣传、工会、学工等部门,而要让学科或专业负责人、专业教师等参与其中,要让占据绝对课时优势的专业课和高职院校特有的实践课程,成为育人的最大载体和施教平台,让思政教育融入"第一课堂"。

重构专业课堂,传播先进思想文化

为形成全员、全过程、全方位育人的氛围和运行机制,杭职院提出了"文化梯度育人"的理念,将思想文化教育分为"学生素养、职场素养、公民素养"3个梯度,把思政教育融入教育教学和社会实践的全过程,真正实现"落小落细落实"的思想政治工作新格局。

通过专业负责人座谈、全校大会交流、校媒开设专栏、专业负责人带动、个别指导提高等形式,学校发动和组织全体专业负责人和骨干教师等60多人开展了"专业课程融入职业素养教育的课改方案"研究和"职业素养教学问题"研究,并发动全体教师形成自己的职业素养教学案例,在各自的专业课堂中传播教育。园艺专业的树木栽培与养护课程,对学生来说是一个矛盾的综合体。他们喜欢课程中动手操作的部分,但还缺乏吃苦耐劳的精神,所以在操作真实项目时往往会有较多抱怨。园艺专业负责人龚仲幸在分析了园艺技术专业价值观的基础上,结合课程改革思路,将职业价值观、职业素养融入了教学环节设计。她在课堂上这样对学生说:"你可以丢弃学了3年的专业,但不能丢弃的是你的责任心,你如果能在园艺行业中吃得了这份苦,相信你在任何其他行业就吃苦而言,想必是一定能胜任的。"在龚仲幸看来,第一堂课要让学生认可专业,至少认可专业的一部分。

据了解,目前,杭职院的专业课教师已经按照教学目标、教育内容、教学设计、教学实施、教学考核和教师能力分析等6个科目,开发了60余份职业素养教育教学课改教案和建议方案。专业建设指导处(教务处)也出台了加强职业素养教学环节、教学手段和教学考核的实施意见,将思想政治工作、职业素养内容和考核列入了人才培养的新方案中。

核心价值观教育融入技能教学

在安蓉泉看来,职业素养培育要巧妙融入高职技能教育,最好的办法是让身处校园的学生提前感受职场氛围。杭职院利用校企合作优势,在校园环境建设上融入了企业元素。在各个二级学院教室、实训室的墙上,随处可见企业生产规范和作业流程表。学生们穿着员工服,执行企业员工的"做事准则",提前体验着真实、严肃和规范的企业工作环境。从进入实训基地的第一天起,学生们被要求以企业和行业的标准进行操作。在潜移默化中,学院将社会主义核心价值观的内容融入学生的技能教育。

杭职院拥有丰富的"校中厂""厂中校"资源,在学校的专业教师队伍中,大约一半来自企业一线,他们在"师傅带徒弟"的过程中,通过示范帮带,将职业技能和敬业精神也一并传播给了广大学生。

服装设计专业负责人郑小飞曾给学生布置过一项作业,让他们为企业完成一条裤子的设计、打版和制作任务,因为企业技师的顶真"挑刺"和反复"退货",有学生最后整整修改了8次才得以通过。事后那名学生对郑小飞说,他充分认识到了什么叫"认真"。

汽营专业的学生,则在跟随企业师傅工作时学会了什么叫"敬业"。2014年西博会车展期间,26名杭职院学生参与了服务工作。因为一直发传单,吃饭时盒饭已经变凉,他们向企业提出了抗议。企业负责人的回答,为学生们上了一堂职业素养课:"我们的销售总监都是从发传单干起的,这项工作并不简单。你们是应付一下,还是根据人流变化调整位置发放,抑或是主动上前边沟通,所反映出来的职业精神和得到的效果大不一样。"同时,那名负责人还让学生们观察了正式员工连续几晚加班,吃不上热饭的工作状态,让学生们重新认识了这个行业和自己。

在市场中"历练",培育职业道德

不久前,杭职院信息工程学院的5名学生在教师温颖的推荐下,参加了一家IT企业的招聘考试,同台竞争的有许多应届本科生和硕士毕业生。5名高职生全部被录取。企业负责人透露了原因,他们在考试现场设置了品德测试,不仅让考生紧紧地挨着坐,还让主考官中途离开考场,在暗中观察考生们的状态。"当时很多人都交头接耳讨论着答案,但你们杭职院的学生非常诚实,都是独自完成的。"

听到这个评价,温颖一方面为自己的学生感到自豪,另一方面也暗自庆幸,正是因为学校一直强化的实训练习,让这些学生对自己对技能充满了自信,习惯了独立操作。凭借企业真实生产项目的建设,通过参与项目、联系客户、产品营销、售后服务等环节,杭职院的专业教师和企业技师加强了学生对市场竞争、市场服务、市场风险的实践磨炼。不少杭职院的学生,从大一开始就做到了掌握行业操作技能、了解行业运作方式,更重要的是,他们在真实生产项目中具备了行业职业素质。

比如,园艺专业和动漫专业的学生要通过电子商务平台,向客户推荐自己制作的家庭盆景和动漫玩具。他们经常会为了一单"生意",在网上和顾客聊上两三个小时。而在介绍产品优势、承受顾客"挑剔"的过程中,他们也深刻体会到了"顾客至上""诚信第一"职业精神的

实用价值和功能作用。

"多年来,高校在文化育人方面做了大量工作,但社会和用人单位对高校人才的综合素养一直批评较多。"安蓉泉说,他们希望通过把思想政治教育融入课堂、融入社会实践等做法,让社会主义核心价值观真正在校园"落地生根"。

(本文原载于《浙江教育报》2015 年 6 月 15 日 3 版)

900余名党员师生收到特殊的生日贺卡,杭职院这做法真有心!

杭+新闻记者　张向瑜　通讯员　周　曦

近日,杭州职业技术学院党员教师崔畅丹,收到了一张特殊的生日贺卡,卡上写着:"那一刻,是您人生道路上的新起点,是您永远难忘的'政治生日'。"

原来18年前,她就是在这一天加入了中国共产党。这是学校在为她庆祝政治生日。

难忘18年前的入党宣誓仪式

当崔畅丹从她所在的杭职院机关党总支书记何霞红手中收到这份贺卡时,她的心瞬间飞回到了自己大学毕业前的那场入党宣誓仪式。

党员政治生日贺卡

"那时的我即将大学毕业进入社会,党组织先给了我一份专属的'毕业礼'。"崔畅丹说,大学毕业后她就进入了杭职院工作,用实际行动诠释新时代合格党员的标准,以奋斗青春见证了这所高职院校从浙江省"示范性高职院校""国家骨干高职院校""国家优质高职院校"到中国特色高水平高职学校建设单位的历程。

"今年是中国共产党成立100周年,适逢我的党龄满18年,在这一刻收到党组织的祝福,让我觉得既温暖又振奋。"崔畅丹说道。

为全校900余名党员师生送上祝福

杭职院机关党总支书记何霞红介绍说,为不断强化党员的自我身份认同、增强对党组织的归属感,他们制订了"五个一"党员政治生日活动方案,通过建立一份党员政治生日台账、赠送一份政治生日卡片、开展一次谈心谈话、重温一次入党誓词活动、办好一件实事好事,为党员教师庆祝政治生日。

作为杭职院党史学习教育暨庆祝建党100周年的百项系列活动之一,学校党委为全校900余名党员师生送上政治生日的祝福,激励他们不忘初心,以实际行动和优异成绩庆祝建党100周年。

(本文原载于杭+新闻2021年4月25日)

可贵的传承！杭职院老党员与青年学生党员共话责任担当

杭+新闻记者　张向瑜　通讯员　丁　文　周　曦

"共忆党史　共话党恩　扛起责任担当"主题座谈会

近日，杭州职业技术学院生态健康学院举行了一场老党员与青年学生"共忆党史 共话党恩 扛起责任担当"的主题座谈会。杭职院原化工培训中心主任刘锦波、总支书记许海春受邀来校，与近20位青年党员、发展对象一起，畅谈中国共产党的光辉历程、辉煌成就以及自身的工作经历、人生感悟，以此庆祝中国共产党成立100周年。

老党员从畅谈入党初心、坚定理想信念、分享人生阅历、讲述发展历程、寄语青年学生5个主题进行交流发言，引导青年党员和发展对象进一步提升党性修养、厚植家国情怀。

"入伍改变了我的人生轨迹，入党端正了我的人生观。"老党员许海春是1959年入伍、1963年入党的。他手捧着《党章》，诚恳地告诫青年学生，要坚持学习，坚定理想信念，不管在什么岗位，都要树立全心全意为人民服务的根本宗旨，努力成长成才报效祖国。

1956年5月4日入党的老党员刘锦波，则当着青年学生的面，激情澎湃地背诵起了毛泽东同志的两首词《忆秦娥·娄山关》《沁园春·雪》。他希望青年学生们不要忘记成功的来之不易，激励他们继承先辈遗志，勤奋学习，把祖国建设得更加美好。

听完两位老党员的故事后，杭职院的青年学生们激动不已。他们从思想上入党、端正入党动机、坚定理想信念等方面提出自己的困惑，与两位老党员进行了更深入的交流。

"两位老党员都有着近60年的党龄,始终坚持党性修养,坚守入党初心,严守党员标准,激励着我们青年学生向他们看齐,切实扛起责任担当。"杭职院生态健康学院党总支书记童国通表示,他希望通过这次与老党员的交流活动,帮助青年学生们梳理清晰的人生目标,不断磨炼意志、锻炼成长,与新时代同向同行,努力成为德智体美劳全面发展的高素质技术技能人才。

(本文原载于杭+新闻 2021 年 5 月 1 日)

开展党建"四大工程"打造高水平"工匠之师" 杭州职业技术学院潜心育人担使命

致力于培养德技并修的新时代工匠苗子

《杭州日报》记者　王泽英　通讯员　周　曦

杭职院教师

　　模具的平面是否平整,早已拥有"肌肉记忆"的刘明杰一摸就能精准判断,他斩获"振兴杯"国赛第一后,放弃企业优厚的待遇选择留校任教。7平方米的空间内能设计出怎样别致的庭院?6位"施工人员"在连续一个月每天14小时的加班加点下,以独特的造园手法夺得了"高校花园设计大金奖"……近年来,越来越多的工匠人才在杭州这所学校不断涌现。

　　在浙江高质量发展建设共同富裕示范区、实施新时代浙江工匠培育工程的时代背景下,杭州职业技术学院充分发挥党建引领优势,深入实施党建"四大工程",着力打造"工匠摇篮",在培养德技并修的新时代工匠苗子的道路上稳步前行。

立德铸魂　筑牢学生理想信念之基

　　不久前,杭职院学生许淑雯利用自己在学校非遗选修课上学到的传拓技艺,为一枚纪念50年前中国恢复联合国合法席位这一重大事件的纪念章,制作了墨拓本。篆刻家、西湖印社社长沈立新欣喜之下亲手提刀,为她刻下了"许淑雯拓"的传拓印章。而在触摸、拓印这枚印章的过程中,杭职院学生也对中国恢复联合国合法席位的那段历史有了更深的认识。

　　许淑雯所上的选修课,是杭职院系列"师带徒"人才培养模式的课程缩影之一,学校所有的专业课程中都融入了"思政"育人元素。如环境工程技术专业老师在讲废水治理、空气检测等课程时,结合"绿水青山就是金山银山"理念,用简洁的"既要金山银山,也要绿水青山""绿水青山就是金山银山""宁可失去一点金山银山,也要保护好子孙万代的绿水青山"3个句子,把生态观的演进与发展简洁、生动地解析出来。会计专业教师在讲授财务做账时,围绕道德价值,引导学生树立正确的人生观、价值观,培养学生的辩证思维。

学校党委通过系统开展党建"四大工程",努力把劳动精神、劳模精神、工匠精神融入人才培养全过程。实施铸魂工程,推动习近平新时代中国特色社会主义思想进教材、进课堂、进头脑;实施领航工程,推进高水平"双师型"队伍建设;实施固本工程,推出党员导师制、党员先锋指数,让全校党政干部走近学生,解决学生思想困惑;实施头雁工程,设立60个"管理能手""能工巧匠""服务标兵"党员先锋示范岗和30个党员"头雁工作室",扎实推进党建工作与业务工作深度融合,在校内树立起了"大思政、无边界"的协同育人理念。

在2021年度浙江文化研究工程名单中,杭职院的"浙江工匠精神研究"被列为重大课题。杭职院党委书记金波介绍,学校以此为抓手提出了"数智杭职·工匠摇篮"发展目标,正系统开展浙江工匠精神研究、浙江工匠文化传播、浙江工匠队伍培养,着力为学生铸就工匠之心、筑牢理想信念、厚植家国情怀。

崇德塑身 打造高水平"工匠之师"队伍

思政教师周梦圆是2020年毕业于华中科技大学的一名"青椒"(青年教师)。进杭职院执教刚满一年,她所在的团队就拿下了浙江省高职院校教学能力比赛公共课程组一等奖。"作为一名思政教师,很幸运一入校就有机会参加教学能力比赛,备赛过程中我看到了同事们的拼搏上进,也深刻感受到了学校对我们青年教师的重视和培养。"周梦圆说,"准备比赛的过程也是自我学习的过程,跟随老教师一字一句抠教案、一次一次上模拟课的过程,让我受益匪浅。"

思政教师队伍,是杭职院重点打造的教师团队。近日,杭职院党委出台《关于加强马克思主义学院建设的实施方案》《专职辅导员职级晋升实施办法》等多份文件,从队伍建设、平台支撑、管理发展、建设保障等多个维度建强建优马克思主义学院和辅导员队伍。比如,杭职院对思政类课题的配套经费和高水平理论文章的成果奖励,都给予了更高标准;推出特级辅导员岗位,鼓励广大辅导员立足岗位做潜心育人的标兵。

围绕工匠人才培养的目标,杭职院面向全体专业教师实施"教师企业经历工程""教师学生工作经历工程",打造"教学创新团队、科研创新团队、人生导师团队"3类团队。开展大国工匠进校园、德技大讲堂等活动,邀请世界技能大赛冠军杨金龙等来校举办分享会,让工匠精神滋润学生心田。目前,杭职院已成功培育2支国家级职业教育教师教学创新团队、2门国家级课程思政示范课程、2个国家级课程思政教学团队。

秉德强技　深化人才培养模式改革创新

10月23日,从第十二届全国职业院校学生服装制版与工艺大赛上传来好消息,杭职院达利女装学院的5名学生分别获得设计赛项的一、二等奖和制版工艺赛项的一、二、三等奖。这是该学院在2021年6月全国职业院校技能大赛荣获团体一等奖后的又一佳绩。自深度开展校企合作后,达利女装学院积极推进产教融合,深化教育教学改革,不断适应服装行业转型升级要求,为社会和纺织服装行业培养了大量高素质技术技能人才,学生们也不断在各级别专业竞赛中摘金夺银。

一直以来,杭职院通过行业企业的深度参与,及时将行业企业的新技术、新工艺、新规范等转化为教学内容和要求,将职业素养教育内容纳入人才培养方案。10多年来,学校诞生了友嘉智能制造学院、达利女装学院、特种设备学院等产教融合、校企合作"命运共同体"模式,通过"人财物融通、产学研一体、师徒生互动",成为引领全国职业教育发展的经典案例。学校更是连续两届获得国家级职业教育教学成果一等奖。

在与企业开展深度合作的过程中,杭职院积极引企入校,引导区域支柱产业的龙头企业将维修中心、研发中心等设在学校,为学生提供了大量实训平台基地;同时深化"三教"改革,由120余名常驻学校的企业能工巧匠开展教学实训,发挥学校与企业育人"双主体"作用,共同深化德技并修、课证融通、育训结合的工匠人才培养模式改革。

近年来,杭职院培养了越来越多德技并修的新时代工匠苗子。他们代表浙江省参加"振兴杯"全国青年职业技能大赛,斩获4金2银4铜的好成绩,也成功跻身杭州市C类、D类人才;他们积极投身于G20杭州峰会、世界互联网大会、金砖国家领导人厦门会晤、杭州国际动漫节等大型活动,利用所学的食品安全检测、网络安全应用、电梯维修、动漫设计等专业技能,提供专业志愿服务。他们在工匠精神的熏陶下锤炼了技术技能,也在课程思政与思政课程的同向同行中坚定了理想信念。

（本文原载于《杭州日报》2021年11月3日A11版）

如何打造思政"金课"？
百余位专家学者共同"论剑"

《杭州日报》记者　王泽英　通讯员　李海龙　伏志强

如何让党的二十大精神"热气腾腾"进校园？如何在新时期更好地打造思政课教学团队？这些问题，在"党的二十大精神融入思政课高端论坛"暨第一届长三角高职高专院校思想政治理论课建设联盟年会上都有答案。本次会议采取线上线下相结合的方式举行，来自全国各地高职高专院校的100多位专家学者相聚云端，研讨交流。

杭州职业技术学院是联盟第一届年会的承办单位。近年来，杭职院在创新思想教育建设上，取得了有目共睹的成绩。学校党委书记作为思政课建设第一责任人，带头走进课堂听课讲课；开展马克思主义理论名家大讲堂、大国工匠进校园、崇德大讲堂等活动，倾心讲好"工匠故事"；以第一课堂为主、第二课堂为辅，开展丰富多彩的校园文化活动。通过树立"大思政"理念，探索"大思政课"建设，杭职院培养了一大批"眼里有光、肩上有责、手中有艺、脚下有劲"的学子。

杭职院党委书记金波表示，下一步，学校将通过实施铸魂工程、领航工程、固本工程、头雁工程"四大工程"，强化教学、科研、管理、服务工作的"四个融合"，聚焦重难点问题的解决，进一步建强建优马克思主义学院。同时，继续用好联盟的桥梁纽带作用，进一步推进新时代高职院校思政课教学改革和马克思主义学院建设。

在主题交流环节，上海出版印刷高等专科学校党委书记顾春华作了专题报告，分析了高职高专思政课"共建共享共创共赢"的"区域协作"模式；南京信息职业技术学院党委书记王丹中围绕《学深讲活党的二十大精神》，从6个方面精辟阐释了党的二十大精神。还有多位专家学者分别就中国式现代化、二十大精神融入思政课、如何讲好二十大精神等方面作了精彩报告。

大会的最后，杭职院马克思主义学院院长邹宏秋表示，将继续探索党的二十大精神融入思政课的实现路径和教学机制，为培养德技并修的红色工匠人才不懈努力。

（本文原载于《杭州日报》2022年12月13日A10版）

二、产教融合　机制创新

2003年7月,浙江省委书记习近平提出了浙江面向未来发展的8项举措——"八八战略",提出要"进一步发挥浙江的块状特色产业优势,加快先进制造业基地建设,走新型工业化道路"。职业教育与经济社会发展联系最为紧密,产教融合、校企合作是现代职业教育体系的关键环节。

地处浙江杭州的杭州职业技术学院,自2007年起就探索成立不同类型的校企共同体,以地方经济社会发展和企业的需求来设置专业、开展教学、培养学生,与浙江的制造业休戚与共、共荣共生。杭州职业技术学院较早提出并坚持以"融"为核心的办学理念:一是学校发展融入区域发展,力求做到立足所在区域、服务所在城市、辐射长三角地区;二是专业发展融入产业发展,以行业企业需求引领教学改革,以真实市场项目提升学生能力;三是教师发展融入学校发展;四是学生发展融入专业发展。这些年来,合作对象从单一企业扩大到相关行业企业、地方政府及全国各地的兄弟院校,遴选了机电、服装、电梯、动漫、信息工程、生物医药等重点行业企业,成功打造出多个"校企共同体""行—企—校共同体""政—行—企—校共同体"以及更多的校地协同育人平台。在与城市发展同频共振、对职教改革大力探索、以高质量发展赋能中国式现代化建设的过程中,杭州职业技术学院通过整合多方资源实现了人才培养质量和效率的提升,连续3届荣膺4个国家级教学成果奖一等奖,成功入选中国特色高水平高职学校和专业建设计划(国家"双高计划")。

"双高计划"落地 久旱逢甘露

打造区域特色鲜明的一流高职

贾文胜

"双高计划"开启了高职院校发展的新阶段。杭州职业技术学院将聚焦高水平专业群建设,整合优质职教资源,赋能教师专业发展,推进学校内部治理、专业和课程的数字化转型,努力打造与杭州同频共振、区域特色鲜明的中国一流高职学校。

聚焦区域主导产业,建设电梯、服装等高水平专业群

杭州市正在全力打造"全国数字经济第一城",实施"新制造业计划"。对接杭州"1+6"重点产业集群,杭职院按照"对接产业,调整布局,以群建院,资源整合,跨院互动,共建共享"的发展思路,重点打造电梯、服装等能引领行业发展、具有世界水平的品牌专业群,建设电子商务、大数据(信息安全)、智能制造、无人机、动漫游戏、休闲旅游等特色专业群。同时聚焦"1+X"证书制度试点,深化以"三教"为重点的专业群全领域改革,健全可持续发展机制。

学校对接高水平专业群,建设公共实训基地、高职科技园、技术成果转化中心等学校发展支撑平台和国家电梯质检中心、全国女装技术教育创新中心等专业发展支撑平台。联合阿里巴巴、Ebay、Shopee等行业领军企业,共建全国一流的电商谷;与大疆无人机集团合作共建华东无人机试飞基地;整合西子航空等行业骨干企业资源,共建共享5个国家级水平的产教融合实训基地,共筑高素质技术技能人才培养新高地。与西奥电梯、安恒集团等行业主流企业共建一批协同发展中心,以院士工作站、博士后工作站等为引领,建设一批大师工作站和学生创新中心,联合开发新技术、新工艺、新产品,共筑行业领先的技术创新高地。

深耕校企共同体,聚合区域内主流企业谋求同生共长

学校聚合区域内的主流企业,谋求同生共长,打造校企命运共同体,并以校企命运共同体建设为抓手,全面推进学校内涵建设。

学校与教育部职教中心实行战略合作,集聚知名专家学者、行业企业领军人物,建设国家级智库——校企命运共同体研究院,引领校企共同体高位发展。总结"友嘉模式"和"达利现象"等校企合作成功经验,完善"六大运行机制":在产学对接上,创新管理共同体领导机制、产学研共同体融合机制和专业共同体建设机制;在工学结合上,创新资源共同体互助机制和文化共同体交融机制;在双师共育上,创新师资共同体互补机制。

学校围绕产业链、创新链、人才链、教育链的融合,建成多个与杭州主导产业主流企业深度合作的特色产业学院,探索构建校企命运共同体多元发展模式。以友嘉机电学院、达利女

装学院为重点,深化校企合作内涵;以杭州动漫游戏学院建设为重点,探索"政行企校"合作模式;以西子航空工业学院、安恒信息学院建设为重点,探索"专企融合"模式;以彩虹鱼康复护理学院建设为重点,探索"企业托管"模式;以特种设备学院建设为重点,探索"行企校合作"模式;以中国童装学院为试点,探索混合所有制办学模式。

突出教师个体成长和教学团队建设,为教师发展赋能

学校打破现有教师队伍结构,变"学科联系"为"职业联系",推进与产业、职业岗位群对接的专业布局改革,以专业群带头人为核心,重构跨专业教学团队;以专业群课程开发为线索,按专业模块课程组、专业群共享课程组、通识课程组等分类分块组建跨专业课程教师团队。

学校依托校企共同体,共订专业群规划,实施校企人才共引共享,设立教师企业工作站、技师校内工作站,支持专业教师进企服务、企业技师常驻学校,共建教学科研团队,实现"身份互认、角色互换",构建多内容、多形式、多途径的立体化教师培养体系。

学校以教师发展标准与学校愿景为依据,依托教师教学发展中心线上平台,建立教师个人发展档案,实施教师职业生涯规划,实现线上指导、线上规划、数据跟踪、定期分析反馈的科学化信息化管理,让教师职业生涯规划更便捷,自我评价更科学,提升发展更准确。

学校以机构改革为契机,落实能上能下的用人机制,落实二级单位用人自主权。深化改革高职特色职称评聘,推进成果业绩量化评价,细化教师分类评价,提高"双师"素质和下企业锻炼要求,将国际化水平、信息化教学能力列为晋升高级职称的必备条件,试行标志性成果直聘机制。

推进内部治理、专业和课程数字化转型

杭职院统一全校数据标准,构建校级全量数据中心,解决"数据孤岛"问题,为实现信息集成提供统一的数据支撑平台。打造公共管理服务平台,构建统一信息门户和一站式网上办事大厅,提供基于大数据分析的综合信息服务,为管理者和师生提供可视化教育教学、管理服务和综合校情分析,打造师生全生命周期服务,形成个人画像和成长指引。

促进信息技术在加工制造类专业中的应用,加快信息技术与服务类专业的融合,将新一代信息技术融入专业课程体系中,促进专业紧跟产业实现转型升级。对接数字经济行业发展,开设大数据、人工智能、智能网联汽车、时尚女装定制、智能控制技术、物联网技术、跨境电商、新媒体营销等新兴专业和方向。

升级改造学校主持建设的国家级教学资源库平台,应用信息技术改造传统教学,推广以学习者为中心的"泛在、移动、个性化"的学习方式变革。推进在线开放课程建设,实施课程"上云"计划。建设智慧课堂和虚拟工厂(实训室),倒逼线上线下融合的混合式教学模式改革,最终达成教学决策数据化、评价反馈即时化、交流互动立体化、资源推送智能化的目标。

(本文原载于《中国教育报》2019年12月3日9版)

创新育人模式 培养新时代新征程工匠型人才

金　波

杭州职业技术学院深刻把握立德树人根本任务与职业教育改革新要求,立足高职类型教育特征和学生思想行为特点,努力培养更多高素质劳动者和技术技能人才。

深化顶层设计,实施"工匠型人才"育人工程

2021年全国职业教育大会创造性地提出建设技能型社会,2022年起实施的新《职业教育法》强调为全面建设社会主义现代化国家提供有力人才和技能支撑。依据"重要窗口""两个先行"的国家战略目标任务,杭州市以新时代浙江工匠培育工程为抓手,从培养体系、激励机制、社会环境等方面出台了若干政策文件,为共同富裕示范区建设凝聚人才力量。杭州市作为省会城市更是走在全省乃至全国前列,通过认定"杭州工匠",设立全国首个"工匠日",成立"杭州工匠"工作室、劳模工匠学院等全方位、多渠道、多途径的举措,打造工匠文化阵地,推动工匠培育和技术传承,推动和深化弘扬工匠精神"杭州实践"。杭州职业技术学院始终以培养担当民族复兴重任的时代新人为崇高使命,坚持为党育人,为国育才,加强学校人才培养顶层设计,实施以德技并修为人才培养核心目标的新时代工匠型人才育人工程,大力弘扬工匠精神。

加强劳动教育,构建"工匠摇篮"育人机制。深入贯彻实施有关加强劳动教育的精神,结合实际制定劳动教育实施方案,从树立正确的劳动观念、培养必备的劳动技能、培育积极的劳动思想、养成良好的劳动习惯和品质入手,推动工匠人才的培养。把"工匠摇篮"建设纳入学校事业发展规划,作为学校发展的重点工作予以推进。成立了由书记、校长担任组长,相关分管校领导担任副组长,以有关部门、二级学院负责人为成员的工作领导小组,明确各职能部门和二级学院的建设目标和任务,制定"工匠摇篮"推进步骤和主要举措,同时建立督导和激励机制,定期检查评估,形成了"党委统一领导、党政齐抓共管、部门各负其责、全校协同配合"的育人工作机制,统筹推进"工匠摇篮"建设工作,确保"工匠摇篮"建设工作顺利推进。

完善课程体系,筑牢"工匠精神"培育阵地

新时代的工匠人才必须兼备匠德、匠心、匠艺,这三者是在各个教育环节中逐渐累积和养成的,而课程教学是最重要的环节之一。学校通过不断完善课程体系,各类课程同向同行,切实有效地发挥"工匠精神"育人功能。通过思政课和人文素养课引导学生树立匠德,坚定大任担当、技能报国的职业理想;弘扬明德齐礼、恪尽职守的职业道德,在专业课的学习

中理解并实践执着专注、精益求精、一丝不苟、追求卓越的工匠精神,提升爱岗敬业、精益求精的匠心素养;在实践实训课程中不断锤炼匠艺,体验并形成通过劳动实现自我价值或人生价值的幸福感和愉悦感,在劳动中体验和升华人生意义与价值。

强化队伍建设,打造"工匠之师"育人团队

"双师型"师资队伍是高职院校核心竞争力的关键所在,也是传承工匠文化的条件保障。在教育教学过程中,教师的职业态度、职业行为、师德师风等直接影响着学生对职业和工作的认知。学校通过实施"领军人才工程""名师名匠工程"等举措加强工匠型师资队伍建设,打造高水平"教学创新团队、科研创新团队、人生导师团队";强化教师职业培训,落实教师企业实践,帮助教师了解行业发展,理解企业文化,践行工匠精神;优化师资队伍,采取灵活多样的方式,聘任能工巧匠、技术能手到学校担任实践导师,引进拥有从业经验的教师,打造传承"工匠文化"的教学团队。目前,学校拥有包括国家级职业教育教师教学创新团队、国务院政府特殊津贴获得者、全国五一劳动奖章获得者、全国技术能手、浙江工匠、杭州工匠引领的工匠型师资队伍。大国工匠本身就是对工匠精神最好的诠释,以大师教导传承工匠精神,从内生层面起到了震撼和示范作用,并催化他们具备自觉看齐的内驱动力,进而激励学生成长为与时俱进、开拓创新的大国匠才。

推进四方联动,搭建"工匠人才"育人平台

学校汇集多方资源协同育人,积极与地方政府、行业协会、龙头企业开展深度合作,深化"政行企校"四方联动协同育人机制。积极引企入校,引导区域支柱产业龙头企业,将研发、实训、培训等实体中心建在学校,为学生提供大量实训平台基地,让学生在实训和实践过程中研磨"精湛"技能,于无形之中淬炼"匠心";结合行业、企业发展需求,及时将新要求、新标准和工匠精神培育纳入人才培养方案,有机融入理论和实践教学活动,深化"人财物融通、产学研一体、师徒生互动"的校企合作办学模式;与海宁市许村镇、嘉兴市平湖镇等共建工匠人才培养基地,共同设计工匠培养路径,制订工匠培养方案和课程体系,探索"政产学研"合作机制;携手杭州市钱塘区两级总工会,成立劳模工匠学院,学校送教上门,构建工匠人才培养体系,搭建"工匠型人才"培训平台;整合国家电梯中心等行业资源,建成浙江省电梯应用技术协同创新中心,促进产业链、教育链、人才链有机融合。

丰富校园文化,营造"工匠精神"育人氛围

校园文化是学风、教风和校风的重要载体,学校在校园文化建设中着力助学生铸就工匠之心,积极吸收企业文化的优秀元素和工匠文化精髓,塑造蕴含工匠精神、富有地方特色的校园文化。学校主持浙江文化研究工程重大项目"浙江工匠精神研究",深度挖掘喻皓、欧冶子等浙籍古代工匠大师的工匠文化资源,系统梳理浙江工匠文化发展脉络,形成具有地方特

色的工匠文化校园,引导学生筑牢理想信念,厚植家国情怀。参与浙江省职教教材《之江匠心》的编撰,在校内筹建工匠学院、工匠书院、工匠研究院、工匠文化博物馆、工匠培训中心和工匠科普教育基地,将工匠精神和工匠文化元素渗透到学生学习和生活的方方面面,引导学生通过阅读、研讨,发现匠心之美、感悟工匠精神之魂,产生传承优秀工匠精神的高度文化自觉;持续开展浙乡非遗技艺探寻、杭州工匠进校园、工匠精神学术探究等主题活动,弘扬非遗大师、优秀工匠的敬业精神;每年举办一次工匠技能节,把校园文化活动和专业教学紧密结合起来,营造"文明竞技,素养为先"的技能文化氛围,立德树人、以文化人、匠心育人的工匠校园氛围逐渐浓厚。

在全面建设社会主义现代化国家的新征程上,高质量发展是首要任务。高职院校作为培养高素质技术技能人才的中坚力量,为推进中国式现代化建设提供重要的人才支撑。杭州职业技术学院作为国家"双高校",将勠力同心、担当作为,紧扣"数智杭职·工匠摇篮"发展目标,为培养能工巧匠、大国工匠贡献力量。

(本文原载于《光明日报》2022年11月2日12版)

杭州职业技术学院:深化产教融合 推进科教融汇 构建职业教育高质量发展新生态

徐时清

杭州职业技术学院

杭州职业技术学院率先开展"校企共同体"办学,坚持"立足钱塘区、服务杭州市、助力长三角"办学定位,主动融入国家战略,推进校企共同体迭代升级,不断深化产教融合、推进科教融汇,促进产业、教育、科技、人才系统有机融合协同发展,构建高质量发展新生态,形成了可供复制推广的新经验范式。

> **深化产教融合**
> 创新打造产教融合共同体 塑造高质量发展新动能

牵手杭州钱塘区、杭州医药港产业园,打造市域医药产教联合体。聚焦医药万亿产业战略目标,政园行企校共建市域医药产教联合体。基于杭州医药港"千亿产业"平台,钱塘区、杭州医药港、杭职院共建杭州医药港学院产教融合基地,聚焦生化制药、医疗器械等,打造兼具人才培养、创新创业、促进产业经济高质量发展功能的市域产教联合体。钱塘区给予专项建设经费支持,杭州医药港联合园区内企业成立了产业联盟,共建实训基地,开展人才协同培养、技术交流等。

深化各主体协同育人机制,成立环杭州湾医药人才培养联盟。钱塘区、杭州医药港、行业企业、中高本院校共建"杭州湾医药产业人才培养联盟",学校任理事长单位。通过产教融合实训基地、职业技能培训评价中心、生物医药人才培养基地和课程资源共享平台建设,形成"政园行企校"多方联动、"产学研用"立体推进的办学新生态。

深化产教协同创新机制,打造技术创新和服务体系。积极与医药龙头企业、高等院校开展技术协作,建立协同创新机制,组建技术创新团队,面向千余家制药类企业开展技术攻关、成果转化、质量评价、信息咨询等服务。

携手浙江省特科院、头部企业,打造电梯行业产教共同体。打造行校企协同育人共同体,形成行业引领、多元主体协作的育人生态。浙江省特科院引领行业协作,聚合西奥等六大头部企业,构建行校企协同育人共同体。"行校搭台、名企入驻、育训并举",建成国家电梯产品质量监督检验中心及全国电梯检验员培训考证、国家职业教育示范性虚拟仿真、省特科院电梯培训、96333电梯故障数据综合实训、西奥电梯产教融合实训"五基地",构建了"成本折股、市场共拓、收益反哺"的可持续发展路径和协同育人生态。

共建电梯产业学院,构建三链对接、育训合一的育人生态体系。省特科院、杭职院、西奥等共建产业学院,优化设置电梯工程技术、智能制造、检验检测等专业方向,打造电梯国家双高专业群;企业投入34部电梯建成生产性实训基地,构建从业资格、技能等级、检验员、管理员等覆盖培训和学历教育的全生命周期培养体系。

共建产业研究院,打造多维一体、科技引领的产教协同发展平台。聚合省电梯评估与改造协同创新中心、电梯大数据中心等,共建集技术研发、社会服务、人才培养功能于一体的产业研究院,打造协同育人和技术服务平台。建成"学做一体、教研合一"电梯工程创新中心,师生参与智慧监控、升级改造方案制订等,提升学生综合能力。

联合杭州钱塘、联想新视界,打造工业互联网赋能共同体。聚焦"世界级智能制造产业集聚区"战略,政企校共建"三位一体"工业互联网赋能共同体。钱塘区、联想新视界、杭职院三方共建联想工业互联网研究院,共筑工业互联网技术创新研发、赋能企业数字化转型发展、人才协同培养三大高地,打造工业互联网赋能共同体系,充分发挥工业互联网赋能属性,精准服务企业数字化转型、技术改造等需求,推动企业合作、产业生态体系构建。

健全赋能共同体工作机制,形成政策、资金、技术和人才等赋能协同矩阵。联想新视界和钱塘区投入专项资金用于研究院研发投入。杭职院围绕工业互联网、智能制造相关专业加强技能人才培养。钱塘区专项扶持研究院赋能企业工业互联网转型,企业项目通过验收,按投资额30%给予资助。当前赋能共同体提供咨询诊断171家,重点服务40家,12家入选杭州"未来工厂"。

推进科教融汇
统筹深化教育科技人才工作　构建高质量发展新格局

推进科技创新与人才培养交融贯通,厚植科技创新和人才成长沃土。以科教融汇培养

拔尖技能人才为核心,推进教育理念、培养模式、教学体系变革,创新构建"一体两院"人才培养生态,即基于产教融合共同体共建产业学院和产业研究院,高效整合行业、学校和企业资源,统筹推进科研、人才培养、学科建设,推进校企协同创新,推动科研教学紧密结合,把科研资源转化为育人资源,支撑技能人才培养,教学改革成果获省教学成果特等奖。

聚焦国家战略和产业需求,构建科技创新及成果转化生态。"政产学研金服用"等共建开放、高效的协同机制,全面整合人力、资金、技术等创新要素,优化资源配置,构建科技创新及成果转化生态。建成省电梯改造与评估协同创新中心等创新平台27个,围绕产业关键技术等开展协同创新,服务近千家企业,获专利授权近1200项,承担技改近550项,技术成果转化收益超2亿元。打响科技成果"杭职拍"品牌,三届成果拍卖76项,成交额近4000万元,有力服务国家创新驱动发展战略。

打造领军人才和创新团队,为教育教学、科技创新等提供坚强人才支撑。基于产教融合体,持续提升人才水平,共引共育共用各类高端人才,共建创新团队,建立灵活人才发展机制,打造区域人才高地和创新高地。培养了2支国家级教师教学创新团队、国家"万人计划"科技创新领军人才、国家创新人才推进计划中青年科技领军人才、国家"万人计划"教学名师、全国技术能手,等等。与科技领军、专精特新企业等联合攻关,解决超长跨度扶梯、电梯智慧监管平台构建等技术难题15项,突破关联产业发展瓶颈。

(本文原载于《光明日报》2023年5月8日9版)

践行产教融合　持续创新探索

西子航空装配车间

产教融合发展，既是产业转型升级的通道，也是教育形态变革的路径。

在杭州职业技术学院20年的办学历史中，每次跨越式发展的机遇，背后都离不开合作企业的助力，都来自学校践行产教融合、创新探索。

"破冰"开启校企合作　办真正意义的职业教育

早在2008年，杭职院的老师们便深刻认识到："职业教育的生命力和活力，在于校企合作。没有深入的校企合作，就没有真正意义上的职业教育。"在校企合作上，杭州职业技术学院完成了"破冰"之旅。学校率先提出"校企合作要双赢，以他赢为律，而且有相对独立的办学实体"。

在这个理念引领下，杭职院教师在校内选出一栋教学楼，大胆实行"敲墙"行动，由校企联手装修、改造，并允许教学楼在名义上归企业所用。学校教师下派企业，企业专家进驻学校，校企双方教师按照教育规律带领学生为企业进行产品研发，实现了所有成果双方同步共享。

如此合作方式，后来在杭职院内屡见不鲜，杭州职业技术学院校企共同体的"金字招牌"也被不断擦亮，形成了引领全国校企合作的"杭职路径"。杭职院首创的"友嘉模式""达利现象"等影响不断扩大，学校整合行业企业投入5000多万元，与友嘉集团、达利女装等行业主流企业共建友嘉机电学院、达利女装学院等多个校企共同体。

纵横双向拓宽校企合作　产教融合激发巨大业绩

"校企共同体是校企合作的一种绝佳模式,但非唯一模式。"随着校企合作的不断深入,杭职院全校上下达成了这样的共识,基于校企共同体的多元模式再向深行。比如:特种设备学院,实行"行、企、校"模式;杭州动漫游戏学院,实行"政、行、企、校"模式。同时学校顺势组建了多个三级学院,如安恒信息学院、东忠软件学院、西子航空工业学院等。

从多年的教学实践来看,杭职院也逐渐尝到了产教融合、校企合作的甜头。

案例一:特种设备学院的电梯专业

2014年,杭职院开设电梯专业(方向),从开办之初就把目标锁定为"做全国电梯专业的领头雁"。2019年,当杭职院被遴选为"中国特色高水平高职学校"时,电梯工程技术专业群也被列为"中国特色高水平专业群",成为其中最"年轻"的上榜者。现在,杭职院的特种设备学院电梯专业早已成为国内电梯人才培养领域的高地。这里是全球电梯龙头企业奥的斯华东地区的人才培养中心、全球前十大电梯企业中的六大企业的人才培训基地,中国特种设备行业协会指定的全国电梯检验员培训基地,是国家电梯安装维修工职业能力标准的编写组组长单位。"电梯评估与改造应用技术协同创新中心"成为浙江首批7个省级应用技术协同创新中心。

与此同时,特种设备学院还探索出了电梯行业"技能培训+上岗培训+就业"精准扶贫新模式。他们承接浙江省内丽水市电梯安装维修工定向培养,与全国14个省份的16家中西部院校建立专业人才培养联盟关系,开展留学生电梯技能培养项目,将电梯人才培养范畴从杭州辐射到全国乃至全球。

取得这样的成绩,关键在于电梯所在的特种设备学院产教资源的整合能力。学校联合浙江省特种设备检验研究院(下文称"特检院")围绕特种设备人才培养,共同成立特种设备学院,并战略引进全省第一家专业从事特种设备职业技能培训的公司,把特检院的行业资源、学校的教育资源和企业的市场资源通过"成果共享、风险共担"的利益纽带整合在一起,提高了人才培养效率。

案例二:西子航空工业学院

西子航空工业学院院长、西子航空董事长王水福对杭职院开展校企合作的诚意,非常满意:"我和很多本科院校谈了一年都不行,和杭职院谈了不到1个月就共建了西子航空工业学院。"

自2015年西子航空工业学院首届开班以来,杭职院已累计输送学生超过200人,至少17人已成为西子势必锐航空技术骨干人员。2022年1月,西子集团举行第十届西子联合奥林匹克技能大赛暨首届"西子工匠"表彰活动,其中最年轻的受表彰者张建国就是友嘉智能制造学院西子航空班毕业生。而在当天475名选手同台竞技的技能大赛中,友嘉智能制造学院模具专业4位学生在冷作工(学徒组)比赛中获得一、二等奖(前4名)的好成绩,也再次得到了企业的一致好评。

案例三:杭州数智工程师学院

2016年,安恒公司与杭职院信息工程学院计算机通信专业开展"专企融合"合作,共建成立三级学院——安恒信息安全学院。双方用企业真实项目引领教学,实现课程共建、师资共享、基地共建和技术研发等方面的深度合作。在长达5年的合作中,双方搭建了信息安全类人才培养平台,企业的合作意愿越来越强烈,校企合作关系也越来越稳固。

2022年1月,杭职院和安恒公司充分利用政府、学校、企业的资源,探索具有"混合所有制"特征的二级学院办学试点,合作共建成立"杭州数智工程师学院",培养数字安全领域紧缺人才,发挥出了职业教育在数字经济发展、数字中国建设中的作用。

按照"智能化引领示范""政校企资产混合""产学研协同发展""投资方共同治理"原则,杭州数智工程师学院由政校企三方共建。作为杭职院的二级学院,杭州数智工程师学院具备"混合所有制"办学的典型特征,不具有独立的法人主体资格,育人场地同时设在物联网小镇、杭职院内。

（本文原载于新华社客户端2022年4月2日）

杭州一学校要把教室改成车间

《钱江晚报》记者　俞熙娜　通讯员　周小海

在杭州职业技术学院,2007年才建成的崭新的教学大楼,墙被敲得像马蜂窝一样,四五个教室全被打穿了,而且还不止一幢。学校一位姓郑的老师悄悄地告诉记者,学校里目前正有4幢教学楼被敲成这样,而且到2009年,所有的8幢教学大楼都免不了这样的命运,绝大部分教室将被敲掉。

常规教室没法上课

大学里好好的教室为什么要敲掉?"因为这样的教室以后没法上课。"学校一位姓周的老师说。

"从去年开始,我们学校进行了一系列的改革,尤其要求我们加强校企合作,培养出的学生到了企业上手就能用。"可学校毕竟和工厂两样,怎么让学生一出去就能用得上?

"于是我们一大批老师被派到企业去干活了。企业的一些员工被请到学校来上课,接着学校就要搞一个全真训练环境:学机械的学生,就要在机器上边操作边学;学服装的,那就真的要设计做几件衣服。"

这一来教室就成了大问题。常规的高职教室就和本科大学一样,都是阶梯式,排排坐,只适合老师在黑板上写字,学生在下面听,哪适合操作机器呀?

"敲墙运动"由此产生。

学校要变成大工厂了

最先被敲掉的教学楼已经改成了"友嘉机电学院",初具雏形。整一个楼层都被打通了,里面放着崭新的机器。

接着艺术系所在的大楼要被改成"××劳动模范国际女装学院";化工系也要被改成这样的"化工学院"。

杭职院院长叶鉴铭昨天证实:共有8幢教学楼、2幢实验楼被列入了"敲墙运动"。学校要变成"大工厂"了。

据说最初也有学校领导担心会不会有人反对,说他们是敲新楼的"败家子"。可最后还是决定干了,"和本科大学设置基本一样的高职,培养出的学生哪里拼得过本科生?"没想到杭州市市长蔡奇去视察之后还挺赞同,说高职院校重在培养技能型人才,的确不需要这么多普通教室。

至少有3所学校在这么干

虽然杭职院是敲楼动静最大的,但并不是最早的。叶鉴铭透露,宁波职业技术学院和温州职业技术学院都曾把教室敲成工厂,这2所学校是全国闻名的一流高职院校。

记者还获悉,这3所学校已于近日建立了战略联盟,宁职院和温职院的办公室主任都被聘为杭职院驻当地的"头儿"。以后考进这3所学校中任何一所的学生,可以同时享受3所学校的师资、图书及实习、就业机会等。简单地说,考入宁职院或温职院的杭州学生,如果想回杭州实习,实习单位可由杭职院推荐落实,并在实习期间由杭职院负责日常管理;想要找工作,也可以参加杭职院的招聘会。

（本文原载于《钱江晚报》2008年10月29日 C15 版）

杭州职业技术学院建校企
共同体创新办学模式

《中国教育报》记者　朱振岳　通讯员　周小海

在杭州美仑美奂服饰有限公司工作不到一年的达利女装学院毕业生朱慕芳如今的月薪已达5000多元。"刚毕业在公司做实习生的时候就拿到了2000元的月工资。"朱慕芳自豪地告诉记者。

"要让学生有尊严而体面地去就业,有尊严就是学有所用,体面就是就业可选。"杭州职业技术学院院长叶鉴铭说,"高职院校只有走特色发展道路,引入企业'大课堂',才能真正培养出'不可替代'的人才。"近年来,杭州职业技术学院积极探索校企合作新路,创新实践"校企共同体"建设,找到了一条高职教育"不可替代"人才培养特色之路。

> ### 一幢教学楼的"转型升级"
> ### ——"敲墙运动"推倒了砖墙,也推倒了"心墙"

这是一幢什么样的教学楼? 走廊两边是一间间高墙隔立的标准教室。"上午有三分之一的教室空着,下午有三分之二的教室空着",这是两年前杭州职业技术学院几次教学检查后得出的结论。

"像我们这类学校,学机械的学生,就要在机器上边操作边学;学服装的学生,就要会制作各式衣服。这堵墙必须敲掉。"2008年7月的一天,在杭州职业技术学院院长办公会议上,叶鉴铭毅然做出了决定。促使他采取这一断然措施的原因是,他始终认为,高职教育不是本科教育的"压缩饼干",应有其自身独特的培养目标、教学原理、教学内容、教学方法、教学时空和评价手段。

2008年8月30日,第一个榔头就砸向了刚建不到一年的崭新教学楼,整个楼层的一个个标准教室被打穿,"敲墙运动"由此在杭职院展开。

一石激起千层浪,一个榔头引发舆论大哗,许多教师甚至背后说学校领导是"败家子","以后我们在哪里上课? 怎么上课啊?""敲墙运动"迎来的是师生们不解甚至怀疑的目光。

没想到,9月22日,前来调研的杭州市市长蔡奇说:"这样做很对,高职院校重在培养技能型人才,的确不需要这么多普通教室。"

当最先被敲掉的教学楼被改成"友嘉机电学院"时,一台台崭新的数控机床被搬进了整个打通的楼层。"那些设备是友嘉集团运来的,价值1400多万元,企业还派来11位实训老师,以后学生就在这里操作、上课。"此时,不论老师还是学生的脸上都少了一丝疑惑,多了几分欣喜。

紧接着,原艺术系所在的大楼也被改成达利女装学院。短短不到半年时间,学院敲掉了

2万多平方米的教室,建成了一个个摆放着整齐机器的实训车间、教学工厂。

如今,杭州职业技术学院的老师们终于理解:当初推倒的绝对不仅仅是一堵堵砖墙,而是"心墙",树立的是一个现代职业教育理念,举起的是"校企合作、工学结合、文化育人"的大旗,走出的是一条高职教育改革发展的新路。

叶鉴铭说,"敲墙运动"只是杭州职业技术学院重构课堂、拓展教学时空的开始,更深层次的意义在于打破传统教学观念的束缚,使学校教学空间与学生学习空间由单纯的教室转变为教室、实训室和车间,由单一的学校转变为学校和企业,这背后完成的是从学科教学到职业教学,再到现代高职教学的高职理念大转变。

刚刚从企业回来的友嘉机电学院数控专业教师吴晓苏告诉记者,这2年他难得有空闲,每年至少有一大半时间在企业和车间。为了让教学与企业生产实际紧密接轨,杭职院提出并实施了教师"两大经历"工程,要求广大教师"走出教材、走出教室、走出学校"。第一个是企业经历,明确专业教师3年内必须有不少于半年到企业一线实践的经历;第二个是学生工作经历,专任教师必须担任学生工作2年以上。

2008年下半年,为了重构人才培养方案,彻底改变原来的课堂教学内容,吴晓苏整整半年时间吃住在企业,整天与工人们一起泡在车间里。"一开始对有些新概念的接受确实很痛苦,但在这个过程中,我不仅知道了专业人才需求的情况,而且了解了整个数控机床行业的发展情况。"吴晓苏感慨地告诉记者,经过整整半年时间的企业融入、一线体验,他带回来的是一套完整的人才培养方案。

然而,在杭职院,"最痛苦"的还不是专业老师,而是一度被叫作"温水青蛙"的思政课和公共基础课的老师。"现在我们也一样要下企业,与专业教师、企业师傅打成一片。"思政课老师王玲颇为感慨地说,有些课堂干脆直接设在企业教学区,教授内容完全根据专业要求设定主题,把企业文化元素融进去,结合实训项目进行教学。"让学文的人整天与一堆生硬的机器打交道,无疑十分痛苦,但现在有更多学生的目光投向了我们,思政课比以前容易上了,也更有成效了。"

> **学院发展委员会主任却不是院长**
> **——校企合作始终坚持"以企业赢"为原则**

与其他高职院校不同,在杭职院,记者发现了这样一个奇怪的现象:作为学校的当家人和"一把手",叶鉴铭的很多兼职却都是"副"的。

"发展委员会主任不是我,而是经济技术开发区'一把手'的盛成皿。"叶鉴铭喜形于色地说。2008年3月20日,杭州职业技术学院与杭州经济技术开发区管委会正式建立战略合作关系,区校共同组建了"杭州职业技术学院发展委员会",开发区管委会主任盛成皿成为委员会主任,开发区党工委副书记俞建国是第一常务副主任,而叶鉴铭仅仅是第二常务副主任。

"杭职院就是我们自己的学校,我们每年至少专题研究2次学院发展战略问题。"记者采访时,盛成皿不止一次提到。签约当天,杭州经济技术开发区与杭职院共同建立了高职学生创业园,为全市有创业愿望和有可行项目的大学生提供平台、提供支持、提供服务;共同建立了高技能人才培训中心、先进制造业人才培训中心、服务外包人才培训基地、公共图书信息中心;随之而至的还有以大企业冠名的友嘉机电学院、达利女装学院、金都管理学院、新通国际学院、青年汽车学院大楼在校园如雨后春笋般拔地而起。

友嘉机电学院是杭职院与友嘉实业集团共同成立的第一个校企共同体,从2008年4月11日开始洽谈到正式合作仅用了一个月时间。不同于一般的校企合作,双方把它称为"校企共同体"。

所谓校企共同体,是指在政府引导下,校企双方以合作共赢为基础,以协议形式缔约建设的相互联系、相互开放、相互依赖、相互促进的利益实体。叶鉴铭说,学校和企业基于人才培养的共同愿景,共同构建领导管理机构,共同制订人才培养方案,共同建设课程体系、编写教材,共同实施教学实训项目,共同落实学生实习与就业,教、学、研一体,形成了"资源共享、人才共育、校企共管"三位一体的紧密型校企一体化模式。

友嘉实业集团是全球五大数控机床生产厂之一,在全球拥有54家企业,所生产的产品涉及各类工具机、电梯、叉车、立体停车库等。其中联座轴承产量为世界第一,占全球份额40%以上,在杭州的企业就有8家。

这么大一家企业为什么愿意与杭职院合作?"校企合作的出路是校企共赢,共赢要以他赢为律。"叶鉴铭道出了问题的关键,"学校首先必须以企业赢为原则,做到想企业所想,急企业所急,成企业所美。"友嘉机电学院把专业办在企业的兴奋点上,每年有近500名毕业生,能很好地满足企业需要。同时,友嘉集团也把友嘉机电学院作为集团事业部,纳入集团整体规划和全球化发展战略;委派11位企业技师常驻学校,全程参与教学;合并在杭8家企业的培训中心整体迁入友嘉机电学院,并提供价值1400多万元的最新设备,负责所有设备的维护与更新,确保让学生学到最新技术和最新工艺。

"现在我也是企业的一分子,可以自由穿梭在企业的车间,随时了解新技术、新工艺并引入教学,这在以前是不可能的。"吴晓苏颇为自豪地说,友嘉企业全程参与人才培养方案制订过程,学校则根据企业需要调整了数控技术专业方向,明确了人才培养规格,构建了基于友嘉岗位实际需要的项目化课程体系。

正如友嘉集团全球总裁朱志洋所言:"这已经不是简单的合作办学,某种程度上讲,它正在慢慢改变我们集团的全球发展战略。我要把友嘉集团总部迁到杭州来,因为友嘉的发展在杭州能得到人才保障。"

> **为高职院校找寻一条"回家"的路**
> **——三张证书成了学生体面就业"通行证"**

方向错了,路走得再远也没有用;方向对了,路走得慢点也没有关系。

高职院校的社会功能是什么？如何给高职院校准确定位？杭职院提出当务之急是重新"正名"：办学定位改为了"立足开发区，服务杭州市"。

企业需要学校培养什么样的人？达利公司曾提出3个标准：一是熟练掌握岗位技术，毕业后能直接胜任工作；二是要了解社会；三是最重要的，要树立正确的人生观与道德标准。

"拿到杭职院的毕业证书，不仅仅是因为你的技能与知识，更重要的是你的为人！"这是叶鉴铭在每年开学典礼上都会对新生重复的一句话。

"作为一所大学，培养的应是具有大学水平的能工巧匠，关注的不仅仅是学生们的今天，更多的是学生们的明天、后天乃至一辈子。"杭职院明确了自身的教育功能，培养的目标是"高素质技能型人才"；确立了"校企合作、工学结合、文化育人"的办学思路，提出了"重构课堂、联通岗位、双师共育、校企联动"的教学改革思路和"首岗适应、多岗迁移、可持续发展"的人才规格要求。学校不仅要培养学生以专业能力为先的"首岗能力"，还要培养学生以方法能力为先的"迁移能力"，更要培养学生以社会能力为先的"发展能力"。如今，在杭职院，人们看到的是，学校就是工厂，教室就是车间；在学校的合作企业，看到的是，工厂就是学校，车间就是课堂。

今年，达利女装学院6名毕业生不仅拿到了证明学历的毕业证书，还首次拿到了"服装制版师岗位技能证书"。它由达利公司发起，并联合杭州蓝色倾情、明朗时装、可博实业等8家品牌女装企业共同制定，拿到该证书的学生有优先被录用权，且报酬高于同岗人员一级，一般具备中级服装制作工以上证书的学生方能通过考核。

据悉，从明年开始，杭职院将全面推行"三张证书"制度，除了学历证书、岗位证书外，还有学校给每一位学生新颁发的"学力证书"，证书上写着学生能熟练掌握什么、了解什么等。"学力证书"由杭职院院长、合作企业总裁、二级学院院长共同签发。"我们签下的是杭职院的信誉，是对学生在本专业首岗适应能力、多岗迁移能力、可持续发展能力的认可，是要对学生的一生负责的。"叶鉴铭郑重地告诉记者。

"我们在每个项目教学中都会对学生进行评价，每个学期对学生会有个综合评定，毕业时会综合学生每个学期的评定和平时表现来综合考量学生的'学力'。"达利女装学院常务副院长许淑燕介绍说，现在达利女装学院已经在为2009级学生的评定做准备。

校企的共融，专业的共建，人才的共育，最终受益的是学生。目前，杭职院2010届毕业生的签约率已达97.66%，友嘉机电学院的学生成了友嘉企业及其客户群的"香饽饽"，达利女装学院的学生为达利公司急需的技术、管理实用型人才，学生工资水平普遍比其他院校同类专业的学生高出10%以上。近日，在杭州职业技术学院达利女装学院2010届毕业生作品展示会上，达利(中国)、卓尚服饰、明朗时装、汉龙威尔服饰等杭州主流企业不但把该院2010届毕业生一抢而空，还纷纷预订了明年的毕业生。

（本文原载于《中国教育报》2010年7月2日1版）

你真教 我实学

杭职院人才培养与企业零对接

《浙江日报》记者　王　婷　通讯员　周小海

在达利公司的服装专卖店里几个年轻的身影忙碌着,穿梭在顾客之中不厌其烦地介绍服装的材质、功能等特点,他们是杭州职业学院达利女装学院"时装零售与管理班"的学员,销售第一天就做出了3万元的佳绩。

"先生拿做来教,乃是真教,学生拿做来学,方是实学。"我国著名教育家陶行知先生在《教学做合一讨论集》中的这句话,是杭职院奉行的"教学做合一"教学模式,载体就是校企合作。在企业提供的实际工作环境里学习,"真教"带动了"实学",杭职院的学生与人才需求岗位早早地实现了"零对接"。

今年就业季一到,专门根据达利企业需求开办的杭职院"时装零售与管理班"的学员全都早早就找到了工作,卓尚服饰、明朗时装、汉龙威尔服饰等服装公司还向学校预定起了2011届的毕业生。

近些年来,在职业教育持续快速扩张的背景下,高职教育越来越多地成为人们关注的对象。多形式的校企合作也成了高职院校竞相角逐的主要砝码。然而一个不争的事实是:由于企业与学校的价值取向不一致,校企合作中,企业参与合作的意愿普遍不强,使合作多停留在表面,难以持久。而杭职院探索了一条校企共同体建设之路,做出了一道推动全校人才培养模式创新的"营养餐"。

从2008年4月至今,杭职院已与友嘉实业、新通国际、达利(中国)有限公司、青年汽车、金都房产5家企业以及萧山临江工业园达成了共建合作,依托二级学院建成了友嘉机电学院、达利女装学院、新通国际学院、金都管理学院、青年汽车学院、临江学院等合作实体。

为了让学生有足够的空间进行高质量的实际动手训练,杭职院发起了一场"敲墙运动",全校2万多平方米的教室在敲墙后被改造成了"实训车间""教学工厂"。

被敲掉的一号实验楼改成友嘉机电学院的实训场,里面放上了友嘉企业提供的价值1400多万元的崭新机器。"现在我都是站在机床旁给学生上课的,学和做结合在一起,教学生动多了。"友嘉机电学院数控专业的吴晓苏老师介绍说,友嘉企业还派来11个实训老师帮助教学,"有全真训练环境后,学生培养的方向更精确了,所以我们的学生毕业后能更快地独立承担工作。"

"现在,我们实践的机会多了,比如,我们学好了电脑制版课程后,马上就能实际操作,看到自己做的成衣了,这种学习很让人兴奋。"服装设计专业的大二女生陈茜茜一边做着军训服,一边表达着愉悦的学习心情。在达利女装学院的教学生产车间,由学生自己设计的军训服被陈列在一侧,老师和学生投票选出了最佳军训服款式,正由学生投入生产,下一届新生军训时将穿上师兄师姐们的这些"杰作"。

有了校企共同体的良好平台,企业参与人才培养的全过程,企业的人才需求得到了很好满足,学校学生和老师不仅有了更多的"实战"机会,更重要的是找到了与社会的对接点,以企业的生产实际引领学校的教学,明确培养目标和人才规格,实行工学结合,达到了人才培养与企业"零对接"的目的。

据悉,连续两年友嘉机电学院的学生成了友嘉企业及其客户群的"香饽饽",数控技术专业2008届毕业生徐金泉同学,毕业一年多时间,就成为友嘉集团杭州丽伟公司车间班组长。达利女装学院培养的学生就业率达100%,学生工资水平普遍比其他院校同类专业的学生高出10%以上,有的学生在达利公司顶岗实习期间的月工资就达到2000多元。

（本文原载于《浙江日报》2010年6月25日12版）

有经验的"幕后操盘手"制版师月薪超8000元

大学老师工作室开进四季青
学生组队实战：学打样制版

《杭州日报》记者　方秀芬　通讯员　周　曦

各高校早已陆续进入寒假，不过，杭州职业技术学院丁林老师还没有放假，要到腊月二十八，他才能正式放假。

丁林老师的身份有些特殊，他是杭州职业技术学院达利女装学院服装设计专业老师，他也是"浙江省十佳制版师"，他的工作室就设在四季青中纺中心大楼里，一个是制版服务中心，一个是打样中心，两个房间共约100平方米。

实习制版师组队"打样"

一件衣服看起来漂不漂亮，靠的是"幕前英雄"设计师的功底；而一件衣服穿起来舒不舒服，靠的则是"幕后操盘手"制版师的技术。制版师的技术活，靠书本、靠理论，没法做到精准，更多需要实战。

丁老师率领的团队里，除了3位老师外，还有4—6位在校学生，他们2—3人组成一个队。每个学生做了什么活，细心的丁老师都会记录下来，头版、一样、二样……"根据样衣，还要给学生打分，这是对学生的考核。学生也能获得每月几百元的补助。"

实习制版师都干些啥活呢？丁林老师说得头头是道："根据设计师提供的衣服设计图纸（包含部分材料），先打个纸样，接着用替代料制成胚样交给客户。模特试穿过样衣后，制版师再依据设计师的修改意见，制作出成品样衣。"

杜晓静，杭职院达利女装学院设计专业大三学生，她已在丁老师工作室实习三个月了。"衣服制版，相差1—2厘米，衣服都会走样，不敢有半点粗心。"杜晓静平静地说。

"工作室的氛围比较自由，面向市场的服务也让我们的思维更活跃，迫使我们去了解、捕捉时尚，这是平静的课堂不能给予的。"设计专业大三学生王小清说。

"制版是一项技术性很强的工作，包括对人体结构的理解，对尺寸、部位的精确把握等，都需要丰富的经验。学生唯有动手，才能累积经验。"丁林说。

借助这个平台，越来越多的学生有机会参与制版技术服务、为企业提供专业的服装流行趋势资讯、辅助品牌建设等工作。事实上，从这个直面市场的"达利女装学院制版服务中心"里，就走出了不少技术过硬的高职学生。他们代表杭职院参加了各种省级、国家级的学生职业技能大赛，获得了许多金奖、一等奖。

服装老板专找丁老师做版

杭州四季青服装市场,在全国来说,也是数一数二的女装市场。这里集聚了一大批中小服装企业。但对这些服装老板来说,缺少制版、打样、培训方面的技术人才成了限制自身发展的最大瓶颈。而丁老师率领的团队,则为这些企业解决了这个燃眉之急,他们能直接为中小企业提供制版技术、服装工艺等方面的技术支持,帮助企业解决各种制版难题。

有一次,杭州某服装企业接到了一笔摩托车拉力赛赛手服的订单。这类服装的穿着要求、面料选材和制作工艺都很特殊,开发难度相当大。丁老师带领开发小组日夜攻关,经过头版、二版、三版、四版的多次试样和修版,最终圆满封样。客户由衷地说:"达利女装学院的老师打版真有两把刷子!"

据统计,达利女装学院制版服务中心从2009年到现在已为中纺网络信息技术有限责任公司杭州分公司、中纺设计中心等多家企业和多个品牌女装商户提供女装制版技术服务累计400多款。

丁老师介绍道,2011年6月,中纺设计中心主动提出要与学校合作,免费提供了50平方米场地以及电脑、电脑平缝机、CAD绘图仪、版房裁剪模特等价值10多万元的设备,使达利女装学院制版服务中心的规模一下子扩大了。现在,业务量与日俱增。

在这里,丁老师带领团队完成了2项横向课题,技术服务到款金额4万元,真正实现了"校企合作"的双赢局面。

制版师像老中医,越"老"越值钱

据了解,我国在职服装制版师中,受过高等教育的不足10%,受过专业训练的不足6%,绝大部分制版师都是缝纫工出身,不少是先做3年缝纫工,再跟着制版师傅做1年徒弟,就算学成出师了;个别人只参加过几个月的职业培训。

服装制版师被视作"把设计理念转化为可操作实现的承上启下的灵魂人物",受过专业培训,有专业职称,有多年工作经验,特别是具有专业制版经验的服装制版师供不应求。

"制版师像老中医,越'老'越值钱。"丁林告诉记者,"目前服装制版师紧俏。刚出道的,月薪四五千元;有经验的,月薪则超8000元了。"

"不是只有我一个人,我们学校的多数专职老师,在寒暑假时,都下基层进企业锻炼技能。"丁林说。其实,在杭职院,这类专业老师越来越多。他们有自己的本事,凭过硬的技术,让学生心服口服;凭过硬的技术,就算不当老师,也能找到薪水不错的工作。

在采访中,丁林一直非常谦虚地表示,这个工作室不单单是他个人的,他正式的身份还是学校的专职老师,制作一件样衣,获得企业认可,这或许让他开心;但在学生当中,挖掘出一个个天才制版师,那才是令人兴奋的。

（本文原载于《杭州日报》2013年2月6日B5版）

学校培养什么人 企业最清楚
——杭州职业技术学院以行业企业需求引领教学改革

周 曦

实训车间

　　洗手、烘干、消毒、更换洁净服、步入洁净生产区……这一系列步骤,最快的学生花4分10秒完成。前不久,杭州职业技术学院生物制药技术专业学生参加了学校组织的一项技能大赛"无菌更衣"。决赛的地点在业内龙头企业——杭州华东医药集团有限公司的生物制药车间,而学生的获奖证书也盖上了学校与企业的两个印章。指导老师说,这样在真实环境中的比赛,能让学生感受到真正医药车间的工作流程,也能让他们明确专业技能提升的方向。

　　事实上,在杭职院为学生举办的一系列校级技能大赛上,很多项目都是与企业合作完成的:与汽车厂家合作的轮胎拆装大赛,与服装企业合作的立体裁剪造型比赛,与IT企业合作的程序设计大赛……

　　用企业的需求引领专业教学、培养高素质技能型人才,是这所学校的一大特点。

校企共同体:构建校企利益实体,深入推进校企合作

　　从2008年起,杭职院与世界第一大立式加工中心(机床)集团台湾友嘉实业集团合作成立了第一个校企共同体——友嘉机电学院。

　　校企共同体是学校与企业共同规划、共同组织、共同建设、共同管理、共享成果、共担风险的利益实体。其秉承的"企业主体、学校主导"原则,让企业在专业设置、课程调整、人才培养方向等问题上都拥有了发言权。杭职院校长叶鉴铭说,这样做不仅是为了体现校企合作的诚意,也更符合人才培养的科学性。"学校要培养什么样的人,不是学校的老师和专业负责人最清楚,而是作为用人单位的企业最清楚。"

友嘉机电学院成立后,作为企业方的友嘉集团一直充满动力。他们将在杭企业培训中心整体迁入杭职院,又陆续投入了超过1800万元的设备,派驻了20多位企业技师常驻杭职院,全程参与教学。在该学院的实训车间,水泥地上有多处磕碰痕迹,在友嘉工作11年、目前担任友嘉机电学院院长助理的吴士东说,这是企业不断投入的标志,因为车间里的旧机床要经常拖出去,新设备经常要运进来。"机床设备一年至少更新一次,和企业向市场推出的新产品同步。"

第一个校企共同体获得成功后,杭职院陆续与达利(中国)合作创办达利女装学院、与金都集团合作创办金都管理学院、与青年集团合作创办了青年汽车学院等,至今已有了7个校企共同体。这些学院既是学校的二级学院,又是这些龙头企业的二级部门,因此企业愿意拿出人、财以及最好的资源。

以达利女装学院为例,由于院长是由达利集团总裁兼任的,所以会特别留意学院的发展,除了派人和更新设备外,企业每年还划拨100万元用于学院建设。此外,企业对于专业发展的促进作用更大:达利集团联合8家在杭知名女装企业颁发"服装制版师岗位技能证书",对学生的专业能力进行考评,获得该证书的学生不仅在企业有优先被录用权,报酬还会高于同岗人员一级;达利把部分产品研发任务派发给杭职院,由教师带领学生以工作室的形式开展研发,使很多优秀学生的课堂作业直接走上了生产线……

校企共同体的出现,让学生在在校学习期间就能熟悉、掌握龙头企业岗位的工作任务和工作能力,为他们未来的择业、就业铺就了一条顺畅的路。

校企共育:教师、学生紧跟行业企业发展步伐

高职学生的作品能走进中国国家博物馆,在过去是想都不敢想的事。杭职院达利女装学院服装设计专业的学生裘华丽及其同学,不久前却在学校的牵线下与著名画家陈家泠进行合作,制作的6件缂丝工艺"俱往矣"系列服装在中国国家博物馆参展并被永久收藏。

同样是来自这个学院的另外4名学生,在今年举行的全国职业院校技能大赛高职服装设计与工艺技能大赛上全部获得了金奖,其中1人还同时获得了"全国服装学生技术标兵"称号和由人社部授予的技师职业资格证书。

让学生尽可能多地与行业企业进行接触,甚至获得一些高层次的锻炼机会,一直是杭职院的一个目标。而要实现这个目标,首先就是提高教师专业教学水平。

英特尔要求技术更新的周期是18个月,而学校的一本教材成形周期为4—5年,如果拿着这样的教材去教学生,内容早就过时了。杭职院党委副书记、副校长贾文胜说,学校教学必须果断革新,具体要从教师企业经历开始。

目前杭职院专任教师超过400人,来自企业或有企业经历的教师占大部分。而为了帮

助原先只熟悉理论教学的教师转型,杭职院对教师制定了"走出教材、走出课堂、走出学校"的规定,明确要求专业教师在3年内必须有不少于半年去企业一线实践的经历。这项规定叫作"教师企业经历工程"。为了杜绝走过场式的下企业,杭职院把教师企业经历实践情况、下企业期间参与项目研发、技术服务情况等与教师的职称评审、教学业绩考核直接挂钩,着力提高教师企业经历工程实效。

把教师"赶"到企业去,能帮助他们从用人单位的角度重新审视教学。数控专业教师吴晓苏曾花半年时间吃住在企业,整天与工人们一起泡在车间。半年后,他带回了数控专业一套完整的人才培养方案。不仅是专业课,思政课和公共基础课老师同样也要下企业。思政课老师王玲说:"有些课堂就设在企业教学区,教授内容完全根据专业要求设定主题,把企业文化元素融进去,结合实训项目进行教学,思政课就比以前容易上,也更有成效。"

除了要求专任教师到企业"回炉"外,杭职院还从企业聘请了大量的兼职教师。在新成立的普达海动漫艺术学院,起初只有10位专任教师,且其中的大多数教师都是平面设计领域出身。因此就读于这个学院的学生,常常会在同一门课上见到两个老师:一个是学校的专任教师,负责讲理论;另一个则是来自企业的兼职教师,负责具体实践。因为企业兼职教师的出现,师生们在课堂上、课余时间完成的作品,常常就是一个真实的企业项目,这能让学生的专业能力实现飞速发展。

创新创业:创业带动学业,提升就业竞争力

在杭职院,有一块区域被辟为高职大学生创业园,这是全国首个让学生在校内注册真实公司进行创业实践的平台。过去5年中,这里累计孵化近120家企业,其中6家企业被认定为"杭州市高新技术企业",1家企业被评为"杭州市十佳大学生创业企业",1家企业被评为"发展杭州市文化创意产业先进单位",3家企业被评为"开发区诚信民营企业"。吸纳了近300名大学生参与创业,带动了700余名大学生的实习与就业。

遵循着高职教育人才培养规律,杭职院按照"创业带动学业、提升就业能力"的理念,将创业教育纳入专业人才培养体系,初步构建了创业通识教育、专门化教育、SYB创业培训、模拟公司实训和创业园实践层层递进的创业教育体系。

校长叶鉴铭说:"杭职院可以没有'马云式'的人物,但不能没有培养'马云式'人物的平台。"为了鼓励学生创业,杭职院不仅面向全体学生开设了创业教育课程,还为有创业意愿的学生出台了一系列帮扶政策,包括用创业项目抵课程学分的个性培养方案、为创业失败买单的"护犊资金"、指导学生开展具体实践的创业导师等。

杭职院毕业生沈康强就是其中一个代表人物。学软件工程的他于2008年毕业前投入50万元在杭职院创业园内创办公司,年收入一度超过100万元,成了很多学弟学妹创业时的"领航导师"。后来因为市场经验不足,他的公司在开发一个新项目时铩羽而归。杭职院创业园于2013年初向他兑现了"护犊资金",帮助他重整旗鼓。

市场营销专业毕业生王杭飞是另一类代表人物。他在大一时就开始创业,而后公司业务兴隆,在上海、南京、合肥、武汉等都设立了分公司。随着业务的不断扩张,还是在校生的王杭飞不得不面对创业或学业的两难抉择。后来,学校专门制订了适合他创业需求的个性化培养方案,一方面把他的创业经历划为平时成绩和实践成绩,另一方面又指派教师对他进行专门辅导,最终帮他顺利完成了学业。

体面就业:看重的不再是就业率

对于杭职院的学生来说,找工作并不是一件难事,他们更在意的是这份工作的专业对口、薪资待遇、晋升空间等要素。根据2013届毕业生的数据,全校共有2925名毕业生,来校招聘岗位超过21400个,是毕业生数的7倍多。而根据过往5年的数据,每年到杭职院招聘的岗位数量都保持在20000个以上,是毕业生数的6—7倍。换言之,在这里不是学生在找工作,而是岗位在争学生。

就业形势好转的情况之下,学校的主要考量指标不再是就业率,而是"体面就业率"。学校制定了《杭职院毕业生体面就业跟踪调查工作实施办法》,从就业机会、专业对口、岗位待遇、就业主观评价、自主创业5个维度进行考量,设立5个一级指标和11个二级指标,以全面掌握毕业生的专业技能、工作适应程度、薪资水平,以及用人单位的反馈意见和社会对人才素质能力的要求,从而调整完善专业结构和课程设置,提升人才培养质量,促进毕业生体面就业。

凭借扎实的基本功和良好的综合素质,杭职院的学生在实习期间就常常能脱颖而出,走上社会后更能迅速成为单位的业务骨干。杭职院毕业生就业跟踪调查显示,因为学生动手能力强、首岗适应快,近3年来企业对杭职院毕业生的满意度高,其被企业提拔重用率较高。

达利女装学院学生朱慕芳,在杭州美仑美奂服饰有限公司实习时就拿到了每月2000多元的实习工资,入职后多次加薪,工作不到1年月薪就得到大幅度提高。

友嘉机电学院学生胡金焕,在浙江盾安阀门有限公司实习时就拿到了相当于本科毕业生标准的月薪。其凭过硬的技能和技术研发、管理改革成果,频频受到公司嘉奖。友嘉机电学院学生徐金泉,进入友嘉实业集团后连续两年被授予"绩优人员"荣誉。

青年汽车学院学生陈哲轶,凭借扎实的汽车专业知识、技能和沟通能力,在衢州某4S店实习期间就连续5次荣获销售冠军,单月最高收入一度达到万元。

根据浙江省职业发展状况及人才培养质量调查,杭职院2011届毕业生一年后享受到社保待遇的比例为81.8%,明显高于全省高职高专院校毕业生平均水平。而根据学校对毕业生的调查,杭职院2012届、2013届毕业生的起薪分别为2816元、2904元,也都高于同类院校平均水平。根据多家用人单位的调查反馈意见,杭职院的毕业生综合素质高,不仅首岗适应快,而且多岗迁移和可持续发展能力都很强。

(本文原载于《中国青年报》2013年12月11日11版)

深度融合让校企成为"一家人"

徐健丰 周 曦 王 颖

杭州职业技术学院学生在达利产品研发中心
进行立体裁剪实训

只有以企业真实产品研发促进课程改革,才能让教学改革变得更有方向。与企业合作的一大好处是能紧紧抓住市场脉络,用企业的生产实际和行业发展需求来引领教学,绝对不会让专业变"空"。在达利(中国)股份有限公司正式上线生产的丝绸产品中,很大一部分是由杭州职业技术学院达利女装学院教师带着学生共同研发的。当这些产品在纺织服装市场激烈的竞争中脱颖而出时,参与研发的学生们也已早早地解决了就业问题。

最近,浙江省杭州职业技术学院达利女装学院的学生在业内特别活跃。他们为著名画家陈家泠制作的系列服装,成为泼墨创作的艺术品载体,走进中国国家博物馆;他们在暑期社会实践时所创作的面料图案,被企业相中制作成实物,并在第18届中国国际家纺面料展上大放异彩;他们在与浙江省内高校同台比拼的服装技能大赛上毫不逊色,前十席中占了两席……

用研发敲开企业大门

学生为何能在业内如此受欢迎,还得从达利女装学院的成立说起。达利女装学院是由杭州职业技术学院与达利(中国)股份有限公司合作成立的二级学院,通过近5年的紧密合作,已成为融学校专业建设及企业生产研发各环节为一体的校企共同体,双方共同规划、共同组织、共同建设、共同管理、共享成果、共担风险,用创新的方式孵化高级蓝领人才。

达利女装学院的服装设计专业、针织技术与针织服装专业,是最早与企业进行全方位合作的专业。当时,在达利公司技师的指导下,学院采购了一批先进的电脑横机设备,刘桠楠等3位专业教师带领一些学生,使用这些设备,承接了企业的研发项目作为小范围合作的尝试。在很短的时间里,他们就研发出一批深受市场欢迎的针织围巾产品,获得公司的高度认可,从此敲开了专业加入公司新产品研发的大门。

应市场需求设置专业

与企业合作的一大好处是能紧紧抓住市场脉络,用企业的生产实际和行业发展需求来引领教学,绝对不会让专业变"空"。达利女装学院近年来招生火爆的时装零售专业,就是在企业的强烈建议下设置的。

在2010年前后,国外许多知名女装品牌进驻国内市场,在全国开设了几百家专卖店,国内的服装产业从过去以生产为主,向研发、销售两个终端转型升级。在达利女装学院的理事会上,各理事不仅及时告知了服装产业的变化趋势,还透露了店长、导购等营销人才奇缺的状况。

摸准市场风向标的杭职院决定立即设立时装零售专业方向,并从服装设计班、市场营销班选择了部分二年级学生组成该方向第一个班级。学校与达利公司准确定位就业岗位,共同确定人才培养方案、共同实施教学、共同开发教材、共同评价教学质量,企业参与专业人才培养的全过程,实施"教、学、做合一"的教学模式,并从职业素养、企业文化等层面实施文化育人,使学生的知识结构、职业素质和职业能力符合用人单位的要求,提高学生的就业竞争力。这些兼具时装意识与营销知识的学生,很快受到服装零售企业的追捧。

以项目促进课程改革

只有以企业真实产品研发促进课程改革,才能让教学改革变得更有方向。以纺织装饰艺术设计专业方向为例,原来按照印花、提花等不同面料进行分类的传统教学因为理论性太强,很难找到合适的项目让学生动手实践。从2012年开始,达利女装学院的这一专业根据达利产品研发项目进行课程改革,不仅在达利公司找到了真实产品研发项目,而且让师生的专业水平有了质的提升。

随着校企合作的不断深入,达利女装学院与达利公司在研发任务上的合作越来越多。服装设计专业师生为达利旗下品牌设计春夏装354款;针织专业教师承担达利旗下品牌秋冬针织围巾的研发任务,完成样品150余款,投产78款;纺织专业教师指导学生设计作品,已有200余款被达利公司采用,其中100余款已投入生产……此外,双方还合作成立丝绸产品创意研发中心,达利女装学院的教师将借助这个平台,带领学生全面融入达利公司的产品研发任务中。

优秀作品被企业选中即可直接投入生产,让学生的学习积极性不断高涨。针织专业二

年级学生李健说,他平均两三天就能完成一件针织样衣,而且都是按照达利公司的设计图纸和生产要求进行制作的。他指着两件挂在毛衫研发中心墙上的样衣自豪地说:"今年春天,我做的这些衣服就会出现在美国市场上。"

靠合作实现资源共享

不久前,达利公司接到一批特殊工艺的生产订单,由于工艺复杂,公司原有设备略显紧张,需要再增加一台起皱花式机,公司自然而然地想到了达利女装学院。

"没问题,我们是一家人,只要达利公司有需要。"达利女装学院副院长徐剑马上联系设备管理员,为达利公司生产部的刘师傅办理了借用手续。徐剑说:"我们是一家人。"这并不仅仅是一句客套话,多年的合作已经让达利女装学院与达利公司习惯了人员、设备等资源的共享。借用设备、安排实习、完成项目、邀请专家授课讲座……在有的学校、有的专业看起来很难的事情,在他们之间都不过是一句话就能解决的问题。

顺利借到设备后,刘师傅顺口向徐剑问了一句:"老师,我们什么时候开始上课?"原来,刘师傅除了是达利公司的员工,同时还是杭职院的学生。通过成人高考的他,就读于杭职院为达利公司专门设立的双元制班级,班里的同学就是与他在企业生产线上并肩作战的同事,上课的老师就是与他在企业研发任务上经常打交道的杭职院老师。这样一来,不仅让刘师傅这样的一线技术骨干的文化水平得到了进一步提升,而且更能加深校企合作的融合度,使学校教学与企业生产各环节上的合作更扎实。

（本文原载于《中国教育报》2014年1月14日6版）

杭州市属高校在课堂上完成"产学对接"

人民网记者　赵　倩

在杭州职业技术学院,还不到8点,离上课还有20多分钟,学生们便陆续走进了王玉珏老师的二维动漫制作课堂,熟练地掏出一张"工作证"刷卡签到,当提前几分钟赶来上课的王玉珏老师走进教室时,每台计算机前座无虚席。

在王玉珏老师的课上观察了半天,发现每个学生都在忙着自己的"工作",没人乱逛网站或开小差。下课后,每个学生依旧都在门口打了卡才离开。自从杭职院推行"校企合作、产学对接",将课堂模拟成"上班"环境以来,学生们上课越来越积极主动,学校里这样全勤的课堂早已不鲜见。

重构课题　让学生就业不再难

"老师把企业的项目带进课堂给我们做,从剧本制作、人设、场景、道具,到中期制作、分镜直至最后,都是我们小组独立完成的。"在王玉珏老师的这堂课上,同学们继续分组制作一个关于"春运"的车载视频,学生钟意调出他们已经制作完成80%的视频给记者介绍:"老师把课程都融入实践中,这样更有助于我们学习、理解和应用。"

王玉珏老师告诉记者:"你看到的那个打卡机也是模拟企业工作环境,让他们养成习惯,如果在企业里,是不能随意迟到早退的。我们的分组和企业里的分组基本一致,一个项目做下来,学生可以了解到真实的企业工作流程。而且,每个小组做出来的最后内容都会提供给企业去做选择,如果被选中,对学生来说,不光是有奖励,也会提高他们的积极性,让他们更有学习的动力,更重要的是做得好了对他们就业也有不少帮助。"

王玉珏老师的课堂只是杭职院乃至杭州市属高校教学的一个缩影。

以杭职院的电梯实训基地为例,5000平方米的电梯实训基地拥有28个竖梯井道(三层高)、6个扶梯井道,采用"小班化"教学,授课地点就在实训基地里。第一期28个学生,全部采用的是小班化教学,1个老师带4个学生,老师在真实的环境中手把手地教学生。

"离毕业还有半年的时候学生就全部被全球电梯行业前十的企业订走了!不光如此,他们起薪4000元左右,在行业内都算高的!"提到自己培养的学生,电梯实训基地的韩霁老师非常自豪。

"我们学校的每个专业都跟企业有合作,去年毕业季,3000多毕业生有2万多个岗位可选择,只要想工作的都会有工作!就业容易了,学生们学习的积极性自然就提高了!"杭职院产学合作处姜萌处长告诉记者,"很多用人单位都说我们学校的毕业生综合素质高,不仅首岗适应快,而且多岗迁移和可持续发展能力强。像我们2008届数控技术专业毕业生徐金泉毕业后进入全球三大数控机床生产商之一的企业,工作出色,连续几年被评为'绩优人员',企业负责人说,'像徐金泉这样的学生,多少我都要'。"

产学对接 老师跟市场调教学

杭职院的毕业生如此抢手跟学校"产学对接"的教学模式密不可分。为了自己的课程不与企业和市场脱轨,每个老师都花费了许多精力!

杭职院友嘉机电学院机电一体化技术专业负责人魏宏玲,同时也是"二轮车停车设备研制"项目的指导教师。她告诉记者:"机电专业是一门'宽口径'专业,大到生产车间的机床,小到豆浆机的内芯,都是教学的目标。身为高职院校的老师,要想办法帮助学生在在校期间掌握更多的技能,方便他们就业。短短3年的高职教学课堂,不足以让学生掌握、精通所有的机电设备,所以我们就推出了'学期项目课程'的教学模式改革试验,将每个学期的知识点转化为学期项目,在学生参与项目的同时有针对性地开展教学。"

"为了能够了解市场需求,我们要求专任专业教师3年内必须要有不少于半年到企业一线实践的经历,并明确下企业锻炼的具体任务和要求。"在杭职院校长贾文胜看来,课题紧跟企业需求是每个老师的基本功:"学校要培养什么样的人,不是学校的老师和专业负责人最清楚,而是用人单位最清楚;每个专业的新技术、新工艺、新设备和新材料等也不是掌握在学校手里,而在处于市场最前端的龙头企业手里。老师脱离了企业,就没办法更好地教学生实用的知识!"

正是看到了学校和企业深度"产学对接"的成效,企业才愿意投入人力物力给学校。2015年,友嘉集团在杭职院投入500万元建设"机床博物馆";达利集团建成了3000多平方米的"厂中校";金都管理学院与万科集团合作培养"社区管家";信息工程学院与银江集团、安恒公司合作培养"软件工程师";临江学院与浙江虹越集团合作培养"园艺人才";等等。

共同推进 校企结合前景广阔

如今,杭州师范大学、浙江大学城市学院、杭州师范大学钱江学院、杭州职业技术学院、杭州科技职业技术学院、杭州万向职业技术学院、杭州育英职业技术学院等7所杭州市属高校都进行了"产学对接"。

杭州市教育局副局长肖锋告诉记者:杭州市推进市属高校"产学对接"以来,已立项建设特需专业15个,中高职衔接示范专业5个和培育专业5个,校企共建校内实训基地20个,技能名师工作室30个,示范性职工培训中心10个,优秀中青年教师进企服务70人;建立新型产学合作组织9个;确定大学生实习实训基地37家;推出116项市属高校优秀科技成果,签约转让7项科技成果,新签约建立3个重大科技合作平台。

"杭州市市政府专门成立了领导小组,联合了市教育局、市国资委、市经信委、市科委、市人力社保局等部门共同推进市属高校'产学对接'。"杭州市市政府副秘书长姚坚认为市属高校"产学对接"非常有必要,"各部门牵头组建了一批产学合作组织,为产学对接的长效发展提供了组织保障,并且落实了产学对接工作专项经费,通过7项工程项目建设推动了校企合作。"

杭州市教育局和杭州市国资委建立推进市属高校与市属国企合作协同机制。2015年,16家大型市属国企均与市属高校建立结对关系,9家国企与高校签订接纳大学生实习实训的合作协议,成为首批杭州市大学生实习实训基地。杭州地铁集团与市教育局签订合作协议,与3所市属高校、2所中职学校合作,共同开展地铁人才订单式培养,首批39名学生已在杭师大钱江学院入读地铁订单班。市商旅集团与市属高校合作,共同组建校企合作模式的杭州市商旅产学合作联盟。杭州市民卡公司与浙大城市学院合作,共建"市民卡产研中心""数据分析建模工作室",共同推进市民卡应用。

杭州市市政府副秘书长姚坚说:"杭州市推进高校产学对接工作,是在经济转型升级的困难时刻提出的一剂药方,是推动'大众创业、万众创新'的一项重大举措,是构建杭州现代职业教育体系的直接抓手。目的就是要通过产学对接,为企业的转型升级提供新动力,为杭州经济走出低谷提供一条新路子;为当前大力实施的创新创业注入新活力,为打造创新活力之城提供新载体;为地方高校的转型发展提出新理念,为杭州市构建现代职业教育体系提供新方向。"

杭州刚刚公布了第二批杭州市大学实习实训基地名单,"十三五"期间,杭州市属高校将进一步推进产学对接。

(本文原载于人民网2015年12月21日)

专访达利女装学院:校企联姻以行业企业需求引领教学改革

杭州网记者　余琼雅　胡坚伟

每年这个时候,就业择业成为国民热议的话题。众多即将走出大学校门的大学毕业生都在为没有着落的工作而担忧着,而一众即将走进高校大门的学生们则为选择什么样的专业而困惑着。

课桌椅就是工作台,教室就是车间,教材就是图纸,老师就是操作员……这是在达利女装学院看到的场景。他们的应届毕业生大部分通过校企合作、顶岗实习等方式,和企业完成了无缝对接,签订了劳动合同,一毕业即将走上工作岗位;这几年的自主招生和今年的提前招生,报考学生和录取人数比都超过了10:1。

打破人才供需两难壁垒

学生为何能在业内如此受欢迎,这得从达利女装学院的成立说起。

"杭州职业技术学院是一所职业院校,所开设的专业都是从杭州的产业经济发展需要出发的。女装是杭州的主导产业,围绕这个主导产业,需要培养企业生产一线技术、技能型人才。想要办好这一专业,必须要找企业合作。因为以前的那一套课程体系,以前的书本中的教学内容,靠学校老师自己教学,培养出的人才与企业需求是有距离的。正巧达利(中国)有限公司也有校企合作的想法。"杭州职业技术学院副校长许淑燕向记者聊起了达利女装学院的来历。

达利女装学院是由杭职院与达利(中国)股份有限公司合作成立的二级学院,通过6年多的紧密合作,已成为融学校专业建设及企业生产研发各环节为一体的校企共同体,双方共同规划、共同组织、共同建设、共同管理、共享成果、共担风险,用创新的方式孵化高级蓝领人才。

应市场需求设置专业

与企业合作的一大好处是能紧紧抓住市场脉络,用企业的生产实际和行业发展需求来引领教学,绝对不会让专业变"空"。比如杭州也有很多服装界的院校,大部分定位都是在培养服装设计师上,而达利女装学院的定位则是培养制版师。

"服装企业的产品开发需要两类人才:服装设计人才和服装制版人才。比例为1:1左右,制版师的需求人才可能还要更多一点。"达利女装学院服装设计专业负责人郑老师告诉记者。

"我们学校比较注重样板方面,其他院校则更注重设计这一块。我们设计出来的服装有较于专攻设计方面的学生做出来的成衣瑕疵会更小,更符合穿着习惯。"达利女装学院大二朱同学对自己的专业信心满满。

用研发敲开企业大门

达利女装学院自成立起,在6年多的时间里,已取得了不俗的成绩,在业内特别活跃:去年4年一次的国家级教学成果奖,校企共同体的达利女装学院的这样一个办学模式拿到了一等奖;他们为著名画家陈家泠制作的系列服装,成为泼墨创作的艺术品载体,走进中国国家博物馆;他们在暑期社会实践时所创作的面料图案,被企业相中制作成实物,并在第18届中国国际家纺面料展上大放异彩;他们在与浙江省内高校同台比拼的服装技能大赛上毫不逊色,前10席中占了2席……

达利女装学院的服装设计专业、针织技术与针织服装专业,是最早与企业进行全方位合作的专业。当时,在达利公司技师的指导下,学院采购了一批先进的电脑横机设备,刘桠楠等3位专业教师带领一些学生,使用这些设备,承接了企业的研发项目作为小范围合作的尝试。在很短的时间里,他们就研发出一批深受市场欢迎的针织围巾产品,获得公司的高度认可,从此敲开了专业加入公司新产品研发的大门。

"现在,我们教学采用的是跟达利公司的产品、真实项目产品开发结合起来的方式。如达利今年的春装,企业要开发产品,他们出企划,我们把企划中的一部分任务接过来,当作我们教学内容,把这个真实的项目当作教学内容,让学生来完成一下真实的项目。"郑老师说,"通过参与企业研发过程,教学不再是虚拟的练习,学生对行业的标准、流行趋势认识都有很大提高。这样培养出来的学生一到企业就能马上上手,企业对学生的认同度基本上能达到100%。"

（本文原载于杭州网2015年4月8日）

杭职院以"优秀"成绩通过骨干校项目两部验收

《杭州日报》记者　方秀芬　通讯员　周　曦

近日,教育部、财政部正式发布《关于公布"国家示范性高等职业院校建设计划"骨干高职院校建设项目2015年验收结果的通知》(教职成函〔2016〕1号)文件,同意杭州职业技术学院的建设项目通过验收,建设项目结论等级为"优秀"。在全国本批次验收院校中仅有8所为"优秀"。

2010年,杭职院被教育部、财政部确定为国家骨干高职院校建设单位。项目共投入经费10400万元。建设项目分为7个子项目:1个办学体制机制创新项目(校企共同体建设)、3个理事会制度下的重点专业及专业群建设(数控技术专业及专业群、服装设计专业及专业群、精细化学品生产技术专业及专业群)和"双师"型专业教师队伍建设、社会服务及功能拓展平台建设、高职学生创业能力建设等3个其他建设项目。

骨干校项目建设期间,学校按照"系统规划、重点突破、全面推进"的建设思路,根据批复的建设方案和建设任务书要求,联合校企共同体合作企业有计划、按步骤稳步推进项目建设,高质量完成了100%建设任务,实现了预定的目标。建成社会信誉度高、家长学生满意度高、教职工幸福指数高的国家骨干高职院校目标基本实现。

骨干校项目验收是新一轮发展的起点,杭职院将发挥国家骨干高职院校的示范引领作用,进一步理清发展思路、完善建设成果,继续深化教育教学改革,不断提高人才培养质量和办学水平,提升服务现代产业体系建设和区域经济社会发展能力,为现代职业教育体系建设做出更大贡献。

(本文原载于《杭州日报》2016年3月1日9版)

三年奋斗 羽化成蝶

——杭州职业技术学院骨干校建设纪实

周 曦

电梯培训中心学生实训

前段日子,教育部门和财政部门公布了"国家示范性高等职业院校建设计划"骨干高职院校建设项目2015年验收结果。30家被验收的高职院校中有8所获得"优秀",杭州职业技术学院就是其中的一所。在显著成绩的背后,这所骨干高职有着怎样独到的办学模式?学校又有着怎样的职教高招?让我们走进杭州职业技术学院,去探寻其中的奥秘……

他赢为先 "校企共同体"让企业找到合作的动力

走进杭州职业技术学院的校园,来来往往者一时很难分清是学校老师还是企业师傅。在这里,大家都一样穿着工作服,一样自由出入餐厅、图书馆、体育馆或办公楼。不过,也不需要分清他们的身份,因为在这里,学校与企业就是以统一的"校企共同体"运营的,双方共同规划、共同组织、共同建设、共同管理、共享成果、共担风险,在专业设置、课程调整、人才培养上有着同样的话语权,在教书育人、带队实习、培养学生职业素养上有着同样的责任心。

友嘉机电学院是杭州职业技术学院成立的首个校企共同体,是与全球知名的数控机床生产制造商台湾友嘉实业集团合作开设的。秉承"企业主体、学校主导"的原则,学校通过专业的对应和调整,为企业的设备维修、员工培训、员工补充提供专业帮助和专门服务;而企业则把友嘉机电学院真正当作了自己的学校、重要的事业部,纳入企业整体规划和全球化发展战略,委派了20余名企业技师常驻学校帮助教学、提供价值数千万的数控设备、负责所有设备的维护与更新。去年,友嘉实业集团还出资500万元在学校建立了全国首家高职院校内的"机床博物馆",为培养学生的职业素养提供了更好的校园文化平台。

友嘉机电学院的办学模式获得成功后,学校又陆续与各个行业主导产业的主流企业合作创办了多个校企共同体。通过"校企共同体"的办学机制,把学校、行业和企业通过利益关系联系起来,形成了真正的合作办学实体、产学研联盟。

跨界合作 大力探索"现代职教体系"的新实践

骨干校建设的这几年里,杭州职业技术学院还引入了多个合作伙伴,开始了一系列的尝试。

2014年,学校与浙江省特种设备检验研究院、杭州容安特种设备职业技能培训公司以"混合所有制"的股份比例建设电梯培训中心,共同培养电梯安装和维修保养技术技能人才。培训中心建有28个竖梯井道、6个扶梯井道及其他辅助教学设施,规模硬件条件属国内领先,实现了"小班化教学"和"教学做一体"。针对西子奥的斯、通力等区域主流电梯企业面临的在中西部地区招工难、培训难等问题,学校利用对口支援院校的资源,构筑校企合作平台。学校根据企业的区域人才需求,与企业共同组建宣讲团队,到对口支援学校选拔学生,并以三方协议的形式进行订单培养;学生在学校学习2个月后,到电梯企业实习,毕业后以杭州的薪资标准回到生源地就业。目前,已有3家位居全国十大品牌行列的电梯企业和兰州职院、宁夏工商职院等16所院校,在杭州职业技术学院的牵线下参与了该项目,电梯企业、西部院校及学生都从中受益匪浅。

2015年,杭州职业技术学院又与浙江西子航空工业有限公司合作共建西子航空工业学院,创新"现代学徒制"的人才培养模式。校企共同开发基于航空数控加工和航空钣金岗位的课程体系和教学内容,共建师傅团队、实现双师授课、共同选拔学生、实施教学。而被选入西子航空工业学院就读的学生,则与企业、学校签订三方协议,明确学生的"学生和准员工"双重身份,还可以享受由企业提供的"三大政策"——提前转正、返还学费、无息住房贷款,成为航空高端制造业的"金蓝领"。

真实生产 用企业任务引领专业发展

不久前,达利女装学院的章瓯雁老师带着她工作室的学生,完成了CB品牌天猫旗舰店的春夏款服装设计任务。这个品牌的全部服装款式,都是由章老师的工作室负责的,今年业务还将扩展到高级服装定制和服装饰品的设计。因为直面市场,学生的业务能力直线上升,参加了不少省级、国家级的学生职业技能大赛,获得了很多的金奖、一等奖。

企业提供的真实生产任务,通过"教师工作室"的模式,为老师接触市场、为学生获得个性化培养提供了机会,同时还提供了一个良性循环平台。学生报名后,先由老师选拔进入工作室学习,随后工作室指导老师会制订个性化人才培养方案,在公共基础课和素质拓展课开展大班教学,在专业课采用导师制教学,在教学中注重因材施教,跟踪每位学生的成长,使学生能得到全面的发展。

过去三年来,达利女装学院服装设计专业师生在达利产品研发中心、裤装样板与工艺研发中心、立体造型研发中心等多个工作室里,为企业开发产品1350余款,这让师生的专业能力得到了飞速提升。

实战为上 打造高职创新创业的热土

杭州职业技术学院内的高职学生创业园成立至今,已经走出了1名浙江省成功创业之星、2名杭州十佳大学生创业之星、1名杭州杰出创业人才;同时,还累计孵化了143家大学生创业企业,培育了11家"杭州市高新技术企业",吸纳了300余名学生参与创业,带动了1400余名学生就业;在校学生更是因此受到了创新创业教育的鼓舞,首届全国创新创业大赛获特等奖1项、一等奖2项,全国"赛伯乐"杯创业大赛获奖2项,德国红点设计大奖1项……

正如该校创业教育理念所表述的那样:"杭州职业技术学院可能没有'马云式'人物,但必须要有培育'马云式'人物的平台。"

2015年6月,国家教育部门在北京召开的深化高等学校创新创业教育改革视频会议上,杭州职业技术学院校长贾文胜作为高职院校仅有的代表,向全国介绍了该校开展创新创业教育的经验。他把学校的成功归功于"四阶段"渐进式创新创业教育体系,即通识教育阶段、创新教育阶段、专门化教育阶段和创业实践阶段。

从普通学生到重点创业人群,"四阶段"渐进式创新创业教育体系给了学生足够的施展空间,甚至可以为他们量身打造人才培养方案。"菜鸟驿站"的创业者陈翔,就好几次因为"谈生意"而向老师"告假",老师非但不生气,还等他忙完"生意"后给他"开小灶"单独补课。在学校出台的《杭州职业技术学院在校生自主创业教学管理原则意见(试行)》中,明确提出了要给创业学生定制个性化人才培养方案、享受创业成果计入学分、经认定后的创业活动抵学分、与专业课程内容相近的创业项目申请免修等政策。

除了在学业上给予照顾,学校每年拿出100万元的"护犊资金",专门用于扶持创业项目前景好、但一时陷入资金困境的大学生创业团队。目前已经有好几位学生创业者从学校领走了2万—5万元不等的资金,继续自己的创业梦想。他们说,正是学校"护犊资金"的支持,让他们有了重新站起来的力量和信心。

"皮毛"相符 实施"文化梯度育人"提升综合素养

2015年,杭州职业技术学院的300多位党员老师分组奔赴企业,调研职业素养需求,形成了70多篇扎实有力的调研报告;从全校收集到了700多个内容鲜活的职业素养案例,被汇编成册;全体专业负责人和骨干教师60多人,撰写了《专业职业素养与规范手册》《专业课程融入职业素养教改方案》《学生职业素养教程》等,强化学生职业素养教育已成为全校教工的

共识。

杭州职业技术学院党委书记安蓉泉认为,高职院校在经过"校企深度合作、学做高度合一"的快速发展阶段后,应进入"文化梯度育人"的新阶段,按照"学生素养、职业素养和公民素养"3个梯度,围绕技术技能的需要开展职业素养教育,将思想教育内容的"毛"与企业生产实际的"皮"结合起来。

在对素养教育的高度重视下,学校制定出台了《关于开展大学生基础文明养成教育活动的意见》,从日常点滴规范学生在校期间的课堂文明、宿舍文明、餐厅文明、网络文明、日常举止文明。

"三年迈步从头越。"在省区市各级政府的支持和全体"杭职人"的拼搏下,杭州职业技术学院历经骨干校建设三年的锻炼,终于成长为社会信誉度高、家长学生满意度高、教职工幸福指数高的国家骨干高职院校。

（本文原载于《中国教育报》2016年3月21日8版）

为什么学校培养的人才企业不需要？为什么企业难以找到立马可用的人才？
杭州职业技术学院尝试——

从职业教育供给侧改革中找答案

《浙江工人日报》记者　雷　虹　杜成敏

如果你至今还认为随便拿个什么大学文凭或高中文凭,将来当个工人总没问题,那你就大大out(落伍)了。

现代技术日新月异,如今的机床已不再是原来普通的机床,而是数控加工中心,哪怕送个快递也要物联网了。你懂吗？拧个螺丝也有规范,要"进四退三"才能拧得完美,才能保证设备不会在关键时刻"掉链子"。你在学校里学过吗？你能任何时候都做得到吗？

现在,有人在在校学习期间就把这些都学得透透的,一出校门,不仅是个熟练工,什么都能干,而且职业习惯很好,职业反思能力很强,职业可持续发展潜力大,这样的人才谁会不喜欢呢？近年来,杭州职业技术学院正用自己的一套办法默默培养着这样的人才。

在杭职院,学生是这样学习的

前不久,某省领导到浙江西子航空工业有限公司考察,这家为中国首架大型客机制造了舱门的民营企业董事长王水福对这位省领导说,杭州有个杭职院不得了,我们这样的企业就是需要这样的学校来支撑,你一定要多关注、多支持、多投入！他对杭职院的这种办学模式大为称赞,建议向全省推广经验。

据介绍,目前,西子航空工业公司10%以上的员工都来自杭职院西子航空工业学院。航空装备制造业被誉为"工业之花",对人才的要求非常高,杭职院西子航空工业学院的毕业生已经具备了装扮这朵"工业之花"的能力。

杭职院所做的就是引进相关主导产业的主流企业,开展校企深度合作,创新现代学徒制人才培养,从而打造出企业真正用得上的,并且可以面向整个行业的专业技术技能人才。

2015年1月,杭职院与浙江西子航空工业有限公司,以及全球第三大机床生产厂商友嘉实业集团共同成立了杭职院西子航空工业学院,同时成立的还有西子航空工业学院理事会。理事会由5名理事组成,其中,西子航空公司2人,杭职院2人,友嘉实业集团1人,由西子联合控股有限公司董事长王水福担任理事长。

三方共同制订了西子航空急需的航空数控加工和航空钣金装配2个专业方向的人才培养方案,共同创造性地将课程体系分为4个模块:航空职业素质养成模块、制造类技术技能基础课程模块、航空制造岗位群技术技能模块和学徒个人职业发展模块。

课程的授课采用工学交替模式,学生超过一半的时间在企业的真实生产环境中学习;学校专业教师、企业高工和企业岗位工艺主管组成"校企联合教研室",对教学工作和实习工作进行过程管理和质量监督。

这个课程体系既满足了西子航空目前对于制造类技术技能人才的需求,又考虑了学生(学徒)的兴趣和职业取向,使得培养的学生具备可持续发展能力。"此举将使企业摆脱浙江航空制造类人才缺乏的困境",王水福董事长十分欣慰,为此,还专门针对西子航空工业学院的学生出台了几项激励政策:毕业生正式入职企业的,试用期缩短为2个月,企业将返还学生全部学费;毕业后服务满3年,企业提供10年期无息住房贷款20万元。

杭职院西子航空工业学院的人才培养模式,是杭职院深度开展校企合作的一个缩影。其实杭职院对校企合作、现代学徒制的探索是全方位和多维度的,二级学院全部以企业名字命名,代表着与这个企业的深度合作。每个学院都有至少一栋独立的大楼,这个学院不仅是学校的,也是企业的。学生在这样的地方学习,理论和实践的结合几乎没有距离。

在杭职院友嘉机电学院,记者发现,这里不仅有友嘉最新研发的机床,还有来自友嘉的工程师正在教学生熟悉、操作这些精密机床。"这些工程师是我们学校的宝贝。"校长贾文胜说,工程师接受友嘉和学校的双重考核,拿企业薪资,很有动力。

这里,还有全国高校首家机床博物馆,学生不出校门就已放眼全球最先进的机床。高配培养出来的学生到哪里都适用。

在杭职院达利女装学院,记者发现,教师(师傅)的办公场所与学生上课的场所是打通的,教师(师傅)第一时间指导学生设计、制作服装。业内人士说,现在达利女装学院的服装制版专业绝对称得上全国一流。

近年来,不少大学毕业生表示工作不好找。另一方面,企业又表示找不到想要的人才。杭职院校长贾文胜说,一切的问题就出在教育供给侧与企业、社会需求侧出现了脱节,与其他工业企业一样,是"结构性过剩"所致。教育产业,特别是职业教育,也要按照中央要求,深化教育供给侧改革。学校要培养什么样的人才,企业最清楚,所谓"春江水暖鸭先知";而怎么培养人才,学校最有经验。所以校企合作,不仅仅要融入,还要融合、融通,需要建立起以企业为主体、学校为主导的深度校企合作机制,才能让职业教育培养出企业真正需要的人才,支撑中国成为世界制造强国。

(本文原载于《浙江工人日报》2016年4月14日3版)

10名"电梯小工匠"将上岗 还有一名女维修工

《钱江晚报》记者 林晓莹 通讯员 周 曦

杭职院特种设备学院的2016年电梯学徒班结业汇报会

说起电梯维修,你一定会想着这是男人做的事。其实不然,杭州职业技术学院机电一体化专业的大三女学生李真真就刚刚拿到了特种设备作业人员证和电梯维修工初级技工证。她还从奥的斯企业负责人手中接过了聘用证书,下半学期开始将和其他9名男同学一起作为一名"电梯小工匠"上岗。

10名学生在电梯学徒班结业会上与企业现场签约

李真真,长长的头发,笑起来特别好看。她称自己从小就喜欢动手操作各种零件,会把家里的机械用具拆了装、装了拆。"因为感兴趣,所以就选择了这个行业。虽然起初进入电梯班实操时有点不适应,但经过老师和同学的指导与帮助,现在独自应对电梯紧急救援操作没问题。"

和李真真一同加入电梯学徒班的还有9名男生,这10名学生是从几十位报名者中胜出的,最终他们跟其他学校的4名同学共同组成了电梯学徒班,参加岗前培养,通过企业岗前培训和考试后再进入企业上岗。

机电一体化专业的大三学生陈寒冰说,自学徒班开班以来,同学们都非常努力,从最基本的部件拆装开始,到对电梯内部回路结构的了解,最后对整台电梯进行维修保养,基本上

把电梯知识扎实地学到家。

前几天,杭职院特种设备学院举行了一场2016年电梯学徒班结业汇报会,全球前十大企业的六大电梯品牌电梯企业浙江区负责人,11个地市的电梯协会会长单位、浙江地区9个电梯制造企业等负责人来到现场。

会上,学徒与用人单位进行了现场签约,并由与会专家按照国家职业资格标准随机抽题,对学徒进行现场实操演示考察。考察过程被学徒佩戴的可视眼镜实时记录了下来,传输到大屏幕上供与会专家评议。

通过现代学徒制培养模式实现招生招工一体化

特种设备学院电梯学徒班是特种设备学院基于电梯行业特性,探索电梯装调、维修及改造人才的现代学徒制培养模式改革。学校、企业的深度合作,让学生与教师、师傅建立师徒关系,通过"手把手""小班化"等教学模式,对学生进行技术技能培养,并实现了招生招工一体化。

学徒班培训为期6周,主要锻炼同学们的维保检查技能、机械调整技能和电路维修技能。结业考试满分100分,实操80分+理论20分,达到60分及格方能通过。学徒班进行学员轮流独立操作、相互指出错误,讲师现场分析问题、逐一纠正学员的缺陷。

"培养合格的学徒不仅取得了特种设备从业人员资格证,也取得了电梯初级工证书。"杭职院特种设备学院第一副院长潘建峰说,此次学徒班是特种设备学院成立以来的第一次成功尝试,杭职院特种设备学院拥有目前国内一流的电梯实训基地,此次开设的电梯工程技术专业大专班,定位于电梯维修与检测方向。

学生完成基础课程学习后,根据自愿报名与考核进入奥的斯电梯班,采用1.5+1.0+0.5的3年制学制形式,即:1.5年在校学习理论知识,考取电梯从业资格上岗证;1年在校电梯实训基地,接受学校与企业的双师人才培养;0.5年到奥的斯企业进行"顶岗实习"。实习期满后,学生可直接进入奥的斯企业就业,实现了教育与就业的无缝衔接。

（本文原载于《钱江晚报》2017年1月5日7版）

运营10年的全国首个"校企共同体"探讨如何深化"产教融合"

央广网记者　谢梦洁　通讯员　周　曦

杭职院与友嘉集团现场签约

　　大国工匠,离不开技能型人才的培养。如今,越来越多的高职院校在培养技能型人才的过程中既缺师资,又缺实战经验,校企合作成了诸多高校的新出路。2018年4月22日,"不忘初心　携手奋进"校企合作高峰论坛暨校企共同体之友嘉机电学院成立十周年活动在杭州职业技术学院举行。会上,杭职院与友嘉集团重新签署新十年的战略合作协议,并对全国首个"校企共同体"的"友嘉模式"今后如何深化"产教融合"提供了新的思路。

　　2008年,作为全国首个"校企共同体"的友嘉机电学院横空出世,这个"校企共同体"率先突破了高职教育校企合作法律法规不健全、校企合作主体关系指向不明、大型企业积极性不高等多个瓶颈问题。"友嘉模式"还在2011年入选《国家高等职业教育服务产业发展成果案例汇编》,成为全国高职教育校企合作的典范。

　　对此,杭职院校长贾文胜认为校企深度合作有2个关键点:"一是合作的对象是区域主导产业的主流企业,体现'立足一个企业、面向整个行业'的概念,学校跟这样的企业培养出来的人才也是整个行业所需要的;二是利益实体,赋予二级学院相对独立的人财物资源,让它们既是学校的二级学院,又是企业的二级部门,有效调动企业参与的积极性。"

　　被问到校企合作带来的办学红利,友嘉机电学院院长裘旭东总结道:"现在国家提倡的'大国工匠的培养'其实涉及各行各业。尤其是机电制造行业的人才培养在当下现代化产业转型升级的过程中尤为重要,机电行业的设备购买也是不可或缺的一部分。在这方面,学校财力有限,而企业的出资解决了我们的燃眉之急,一般我们学院的设备两年就会更替一次。"

"目前我们整个学校的就业率每年基本上都在98%左右,我们统计过一年平均有70%的学生会从事机电行业的工作。在和友嘉集团开展合作后,我们学院的就业质量明显提高了,主要体现在专业对口率以及起薪率两方面上,如果没有企业的参与,我们根本不知道要教给学生什么样的内容来符合当下的职业需求实况。"裘旭东补充道。

除此之外,裘旭东认为校企合作的教育模式对其他教育行业也具备借鉴意义:"这十年合作中,友嘉集团出资了500万元在我们学校建设了全国高校内的首家机床博物馆。博物馆建成后,一年接待中、小学学生的人数基本都在2000人次以上,这对中、小学生的职业启蒙教育起到了辐射作用,这也是我们高职院校的职业教育在反哺基础教育的体现。"

会上,杭职院与友嘉集团重新签署新十年的战略合作协议,协议对投入设备、师资力量以及教学内容都进行了进一步深化。记者了解到:在校企双方深度融合的过程中,友嘉数控机床维修中心、精益制造中心和企业培训中心整体入驻校内,拥有企业投入、实时更新、与产业发展同步的设备1800万元,还为友嘉机电学院提供设备50台(套),价值3000多万元;20位企业技师常驻学校参与教学,共建叉车研究所、数控加工维修4S店。

那么校企合作又存在哪些问题呢?裘旭东坦言:"主要有2个问题。第一个问题是企业在生产过程中,项目都有时间上的要求。一般来说,学生还不具备这些'实战'经验的话,上手的时间会比较长,这样就会拖慢企业生产的进度。另外一个问题就是距离的困扰。我们学院以前也跟嘉兴、绍兴等地区的企业合作过,但这些企业距离学校有点远,这给我们'共同育才'造成了一些困扰。"

对于这2个问题的解决办法,裘旭东说学校已经做出了一些尝试。据裘旭东介绍,目前杭职院已经跟西子航空工业有限公司建立了一个0号车间,这个车间不生产真实的零件,达到零损耗的目标。由企业中最有经验的师傅带领学生,去深度培养学生的岗位技能以及职业素养,整个培训过程短期15天,长期要两三周,这也是杭职院探索校企合作模式的新创举。

"我们现在跟企业合作,本着'立足下沙、辐射周边'的总体要求,选取的企业一般不超过10公里范围。因为我们之前也注意到一件事,一些学生毕业后在合作企业的留用率不是很高,我想这可能是与企业距离太远的缘故。"裘旭东说。

"'产教融合、校企合作'是国家关于教育综合改革的决策部署。就杭州而言,产学对接工作已经成为企业和高等教育发展的新常态。"杭州市人民政府副市长陈红英在会上表示,"在这方面,友嘉集团和杭职院作为杭州市产学对接工作的'领跑者',希望双方能进一步紧密对接、协同配合,实现学校育人和企业发展的共赢,为杭州职业教育的发展和产学对接工作的持续推进提供宝贵经验,争取成为全国校企合作的新典范。"

(本文原载于央广网2018年4月23日)

全国跨境电商综试区职教集团在杭成立
打造跨境电商人才培养新模式

《浙江日报》见习记者　李　攀　通讯员　周　曦

12月20日,首届数字经济与跨境电商综试区发展研讨会在杭州举行。会上,全国跨境电子商务综合试验区职业教育集团宣布正式成立。同时,《跨境电子商务人才培养指南》发布。

近年来,国家密集出台了各项政策支持跨境电子商务发展,但我国跨境电子商务领域人才缺口巨大,企业紧缺通晓电子商务知识,熟悉电子商务的推广和运营,知晓国际贸易、国际物流、跨境支付、跨国文化交流等相关知识,具有良好外语沟通能力和国内外相关行业营销背景的复合型人才。经调研,杭州有1.5万多家企业涉及外贸,但超过1万家企业缺乏跨境电商人才。

据悉,全国跨境电子商务综合试验区职业教育集团首批成员单位来自24个跨境综试区所在城市的34所市属职业院校,面向企业实操型、中高层人才进行培训。集团理事长、杭州职业技术学院校长贾文胜介绍,集团将积极搭建全国跨境电商职业教育合作交流平台,推动政、行、企、校协同育人,加快提升跨境电商专业技术技能人才培养水平,更好地服务于全国跨境电商综试区建设,为数字经济与跨境电商综试区协同发展贡献力量。

(本文原载于《浙江日报》2018年12月21日2版)

又是一等奖！杭职院连续两次拿下国家级教学成果奖一等奖

杭+新闻记者　方秀芬　通讯员　周　曦

公共实训基地

又是一等奖，这是杭州职业技术学院连续2次荣膺国家级教学成果奖一等奖。

近日，教育部公布了2018年国家级教学成果奖获奖项目名单（教师〔2018〕21号），杭州职业技术学院校长贾文胜主持的《公共实训基地"杭州模式"创新与实践》荣获职业教育国家级教学成果奖一等奖。

国家教学成果奖4年评审一次，是国家实施科教兴国战略、人才强国战略和落实立德树人根本任务的重要举措，是对学校人才培养工作和教育教学改革成果的检阅和展示。

杭职院在杭州市政府的全力支持下，集政府、学校和行业企业三方优势协同创新，推动职业教育教学资源建设的供给侧改革，将人社部门为主投入的区域公共实训基地建在学校内，探索构建了公共实训基地"杭州模式"（即"3333模式"），成功构建了公共实训基地运行的"三大机制"，有效地破解了公共实训基地资源建设"孤岛"或"重复"现象严重，资源建设重"投入"轻"更新"，维管成本高昂、设备使用效率低下等问题，得到国内同行和社会各界高度认可。

（本文原载于杭+新闻2019年1月4日）

浙江首个"1+X"证书制度试点
在杭州职业技术学院启动

《杭州日报》记者　方秀芬　通讯员　程君青　周　曦

　　昨天,1+X汽车运用与维修(含智能新能源汽车)职业技能等级证书制度全国试点工作说明会暨职业教育培训考核办公室授牌仪式在杭州职业技术学院举行。

　　同时,汽车专业领域职业教育培训考核办公室落户杭职院,也意味着浙江省职业教育1+X证书制度试点工作迈出重要一步,该办公室的设立将为浙江省汽车领域职业技能等级证书制度的施行、人才培养的融入、教学模式的改革、制度执行的反馈等各方面在组织机构层面提供保障。

　　"学历证书+若干职业技能等级证书"制度,即"1+X"证书制度,"1"为学历证书,"X"为若干职业技能等级证书。"1+X"证书制度试点建设是将"学历证书"与"若干职业技能等级证书"有机衔接,按照高质量发展要求,深化复合型技术技能人才培养培训模式和评价模式改革的重要改革部署和重大制度创新。启动"1+X"证书制度试点工作,是拓展就业创业本领、缓解结构性就业矛盾的重要途径。

　　杭州职业技术学院党委书记金波表示,杭职院作为教育部首批"1+X"职业技能等级证书试点院校,将与北京中车行高新技术有限公司紧密合作,共同开展"1+X"汽车运用与维修(含智能新能源汽车)职业技能等级证书制度全国试点工作,加快教育部"1+X"证书制度试点建设工作在浙江落地落实并取得重要成效,加快构建现代职业教育体系,推动复合型技术技能人才培养,为区域经济社会发展做出更大的贡献。

（本文原载于《杭州日报》2019年6月26日A13版）

产教融合走出新路子,浙江一批高职脱颖而出

打开"双高"职校的密码

《浙江日报》记者　石天星　通讯员　周　曦

本科院校有"双一流"计划,高职院校有"双高"计划。

"双高计划",是中国特色高水平高职学校和专业建设计划的简称。就在昨天,教育部正式公布了中国特色高水平高职学校和专业建设计划建设单位名单,浙江共有15所高职院校入选,其中入选中国特色高水平高职学校的共6所,分别是金华职业技术学院、浙江机电职业技术学院、杭州职业技术学院、宁波职业技术学院、浙江金融职业学院、温州职业技术学院。

"双高计划"遴选坚持质量为先、改革导向、扶优扶强,同时制定了具体细化的衡量标准。那么,浙江省6所入选的高职院校各有何优势特色？在发展过程中又有哪些引领改革的做法？记者对省内"双高"校进行了深入走访。

资产纽带连起来　探索混合所有制

去过杭州职业技术学院参观的人,都会对该校电梯专业以"行企校合作"模式建立的实训基地印象深刻。实训基地拥有34个直梯井道,6个扶梯井道,实训面积4500平方米,可供百人使用。由学校提供场地,奥的斯、西奥等电梯企业捐赠实训设备,浙江省特种设备科学研究院捐赠办公设备。它是在公办院校二级部门进行的混合所有制办学实践类型,学校、企业、政府三方协商议定收益比例和权利义务后开始合作。

杭职院电梯专业开设仅短短5年,就主持制定了电梯安装维修工国家职业技能标准,还完成了电梯安装维修工国家职业技能培训教程及题库的开发。

杭职院校长贾文胜说,受新老政策更新交替的影响,加之政府不同条线的管理部门认识不一,学校在校企合作中的责任权利界定尚不清晰,很难让学校主动、大胆地作为。二级部门建立校企资产纽带意义上的深度合作,对于学校层面的改革可以积累一些可借鉴的经验,同时一旦出现问题,也会有回旋余地。他多次呼吁:"校企合作越深入,两种主体之间的混合程度越深,越需要尽早研究出台相关政策,明晰职业院校在校企合作的法人主体地位和容错机制。"

(本文原载于《浙江日报》2019年12月19日6版,有删节)

杭职院成为"中国特色高水平高职学校"

多维度解析领跑全国的"杭职现象""杭职经验"以及如何为杭州新制造业计划和城市发展提供强有力的技术技能人才支撑

《杭州日报》记者　方秀芬　通讯员　周　曦

在历经多年的深耕后,杭州职业技术学院迎来了一个里程碑——近日,教育部、财政部正式公布中国特色高水平高职学校和专业建设计划建设单位名单,杭职院榜上有名,是杭州唯一入选中国特色高水平高职学校(全国共56所)的市属高校。

在高等教育的不同赛道上,本科院校有"双一流",高职院校有"双高计划"。因此有评价说:杭职院的入选,给杭州增添了一所高职的"双一流"大学。正着力建设世界一流现代化国际大都市的杭州,有了一流的、相匹配的高等职业教育。

从名不见经传的普通高职院校,发展为走在全国第一方阵的领跑者,杭职院崛起的背后,有哪些不为人知的故事,又藏着哪些可供借鉴的经验?

一匹"黑马"的诞生　走出一条高速高质发展之路

"这是历史性的机会。"杭职院校长贾文胜感慨地说,曾经的杭职院"醒得很早、起得很晚",走的是本科教育"压缩饼干"的老路,行业企业不太认可、家长社会不太关注,全省排名靠后,知名度也不高,甚至走到过生死存亡的边缘。

很多人记得,10年前,一位业内顶级专家来浙江指导高职教育发展时曾直言:"没有听说过这所学校。"然而,几年后,这位专家在很多公开场合毫不吝啬地点赞杭职院,频频邀请杭职院赴各类全国性职教会议,代表杭州乃至浙江职教发声。

奋斗的脚步从未停止。从2007年浙江省最后一所通过优秀评估的高职院校,到2010年全国最后一批骨干高职院校,2017年浙江省20所优质建设校,再到今年顺利入选中国特色高水平高职学校,杭职院像"黑马"一般成功实现争先夺位,走出了一条高速高质的发展之路。

"双高计划"评选,可谓一场"没有硝烟的战争"。入选院校必须是1418所专科层次高等院校中的佼佼者,入选专业要从全国32个省级行政区推荐的221所院校453个高水平专业群中脱颖而出。"双高计划"设置的申报门槛也很高,9项硬指标中达到5项才能申报。申报统计显示,这9项指标全部符合的院校全国仅7所,杭职院是其中之一。

这个9项全中的"大满贯"背后,是杭职院多年来执着的积累和努力。对此,杭职院校长贾文胜如数家珍——

在校企合作、创新创业教育和现代学徒制等领域改革中,杭职院异军突起,成为全国高职院校考察学习首选地。其中,全国首创的校企共同体"友嘉模式""达利现象"等影响深远。2015年,杭职院作为全国高职院校唯一代表,在教育部深化高校创新创业教育改革视频会议上做交流发言;2018年,杭职院入选全国2018年度全国创新创业典型经验高校50强。

4年一届的国家级教学成果奖,杭职院凭借2014年《基于校企共同体的服装专业人才培养模式创新与实践》,2018年《公共实训基地"杭州模式"的研究与实践》,连续2届拿下一等奖。这样优异的成绩,在浙江高校中仅有两所,另一所是浙大。

国家级专业教学资源库,堪比本科院校的国家重点实验室,目前全国仅127项,杭职院主持其中4项,是名副其实的国家级教学资源库建设的"领头羊"。

与此同时,近年来杭职院生源质量迈上几个台阶,2019年完成计划招生4965人(超计划11人),录取分数继续保持省内领先,二段线(496分)以上考生占该类别招生计划总量的58%,9个招生专业在二段录取结束,再创历史新高。最高分565分,最低分479分,高出省三段线215分。

就业方面,杭职院也交出了一份漂亮答卷。以毕业生在杭就业率为例,连续3年位居全省高校第一;航空制造专业学生,成为C919飞机首飞时唯一受邀的高职院校学生观礼嘉宾;食品快检专业学生,成为G20杭州峰会、金砖五国会议指定专业志愿者;借助达利企业厂中校的产品研发中心平台,服装专业师生成为多个国际服装品牌的服装面料设计师,让国际服装市场上出现了三潭印月等杭州元素。

一个"全国样本"的解析　是什么成就了"杭职经验"

从名不见经传,到如今的成就斐然,成为辐射全国的发展样本。人们不禁发问:杭职院凭借什么成长为全国高职院校排头兵?带着疑问,记者在杭职院连续采访多日,得到了如下答案。

杭州提供了肥沃的土壤

专家认为,中国是人口大国,人口红利应转化为人力资源红利。而对于这个"转化",目前业界普遍认为职业教育或应用型人才培养是关键所在。重视职教发展目前已提升为国家战略,2019年上半年,国家以"职教20条"实施为重点推出系列"组合拳",为高职教育发展指明了方向。

在这一点上,杭州市委市政府也是高瞻远瞩。2007年,市委市政府就让杭职院吃了一颗"定心丸"——基于产业转型升级发展的趋势和需要,一个有万亿GDP产值的副省级城市,一定要办好一所高职院校,这是必然,也是必须。实践也证明,逐步崛起的杭职院,为杭州的产业升级、社会发展及新制造业计划提供了强有力的人才支撑。

近年来,杭州对职业教育大手笔的投入持续加大。比如对杭职院,10余年来投入从未间断。截至目前已累计投入资金超过13亿元,用于建设杭职院实训基地、图书馆、学生宿舍改扩建以及为"高职名校"建设三年提升计划等项目提供专项经费。杭州又成立了产学对接工作领导小组,每年拿出3000万资金用于支持产学对接,领导小组组长均由市委副书记或副市长高配担任。另一个"大招"是,杭州市市长点对点联系杭职院,每年都赴杭职院做调研、开讲座,重点关注、支持并帮助学校解决重大发展问题。

"杭州市委市政府对杭职院的发展给予了非常大的帮助。"杭职院党委书记金波说,学校更加要以党建为引领,加快建设国内一流、国际上有较大影响力的高职名校,为杭州加快建设独特韵味、别样精彩世界名城,打造展示新时代中国特色社会主义的重要窗口做出新的更大的贡献。

率先开启"融合"式办学

外部支持,内部发力。借鉴国外著名大学办学理念,杭职院较早提出并坚持了以"融"为核心的办学理念,学校发展融入区域发展,专业发展融入产业发展。这些年,杭职院融入区域求支撑,融入企业求发展。早在10年前,杭职院就与当时的下沙经开区构建全面战略合作关系。现在,他们更进一步提出要立足钱塘新区、服务杭州发展。

将开放办学进行到底,杭职院向周边社区和企业开放校内资源,服务百姓。像校内图书馆、运动场馆等均免费向社会开放。学校周边不少企业都借用过学校场地开办年会、举办培训。这种开放也赢得了居民和企业的一致认可:"这所学校真好!"学校主动"推倒"围墙,也换来了社会各界对学校的反哺,比如:学校要扩展绿化,开发区管委会送来很多树苗和石头;不同企业向学校捐来价值5000多万元的各种资源设备。"我们就像一棵树苗,把自己的根深深地扎根在区域的、产业的土壤里,然后从产业和区域里汲取养分,让自己长成参天大树,回馈社会。"贾文胜说,最终学校要发展为一个超级平台,各类资源都愿意在这里集聚。

在专业发展融入产业发展上,杭职院也是"快准狠"。"但凡不适合在杭州发展的,没有本地土壤的,发展不够好的专业,全部砍掉。"贾文胜告诉记者,学校所开专业严格坚守3条标准:要有产业背景,要有紧密的企业关系,要能讲好杭州故事。

引领全国的校企合作模式

职业教育的生命力和活力在于校企合作。业内公认,没有深入的校企合作,就没有真正意义上的职业教育。在校企合作上,杭职院完成了"破冰"之旅。

"校企合作要双赢,以他赢为律;合作中以小利谋大义,强化共建;有相对独立的办学实体。"这是杭职院多年的心得。早年,对于校企合作企业往往不乐意或拒绝。杭职院有自己的独门"秘诀":校内选出一栋教学楼,开启"敲墙"行动,校企联手装修、改造、共建共管;按照教育规律进行研发,学校教师下派企业,企业专家进驻学校,所有成果双方同步共享。

10年来,杭职院校企共同体的"金字招牌"不断擦亮,形成了引领全国校企合作的"杭职路径",首创的"友嘉模式""达利现象"等影响不断扩大,并整合行业企业投入5000多万元,与友嘉集团、达利女装等行业主流企业共建多个校企共同体。2010年,全国高职院校首次全口径高职教育改革工作会议在该校召开现场会,把杭职院的"校企共同体"办学模式推广到全国。

"校企共同体是校企合作的一种绝佳模式,但非唯一模式。"全校上下达成了这样的共识,基于校企共同体的多元模式再向深行,如特种设备学院,实行"行、企、校"模式;杭州动漫游戏学院,实行"政、行、企、校"模式,顺势组建多个三级学院,开设安恒信息学院、东忠软件学院、西子航空工业学院等。

一次新起点上的展望 助推杭州新制造业计划和高质量发展

一直以来,杭职院都与杭州的发展休戚相关。处在"后峰会、亚运会、现代化"时期的杭州,肩负着建设独特韵味别样精彩世界名城、打造展示新时代中国特色社会主义窗口的重要使命,市委十二届四次全会吹响了争创全国数字经济第一城的号角,开启了以数字经济和制造业"双引擎"驱动的新制造业计划,这些都为杭职院在新起点的发展指明了方向。

在提升城市服务力上,学校将以共筑区域高素质技术技能人才培养新高地、区域文化传承新高地和区域市民服务新高地为抓手,服务杭州城市品牌塑造和城市能级跃升。依托公共实训基地、青少年职业体验中心、职业生涯咨询指导中心和专业志愿者服务中心等平台,整合政行企校等多方资源,挖掘电梯评估改造、食品快速检测、运动康复护理等专业特色和技术优势,主动对接城市居民小区电梯改造、杭州亚运会赛事服务等需要,融入社区、企业开展精准服务。

在强化产业贡献力方面,学校对标杭州"十三五"主导产业,深化友嘉机电、西子航空、安恒信息、达利女装、商贸旅游等学院建设,培养高素质技术技能人才,推动科技成果转化,孵化高科技企业,主动服务杭州国民经济主战场。同时,充分发挥全国跨境电商职教集团理事长单位优势,立足钱塘新区打造杭州湾数字经济与高端制造融合创新发展引领区的区位优势,联合阿里巴巴、吉利、新松、大疆等行业领军企业,加快"互联网+"专业改造升级,高起点建设集数字经济体验、人才培养培训、产业孵化、贸易服务、成果展示于一体的"电商谷"产教融合基地,打造全国一流的职业教育数字经济人才培养高地。

同时,杭职院将全力助推杭州建设世界一流名城,深化与新西兰维特利亚理工学院、意大利库内奥美术学院在动漫、服装上的国际合作项目,筹建中德博世学院,扩大留学生规模,携手浙江企业走出去,建设"丝绸学院""鲁班工坊",服务"一带一路",倡议和亚非职教协同发展,提升杭州职教的国际影响力和辐射力。

"入选'双高计划'是新起点,对杭职院而言是机遇、是责任,更是再谱新篇的使命担当。"

金波表示,杭职院将乘势而为、顺势而上,深化产教融合,深耕"校企共同体",校企协同化整合各类资源,标准化引领教育教学改革,品牌化打造高水平专业群,加快高水平学校建设,为中国职业教育迈向世界舞台中央提供"杭州方案"。

【延伸阅读】

什么是"双高计划"

2019年4月,教育部、财政部发布《关于实施中国特色高水平高职学校和专业建设计划的意见》,简称为"双高计划"。"双高计划"提出,要集中力量建设50所左右高水平高职学校和一批高水平专业群,打造技术技能人才培养高地和技术技能创新服务平台。

"双高计划"每5年为一个支持周期,对入选学校给予重点经费支持。计划2019年启动建设,项目遴选坚持质量为先、改革导向,以学校、专业的客观发展水平为基础,对职业教育发展环境好、重点工作推进有力、改革成效明显的省(区、市)予以倾斜支持。到2022年,"双高计划"将形成一批有效支撑职业教育高质量发展的政策、制度、标准。到2035年,职业教育高质量发展的政策、制度、标准体系更加成熟完善,形成中国特色职业教育发展模式。

(本文原载于《杭州日报》2019年12月19日A7版)

探寻杭职院服装专业群十年蝶变之路

《杭州日报》记者　章　翌　通讯员　周　曦

杭职院服装专业群学生正在课堂实训

　　提起杭州职业技术学院的服装设计与工艺专业群(下简称"服装专业群"),很多业内人士都会竖起大拇指。2014年,杭职院《基于校企共同体的服装专业人才培养模式创新与实践》获国家级教学成果一等奖;2015年,学校作为全国唯一的获奖院校被授予"全国纺织行业技能人才培养突出贡献奖";2018年,他们主持建设的服装设计专业国家教学资源库通过验收;这里培养的学生,曾创下全国高职院校技能竞赛蝉联"七连冠"的传奇……在日前发布的中国特色高水平专业群建设单位中,杭职院服装专业群榜上有名。

　　10年前,杭职院服装专业群不仅在国内、省内默默无闻,即便是在校内的30多个专业里,也属于毫无特色的一般专业。短短10年,这个专业群是怎么做到一飞冲天的?

精准专业定位　从超市"量贩"到精品"专卖"

　　早年,杭职院服装专业群与大多数高职院校一样,实行"压缩饼干"式的人才培养方案。三年制的学生被强塞进本科教学体系,学习全面但却粗浅的技术技能。

　　随着对杭州"女装之都"定位的理解越来越深,杭职院服装专业群逐渐改变学生培养模式,舍弃男装教学,专攻女装教学。2009年1月14日,在杭州市政府牵线下,杭职院与达利集团共建校企共同体——达利女装学院。他们根据达利集团发展规划,依据达利等主流企业的产品生产及对人才的要求,及时合并调整专业,形成了以服装设计专业为龙头,以针织技术与针织服装、艺术设计专业为基础的专业群。

企业需要什么人，只有企业最清楚。职业院校培养什么人，最有效直接的办法就是问计于企业。时任达利（中国）有限公司董事长、总裁的费建明告诉杭职院："优秀的设计师可以全球招聘，但优秀的制版师一定是自己培养，产业和企业急需高水平制版师和工艺师。"

结合杭州女装产业特色和学院实际，杭职院在企业岗位需求调研和毕业生回访调研基础上，决定服装专业群的定位从"超市量贩"转变为"精品专卖"，聚焦培养杭州女装产业急需的制版工艺、生产管理、针织工艺设计、面料纹样设计、时装营销等方面的高素质技术技能型人才，服务企业生产一线。

变革教学空间　"敲墙运动"打破了"心墙"

见过这样的教室吗？课桌椅是工作台，参考资料是图纸，老师不在讲台前喋喋不休，而是手把手地教。学生正在做的课后作业出现问题了，扯嗓子喊一声，坐在缝纫机旁办公区的老师马上走过来指导。杭职院服装专业群的学生们，一直待在这样的车间式教室里上课。

这种教学环境，灵感来自十多年前杭职院全面开展的校企合作。当时，一大批老师被派进企业，大量企业人员被请回学校上课。在不断融合交流过程中，大家都意识到：常规教室无法为高职学生提供全真训练环境。

于是，一场轰轰烈烈的"敲墙运动"开始了。以服装专业群所在的第七教学楼为例：一楼二楼的普通教室被全部敲掉隔墙，改成通透的服装设计加工实训车间；原本的天井被改造为T台，学生完成的每一款服装作业，都以一场走秀来打分。

"敲墙运动"带来的，不仅是物理空间上的转变，更摆正了教师对职业教育理念的认知，打破了他们原本对校企合作抱有警惕的那堵"心墙"。

通过与企业持久深入合作，达利女装学院利用现有设备、场地与服装吊挂生产流水线等先进设施，建成了集教学、研发、培训、社会服务于一体的校内实训基地，成为杭州"中国杰出女装设计师人才发现计划"的对接延伸孵化基地。2015年，校企共同体之达利女装学院被杭州市政府评为"杭州美丽生活现象"之一。

重构课程课堂　学生作业进入了国际市场

在合作企业看来，达利女装学院不仅是杭职院的二级学院，同时也是达利公司事业发展的重要部门。

2012年，达利公司与达利女装学院成立研发中心，由专业教师带小组，每月与公司专业设计师对接，讨论年度产品计划，让学生的作品有了直接进入市场的可能。2016年，杭职院纺织专业教师带领学生完成的服装、家纺纹样设计方案中，有128款被企业相中，直接投产销售，甚至远销欧美，取得了不俗业绩。达利企业设计部经理刘琼很赞赏杭职院学生的这些作品："他们的作品90%都可以直接转化成产品。"

近5年来,杭职院服装专业学生每年为企业研发并被采用的产品达1000余款,学生创业率超过10%,形成了独具特色的校企协同育人模式。

与企业深度合作后带来的实战项目也极大地提高了专业教师的能力,艺术设计专业白志刚教授对此深有体会。他清晰地记得,自己第一次下企业只带着画笔,跟用电脑作图的企业员工面面相觑。如今,他受多家企业的竭力邀请筹办省级时装周,成了业界大咖。"真实项目的实训教学是最好的载体。"白志刚说,"刚开始我们带学生开发的产品基本都被毙掉,几年后,我们的产品就被公司大量采用、被社会广泛认可了。"

服务行业社会　在自我提升中助推产业发展

经过多年校企共同培育,杭职院服装专业群打造了一支由双专业负责人领衔、中青年教师为中坚骨干的"校企互通"的教学团队,拥有全国优秀教师1名、浙江省"万人计划"教学名师1名、浙江省高校优秀教师2名、全国技术能手1名、全国优秀制版师1名,杭州"131"人才重点资助1名、第1层次2名、第3层次2名,获杭州市特殊津贴人才1名。

专业群负责人章瓯雁教授担任全国纺织服装数字化建设教学指导委员会专家组组长等多项社会职务,以出色的业务能力带领专业群服务行业和社会。他们依托浙江省服装行业协会,以"女装生产技术交流中心"为平台开展社会培训;成立"服装制版师之家",定期为中小服装企业组织大型职业技能交流培训活动;与海宁许村、桐乡建立长期合作关系,积极开展产品研发、志愿服务、人才交流等服务;专业群师生为企业提供款式设计、服装制版、放码、排料、样衣制作等专业技术服务41项,极大提升了专业服务产业的能力。

同时,杭职院服装专业群学生们的作品参加过西湖博览会的"丝绸流行趋势发布会",在第18届中国国际家纺面料展上大放异彩,甚至与新海派领军画家陈家泠合作的缂丝工艺服装被永久收藏于中国国家博物馆……达利女装学院也正朝着"打造世界一流女装学院"的愿景扎实前行,为杭州建设独特韵味别样精彩的世界名城增添活力。

(本文原载于《杭州日报》2019年12月23日A8版)

杭职院电梯工程专业群为啥这么牛？

《杭州日报》记者　方秀芬　通讯员　周　曦

在电梯实训基地内上课

不久前，教育部、财政部公布了56所"中国特色高水平高职学校"和一批"中国特色高水平专业群"名单。作为中国特色高水平高职学校之一，杭州职业技术学院旗下的电梯工程技术专业群可能是其中最"年轻"的上榜者。

2014年，杭职院开设电梯专业（方向），从开办之初就把目标锁定为"做全国电梯专业的领头雁"。"杭职人"携手浙江省特检院，创建"行企校合作"模式，整合奥的斯、西奥等企业资源，建成全国最大的电梯实训基地；整合国家电梯中心等行业资源，建成浙江唯一、国内领先的电梯协同创新中心。专业群先后整合资源超2000万元，用短短5年时间获得了政府、行业、企业和社会的认可。

> **学生大二时就被企业"抢订"一空**
> **全真实操　最强师资　融入行业企业求支撑**

杭职院电梯专业的学生，从入学第一天起摸的就是真电梯。确切地说，他们上课的地点就在电梯实训基地内，这是国内规模一流、省内唯一一家能对电梯进行安装、改造、维保、大修及调试的生产性实训基地。学生们须头戴安全帽、身穿工作服、脚踩保护鞋，才能步入位于各个竖井电梯口的教室区。

"井道就是教室，教室就是井道。"全真实操环境，培养了学生对技术技能的敬畏心。大二男生李子瑜回忆自己第一次进井道的经历时说:"内心充满了敬畏感,因为我们学的是保障老百姓生命安全的高端技能,看似简单的爬进爬出,却关系到一厢乘客的生命。"与李子瑜同班的4名女生也不例外,按照实操课规矩,手动操作各种设备,没人叫苦,也没人请假退缩。

"现实生活中出现的电梯类型,学生在这都能摸到。"杭职院电梯专业负责人金新峰说,目前这个电梯实训基地拥有34个直梯井道,6个扶梯井道,实训面积4500平方米,可同时供百人使用,行业资源注入、企业大力赞助在其中发挥了重要作用。杭职院整合企业培训资源、省特检院标准化资源以及学校教学资源,建立四大平台,多方共同构建"自助餐式"的现代学徒制培训课程体系。5年来,学校邀请业内名师大咖加盟,与企业组建一支高水平"混编"教学团队,可谓最强师资"天团",已有17名平均从业年限达15年的企业一线技师,其中全国职业技能大赛金奖获得者就有3人。学院还建立了孟伟维修电工、潘贵平电梯安装维修工等大师工作站,引进美国OTIS电梯、芬兰KONE电梯、瑞士Schindler电梯等单位的6名技术能手常驻基地任教。

目前,这个专业超40%的课程由企业技术能手来教,正因为一直以企业生产实际引领学生的技能培养,杭职院电梯专业的学生在业界非常抢手,一般大二时就被各大电梯企业抢订一空。"这里的毕业生,电梯维保技能可以与3年工龄的老员工相媲美。"杭州一位电梯企业老总感触颇深,每年他都会提早来"抢"人。而杭职院毕业生的技术起点就是绿带,远高于其他院校的红带起步,也确保了他们未来职业生涯的技能培训、职业晋升双优先。

领衔编写的教材填补了国内空白
订立标准　培养人才　服务行业企业求发展

2018年底,人力资源社会保障部颁布了26个国家职业技能标准,其中《电梯安装维修工国家职业技能标准》的编写组长单位就是杭职院,其也是全国唯一参与这个标准编写及修订的院校。这份标准填补了我国电梯安装和维修保养领域职业标准的空白,对电梯安装维修工的职业教育和从业人员的职业能力水平提升起到了促进作用。

社会很缺电梯人才。目前,杭州有超14万台电梯在使用,并每年以倍数增加,而电梯维保人员只有4000余人,各大电梯企业也都在积极抢夺专业人才。5年来,杭职院电梯专业培养出的百余名毕业生,很多都已手握高级电梯工、蓝带服务技师证,在企业工作半年就能被提拔为管理组长,负责打理200多台电梯的维保,一定程度上缓解了电梯企业的用人之急。

杭职院电梯专业群所在的特种设备学院,是唯一来自高校的浙江省特种设备安全与节能协会副理事长单位和电梯行业分中心副秘书长单位,也是国家机械工业职业技能鉴定指导中心在浙江唯一的电梯维修工鉴定站。他们不断发挥龙头作用,实施多项服务社会的举措。比如:联合浙江省特种设备科学研究院投资2000万,建成全国首家特种设备安全科普教育基地,填补了特种设备科普教育空白;主持电梯安装维修工国家职业技能培训教程及题库开发,推动全国电梯职业技能水平建设;成功中标百万级的政府电梯安全隐患排查工程,协助企业完成了500台电梯评估改造;5年来多次承办国家、省、市电梯技能竞赛,最终成为国家电梯行业技能竞赛和浙江省电梯技能大赛(一类竞赛)指定单位。

> **被誉为"中国最好的技能培训基地"**
> **助力精准扶贫、"一带一路"倡议 围绕国家战略求飞跃**

杭职院电梯专业群的使命,不光是培养技能人才,还包括搭建平台服务社会公共安全。在服务社会方面,杭职院金点子频出,全国首创的"校校企精准扶贫班"得到省委领导批示、国务院扶贫办肯定,被教育部纳入"十二五"高校扶贫典型案例。

"工作第一年,我的工资是大学同学的2倍多,现在的年收入比原来整个家庭年收入还要高。"来自贫困县甘肃省会宁县大沟乡刘沟村的丁文祥,现在是全村人羡慕的对象。2015年6月他完成培训班课程,通过各项安全技能考核后入职杭州西奥电梯公司。2年后,他转到调检技术员主管岗位,独立负责甘青宁分公司的电扶梯调检技术工作。

2015年以来,杭职院"星火计划"精准扶贫电梯班,已培养193名贫困学生成为行业技术骨干。他们获得的收入,直接提升了其家庭经济水平,也实现了"输送一名人才,惠及一方产业"。同样,借助"校校企电梯班"培养模式杭职院为中西部院校培养学生226名,这些学生受到用人单位和各院校一致好评。目前,学校与全国14个省份的16家中西部院校建立了专业人才培养联盟关系。

从2018年开始,杭职院开展南非留学生电梯技能培养项目,被南非工业总署誉为"中国最好的技能培训基地",助力国内企业成功布局非洲。在2019年9月"一带一路"浙商行(非洲站)系列活动中,杭职院校长贾文胜在浙江省省长、南非东开普省省长的共同见证下,与南非当地2家院校签订共建"丝路学院"合作备忘录。

1个月后,南非南安普敦市政府办公厅主任甄美妮·安德鲁斯又专程来拜访杭职院,因为当地学生经过在杭职院电梯专业的1年留学后,近80%的人顺利入职中国企业南非工厂的重要岗位,实现了在当地的超高就业率。甄美妮·安德鲁斯说:"我们想深入了解中国的合作机制,探索与杭职院进一步合作的可能性。"

(本文原载于《杭州日报》2019年12月20日 A11版)

杭职院与华为"结姻"助力浙江数字经济发展新增速

浙江新闻客户端见习记者　何冬健　通讯员　周　曦

杭职院与华为签署合作协议

9月10日下午,从杭州职业技术学院传来一个好消息,该校与华为技术有限公司正式签署合作协议,锚定杭州数字经济发展,围绕大数据、物联网、云计算、AI等领域进行专业建设,培养基于鲲鹏生态链的高端技术技能人才。

一所高职院校是如何获得华为青睐的?杭职院副校长陈加明说:"华为需要两类人,第一类是在高精尖领域做研发的人才,第二类是技术领域的高端人才。华为需要形成人才生态,我们专注人才培养,所以我们一拍即合。"

2019年入选"中国特色高水平高职学校和专业建设计划"(简称国家"双高"计划)以来,杭职院着力打造"校企共同体"的金字招牌,学校搭平台,企业出题目,科研做文章,成果进课堂。截至目前,杭职院共整合行业企业投入5000多万元,每年向社会送出技术人才3000余人,并引领一批毕业生"出海"学习高新技术。

"杭职院的发展已迈入'双高'计划时代,我们会珍惜来之不易的办学成果,坚持党建引领,深化产教融合,深耕'校企命运共同体',走好职教特色的办学路,加快建成国内一流、国际上有较大影响力的高职名校。"杭职院党委书记金波说。

未来,杭职院每年将为华为提供400—500名技术人员。校企合作、产教融合的职业教育发展模式,将为浙江数字经济的发展贡献新增速。

(本文原载于浙江新闻客户端2020年9月11日)

"高端订单"发力 "双高"更上层楼

《浙江工人日报》记者　杜成敏　通讯员　周　曦

自2019年底入选"双高计划"后,杭州职业技术学院"双高"建设持续发力:今年教师节上,学校迎来了与多个校企合作的"高端订单",分别与华为技术有限公司、友嘉实业集团、杭州西奥电梯有限公司、濮阳惠成电子材料股份有限公司、中纺联纺织人才交流培训中心、许村镇人民政府签署合作协议,使"校企共同体"人才培养模式再次"升级","双高"建设再上新台阶。

根据协议,杭州职业技术学院将与华为技术有限公司合作,锚定杭州数字经济发展,围绕大数据、物联网、云计算、AI等领域进行专业建设,培养基于鲲鹏生态链的高端技术技能人才;与友嘉实业集团共建"友嘉智能制造中心",开展基于"工业4.0"应用的教育教学和科研运用;与杭州西奥电梯有限公司共建"杭职院西奥电梯产业技术研究院",联合开展科技研发,进行技术难题攻关;与濮阳惠成电子材料股份有限公司共建"惠成新材料杭州研究院","惠成基金"为学校教师课题研究提供支持;与中纺联纺织人才交流培训中心共建"国家毛针织人才培训中心",搭建产、教、创、融对接的平台;与许村镇人民政府共建人才培养基地,校地协同共建育人平台,探索校地"政、产、学、研"合作机制。

"校企共同体"办学模式是杭州职业技术学院的"金字招牌"。10多年前,该校形成了引领全国校企合作的"杭职路径","友嘉模式""达利现象"等影响不断扩大,与行业主流企业共建多个校企共同体。2014年,杭职院"基于校企共同体的服装专业人才培养模式创新与实践"荣获国家级教学成果奖一等奖。

近年来,学校的校企共同体多元发展模式不断深化。如,以"行业—企业—学校"模式建立特种设备学院,以"政府—行业—企业—学校"模式建立杭州动漫游戏学院,并顺势组建安恒信息学院、东忠软件学院、西子航空工业学院等专企融合的三级学院。截至目前,杭职院共整合企业投入5000多万元,每年向社会输出技术人才3000余人,并引领一批毕业生"出海"学习高新技术。2019年底,杭职院电梯工程技术、服装设计与工艺同时入选高水平专业群。以此为依托,学校继续擦亮"校企共同体"这块金字招牌。此次与各企业、地市展开的新一轮合作签约,就是为了将校企合作、校地合作进行全面提升、深度融合,调动和发挥好各方的资源优势,实现多方共赢发展。

"杭职院的发展已迈入'双高计划'时代,我们会珍惜来之不易的办学成果,深耕'校企命运共同体',走好职教特色的办学路,加快建成国内一流、国际上有较大影响力的高职名校。"杭州职业技术学院党委书记金波表示。

(本文原载于《浙江工人日报》2020年9月24日3版)

杭州职业技术学院:聚焦"双高"建设 打造技能人才培养新高地

《浙江日报》记者　王心慧　通讯员　周　曦

近日,共青团中央、人力资源社会保障部联合印发《关于命名表彰第21届全国青年岗位能手的决定》,此次浙江省教育系统共有26人获评"全国青年岗位能手",亮眼的是,其中有7人来自杭州职业技术学院。

他们中年龄最大的出生于1997年,最小的年仅20岁,除教师刘明杰外,6名学生都是00后,7人均是往届"振兴杯"全国青年职业技能大赛获奖选手。在这所杭州本土孕育的高职院校里,还有很多与之年龄相仿的青年技能人才。

技能人才是支撑中国制造、中国创造的重要力量。近年来,杭州职业技术学院聚焦中国特色高水平高职学校和专业建设计划,以"四融三化"机制为抓手,以服务区域产业为导向,以技能共富为使命,打造技能人才培养新高地,书写"双高"建设优质答卷。

"四融三化"引领工匠青苗成材

刘明杰是模具设计与制造专业2017级学生。大三时他在第十五届"振兴杯"全国青年职业技能大赛上夺冠,随后被授予"全国技术能手"称号,现留校任教,带领更多"工匠青苗"走上技能成才之路。

从当年的"毛头小子",到本专业留校任教第一人,刘明杰认为自己的一路成长多亏了学校的"四融三化"人才培养机制。

何为"四融三化"?

"四融",即"大思政"融入育人全过程、"大劳动"融入大学生活、"大实践"融入学业生涯、"大工匠"融入技能培养;"三化",即协同化整合各类资源、标准化引领专业教学改革、品牌化打造高水平专业群。

怎么"融",如何"化"?

首先是要树"匠心",将思政教育融入教学各环节,以工匠精神为学生铸魂。

学校创新推出"融·善"工匠成长学分制度,建立起工匠学院运行机制,不"唯分数"评价学生。同时全力推动浙江文化研究工程重大项目《浙江工匠精神研究》的建设,深入挖掘工匠精神内涵。

培养"匠苗",还得走到温室外"晒一晒"。学校打造了一批"校企共同体",全面推广现代学徒制。

刘明杰所在的友嘉智能制造学院,就是学校与知名机床生产商友嘉实业集团共建的。

学校把企业能工巧匠"请进门",由本校教师和企业师傅共同进行教学;同时积极让学生"走出去",两年在校学习后,第三年可到企业实习实训。

"校企共同体"不断迭代出新变体。坐落于嘉兴海宁的龙渡湖国际时尚产业学院由学校与当地政府、行业协会、海宁市职业高级中学共建,这几天就要投入使用了。

"四融三化"贯穿育人全方位全过程,让"工匠青苗"有机会成长为"参天大树"。近3年,杭职院学子已荣获全国职业院校技能大赛一等奖10项、二等奖9项、三等奖6项。

对标产业 打造高水平专业群

人才培育不能"唱独角戏",有效衔接产业链和人才培育链才能更好支持区域产业发展。杭职院紧扣杭州产业需求,着力打造电梯工程、服装设计等高水平专业群。

电梯属于特种设备,行业准入门槛高,以往院校和行企资源相对独立,学生入行难、上手慢,如何破题?

早在2015年,学校联合浙江省特种设备科学研究院共建特种设备学院,探索"书证融通"体系,就是我们现在常说的"1+X",学生在取得学历证书的同时获得若干职业技能等级证书。

在此基础上,近年又新建了电梯产业学院和产业研究院,由此"一体两院"育人生态格局形成。"井道即教室,学徒即员工",学生毕业后可直接进入对口电梯企业。

服装设计高水平专业群的打造,则创新了"小工坊大秀场"的特色模式。

学校引入17家服装企业,建成6个技术技能大师工作室和16个特色工作坊,企业携项目、资金、导师入驻,共同推动"作品—产品—商品"靶向转化。

"小工坊"也可以摇身蝶变为"大秀场"。2022年6月,学校为达利女装学院2022届毕业生举办了一场时装作品走秀活动。刘一璇以油画创新诠释百合花,庄芷若以针梭展现花朵破土而出的画面……现场有企业表达了把优秀作品投入生产的意愿。

高质量发展呼唤高技能人才。

目前,杭州市提出要高水平重塑数字经济第一城,相应地,杭职院正在深入推进数字专业化和专业数智化改革。一方面,积极发展大数据、云计算等新兴专业;另一方面,对现有专业进行数智化升级改造,已有超1/3专业实现数智化转型。

究竟对不对口,拿就业率说话。"我们的毕业生去向落实率保持在98%以上,其中有60%以上留杭就业。"学校负责人介绍。

面向社会 为不同群体送技能

免费培训,管吃管住,结业后可到行业一流企业工作……"星火计划"萌芽于2018年5月,通过"免费培养、定向就业"模式,开展电梯维修技能培训,宗旨是"培训一人,美满一户,共富一方"。

来自四川广元的小丁由此受惠。来杭前,小丁全家唯一的收入来源是母亲在流水线上的微薄薪水。中职院校毕业后,小丁本打算直接去打工,这时,学校老师告诉他杭州有个"星火计划":"你尽管去,不用担心学费了。"

学成后,小丁签约了杭州知名电梯企业,实习两个月即获转正。

近3年,"星火计划"撬动各级资金400余万元,惠及来自中西部12个省份的203名困难生。

人人皆可成长为技能人才,人人皆可用技能点亮梦想。

老年群体也能实现"技能+",学校开办"融善老年大学",教授手机摄影等课程,学员达400余人。

健全职业培训制度是"扩中""提低"的实施路径之一,学校协同杭州公共实训基地构建七大高水平培训中心,为产业工人、退役军人等开展技能培训与学历提升,已服务超17万人次。

插花、手工皂、再生纸……以职业教育反哺基础教育为愿景,学校整合63家行企校资源,开发出300余门菜单式课程,让孩子在体验劳动中学技能,近3年基地共迎来5.26万人次"小小劳动者"。

在共同富裕的路上,杭职院积极展现高职院校应有担当,力争打造服务全社会的技能共富服务体。

广阔的技能天地大有可为,"希望我的学生都能够拥有一技之长,我也期待有更多人用技能报国。"刘明杰说。

（本文原载于《浙江日报》2022年11月2日10版）

如何与新时代打造重要窗口的城市母体同频共振？如何在高速高质发展之路上继续保持先发优势？如何以立德树人为本培养中国式现代化的建设者和接班人？

建校20周年、办学62周年
杭州职业技术学院发出3个"时代之问"

《杭州日报》记者 王泽英　通讯员 张　杰　伏志强　周　曦

专业教师带领学生为社区居民提供小家电维修服务

1960年，杭州市体育场路333号。

来自杭州机械系统的200余名师生，承载发展杭州职业教育的希望，肩负培养技术人才的使命，汇聚于此，为杭州职教史掀开了崭新一页——携手其他5所职工大学，从企业办学到政府办学，从弄堂大学到"双高"院校（"中国特色高水平高职学校和专业建设计划"的简称），再到如今全国职教的领头雁杭州职业技术学院。

从2002年正式建校起，几乎每几年杭职院就迈上一个大台阶：评估合格，成为全国高职高专人才培养工作水平评估优秀学校，获评浙江省"示范性高职院校"，以优秀等级通过验收成为"国家骨干高职院校"，入选国家"双高"院校。

面对党的二十大提出的新任务、新要求，对标杭州建设"新天堂"的责任、使命，杭职院以自省、自觉、奋发的姿态提出3个问题，为自身发展锚定新坐标。而这三问，恰恰也是中国高等职业教育的共同命题。

连日来，本报记者做了大量的实地采访，试图以杭职院视角回答这3个"时代之问"。

如何与新时代打造重要窗口的城市母体同频共振？
探寻一座城市与一所高职院校共生深融的进化史

城市与高校是一种什么关系？如何实现城与校同频共振、同向而行？这是许多城市和高校都在深入思考的问题。杭州正着力建设"新天堂"，奋力打造世界一流的社会主义现代化国际大都市。生于斯、长于斯、闻于斯的杭职院，深入谋划、主动作为，为杭州经济社会发展不断增添新动能。

> **接地气的"吃杭州饭，做杭州事"**
> **全校专业与重点产业百分百匹配**

2022年9月份，杭职院迎来又一批新生。"知道我们学校这个专业领域牛，没想到这么牛！"刚进校，很多学生就被一个专业群的"传奇故事"所打动：仅仅40天，高标准建成全国规模一流的生产性实训基地，被赞为"杭职速度"；短短5年，做到全国第一，在业内形成"人才培养看杭职"的共识。

它就是"双高计划"最年轻的上榜者——杭职院电梯工程技术专业群。"立因'杭'，成因'杭'，全靠杭州的肥沃土壤！"说到成功背后的原因，电梯专业所属的特种设备学院院长、党总支书记郭伟刚用一句话作答。

目前，杭州有近17万台电梯在使用，并每年以倍数增加。电梯越装越多、维保人员越来越缺！在杭州市的大力支持下，学校8年前就携手浙江省特检院，整合资源超千万元开办这一专业群，目标直指全国电梯专业领头羊。

电梯专业只是其中一个代表。"吃杭州饭，做杭州事。"学校教务处（专业建设指导处）处长童国通的解读"很接地气"。他说，为了融入产业发展，杭职院一直在动态调整和转型专业。如今，围绕杭州"5+3"重点产业发展规划，杭职院构建了"2+3+X"专业群体系。比如：对标杭州生命健康产业，开设生物制药技术专业；助力杭州打造数字经济高地，开设信息安全技术应用专业；加强杭州文化旅游建设，开设跨境电子商务专业；等等。"校内专业设置，已与杭州重点产业百分百匹配！"他自豪地说。

逐步崛起的杭职院，为杭州的产业升级、新制造业计划提供了强有力的技术和人才支撑：学校打响科技成果"杭职拍"品牌，前两届总成交额超2700万元，累计参与竞拍的企业86家，住所地在杭州的有67家，比例达78%；累计为793家中小微企业提供技术攻关，承担技改336项，技术成果转化和技术服务产生经济效益1.56亿元；毕业生留杭就业数连续5年居全省高职院校首位。

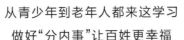

从青少年到老年人都来这学习
做好"分内事"让百姓更幸福

走进杭职院的教学楼,一间间教室里不仅有"00后"的年轻人,还时常能看到"10后"的"小朋友"和"50后""60后"的"爷爷奶奶"。他们都是杭职院的学生。一大早,带着儿子来上"机器人课"的周女士,碰到了同样带孩子来此的邻居。他们都参加了杭职院为青少年推出的职业体验课程。在体育馆形体操房内,60多岁的何阿姨和一帮同龄人,正一板一眼地跟着模特专业老师学形体动作。这是杭职院开办的融善老年大学课程。

无论职业体验还是老年大学,都是学校聚焦杭州技能型社会建设的"拼图"之一。"学校项目已布局少年、青年、中年、老年全生命周期,为构建终身技能教育贡献职教力量。"学校继续教育学院院长徐剑说。

徐剑细数这些年的赫赫"战果":自2014年在全国首推"高职教育反哺基础教育",联合职业体验联盟62家,开发职业体验课程近300门,8万余名中小学生来校体验;肩负建设"双高"院校使命,制订满足不同院校需求的定制化培训,为中高职教师提供岗前培训、职中提升,服务592所中高职学校,培训2.2万人次;为了让老年人共享家门口的美好教育,开设声乐、模特、国画、太极等60多个老年培训班,培训数超1.2万人次。

"杭州是一座幸福的城市,不断提升百姓的幸福感和满意度,我们有这样的责任和使命,开放更多的教育资源,量身定制更多的培训课程,满足居民的生活和职业所需。"杭职院校长徐时清形象地将这些称之为"分内事"。为了做好这些"分内事",学校每年都投入专项经费加快各板块建设,继续以"校中校"模式助力杭州建设技能型社会,打造职业教育创新发展高地。

学习资源"取之于城、用之于城"
城与校达到和谐的"双向奔赴"

杭职院公共基础部管理非遗中心的柴祝平老师,最近收到两个好消息:安吉县第五小学负责人发来一封感谢信,感谢杭职院非遗小分队给当地学生上了一系列精彩课程;学校大数据技术专业大二学生张玟汐,也是匠心非遗社成员,决定毕业后从事"非遗数字化"相关工作。

类似的好消息,柴祝平经常收到。"杭州历史悠久,文化底蕴深厚,非遗资源十分丰富。"她说,这些年学校致力于非遗文化进校园,通过开设非遗大师班、建设非遗馆、成立非遗社团、参建国家级非遗教学资源库等项目,在校内营造了"热爱非遗、乐享非遗"的浓厚氛围。

"取之于城、用之于城",从城市获取学习资源,吸纳学习内化,再将所学所得实践服务于城市,这样的"双向奔赴"在杭职院还有不少。凭借扎实的专业技能,一大批杭职院学子志愿服务过G20杭州峰会、世界互联网大会等大型赛事,累计达1万余人次。就在2022年暑假,

学校彩虹鱼康复护理学院"情系夕阳,社区助老"暑期实践小分队,赴杭州多个社区开展服务,配合医护人员为空巢老人做身体评估;商贸旅游学院"触电之旅乡村振兴"小分队,奔赴乡村走访茶场,利用直播为当地茶农开展推广活动,助力乡村振兴。

杭职院透露,还将继续打出创新"组合拳":兴办一所"乡村振兴学院",社、校、企、村共建乡村振兴领航学院,社、校共建乡村治理与发展研究院(学院);打造一批社会服务品牌项目,建设"军才学院""炎培研修学院"、国家级"双师"培育基地,进一步提升杭州服务业发展水平。

如何在高速高质发展之路上继续保持先发优势?
从破题到引领 把杭职现象与创造变成中国范式与标准

近年来,国家不断对职业教育发展提出更高定位和要求,各种政策利好也随之而来。然而,社会认识存在偏差、职业教育受尊重程度不高、企业参与办学积极性欠缺等问题依然存在。在机遇与挑战面前,高等职业院校如何寻找"新坐标"? 从名不见经传到声名远播,杭职院通过一系列创新探索蹚出了一条路径。

> "校企共同体"大胆破冰不断升级
> "杭职路径"引领全国校企合作

2022年暑假,获得"全国职业院校技能大赛服装设计和工艺项目金奖"的喜讯,第一时间传回到杭职院达利女装学院院长郑小飞这里。得知喜讯,他难掩"得意":"在这项赛事上,我们是有底的!"原来,该校服装设计与工艺专业群学生曾创下"七连冠神话"。

"神话"得益于深融式校企合作。早在2008年,学校与行业龙头企业友嘉集团紧密合作,推进专业与产业、职业岗位对接,深度连接课程内容与职业标准、教学过程与生产过程,将新技术、新工艺、新规范等转化为教学内容和要求,共同深化课证融通、育训结合培养模式改革,在全国打响了校企共同体的"友嘉模式"。此后,如达利女装学院、特种设备学院等校企共同体品牌,均相继成为引领全国职业教育发展的经典案例。

达利女装学院不仅是杭职院的二级学院,同时也是合作企业达利公司事业发展的重要部门。学院采用"现代学徒制"人才培养模式,由学校专业教师、公司设计师共同带领,优秀的学生作品可直接生产上市。"96%的学生作品可直接使用,已超出企业员工平均水平。"达利集团服装中心设计总监何华评价说。

职业教育的生命力和活力在于校企合作。服装专业群的成功,犹如一条鲇鱼搅动了学校其他专业群,带来一系列连锁反应:特种设备学院把行业协会请进来,打造"行、企、校"模式的共同体;动漫游戏学院又增加成员,组成"政、行、企、校"模式;与龙头企业安恒信息以混合所有制共建"杭州数智工程师学院"……龙渡湖国际时尚产业学院、独山港新材料产业学院等一批校地协同育人平台也陆续落地。对此,童国通说:"随着校企合作不断深入,学校基于校企共同体的多元模式再向深行,对接区域产业发展需求,深化成果共享、风险共担的'命运共同体'建设,将多方资源整合在一起,极大地提高了人才培养的质量和效率。"

全国高职院校首次全口径高职教育改革工作会议,把杭职院的"校企共同体"办学模式推广到了全国。随着共同体模式不断深化和创新,杭职院校企共同体的"金字招牌"被不断擦亮,形成了引领全国校企合作的"杭职路径"。

精准锚定未来专业建设"新引擎"
"十四五"期间至少30%专业完成数智化转型

翻开杭职院智慧旅游专业的课程表,新媒体营销技术、大数据分析与应用、OTA(在线旅行社)运营与管理等,一大半都与"数字化"挂钩。"后疫情时期,游客与网络将实时互动,云游可能将持续走热。"课堂上,师生聊得很火热。

走进服装专业群的工作室,师生正对着大屏幕上的数字化服装"指指点点",线上调整样衣颜色、面料、花纹。该专业群联合中国服装行业协会、东华大学等,重点打造女装版型数据库和3D建模数字库。

而对于大数据技术、信息安全技术应用等电子与信息大类专业,学校正通过加强与华为、安恒、联想、海康威视等一流科技信息公司深度合作,提升专业数智化建设水平。还有智能控制技术专业、精密模具智能制造专业、智能网联汽车检测与运维专业等,一看名字就知道,它们有一个共同的定语"智能"。

这一系列的"华丽转型"背后,正是杭职院当下和未来专业建设的"新引擎"——专业数智化。当前,以数字经济、智能经济为代表的新经济,已成为经济增长的重要动力。杭职院党委书记金波告诉记者,在"十四五"期间,杭职院锚定了"数智杭职·工匠摇篮"发展目标,着力打造全国职业院校数智标杆校,至少完成30%的专业数智化转型。

"对职业教育来说,数字化是增强职业教育适应性的重要契机,是培养具有数字化思维和能力的技术技能人才,也是服务地方经济社会发展的重要抓手。"金波说。

温暖工程带动无数家庭技能致富
助力共富"星火"渐成燎原之势

在贵州黔东南天柱县一个小村子里,杨武治的妈妈成为村民们羡慕的对象。曾经,这是一户建档立卡的贫困家庭,如今却走出了一位月收入超过万元的"金蓝领"。一说起儿子,杨妈妈脸上除了骄傲,更多的是淳朴的感激:"真要谢谢杭州呢!"

她说的是杭职院组织的"星火计划"电梯维修免费培训项目。免费培训,管吃管住,结业后可到行业一流企业工作——"星火计划"萌芽于2018年5月,宗旨是"培训一人,美满一户,

共富一方",帮扶学生从浙江省的青田、龙泉、景宁等地,拓展到四川、贵州、湖北等省份。

据统计,近3年"星火计划"撬动各级资金400余万元,惠及中西部12个省份203名学生。"老师,我回家乡云南分公司了,工作顺利""老师,我已经回到四川了,月收入有1万多"……学员们学成结业后,可以根据自己的意向选择留杭或返乡就业,专业老师们经常收到这样的报喜消息。

与"星火计划"培训项目同步,"星火计划"建设项目也如火如荼,把电梯专业人才培养的"杭职模式"推出去:帮四川剑阁职业高级中学建实训基地、开展师资培训;与湖北恩施职业技术学院续签帮扶协议,将线上就业平台与资源向该校学生开放……"星火"到哪里,杭职院的专业资源和力量就铺到哪里。

"在全国职校中,技能致富这条路杭职院走得很早也走得很深,这是我们职教的使命。"杭职院副校长楼晓春说,学校多年坚守就是希望通过"培训一人"实现"助力一户"进而"带动一方",让点点星火燎原成势,助力实现全体人民共同富裕。

如何以立德树人为本培养中国式现代化的建设者和接班人?
立心铸魂 让更多高素质技术技能人才投身中国式现代化建设新征程

百年变局纷繁复杂,科技发展日新月异,机遇挑战并生并行。什么样的技能人才能赶上时代的列车? 这是时代对高职院校育人工作的大考。立德树人是教育的根本任务,德技并修是职业教育的重要使命,杭职院赓续红色根脉,把"四融三化"贯穿育人全方位全过程,让更多"工匠青苗"长成"参天大树",成长为中国式现代化的建设者和接班人。

> ### 思政教育与职业素养教育深度融合
> ### "大思政、无边界"实践遍地开花

选修课上,学生许淑雯用自己学到的传拓技艺,为一枚庆祝中华人民共和国加入联合国这一重大事件的纪念章制作墨拓本。"在触摸、拓印过程中,对那段历史有了更深的认识。"她感受很深。篆刻家、西湖印社社长沈立新欣喜之下亲手提刀,为她刻下"许淑雯拓"的传拓印章。

许淑雯上的选修课,是杭职院系列"师带徒"人才培养模式的课程缩影。

在高职教育中,思想政治教育和职业素养教育不可分割,只有两者深度结合才能实现德育教育目标。杭职院通过"四融三化"——即"大思政"融入育人全过程、"大劳动"融入大学生活、"大实践"融入学业生涯、"大工匠"融入技能培养,协同化整合各类资源、标准化引领专业教学改革、品牌化打造高水平专业群,贯穿育人全方位全过程,在校内广泛开展"大思政、无边界"的协同育人实践。

学校所有专业课程中都融入了"思政"育人元素,如:环境工程技术专业教师,用"既要金山银山,也要绿水青山""绿水青山就是金山银山""宁可失去一点金山银山,也要保护好子孙万代的绿水青山"3个句子,把生态观的演进与发展简洁、生动地解析出来;会计专业教师在讲授财务做账时,围绕道德价值,引导学生树立正确的人生观、价值观,培养学生的辩证思维。

德技并修、言传身教、薪火相继
锻造一支高素养高水平的"工匠之师"

"大家好,我是刘老师,也是一个'原装'的杭职院人。"刚刚获评全国青年岗位能手的刘明杰,3年前留校任教,执教"钳工实训"。每次跟学生做完开场白后,他还不忘开玩笑地补一句:"你们的'师爷',就是隔壁班的陈老师。"

陈老师名叫陈楚,被大家称为"冠军收割机":凭借深厚的钳工技术功底和独特的教学方式,他在"振兴杯"全国职业技能大赛中带出3个全国冠军,5年来共带出国家级、省市级技能比赛获奖学生29人次。刘明杰就是其中的全国"双冠王"。

如果说陈楚、刘明杰带给学生的是专业上的"拔节生长",像汪吾今这样的人文学科类教师带给学生更多的是"润物细无声"的影响。作为普通一线教师,汪吾今已在杭职院度过了27个春秋,一辆蓝色变速自行车、10余本工作笔记本,陪伴着他一路走来。近10年来,他每年指导学生在省大学生诵读大赛等省级赛事中斩获大奖,他用自己的执着诉说着对职业的热爱。

要培养出新时代的大国工匠,"工匠之师"至关重要。老带新、师带徒,老、中、青3代教师接力携手共进。据了解,聚焦"双高计划",杭职院持续深化"人才强校战略",实施领军人才攀登工程、创新团队培育工程、学历职称提升工程、教师能力提升工程、教师海外研修工程等五大教师培育工程,引进高层次人才及青年博士55人,柔性引进专家学者14人,配齐配强教师党支部"双带头人"队伍,形成强大的"雁阵效应",锻造出一支德技并修的高水平"工匠之师"。

毕业生像满天星辰一样点亮夜空
在中国式现代化进程中成就精彩人生

统计显示,用人单位对杭职院毕业生综合素质满意度逐年上升,已连年稳超95%。

办学62年来,杭职院为社会输出了几万名技能人才。这些学生,像满天星辰一样在各行各业发光发亮——

机电专业毕业生凌云,现任浙江省政府特约研究员、省物联网产业协会理事长、省智能制造专委会副主任,长期从事工业领域创新、投资、运行和能源及节能管理工作;市场营销专业毕业生李传南,现为杭州老板电器股份有限公司华东工程大区总经理,完成了杭州区域业

绩从零到年签约量破亿的飞跃;毕业生徐旭锋担任科鑫公司总工程师,曾获杭州湾跨海大桥"建桥功臣"称号;毕业生刘云是国内最早一批私家花园行业从业者,年服务高端庭院、乡村别墅、美丽农村花园100余家;针织专业毕业生陈丹,设计作品曾登上"中国国际时装周""米兰国际时装周""纽约国际时装周"等多个国际顶尖舞台;在第21届"全国青年岗位能手"获评名单中,浙江省教育系统共有26人,其中7人来自杭职院……学校的毕业生扎根在普通一线岗位,用自己的一技之长努力工作,为城市和乡村守出稳稳的幸福感,为国家经济社会发展默默付出。

时序更替,梦想前行。金波表示,中国式现代化为技能人才发展开启了"星辰大海",新时代劳动者不仅要有梦想、有力量,还要有智慧、有技术,能发明、会创新,杭职院学子将立志民族复兴,牢记"国之大者",适应科技革命和产业变革需要,不断提高技术技能水平,以精湛技艺成就精彩人生,为中国式现代化提供更有力的技能人才保障。

（本文原载于《杭州日报》2022年11月4日 A6—A7版）

"杭州医药港学院杭职产教融合基地"落户杭职院

周　曦　陈　郁

杭州医药港学院杭职产教融合基地揭牌仪式

日前,由杭州钱塘新区管委会与杭州职业技术学院共建的"杭州医药港学院杭职产教融合基地"在杭职院内举行揭牌仪式。

钱塘区委常委、区政府党组成员刘国娟,杭州职业技术学院校长徐时清共同为基地揭牌,并成立基地管理委员会。

近年来,钱塘区围绕杭州城东制造大走廊发展,聚力建设杭州医药港,初步建成了全省唯一集万亩千亿新产业平台、特色小镇、产业创新服务综合体、产业创新中心于一体的产业功能区。

此前杭职院与杭州医药港开展过深度合作,双方成立了"环杭州湾医药产业人才培养联盟",为港区各联盟企业等提供各类服务500多人次,大力解决了企业技术、培训和短期用工的急需问题,受到企业高度赞许。

钱塘区委常委、区政府党组成员刘国娟希望杭职院通过此次共建基地,把握钱塘发展新机遇,整合资源新优势,产教融合新发展,实现资源共享、人才共育、活动共办、氛围共融、合作共赢。

杭职院校长徐时清表示,本次揭牌的"杭州医药港学院杭职产教融合基地"采用的是"政港企校"融合发展模式,是学校历年探索职业教育多元化发展的又一创新之举。基地成立

后,学校将会在系统顶层设计、高标准建设、坚持服务发展等 3 方面下好功夫,努力将其打造为职业教育跨界合作、服务区域产业和经济高质量发展的新典范。

下一步,合作多方将加快建设步伐,把杭职院校内 2000 平方米专属实训基地打造为生物制药全产业链的实训室和基于典型产品生产工艺的一流实训基地,将产业新技术、新工艺、新模式、新标准转化为课程教学内容,努力为钱塘区培养优秀的生物制药类高素质技术技能人才,服务杭州医药港 1000 余家制药类企业,助力杭州医药产业高质量发展。

(本文原载于潮新闻 2023 年 3 月 20 日)

三、人才强校　工匠培育

2003年7月,浙江省委书记习近平在浙江面向未来发展的八项举措——"八八战略"中提出,要"进一步发挥浙江的人文优势,积极推进科教兴省、人才强省,加快建设文化大省"。技术工人队伍是支撑中国制造、中国创造的重要力量。培育具有工匠精神的高素质技术技能劳动者,是中国经济转型升级发展的需要,是企业、高职院校生存发展的需要,也是高职学生个人发展的需要。

杭州职业技术学院党委深感职业教育的神圣使命,倾心研究德技并修的新时代工匠人才培养模式,努力培养学生成为高素质技术技能人才,以满足经济社会发展和产业转型升级对技术工人队伍的新需求,为浙江经济社会发展提供更大的智力支持和更多的人才资源支撑,为高质量发展建设共同富裕示范区贡献"职教力量"。通过研究工匠精神、传承工匠文化、培育工匠人才3个层面的持续发力,这些年来杭州职业技术学院培养了一大批技术技能硬、综合素质高的应用型人才。他们兼备精益求精的工匠技能和吃苦耐劳的工匠精神,手握多本高含金量的技术技能证书,在各级各类技能大赛中摘金夺银,在与企业员工技能比武时毫不怯场,在行业产业里发光发热,是当之无愧的新时代工匠型人才苗子。

"一技傍身"成就精彩青春

《新华每日电讯》记者　郑梦雨

杭州职业技术学院数字化设计与制造技术专业
学生正在课堂实训

【讲述人】

易媛媛：杭州职业技术学院学生

许诗怡：杭州职业技术学院学生

邱志强：浙江建设技师学院学生

储佳乐：浙江建设技师学院学生

"让平凡人有双灵巧的手"

沿着服装学院走廊,一路挂着各年级学生设计制作的服装类职业竞赛获奖作品,好像一个T台秀场。一间大师工作室内,许诗怡正在用人形模特缝制服装裁片。

她正在练习职业技能大赛的题目,为新的比赛做准备。这样的"以赛代练",不仅让她增长了技能,实现个性化发展,也给了她持续的目标和激励。

她从小喜爱服装设计,从服装类中职竞赛班,到高中时参加技能大赛获奖,再到来杭州职业技术学院女装学院继续学习服装设计,她比很多同龄人的基础更扎实。

相比于艺术院校的学生,职业院校的学生可以参加更多行业大赛,优秀的学生更是提早被企业"预订"。

从一张图,到一件成衣,她能通过自己的双手实现。空闲的时候,许诗怡给爸爸做了一件西装,给妈妈做了一条裙子,她和家人都很开心。她说毕业后希望到学校当老师,继续在自己的专业上发展。

相对于高等院校,职业教育培养的层次不一样:搞研究有较强的理论基础,也需要技能型人才把东西做出来,去验证理论是否正确,二者相辅相成,不分高低。

易媛媛是班上50名同学中"唯二"的女生。考虑到自身成绩和女孩体力特点,读职高时她和家人共同决定,学习就业前景相对明朗的数控技术专业。

这是一堂专业实训课,学生们需要根据图纸制作出模型实体。一排学生平行站立,每人对着一个操作台,伴着鼓点"奏乐"。锯子前后拉动,易媛媛微微前倾,把身体重量压上去,为了能使上劲儿。她坦言:"这个比较费力气,女孩子做起来会相对吃力。"

他们的专业课分别涵盖测绘、实训、车床等科目,在获得两本职业技能证书后就能顺利毕业。对于刚上大一的易媛媛而言,把眼前的每一个切面按尺寸锯平,是最具体的事儿。

"学一技能,安身立命"

来自贵州的邱志强,目前就读于浙江建筑技师学院。他来读职业院校,是受姐姐影响。姐姐大他5岁,此前在这个学校上学,学的是室内设计,现在在杭州做墙绘师。

"不要觉得职业院校学生不努力,我发现班里特别'卷'。"邱志强说,"说好不复习的,有的半夜5点就爬起来了,真是'不讲武德'。"

邱志强一天的日程是这样安排的:早上6点起床,跑步半个小时,毕竟学技术也要增强体能。除去吃饭休息,一天花在操作训练上的时间有七八个小时。每天睡觉前,他会把遇到的问题,在脑海里过一遍电影,再想想应该怎么做。

邱志强的同学、来自安徽的储佳乐的父亲是干汽修的,在当地有些名气,也参加过行业比赛拿过奖。但储佳乐没学汽修,而是学建筑行业。家里倒没有阻拦,想着毕业后把汽修作为保底。

"装修是技术活,也是体力活。"储佳乐说,比如钉石膏板,一手举着,一手打螺丝,得憋着一口气打完,否则就砸到头了。

依然偏瘦的储佳乐,现在每餐使劲吃,为的是增强力气。

储佳乐的哥哥也在这个学校就读过,并参加过装修业的技能比赛,获得行业第二,但只有第一才能参加更高级别的比赛,哥哥带着遗憾毕业了。

"他毕业后,去卖肉了,没想到吧?卖肉赚钱啊。开始是跟朋友合伙,后来摸着门道了,就自己单干,每天忙到很晚,能凑到一起吃饭的机会很少。"储佳乐说,我们兄弟都认为,趁着年轻好好学本事,努力打拼,这辈子也能做出点成绩。

学习累,比赛苦,学生们都想过退缩。这群十七八岁的孩子,开始是聚在一起抱怨,一起说丧气的话,后来想通了,反而互相打气。

有"互黑"。比如"这个缝好大啊,做得真烂!""你贴的瓷砖没对齐!"……

也"互吹",比如"徐伟抹灰特别美观""长坤组装做得比我快"……

年轻,可以有无限想象。

有一技傍身,未来就有了安身立命的本钱,成就事业的可能。

【记者说】让学技术的青年有奔头

技能人才是支撑中国制造、中国创造,推动经济高质量发展的重要力量,而职业教育是培养多样化人才、传承技术技能、促进就业创业的重要途径之一。然而,当前技能人才仍面临上升空间有限、成长路径单一、工资待遇不高等问题。在扎实推进共同富裕的时代背景下,如何让技能劳动者"能者多得",进入中等收入群体,成为重要命题。近年来,各地陆续出台关心关爱技能人才成长的相关举措,相信这些暖心之举,将让学技术的青年人更有干劲和奔头。

(本文原载于《新华每日电讯》2023年4月30日4版)

杭职院:校企合作孵化人才

《浙江日报》记者　王　婷　通讯员　张雪燕　周　曦

在一块投资3亿元、占地30亩的高职院校的实训基地上,你会看到什么?

课桌椅就是工作台,教室就是车间,教材就是图纸,老师就是操作员……这,正是杭州职业技术学院培养优秀技能人才的妙招——学校与企业深度合作,教育和就业深度融合,两相"融入"的方式,让该校培养出的技能人才成了就业市场上的"香饽饽"。

"校企合作"在以职业教育为主的职业技术院校并不稀奇,但在很多情况下会浅尝辄止,收效甚微,合作关系难以长久。

一定要双赢!杭职院在办学过程中慢慢摸索出了一套新的校企合作模式——由学校与企业一起构建"校企共同体",双方共同规划、共同组织、共同建设、共同管理、共享成果、共担风险,用创新的方式孵化出了高级蓝领人才。

我们在这种校企合作的"结晶"——友嘉机电学院里看到,先进机械制造中心、机床维修中心、机床培训中心和数控精密制造中心设备总数达到419台(套),价值6800多万元。"这些设备都是友嘉实业集团提供的,设备会随时更新。他们还配备了20多个长期驻校的技师,设备的日常保养由学生自己做,季度保养、大保养由技师带学生操作,企业机床维修一般都在友嘉机电学院维修中心进行,学生可全过程跟随技师学习,学生还有机会进企业顶岗实习。"在现场,杭职院徐健丰老师这样介绍说。

走进杭职院达利女装学院针织专业的教学场地,更是一番热闹的教学场景,这个第七教学楼内的普通教室已经全部打通,一楼、二楼都已改造成为服装设计加工实训车间。织布机隆隆地响着,学生们正在埋头制版、裁剪,旁边的缝纫台上摆着已经制作完成的女士风衣,是时下最流行的款式。学生们上课的样本都是直接从达利公司拿来的。"明年春天,这些衣服就会出现在美国市场上。"针织班的李健同学指着挂在毛衫研发中心墙上的样衣笑着说。

"目前,达利女装学院教学生产车间的设备与达利公司的配置是完全一样的,针织专业还用上了电脑横机工艺编程。"达利女装学院副院长徐剑介绍说,"达利公司的设计师会过来给学生上课,学生的设计作业都会拿到达利公司由设计师们来评分。"

达利女装学院针织专业的刘老师也自豪地说:"我们的课程都是跟企业沟通好的,教材也是自己编的,专业课程设计按照企业和市场的需求制定,可以根据需求进行调整,有时候可能每一届学生上的课程都不一样。"达利公司还将全年研发任务交给了达利女装学院,学院派的创作基地摇身变成了上市企业的研发中心。

杭职院在校企合作中尝试将专业融入产业发展,紧密对接地方产业结构调整,服务经济发展方式转变需要和企业需求,整体推进专业现代化建设,科学合理地调整专业设置,目前,招生专业数由 34 个调整为 27 个,专业结构进一步优化,初步形成了与杭州主导产业接轨的专业格局。

目前,杭职院已与友嘉实业集团共建友嘉机电学院,构建了以"大企业主体、全岗位合作、全过程管理、企业化培养"为特征的"友嘉模式";与达利(中国)共建达利女装学院,迈出了品牌化、个性化教学的特色发展之路;与金都房产集团共建金都管理学院,走出了一条大企业为主、多元参与、多方共赢的新型路子;与新通国际共建新通国际学院,探索了一条"语言+技能"具有国际化合作特色的新路子;与青年汽车集团共建青年汽车学院,初步形成了一套专门化人才培养体系,并朝着专业化培养方向迈进;与萧山临江工业园区共建临江学院,开辟了园、企、校三方联动的全新模式;探索实行一专业一企业的"专企合作"机制,与东忠集团共建东忠软件学院,构建了"三级学院"管理架构;目前还在积极推进与浙江普达海文化产业有限公司筹划共建普达海动漫学院。

这种深度校企合作培养的人才广受好评,也为学生的择业、就业铺就了一条顺畅的路。目前,杭职院的毕业生平均起薪超过 3000 元/每月,不少学生在实习期的月薪就超过五六千元,就读于杭职院青年汽车学院大三学生陈哲轶上个月还拿到了 1.5 万元的实习工资。这个学期,达利女装学院针织专业两个班的 74 名学生已经早早找好了工作,很多企业甚至开始预约起 2014 年的毕业生。

（本文原载于《浙江日报》2013 年 5 月 29 日 3 版）

杭职院学生获全国高职服装设计大赛金奖

《钱江晚报》记者　林晓莹　通讯员　周　曦

近日，在2013年全国职业院校技能大赛高职服装设计与工艺技能大赛上，代表浙江省职业院校参赛的杭州职业技术学院学生获得金奖。

全国职业院校技能大赛是由教育部发起，联合国务院有关部门、行业和地方共同举办的一项全国性职业教育学生竞赛活动。

今年，在江苏南通举行的全国职业院校技能大赛吸引了来自全国24个省市职业院校的173名选手同台竞技，是有史以来规模最大、难度最高的一次大赛。

比赛分为服装设计、服装制版与工艺2个分赛项。杭职院达利女装学院的学生吴文韬、潘红亚获得服装设计一等奖，金燕、鄢凌丽获得服装制版与工艺一等奖。其中金燕同学还在本次大赛上获得了由人社部授予的技师职业资格证书，同时还获得了"全国服装学生技术标兵"称号。

与此同时，达利女装学院教师章瓯燕、竺近珠与郑小飞分别被评为设计赛项优秀指导教师与制版工艺优秀指导教师。

据悉，此前达利女装学院的学生就已经获得过国家、省级以上各类技能大赛铜奖(三等奖)以上奖项30余个，获得市级以上各类技能大赛铜奖(三等奖)以上奖项45个。

（本文原载于《钱江晚报》2013年6月26日Q6版）

杭职院学生"双11"大练兵
当天营业额破千万

《钱江晚报》记者　林晓莹　通讯员　周　曦

"尽管很忙很累,但能亲历这场'双11'实在是太兴奋、太值得了。"

在11月11日电商大战的24小时里,杭州职业技术学院金都管理学院的实训室一直灯火通明,29名学生作为某电商的客服一直在电脑前轮流奋战。

电商专业1221班的宋努说,这是她第一次参与电商实战,看着不断增长的经营额,心里很是激动:"24小时里我就睡了3个小时,太刺激了,原来客服也可以创造这么大的价值!"

宋努和她的同学们,参与的是《客户服务与管理》核心课程的顶岗实习。专业教师陈晓红等抓住了天猫"双11"大促活动的契机,早早地与一家化妆品公司进行接洽,调整教学内容,并根据企业对客服岗位的任职要求选拔了一批学生参加"双11"活动。

为了让学生做好客服工作,企业先派出了美容顾问做产品培训,随后又做了一系列的实习演练,才让他们投入"双11"大战。

"有人上午付了款,下午又要我们来改送货地址;有人先购买了商品,后来才发现有优惠券可以用……"电商1212班的吴宁这次担任了售后客服工作,碰到了不少"难缠"的顾客。

在有礼有节又有效率地解决问题的过程中,她收获了更多的电商客服知识。

"3天培训、3天演练、3天实战,这次的实践机会让我们的学生充分了解电商,也更加明确了自己今后就业和创业的目标。"金都管理学院院长、副书记裘旭东说,为了增加学生参与社会实践的机会,电子商务专业设置了6个方向各异的工作室,接洽各种企业项目。

这次就是云客服工作室与某化妆品电商合作的项目,由已经在外顶岗实习的大三学生作为企业的"老"客服,回校指导大二学生,共同为企业服务。

在"双11"那天,由杭职院学生担任客服的这家企业网店的实际销售额达到1186万元,受理近10万单,完成了企业原定3天的销售目标。

(本文原载于《钱江晚报》2013年11月14日Q5版)

大学生与企业员工同台比武

《钱江晚报》记者　林晓莹　通讯员　周　曦

大学生与企业员工同台竞技比武在杭职院举行

近日，"华东医药杯"HPLC高技能培训暨应用考证(比武)比赛在杭州职业技术学院举行，参赛人员身着整洁的无菌服同台竞技。

此次比赛与以往不同的是，不仅仅是学生参加比赛，还有来自企业的员工，他们除现场PK技术外，在培训中还相互沟通交流医药车间的工作流程。

> **大学生PK企业员工**
> **考验动手能力和熟练程度**

本次技能分理论考试和现场操作2个单元进行。竞赛的选手首先参加高效液相色谱(HPLC)的维护和故障处理方面的培训，然后进行理论考试。由来自该校的14名大学生和华东医药集团13个公司和部门的40位选手参赛。在现场操作部分是两个选手一组，在液相色谱室完成现场比赛。

陈丹丹，来自生物制药技术专业大二的学生。在实训室里，她正全神贯注地制作前期移液配置，没一会儿工夫好像就得出数据填写在试卷上。

"前期移液配置主要是看基本功，如果操作熟练，很快就能搞定了。"陈丹丹说，后期的检测对她来说有些难，比赛并没有想象中那么容易。但比赛结束后从专业裁判那学到了很多新的操作技能，比如如何设计实验方案的思路和方式等。

陈丹丹说，虽然自己做一个实验要2个多小时，而企业员工很快就做完并非常正确规范,但她并不觉得自己输了。"正因为这种差距,所以要前来学习。这里很多都是课堂上学不到的知识,这次算是开眼界了。"她说。

相对学生而言,来自企业的工作人员操作起来就非常得心应手。

周小娟,来自华东医药集团质检科技术员,参加工作已经1年多,"我抽到的考题是用高效液相色谱方法检测配置一系列线性溶液,然后求算线性回归方程以及相关系数"。

"这些我们在实验室里几乎每天都有做,可以说非常熟练,但在称样和配置过程中一定要细心,不然一个不留神也会出错。"周小娟说,现场操作比赛主要是考动手操作能力和熟练程度,在这一点上作为企业员工是占优势的。

> **专家指导前期培训**
> **体验企业规范操作**

与以往不同的是,此次比赛均由企业技术能手对学生进行前期培训,竞赛由来自华东医药集团和杭州职业技术学院的8名药物分析方面的专家和老师担任评委,由质量检测主管茅春新担任仲裁长。

茅春新告诉记者,大学生操作还是可以的,每个选手在大约2个小时以内都能完成检测。

那么,高效液相色谱分离技术比赛是如何评分的呢?茅春新说,这是一个常规检测浓度的实验,首先要进行实验设计,然后根据方案进行线性分析、研究,最后确定这个浓度分析的范围。至于评分标准是多方面的,要从操作手法是否熟练,方案设计是否完整,实验数据是否准确等方面进行评分。

"你看,这名学生在做前期移液配置,这是检测的前部分工作。"茅春新笑着说,移液配置有多重手法。在考场看了一圈,大学生普遍都用了同一种方法,而且操作手法还比较生疏。

近几年,杭州职业技术学院生物技术及应用专业和药物制剂技术专业的就业率都达到了优秀。而这些毕业生毕业后会走向医药企业生产第一线,能在相关制药企业及医药公司、药店等部门从事药物生产、质量管理、药品检验及营销等工作。

来自杭职院生物制药技术专业负责人陈郁教授说,竞赛也让学生提升了实战能力,明确了专业技能提升的方向。本次竞赛通过与企业员工同台竞技,让学生提早感受专业操作,更加明确企业对员工知识、素质和技能的要求,便于及时完善人才培养方案,增强教学针对性。

经过激烈的角逐,来自华东医药集团中美华东制药厂的王慧慧和谢亚爽2名选手获得了一等奖,杭职院制药1211班张若和、董雪瑞2位学生获得了二等奖,胡霜飞、沈丽娜、张友财、李刚4位学生获得了三等奖。张友财和胡霜飞2位学生因为在理论和实操方面的良好表现获得了由安捷伦科技中美华东联合培训中心颁布的HPLC检测能力证书。

（本文原载于《钱江晚报》2014年4月22日 Q6版）

老来美 先设计起来
——专访首届中国老年服装设计大赛
承办方杭州职业技术学院

《浙江老年报》见习记者　陈逸清

杭州职业技术学院每年要承办好几场服装设计大赛,主角无一例外都是青春时尚的年轻人。今年,学院首次把T台主角对准了老年人,准备办一场专门以老年服装为主题的设计大赛。

主办这次比赛的初衷是什么? 老年服装的市场前景又如何? 记者日前走访了此次"达利杯"首届全国老年服装设计大赛的具体联络人——章瓯雁,听她说说大赛背后的故事。

章瓯雁的另一个身份是杭州市职业技术学院下属达利女装学院"服装立体造型工作室"负责人、资深造型设计讲师。

买衣难促成大赛

谈到这次老年服装设计大赛,章瓯雁说首先要感谢一个人。

单标成,杭州市老年文化交流促进会理事长。一次,单标成陪老伴买衣服,挑了一个上午,没有一件中意的。

后来,在一次偶然的聊天中,单标成和达利女装学院的老师说起此事,并提议:"老年人服装这么难买,何不举办一次老年人服装设计大赛?"院方也觉得这是个好提议,马上联系了中国纺织服装教育学会,对方也认为这是一件很有意义的事。"也许不会有很多的大牌设计师来参与,但可以让更多的学生参与进来,也是年轻人表达孝心的一种方式。"

为什么老年人买不到漂亮衣服

当老师这么多年,章瓯雁感慨,很少在课堂上讲到有关老年服装的设计。3年专业课学习下来,很多学生根本就没设计过老年人的服装。

"这跟我们职业类学校的特点有关系。"章瓯雁说,职业类学校一般都与企业紧密挂钩,企业需要什么样的人才,学校就培养什么样的人才。

章瓯雁说:"企业普遍认为老年人的购买力不如中青年,老年人衣服花纹单调,款式简单。"这些年来,服装企业一般定位在中青年市场,主要年龄阶段集中在25至45岁,老年人的服装市场往往是被忽视的。

服装企业不生产,市场上怎么会有款式时髦的老年服装。

举办大赛曾不被看好

因为是首次举办老年人的服装设计比赛,这让举办过多场针对年轻人服装大赛的章瓯雁遇到了前所未有的困难。

"找不到赞助商。"章瓯雁说,这是她遇到的第一个,也是最大的困难。

"我们是搞教育的,而企业更多地看中商业利益。"章瓯雁说。最终还是达利集团出于公益的角度,给予了赞助,冠名"达利杯"。

要举办这次大赛,章瓯雁身边的很多朋友都不看好。"知道我在负责这个比赛,好几个别的服装院校的负责人都跟我说同一句话,'困难太大了'。"章瓯雁说,大家都认为老年人的衣服版型和年轻人太不一样了。

老年服装商机无限

尽管遇到很多困难,不被很多人看好。但章瓯雁一直认为,老年服装市场是有商机的,市场的蛋糕很大,值得好好研究。但目前,很多企业做老年服装,其实就是把年轻人的衣服做宽大一点而已,没有做到服装设计"扬长避短"的要求。

"现在国际上老年服装这块是相对成熟的,外国的老年人对穿着方面也比较讲究,当然在国内,这几年也在慢慢好起来。"章瓯雁分析:一是经济提升了,老年人的购买力强大起来;二是现在提倡"文化养老",这一辈老年人对精神文化、自身品位都有要求了。

章瓯雁举了一个自己的例子。"前段时间,我爸爸80岁生日,他主动跟我提出要买一件款式新潮点的、大红色的衣服,可以在做寿时候穿。"章瓯雁当时就意识到,自己之前对父母的着装是忽视的,老年人其实对自己的着装是有要求的。

章瓯雁提议,纺织服装企业应该重视老年服装这个细分市场。"现在业内叫得响的老年服装企业真不多,人口老龄化之后,这是一块很大的市场。"

通过这次举办老年人服装设计大赛,下一步章瓯雁打算把老年服装设计搬上课堂。"老年人哪里肉多哪里肉少,我们要去观察,通过设计扬长避短,帮老年人设计出合他们心意的衣服。"章瓯雁说。

（本文原载于《浙江老年报》2014 年 5 月 16 日 A3 版）

杭职院首批航空制造业学生开班
课程实行"双导师制"教学

《钱江晚报》记者　林晓莹

杭职院首批航空制造业学生开班

近日,15名机械设计与制造、数控技术、模具设计与制造、机电一体化专业的大二学生,参加了杭州职业技术学院和浙江西子航空工业有限公司合作共建的西子航空工业学院的开班典礼。他们是西子航空工业学院首次招收入学的航空数控加工和航空钣金专业的学生。

与其他专业不同,在西子航空工业学院,实行"双师制",即一堂课有2位老师一起授课,一位是校内的学术型导师,另一位是外聘的业界资深从业人员,即实践型导师。

> **进班不但要过笔试和技能测试**
> **还要做性格测试**

这个班主要是培养航空制造业的专业人才,共15名大二学生。教学模式是小班化教学,在学校学习半学期之后,学生将会到企业里实习一年,从培训教室设置以及人才培养方案都按照师傅带徒弟的模式进行。

西子航空工业学院的院长潘建峰说,这15名学生是从学校的机械设计与制造、数控技术、模具设计与制造、机电一体化专业的大二学生中挑选出来的,通过笔试、实践技能测试,并经过由浙江西子航空工业有限公司和友嘉实业集团联合组成的专家组的面试,最终成为西子航空工业学院首届航空制造业班学生。

学生俞江涛来自杭州富阳,大一学的是模具专业,对考进西子航空工业学院表示很开心:"在考试前,我做了好多准备,特别是在航空方面的知识上,还好都派上用场了。考试中还有技能测试,要求我们做机械识图,大多都是飞机方面的图,如果没有做功课,还真看不懂。"

在技能测试方面,学生还进行了实际操作,俞江涛抽到的考题就是做钳工实践操作。

这个班可不是说学生专业技能强,想进就能进的,除了过笔试和实践技能测试,考生在入门前还要经过性格分析。那么,性格测试题目都有哪些呢?

其实并不特别,如果你去应聘,也许用人单位也会用到这些测试题。"都是从题库里挑的题,我们有倾向地挑了100多题。"浙江西子航空工业有限公司常务副总经理李立军说,"做航空制造业的人必须要有耐心,不能浮躁,所以才在面试环节中进行性格测试,为的就是更准确地培养人才。"

实行"双师制"教学
一节课中2个老师一起授课

航空数控加工班和航空钣金班的学习年限为1年半,学校和企业共同开发教程和实施教学,依托企业的技术优势,实行"双师制"教学。

每次上课,班上都会有2位导师,一位是校内的学术型导师,另外一位是由学校聘请业界资深从业人员担任的实践型导师。

目前,已落实了近11名实践导师,他们均为来自浙江西子航空工业有限公司各部门的专业人士,其中有装配、数控工艺、钣金工程、热处理等专业的导师。

该班学生一共有3个学期的学时,第一学期集中完成课程学习,第二、第三学期集中进行实习,强化一线操作能力、设计能力和管理能力方面的训练。

"最重要的是第二学期开始的实习课程,学生来到企业里,和导师进行一对一学习和工作。"浙江西子航空工业有限公司常务副总经理李立军说,"我们会教学生用飞机工艺制作的软件,例如CATIA软件的应用,这是一款飞机工艺设计的常用软件,这些课程是很多学生在社会教学中学不到的。"

李立军说:"如今,这个班的学生已经开始学习理论知识了,整个学习过程还有一年半时间,如果班上的学生努力认真,那么,等到毕业时,是很有可能被我们企业留下的。"

杜钰婵来自绍兴,是班上的唯一一个女生,昨天她上了第一堂课:"感觉'双师制'很不错,可以在实践中得到很好的学习。"

(本文原载于《钱江晚报》2015年4月1日 Q7版)

下一站天桥骄子专访:杭州职业技术学院达利女装学院陈薇&陈迪

  5月14日周四,杭州职业技术学院达利女装学院主题为"丝·尚"的服装毕业秀在杭州西溪天堂杭州国际时尚周秀场成功举办,共120多套服装,用含蓄的服装设计语言和情感,还原服装的自然属性和本质,传递着一种东方艺术的韵味和现代时尚的融合。作品均由2015届毕业生自行设计、自行制版、自行制作,历时3个月。作品展示了学生3年的学习成果,充分展现了学生的设计制作才华。超前的设计理念、独到的表现技巧、得体的剪裁、华美的服装令人刮目。

陈薇毕业设计作品

  "我设计的服装上面使用了很多手工活,因为我很喜欢闪闪亮亮的元素,"杭州职业技术学院达利女装学院的毕业生陈薇对中国服装网记者说道。她热爱手工,喜欢礼服,向往的设计师是给多位明星制作过婚纱的兰玉。原本想要成为老师的她,从认识到女孩就应该漂漂亮亮的,要设计美美的服装穿上那时候开始,把服装设计一直做下去做到做不动了为止成为了她的梦想。追逐自由的她,不喜欢企业的朝九晚五,想要开一家属于自己的原创品牌店铺:"当看见人家穿着你设计的婚纱结婚时,是一件特幸福的事!"她就是这么一个拥有美好梦想的年轻设计师。

陈迪毕业设计作品

  她的同学陈迪自认为和自己喜爱的设计师草间弥生一样偶尔会神神道道,冒出些怪异的想法。她的毕业设计是以扑克为主题的针织系列,"虽然我的设计主题是扑克,但我并不是喜欢打扑克什么的,"陈迪笑了笑,"只是觉得扑克给人比较休闲的感觉,而且每一张扑克的数字和图案都代表一个独立的意义。"已经在某企业实习的陈迪已经拥有较丰富的应对市场趋势的服装设计经验,然而这并不是她想要的:"杭州做服装基本上是抄款、改款,这类现象很普遍,以后我想做比较有意思的服装。"

  3个春夏秋冬的交替轮回,在时间长河里并不算长,但是3年的指引和陪伴并不短暂。"学校给我们提供很多优秀资源,经常带我们出去经受锻炼,让我们经常能见识到别人的设计,然后发现自己的不足。"陈薇怀抱着感恩之心谈到她即将离开的校园。梦想虽然远,但未来还很长。

(本文原载于中国服装网2015年5月29日)

C919大飞机,高职生怀着航空梦

徐健丰　周　曦

11月2日,我国自主研制的C919大型客机正式下线后,刘惠峰终于可以自豪地告诉亲戚朋友了:"瞧,这架大飞机的RAT舱门,我参与了装配。"

2015年6月从杭州职业技术学院毕业的浙江龙游男孩刘惠峰,祖祖辈辈都没与飞机打过交道,但几个月来,他心中一直有个秘密——C919大飞机制造,也有我的功劳。之前不可向外透露,而今可以大胆喊出。

早在2014年9月的校园招聘会上,刘惠峰就与14位同是杭州职业技术学院友嘉机电学院的同学,被浙江西子航空工业有限公司相中录取。这家企业是C919项目9家机体供应商中唯一的民营企业,承接着应急发电机舱门(RAT门)和辅助动力装置门(APU门)的研制工作。这2个舱门项目,涉及30多项航空特种工艺技术,涵盖数控机加、钣金成形、热表处理、金属胶接、理化测试、复合材料、部件装配等过程,结构复杂,科技含量极高,对参与者有着很高的要求。

西子航空人力资源部部长杜小业说,航空制造业高技能人才一直很紧缺,浙江之前也没有航空产业,所以都要去沈阳、西安等地的高校招聘。培养本地化的技术人才,是他们一直想要做的事,与杭职院合办的西子航空工业学院,解了这个燃眉之急。

刘惠峰和他的同学,是首批被招入西子航空公司的高职生。他们所就读的杭职院友嘉机电学院,是学校与全球数控机床业巨头——友嘉实业集团合作共建的二级学院,所以从大一开始,他们就跟着企业师傅操作、装调和维修数控机床,参与过无数个企业实战项目。刘惠峰对于数控机床装调的熟练度,让西子航空公司招聘人员非常满意,向他伸出了橄榄枝,并把他分配到了公司制造中心的装配单元。

而就在刘惠峰这一批学生被录用后没多久,西子航空工业有限公司董事长王水福还特意邀请杭职院校长贾文胜去企业参观。因为在育人理念上的高度一致,双方一拍即合,仅仅用了28天时间就筹备成立了杭职院的二级学院西子航空工业学院。

2015年3月,杭职院15名数控技术、机械设计与制造等专业的大二学生,通过选拔成为公司首次招收入学的航空数控加工和航空钣金装配专业的学生。

这些学生经过一学期的校内理论学习后,进入西子航空进行为期一年的"师傅带徒弟"的实习锻炼。他们在严格的学习、选拔后,逐渐参与为空客、庞巴迪等世界顶级飞机制造商,以及国家C919、蛟龙600等大型的零部件生产项目。

机械设计专业学生张建国,就是其中的一位学员。他觉得自己能通过选拔进入"西子航空班",是一件很幸运的事:"这个行业里绝大部分都是本科以上学历的,博士生很多,大专生

很少。"

"累",是张建国接触航空工业后的第一感受。他指着脚上3斤重的劳保鞋说:"这鞋非常硬,鞋面踩一个人都没问题,而我们要穿着它从早站到晚。"除此之外,学习期间每天早上1小时的军训、每个星期一次的小考、每个月一次的大考,都是张建国以前在学校时所不敢想象的。

对"累"习以为常后,张建国发现"要求高"才是最大的挑战,公司对"误差"的控制已经达到了极限水准。

西子航空公司总工程师傅云解释说:"航空制造业的零部件生产非常严格,哪怕是残留的一颗小铝屑没清除,就可能造成几万甚至几十万美元零部件的整体报废。所以在验收时,甚至需要用手电筒顺着一排排的铆钉逐颗照过去,只要稍有阴影的地方就必须重新返工。"

傅云介绍,除了对生产工艺要求严格,他们对员工素质也要求足够诚实。"干坏不可怕,可怕的是瞒报",生产中出现的任何问题,都要第一时间汇报。"毕竟关系到航空安全,一切都马虎不得。"

成为西子航空正式职工几个月的刘惠峰,因为在C919飞机RAT舱门项目中的出色表现,很快就要升级成为"师傅"带实习生了。这些实习生,就是比他小一个年级的校友、目前正在西子航空接受严格训练的首批15名"西子航空班"学员。

那天,当他们看到C919大飞机下线的时候,虽然不是在现场,但是他们知道,这里倾注着自己的汗水,他们同样期待大飞机早日飞向蓝天。

（本文原载于《中国青年报》2015年11月16日11版）

下沙大学城出了个炒茶师傅

《钱江晚报》记者　林晓莹

杭州职业技术学院园艺技术班大三学生唐土林

别看他年纪轻,手里还是有两把刷子的

茶叶经过好几道工序炒制,才能成为清香四溢的茶。如果没人去加工,这些叶子就毫无价值。因此,炒茶人的技术至关重要。

近日,杭州职业技术学院出了一名炒茶高手。不但他是个茶叶专家,在炒茶比赛中屡屡获奖,连他收的徒弟的手工炒茶技艺也十分高超。

虽然只有23岁,但已有4年炒茶经验

这位炒茶高手名叫唐土林,是建德人。他的另一个身份是杭州职业技术学院园艺技术班的大三学生。目前,他在浙江西子宾馆实习,担任炒茶师傅,同时还负责宾馆园林现场的监工。

唐土林从小就跟着父亲采茶,父亲也一直教导他要用心做茶,要发扬炒茶手艺的工匠精神。进了大学后,刚好专业设有学习炒茶的课程,他便把自己从小耳濡目染的东西都发挥了出来。别看他才23岁,但已有近4年的炒茶经验,能熟练炒出一锅茶叶。同时,也收获了一大摞的荣誉。他不但多次获得省内"手工制茶"冠军,还受邀担任富阳学院职业炒茶比赛专家组成员,同年,受邀为杭州市职业炒茶选拔赛入围赛专家,负责炒茶专业技术指导,并且他

收的徒弟也屡屡在全国比赛中获奖。

手工炒茶练就"铁手"，能耐200℃高温

如今，唐土林已经能熟练炒制一锅优质的绿茶了。这里，他也给记者演示了一遍。

炒茶前，他会先在锅底抹一点茶油。接着，他便抓起一把春茶青叶下锅，徒手炒制那些茶叶。

"这些青叶都是刚摘的，一芽一叶。接着就是炒茶，这道工序需要杀青、回锅、去毛以及提香等几个步骤。其中，杀青是基础也是关键，影响着茶叶的品质。"唐土林边介绍边炒茶。

不一会儿，茶香开始渐渐弥漫在空气中。只见他一边来回不停地翻炒着，一边观察茶叶色泽，还时不时闻闻茶香。"由于锅内温度有200℃，一定要做到手不离茶，茶不离锅，不然茶叶很容易焦。"唐土林说，特别是杀二遍青的时候，温度过高，就会出现焦边，使茶叶质量大打折扣。

"刚开始练习时，我炒的茶叶总是黄的，后来请教老师后才知道是温度把握不好，手法也需要改进。就这个问题，我用了大约1个多星期的时间才勉强克服。"

整个炒茶工序2个小时左右，炒好后将茶叶冷却即可开泡。说着，唐土林拿出杯子，把炒好的茶叶装进杯子进行冲泡。之后，他会和其他炒茶师傅聚在一起品评，为下次练习提供参考。

经常和同学交流心得，笔记叠起来都有一大摞

炒茶的生活也让唐土林变得会思考。他说，自从开始炒茶就喜欢上了做笔记，会把改进手法、技巧、心得全部记录下来，现在这些笔记叠起来都有一大摞。

唐土林还记得，刚开始学炒茶叶的时候是在冬季，那时候没有茶叶，只能用普通树叶来练习炒制。但树叶表面的温度比茶叶高，一到杀青的时候他就发怵。唐土林说，那时候他的手经常被烫起泡。后来，他和同学交流技巧，经过了大约1个月的练习，终于适应了炒茶叶杀青时所需的温度。

同时，和同学交流炒茶心得的习惯也被保留了下来。"每天上午晾茶的时候，我们几个同学会坐在一起交流经验心得，讨论新技巧。我就会在本子上把同学的这些心得都记录下来，下午实践之后再把效果记下来。"单单今年3月份到现在，已经记了一大本笔记。

"我打算考取职业资格证书，课余时间都在学习理论了。"说起未来，唐土林充满期待，他希望考取资格证书后，通过自己的努力将所学的手艺传承下去。

而今，即将从杭职院毕业进入浙江西子宾馆工作的他，也会让自己的炒茶师傅身份肩负更多的意义，会将炒茶故事和工匠精神继续谱写。

（本文原载于《钱江晚报》2016年4月18日 Q6版）

杭职院达利女装学院 连续7年
蝉联全国冠军

王蓉娟

5月23日下午,2016全国职业院校技能大赛高职组服装设计与工艺赛项闭幕式在杭州职业技术学院图书馆报告厅举行。杭州职业技术学院达利女装学院选送的4名学生,以独特的设计理念、出色的制版能力、精湛的工艺制作技压群雄,在众多项目中表现出色,夺得一等奖2名、二等奖1名、三等奖1名的好成绩。其中,杭职院达利女装学院已连续7年蝉联全国职业院校技能大赛服装设计与工艺赛项一等奖。

据悉,来自全国25个省市64所高职院校166名选手来杭展开了包括创意服装设计、服装拓展设计、立裁造型、服装立裁制版、样衣裁剪制作等项目的角逐。大赛重点检验参赛选手的设计创作、设计表现、服装立体造型、样板制作等综合能力。

杭职院获得一等奖的学生张霞还获得了"全国技术标兵""技师"称号。此外,杭职院服装设计专业组的苏兆伟、章瓯雁两位老师获评为优秀指导教师。

(本文原载于《浙江工人日报》2016年5月27日)

两位女大学生20天手绘上百种花卉

《钱江晚报》记者　林晓莹

李黎姿在画画

她们还要做下沙大学城赏花地图

杭州职业技术学院的两名女生,利用寒假时间,在家手绘上百种花卉,吸引了不少企业慕名而来,还买断了她们的花卉作品用于纺织生产。

邵玲玲和李黎姿,都是杭职院达利女装学院纺织装饰艺术设计专业的大二学生,一放假,两人并没有放下笔,而是在家开始手绘各种花卉。20天里,两人大约画了上百种花卉,有牡丹、野菊、月季、百合花等。仅牡丹,就手绘出10种不同样式。

"不论家纺还是服装,花卉都是比较普遍的元素,我在校学的专业也是纺织品装饰艺术设计,花的颜色、样子、形态都很吸引我,所以想试着画画看。"邵玲玲说。

在邵玲玲看来手绘比实物照片更加新奇,"手绘有着不可替代的独特魅力,每一幅画在手绘过程中都经历了选型、上色,出来的效果讲求透视、立体"。

"我们都是在网上找花的素材,或者会先到实地取景拍摄,然后回来再照着照片进行手绘。"邵玲玲说,"这些手绘图都是用铅笔勾勒线条,就是出个铅笔稿画,然后分明暗画大体色,再用撇丝技法加深画出花瓣间层次。"

除了用毛笔手绘,李黎姿还有一门绝活,她能用喷枪来画画。喷枪画出来的画平整,不会出现用笔画的笔触感,看起来很精致,但喷枪作画工序比较复杂。

"由于喷枪喷出来会不受控制,所以得先制作模板,在做模板的时候要先打草图,然后剪下来。"李黎姿说,喷枪所用的颜料她选择的是水粉颜料,这些事先都要稀释好,一幅画画好大约要4个小时。

她们之所以要手绘上百种花卉,除了练手以外,也是想通过自己用绘画的形式向更多人传达推介花的美。前不久2人还在第八届全国纺织服装类职业院校学生纺织面料设计技能大赛上获得一等奖,作品还被企业看中,企业买断她俩的花卉作品用于纺织生产。

"作品单次卖出价格不贵,大概300元,如果厂家要买断我的画,那价格会稍微高点,一幅在500元左右。"说起自己的画价,邵玲玲有些自豪,又有点不好意思,"还是练手为主,能卖点费用添补,也挺开心的。"

校园里的赏花点其实很多,在浙江工商大学,就有一大片的油菜花田,除了学生可以赏花以外,不少市民在周末也会慕名来到学校赏花摄影。杭职院的善湖附近有种植月季蔷薇,动漫教学楼那边也有,体育馆前有种植曼珠沙华。

这让邵玲玲和李黎姿突发奇想,为什么不把校园里的赏花地点全部画出来,帮助更多人找花、赏花呢?"而且在地图上标注赏花地点分别是哪种花,就再也不会有人认错了。"

"画花挺有意思的,每种花的韵味都不一样,如菊花阳光,郁金香高贵,牡丹美艳。"邵玲玲说,现在还是想让大家都接触一下这种新的表现技法,"如果时间允许,我们真想把下沙大学城里各个校园的赏花地点做个手绘地图,地图上有各种花卉"。

(本文原载于《钱江晚报》2017年2年12日A5版)

这个"国际范"的研修班在杭开班

杭+新闻记者 方秀芬 通讯员 周 曦

2017年发展中国家职业技术教育教师研修班欢迎仪式

来自大洋洲瓦努阿图的玛格薇·费丝和来自非洲利比里亚的金伯·奥古斯丁·瓦尼,在远离家乡的中国杭州度过了他俩共同的生日。

一同为他们庆生的除了杭州职业技术学院的师生以外,还有来自马拉维、肯尼亚等17个国家的近70位伙伴,他们都是2017年发展中国家职业技术教育教师研修班的成员。

生日会现场,大家用英语、法语、西班牙语、柬埔寨语和中文唱起了生日歌,热闹不已。

2017年发展中国家职业教育教师研修班是商务部下设的援外培训班项目之一,由杭州职业技术学院和宁波职业技术学院共同完成。

在杭州研修期间,杭职院除了为学员们邀请省内外多名知名专家前来授课、组织多场专题讲座和职业课程外,还安排他们前往世界知名企业达利集团、浙江西子航空工业有限公司等企业进行实地参观考察。

毛里求斯研修班学员尼特什深有感触地说:"这是一次很好的学习机会,杭州开展职业教育的过程给我们留下了深刻印象。"

随着商务部援外培训项目规模的迅速扩大,其在帮助发展中国家培养人才,促进我国对外合作等方面发挥着越来越独特、越来越显著的作用,在国内外的影响日益扩大,受到广大发展中国家的普遍欢迎和好评,已经成为中国外交和援外工作的重要组成部分和重要实施方式。

研修期间恰逢 2 位学员生日,杭职院食品营养与检测专业的支明玉老师带着几名学生,贴心地为他们制作了 2 个 8 寸的戚风蛋糕。

　　"这些蛋糕是我们学生亲手烘焙和裱花的,使用了动物奶油和新鲜水果。"

　　支明玉说:"希望用我们学生的专业技术,向他们传递中国人民的情谊。"

（本文原载于杭+新闻 2017 年 06 月 27 日）

厉害了！杭职院师生手工打造4米旗袍 有意申请吉尼斯世界纪录

浙江在线记者　吴俏婧　通讯员　周　曦

旗袍是最有代表性的女装之一，同时旗袍也是中华服饰文化的瑰宝。近些天，杭州职业技术学院一件独特的旗袍吸引了众人的眼球。这件旗袍挂在达利女装学院，引人驻足欣赏，旗袍全长3.99米、肩宽1.08米、胸围2.18米，整件旗袍呈现花瓶造型，面料选用红底撒花绿滚边，曲线感十足。

历时40天纯手工打造 制作过程并不容易

据介绍，该旗袍由非遗大师韩吾明进行策划设计，制作团队由全国技术能手、杭州职业技术学院服装设计老师曹桢领衔，带领该校服装设计专业学生梁亦丹、孙路遥、付万婷共同完成。完成一件普通尺寸的旗袍不难，但这么大尺寸的旗袍大家都是第一次尝试，况且展品与成衣的要求也有很大不同，要求在平面上就要

4米旗袍

体现旗袍的曲线美。开发团队多次制作了纸的和坯布的样品，在韩老师的指导下反复修改，逐渐达到了最佳效果。团队利用课余时间加班加点制作，从设计到完成历时40余天。制作中，采用了最传统的手工工艺，针脚细密，干净平整。为了让面料看起来挺括，普通的丝绸旗袍通常用2层粘衬，这件旗袍用了3层粘衬；普通旗袍的盘扣就是拿着丝绸制作的，这件旗袍的盘扣在丝绸里还加了两条麻绳。据了解，这件旗袍用材耗费4900多元。

"挂着旗袍的衣架都是定制的，采用像玻璃一样的材料，可以减少丝绸出现毛糙的情况。"曹桢老师说，"这件旗袍的制作过程中可以说困难不少。"

"普通的裁剪桌子只有2米多。如果拼桌子，拼接部分可能会造成裁剪过程中的不平整。直接放到地上剪，丝绸面会摩擦起毛。最后发现，楼内搭设的T台够长，而且台面上的面料够柔软。"孙路遥说，"T台离地面只有五六十厘米，整个裁剪工作我们是趴着完成的。"

"最难的是旗袍开叉处的顶尖制作，要将滚边的绿色面料均匀地缝制上去，露出部分宽1.8厘米。"孙路遥说，"这个小细节，我们来来回回缝了很久。"与她搭档缝制的学生梁亦丹说："丝绸比较顺滑，缝制过程中容易出现失误。要么就是左右两边的尖角无法对齐，要么就

是对齐了没有缝平整,要么就是留出的宽度不符要求。做了一个下午都不成功,但最终还是坚持下来并圆满完成了。"

不少业内专业人士看过作品后都觉得很惊讶,40多天的时间内,3名学生完成的作品充分体现了旗袍的神韵,并且作为达利女装学院的"镇楼之宝"展出,这是对她们精湛的制作水平和精益求精的"工匠精神"的认可。据了解,这件旗袍将会在学校进行展示,接下来她们有意去申报吉尼斯世界纪录。

以项目带动专业文化建设
把企业职业岗位元素引入学校

在杭州职业技术学院达利女装学院实训楼,不仅有这个"镇楼之宝"的展出,还有更多成熟作品的展示长廊。

走进达利女装学院,整个大厅所有墙面采用灰色。灰色能衬托出丝绸女装绚丽的色彩,同时灰色也显得厚重,暗示学院多年来在校企合作和教学成果上积累的丰富成果。大厅进门左边为专业文化展区,背景墙为丝绸面料墙,由艺术设计专业的学生作品拼接而成,这些作品已经被达利公司采用,投放市场。展台上为各专业的学生作品,展示各专业的校企合作产品开发的成果、毕业设计作品、学生创新的产品等,各专业轮流展出,每月更换一次。进门右边为达利女装学院专业文化主题墙,展示达利企业核心文化"达己达人,利人利己"、校企合作组织结构图、校企合作成果、学院参与的项目和为达利公司开发的产品等图片。

据悉,这些都是为了提升达利女装学院形象,形成浓厚专业文化氛围,激发学生专业兴趣、提升专业技能,按照"统一规划、整体设计、分步实施、逐渐完善"的思路对达利女装学院一楼进行的专业文化建设。

杭州职业技术学院宣传部副部长张杰表示,作为女装学院,学生作品的展示是专业文化建设的重要内容,一方面通过让学生观看优秀作品,培养工匠精神,另一方面,激发学生学习兴趣。

"因为达利女装学院场地受限,大面积的展厅无法实现,结合达利女装学院实际情况,我们充分利用了走廊、过道等场地进行设计,在走廊上进行作品展示也有一定优越性,学生平时都要在这里出入,接触的时间会更多,展示的效果也会更好。"张杰说道。

据介绍,近些年,杭州职业技术学院推出以"搭建专业文化建设平台"为重点的专业文化建设体系,为大学生的成长成才营造良好的职业环境。学校在推进以项目带动专业文化建设的同时,还把专业文化建设纳入学校人才培养目标体系中。张杰说,职业环境的营造能有效地让师生置身于专业文化熏陶中,让学生直接感受专业文化的核心理念,进一步加强学生对专业的认知,培养其专业兴趣和探索精神。学校还通过"校中厂、厂中校"的建设把企业的职业岗位的元素引入学校。

（本文原载于浙江在线 2017 年 11 月 9 日）

日企来杭职院觅得优秀学子
培训4月后有望成稀缺人才

《钱江晚报》记者 阮飞霞 通讯员 周 曦

杭州职业技术学院针织专业2016级学生李勋贵最近很兴奋,因为他通过选拔,很快就要去日本岛精荣荣有限公司接受培训。即将与他同行的还有朱婷婷、葛少甫、李洁3名同学。

这家企业大有名头,在纺织行业内被誉为电脑横机"四大天王"之首。这次培训,可以教会他们用最先进的全成型电脑横机编程,从而使他们成为纺织行业内的稀缺人才。

选拔在9月20日下午举行,日本岛精荣荣有限公司技术部负责人从外地专程赶到杭职院达利女装学院。

面试时,从专业知识、对行业的认知、自身的职业规划等方面进行详细交谈,初步选出4名学生。

接下去,学生将在公司结合自己的毕业设计开展为期4个月的专业学习,专业教师每周进行3次辅导。这也是杭州职业技术学院针织技术与针织服装专业在现代学徒制方面的试点项目之一。

日本岛精荣荣公司承诺,只要这4名学生能按规定顺利完成培训,他们的就业将由公司包下来。

校企双方还就专业的发展、人才的培养等相关问题,进行了深入细致的探讨,希望这样的合作形式能一直延续下去。

李勋贵和他的同学们非常看重这次入选。"针织专业在服装市场所占的比重很大,是非常有前景的专业,这次能被日本岛精荣荣公司选中,我们非常惊喜,因为此前他们很少会招高职院校学生。"李勋贵开心地说。

杭州职业技术学院针织专业负责人刘桠楠认为,此次企业主动寻找合作,与当前针织行业的现状不无关系,"机器很火爆,人才很匮乏。针织行业中能从事全成型电脑横机编程的人才非常稀缺,在国内,多家上规模针织企业争抢一人的场面时有发生。"

(本文原载于《钱江晚报》2018年9月27日Q3版)

德国汽车维修业最高级别证书考试中心落户下沙
杭职院20名考生参与
考试全部通过

《钱江晚报》记者　阮飞霞　通讯员　周　曦

实践考试现场照片

上周五,德国哈勒手工业协会考试中心落户杭州职业技术学院,这是德国哈勒手工业协会在浙江的第一家、全国第三家考试中心。

当天下午至第二天,在杭州职业技术学院就读的20名汽修专业的学生,成为浙江省第一批考生,参加了该协会的1项理论考试与9项实践考试,并全部通过,拿到证书。全员通过这场考试的情况在国内还是第二次出现,第一次发生在2010年的北京认证中心。

杭州汽车工业发达　下沙的职业教育被看好

德国手工业协会是欧洲职业培训最高标准的制定机构,拥有85万会员,是全球最大的汽车职业教育机构。德国哈勒手工业协会作为德国手工业协会分会,是德国的官方组织。他们所颁发的证书,为德国汽车维修业的最高级别的人才证书,在欧盟以及全世界都具有极高的含金量,是学生进入奔驰、宝马、大众、博世等德系4S店工作的敲门砖,是全球顶尖汽车维修的"通行证"。

哈勒德中协会国际学院院长汉斯·乔治·凯恩出席了当天的授牌仪式。他说:"经过几年的考察,我们发现杭州汽车工业发达,而且职业教育所拥有的资源条件也不错,因此将我们

在中国的第三家考试中心设在了杭州职业技术学院。"

杭州职业技术学院汽车学院院长邵立东说,2015年,杭州职业技术学院入选教育部中德诺浩高技能汽车人才培养"助推计划"合作院校后,汽车学院就与中德诺浩开展紧密合作,组建了3个中德诺浩班,学生65名,采用德方"双元制"人才培养方案和课程体系,引入"六步法"的教学理念和智慧课堂,成立项目教学第三方评价委员会,建立课程实训环节教考分离的考评机制。

当天的授牌仪式结束,20名学生尚未进行考试,一些在杭德系品牌车4S店的工作人员就早早来到现场"抢人",其中4家杭州德系车品牌企业直接与学生签订了就业意向书。

20人考证全部通过　在德国本土通过率为75%

据了解,这本证书的含金量很高,数据显示德国本土的通过率为75%。考试内容包括9个实践考试和1个理论考试。授牌当天20名学生参与考试并全部通过实属不易。

冉温新是20名首批考生中的一员。考试后,他告诉记者,在实践考试前,先进行了理论考试和面试。"理论分ABC三卷。面试中,我感觉考官的问题都围绕着汽车本身,问得非常详细,还从个人的职业规划来考查学生对汽车行业的想法和认知程度。"

无论是理论考试还是实践考试,都是从实际问题出发,注重细节。"举个例子,拆轮胎。很多维修工都是将脚踩在轮胎上进行操作的,但是,要参加这个考证就不能这样操作,这样的操作对轮胎有伤害,也不尊重客户。"冉温新说。类似的细节还有很多。最初令他不理解的是考试要求他们少用或不用智能化的工具去判断汽车的问题,而是凭借自己的感觉去判断。这是为了考验维修工的真才实学,"就像老师傅一样,人脑转得比电脑还快"。

据了解,德国哈勒手工业协会考试中心是2006年开始进入中国的。10多年来,全国约有1000人通过这场考试。

"这个考试中心,将来也将面向社会汽车维修人员开放,但考试前必须先完成3年的理论学习。"杭州职业技术学院汽车学院院长邵立东说。

(本文原载于《钱江晚报》2018年10月22日Q8版)

陈丹：追梦路上，风景独美

《浙江工人日报》记者　吴晓静

悠扬的音乐从杭州三墩一处创意园的3楼飘出。踩着乐声上到3楼。近前，是一排排样衣、一叠叠布料，周围搭配着错落有致的色块、风格各异的图画、各种有趣的小植物，一帘之隔背后是制衣间……

这里是杭州女装设计师品牌XUNRUO熏若的大本营，也是品牌创始人陈丹和妹妹陈盈的追梦乐园。

此刻，姐妹俩不在3楼，而正在5楼忙着扩建工作室的新场地，专门用于服装拍摄和展示。

"设计空间和设计服装一样好玩。"她们仿佛找到了新的乐趣。

追　梦

作为杭州职业技术学院达利女装学院2009届毕业生，陈丹的服装设计之路始于学校象牙塔，如果再往前追溯，这颗种子早在她童年时期就萌出了七彩斑斓的新芽。

服装发布现场的陈丹（左）和陈盈

小学时爱帮同学梳妆打扮，初中时尝试着自己做裙子，高中时把闲置的衣服卖给同学，大学二年级就开起了自己的服装店……再到如今，陈丹姐妹俩的品牌XUNRUO熏若在时尚领域"打出了名堂"，不仅是《快乐大本营》《我是歌手》《中国好声音》《非诚勿扰》《奔跑吧兄弟》等热门节目的合作常客，还得到了谢娜、戚薇、马思纯、吴昕等众多明星的青睐。这一切在陈丹看来是顺理成章、水到渠成的。

"小时候就想开一个服装店。因为很喜欢跟着妈妈逛面料市场，看到什么都觉得很神奇，自己也慢慢有了憧憬。"姐妹俩的母亲特别擅长绣花，彼时那一针一线，在她们的眼里就如同"施魔法"一般，尤其令人着迷。

于是，读大学时，陈丹和妹妹不约而同地选择了服装设计专业，跨出了追梦的第一步。

"我一到设计课就特别认真。"陈丹早早地有了创业计划。她的第一桶金是靠摆地摊得

来的。

"刚开始卖饰品,后来卖衣服,再后来卖自己做的衣服。没想到销量不错,有时候甚至来不及做,多亏了大学同学帮我们一起赶工,老师也很支持我。"

2009年,姐妹俩创办了女装设计师品牌XUNRUO熏若,同年,品牌进驻淘宝网。

10年来,这个设计风格唯美、浪漫、充满想象力的服装品牌逐渐进入大众视野,陈丹总是会惊喜地发现,"呀,我喜欢的节目中出现了XUNRUO熏若的衣服""今天又在杂志上看到2款我们的服装"……

专业人士的肯定更是让姐妹俩倍感振奋。陈丹至今记得,"2013年去北京录制CCTV-2的原创设计师专场节目,在节目中,我们设计的服装获得了吴海燕老师以及时尚博主gogoboi的肯定,那是我们做的第一个小系列,特别激动。"

此后,姐妹俩陆续获得"中国设计师创业大赛"季军、"天猫设计师大赛"消费者喜爱程度投票第一、第十九届中国国际丝绸博览会时尚新锐盛典2项大奖、2019腾讯(国际)新尚奖时尚影响力设计师品牌等。

世界上的另一个我

创业10年,陈丹坦言,"很幸运,也比较顺"。这短短几个字足以羡煞其他的创业者,除了血液里流淌的热爱和与生俱来的经商头脑,陈丹拥有着更独特的力量——那就是同样学服装设计的她的孪生妹妹陈盈。

在时尚圈,这对姐妹花无论走到哪里都引人注目——几乎一模一样的面孔,几乎都是177厘米的身高。天生的衣架子,也让姐妹俩偶尔以模特的身份客串展示自己的作品。

"我们没有特别的分工,就是默契,特别默契。"

一出生就伴随着"世界上的另一个我",陈丹和陈盈早已对彼此间的一拍即合习以为常,但双胞胎的"心灵感应"还是一次次让姐妹俩身边的工作人员惊得"掉下巴":她们常常冒出同样的设计构思;有时候姐姐一伸手,妹妹就知道她在找什么辅料;她们都喜欢拍摄天空和光线;她们一起策划"素人改造计划"……

姐妹俩携手前行,互相见证着对方的每一个重要时刻。"这两年,我因为有了孩子的缘故,工作室的很多事情都交由妹妹来处理。"陈丹看了一眼妹妹,眼神中满是期待,"希望她也快点有个宝宝。"

10年的积累,让陈丹和陈盈有了一批忠实的追随者。有的顾客从她们大学开实体店时就开始光顾,一直支持到现在。还有一位顾客,家中的衣柜里全是XUNRUO熏若的服饰。"这算是一个追求美的故事。这个客人从前完全不打扮自己,比较没有自信。自从穿了我们的衣服,慢慢地开始爱美了,喜欢打扮了。现在整个人很自信,还特别喜欢拍照,整个生活都发生了变化。她还一直推荐同事来买我们的衣服。"这让陈丹和陈盈非常感慨,"为别人带去了美好,这种感觉特别好。"

正如XUNRUO熏若的品牌资料扉页上写的那样:穿着熏若的女性,独立、自由、爱艺术,服装是她们对自己最好的诠释。

保持天真

对于美,陈丹有自己的理解,"保持天真,就是最美的状态"。

陈丹的作品,总是充满着创新、朝气和童趣。停在天线杆上的飞鸟、童年时期的回忆、梦中光怪陆离的景象……这些都可能成为陈丹的设计灵感。"不管走到哪里,我总是会留意身边的细小事物,说不定某些不起眼的细枝末节就成了下一季时装的灵感来源。"

面对当前令人眼花缭乱的市场,陈丹也有着自己的步伐:"对设计师来说目前国内的机会还是挺多的,比如各大时装周期间的走秀和展览,提供了很多资源互换的机会,虽然还不是很成熟,处在发展阶段,就像品牌自身也还需要不断适应市场需求。都有一个磨合的过程,我们需要抓住现有的资源。"

现在的陈丹又多了一个新的身份——杭州市大学生创业导师。陈丹以导师的身份去服装院校给同学们做创业讲座,分享创业过程中的经历,希望以这样的身份传播正能量,让即将毕业的学弟学妹们对创业多一些实际的了解,少一点迷茫。"我想告诉他们,有喜欢的事情,就去做,用自己的能力去托起梦想,不自以为是,也不妄自菲薄。"

参加上海时装周是陈丹一直以来的心愿,2018年,在品牌即将满10年的时间点上,她圆梦了。从服装的设计到配饰、模特造型、走秀音乐……筹备的过程很复杂,每一样都倾注了姐妹俩不少的心力。陈丹说,很辛苦,却也很幸福,因为能为自己热爱的事物付出全力。

"不过参加上海时装周不是结束,对我们来说又是一个新的开始。"姐妹俩幸福追梦,自觉这里风景独美。

（本文原载于《浙江工人日报》2019年6月1日1版）

杭职院学生在2019中国机器人大赛勇夺"两金四亚"

小时新闻记者 陈素萍 通讯员 周 曦

2019中国机器人大赛

现如今,智能机器人不再是工厂生产线上单纯的制造者,它已漫步在天空、海洋和大地的深处,其触角更是伸向社会生活的各个领域,并开始走进千家万户,正在创造美好的生活。

面对一个陌生环境,在有限的时间内,如何穿越险境、搜寻宝物?这个问题,对于人类而言,考验的是脑力和体力,但对于机器人而言,涉及激光、灰度、红外、螺旋仪、电子指南针等多类传感器的协同算法,十分考验机器人的精度、准度和速度。

近日,在杭州职业技术学院工业机器人技术专业教师陈军统、汪林俊、赵龙云的指导下,该院友嘉机电学院14名学生组成的6支队伍,从2019中国机器人大赛上捧回了"旅游—探险游""旅游—寻宝游"项目的2个一等奖和4个二等奖。

中国机器人大赛(CHINA ROBOT COMPETITION),是目前中国影响力最大、综合技术水平最高的机器人学科竞赛之一,是我国最具影响力、最权威的机器人技术大赛、学术大会和科普盛会。

今年,包括清华大学、浙江大学、上海交通大学、山东大学、国防科技大学、北京理工大学、厦门大学、湖南大学等全国知名高校在内,此次大赛吸引了207所学校,共计1109支队伍参加,超过3800人同台竞技。大赛共设有17个大项,其中包括FIRA小型组、服务机器人、机器人旅游、救援机器人等大项及若干子项目,呈现了机器人未来应用发展的无限可能。

回顾参赛经历,"旅游—寻宝游"项目一等奖得主、杭职院工业机器人技术专业2017级学生陈泽森说,作为一名高职学生,这次能与全国知名高校学生们同台竞技、交流,让他学到了不少东西,"他们设计的机器人外形比较好看,在过障碍物的时候经常有花式动作,比较炫酷。反观我们设计的机器人,外形比较朴实,或许是我们把注意力都放在如何高效地通过障碍物上面了"。

陈泽森说,本次参赛的机器人,从硬件、软件到电路都需要自主设计,所以在训练时他们要不断对机器人进行设计准备、元件组装、程序编写、反复调试,巩固提升机器人各方面能力。决赛时,他们遇到了程序BUG,机器人突然不会转弯了,幸亏平时训练时各项基本功比较扎实,赶紧排查、解决问题,才如愿捧回了一等奖。

"机器人大赛考验的是综合能力,要求机器人机械结构设计精巧、姿态稳定、算法程序编写得当、场地适应能力强。"杭职院工业机器人技术专业负责人陈军统介绍说,"机器人竞赛能很好地把学生的理论和实践结合起来,是很好地培养高素质应用型人才的途径,非常符合职业教育培养复合型技术技能人才的目标。"

(本文原载于小时新闻 2019 年 9 月 9 日)

陆振鑫:一花一木 一步一印 用花艺讲好中国故事

《每日商报》记者 严佳炜

陆振鑫

【陆振鑫】

杭州职业技术学院园艺专业大三学生、中共预备党员、高级技工。

曾获得2019年世界花园大会花挂启萌大赛花挂比赛金奖,2019年浙江省高职高专院校技能大赛艺术插花个人二等奖、团体二等奖,2017全国职业院校技能大赛中职组果蔬嫁接比赛个人二等奖等荣誉。

现已取得一项国家实用新型专利、一项国家软件著作权;在农业技术与装备发表专业论文一篇。

他说

我看过深夜12点的星空,听过凌晨3点钟的鸟鸣。当同龄人在打游戏、玩手机的时候,我在埋头训练,将作品一遍又一遍地修改,直至完美!

幸福是奋斗出来的,诚然,只有全力以赴,才能落子无悔,无悔我的青春,感谢我的付出。虽然拿到了世界花园大会的金奖,但我觉得这只是我在花艺事业的一个起点,我会继续努力,砥砺前行,为幸福而奋斗。

一花一叶,讲述的是生命的灵动;一剪一插,彰显的是匠心的魅力。

在今年初夏的世界花园大会花挂启萌大赛上,陆振鑫,这个20岁的青年崭露头角,一举摘得花挂比赛的金奖。

在很多人好奇他是谁的时候,他依然和其他学生一样,平凡地穿行在校园间,上课、插花……一步一印,坚守着他的梦想。

为什么选择这个行业? 这是一个老生常谈的话题,陆振鑫说,"兴趣是最好的老师"。在他还是养蚕宝宝的年纪,几片简单的桑叶,就可以让他静下心来,仔细摆弄一番。

进入专业系统的学习后,陆振鑫才发现这看似简单的动作背后深有门道,色彩搭配、花材含义、摆放比例……颇为讲究。

"相对于女生,男生在色彩学上存在短板。"如何补拙? 陆振鑫到处搜集资料,对着大师的作品"依样画葫芦",慢慢培养出和谐的色彩搭配感。

在18岁最是好动的时候,陆振鑫却沉下心,每天至少有8个小时"浸"在其中,即使是周末,他也一个人留在教室里,反复练习、打磨自己的作品。直到如今,他仍坚持一天做一个插花作品。

"你看,我会随身带着一把小剪刀。"陆振鑫说,"每天我都去学校附近的公园剪一些花材,一边剪一边构思自己的作品。"

做完后,他还会让老师进行指导。但一天的功课并没有到此结束,如果说插花需要一个小时,那陆振鑫会花一个半到两个小时的时间在作品修改上,力求达到完美,多一朵花,少一片叶子,都有缺憾。

"每天我会给完成的作品取个名字,并且拍下照片。这样我就能看到自己的进步了。"陆振鑫笑着说。

花艺作品的灵魂在于插花人所注入的思想,从一开始的临摹,陆振鑫慢慢在自己的作品中加入了创造,用花艺讲好中国故事,正是他所追求的。

现在,陆振鑫学习的是中国传统插花中的吴越流插花。在他看来,吴越流插花以"天地人和,天人合一"为核心,具有鲜明的中国传统文化特色,在一花一木的选材、搭配上,彰显中国传统文化的底蕴。

此次陆振鑫在世界花园大会花挂启萌大赛上拔得头筹,秘诀就是独具匠心地采用了中式花艺风格。

"立体花挂是一种在国外比较流行的花艺形式,在国内并不多见,我便设想会有很多参赛者采用西式花艺风格。"事实证明,陆振鑫的猜想是正确的。

在背景板中,他将中式冰裂纹松木漏窗与花鸟山水画相结合,形成古色古香的格局。花挂部分则采用了植物穿插交错的造景手法,形成半圆状,色彩搭配以素色为主,内敛又不失典雅。这成为场上唯一一幅展现中式花艺风格的作品。

此次厚积薄发的惊艳亮相,肯定了他多年来的努力,也坚定了他继承、发扬传统插花技

艺的信念。

对于未来,陆振鑫也有所畅想:"中国吴越流插花艺术创始人吴龙高先生是我心中的高峰,我将不断攀登,争做一名花艺环境设计的'大国工匠'。让更多的人看到传统插花的魅力,认可我的作品。"

少年鸿鹄志,道阻且长,但想必这一路繁花相伴,行则将至。

(本文原载于《每日商报》2019 年 9 月 19 日)

当年鼓足勇气报了"冷门"专业 3年后获得海外就业机会

《杭州日报》记者　方秀芬　通讯员　周　曦

9月开学,当大部分毕业生正开始准备简历找工作的时候,杭职院电梯工程技术专业2017级学生郑志禹和他的另外两名同学,就已经顺利通过了新加坡奥的斯公司的面试,即将前往新加坡从事电梯调试员工作,起薪1万元。

就像柔道等级一样,电梯企业对于服务技师也有一个红、蓝、绿、黑的级别认定,全面测评他们在电梯维修、保养、安装等方面的技能水平。记者了解到,一般电梯从业者都是从红带的服务技师开始,而杭职院电梯专业毕业生通过现代学徒制的人才培养模式,起点就是绿带,真正实现了高起点的职业生涯,从而在就业岗位上先人一步,得到技能培训、职业晋升的双优先。

"高考填报志愿时,我还有点慌,不知道这个专业是干什么的。"郑志禹说,是他舅舅感受到了电梯行业的飞速发展,鼓励他报考这个"冷门"专业。郑志禹舅舅的判断非常精准,目前全国在用电梯台量上已经达到630万台,正以每年15%以上的速度继续增长,全国各地的电梯技术人才非常紧缺,各大电梯公司在全国各地都有服务点,无论是一线城市,还是二线城市,都在积极抢夺电梯专业人才。

因此,目前电梯专业毕业生的薪酬水平也很高,几乎都在五六千元以上。杭职院电梯工程技术专业负责人金新锋告诉记者,相比薪酬,他会更关注毕业生们的职业生涯发展情况。"马上有一批2018届毕业生要回母校搞活动,毕业一年里,他们中不少人都拿到了高级电梯工、蓝带服务技师证,还有人已经当起了管理组组长。"金新锋表示,电梯工程技术是一个比较需要"工匠精神"的专业,只要学生能动手、肯思考,都会有不错的职业生涯。

(本文原载于《杭州日报》2019年9月20日)

会弹琴爱打篮球的戴盛 最想当电脑界的"贝多芬"

《都市快报》记者　葛玲燕　凌姝文

2019年8月,在俄罗斯喀山举行的第45届世界技能大赛上,中国选手获得16金14银5铜。21岁的石丹拿下了美发项目的金牌,实现浙江选手在该项目金牌零的突破。

石丹是拱墅职业高级中学的一名老师,像她这样的青年技能人才,杭州还有很多。

2019年11月15日至18日,第十五届"振兴杯"全国青年职业技能大赛学生组决赛将在杭州举行,这也是"振兴杯"首次设立学生组。大赛以"青春心向党,建功新时代"为主题,由共青团中央、人力资源和社会保障部主办,中共杭州市委、杭州市人民政府、共青团浙江省委、浙江省人力资源和社会保障厅负责承办。

戴　盛

11月5日起,都市快报推出第十五届"振兴杯"专题报道,寻找杭州那些头角峥嵘的青年工匠,看他们如何用"一根头发丝"的改变,撬动整个行业。

不满足"专一职业"的生活方式,选择多重职业和身份,说的就是戴盛这类的"斜杠青年"。喜欢打篮球、会弹钢琴,还爱"玩机"……当被问起自己的兴趣爱好,戴盛说:"太多了,一下子说不上来。"

不过爱好归爱好,戴盛的主心骨,还是计算机软件技术的学习。

"他可是学霸,年年考试拿第一!"一起集训的同学陈龙忍不住插了一句。

学霸戴盛目前是杭州职业技术学院计算机软件技术专业的大二学生,刚斩获2019年浙江省青年职业技能竞赛学生组比赛计算机程序设计员赛项一等奖。

学计算机是"因祸得福"

"可能因为是自己的兴趣所在,所以更会主动投入,做起来也得心应手,还有运气的成分。"来杭职院学计算机,对戴盛来说算是"因祸得福"。

戴盛曾是杭州第十四中学的学生,因为高考失利,在选择复读还是上杭职院之间,选择了后者。

"还是做自己喜欢做的事吧。"戴盛说,高中时候的他,爱玩,不爱上"正课",父母也对他"恨铁不成钢"。

在高中升大学的三岔路口,戴盛和父母好好聊了自己的想法。"我的父母很开明,非常支持我的决定。"在戴盛拿了本次省赛一等奖后,他也在电话中跟父母报告了这个喜讯,父母很开心,让他安心备赛,争取在国赛时也能取得好成绩。

"喜欢计算机,应该是从小就开始了。"戴盛说,他从小就对各种电子产品感兴趣。小时候拆小件,长大了拆大件。家里的电脑、手机基本都拆了个遍。

"想搞明白里面到底是什么构造,搞懂它们的原理,有点'强迫症'。"戴盛把这种操作叫"玩机","基本就是看视频学来的,再加上自己摸索。"

久而久之,身边的朋友一有手机和电脑问题就会找他。戴盛还开玩笑说,"实际上拆拆装装都有风险,如果拆了装不好,就不好办了",所以他一般都是帮忙解决一些软件上的问题。

期待更多的挑战

"软件开发最难的是构思。"戴盛介绍,老师每天都会出不一样的题目,但基本上都是现在社会上的热点问题,实用性很强。

"比如我们今天练习的是一个服务老年食堂的项目。题目告诉我们'要做什么事',我们就设计程序来'做成这件事'。"戴盛说,"想程序的时候会很紧张,手心特别容易出汗。"因为经常紧张,所以他还调侃自己"目前正在寻找生发良方"。

说到即将到来的国赛,他表示有一些紧张:"国赛肯定会比省赛难很多,而且来的都是每个省最优秀的选手。"

尽管紧张,戴盛还是非常期待能有更多的挑战,用他的话来说就是,未来什么都是未知数,只有向着自己喜欢的方向好好努力,才不会后悔。

除了敲代码、"玩机",戴盛平时的爱好还有打篮球、弹钢琴、听音乐。这位大大咧咧的男孩子,还是弹钢琴的一把好手,闲暇时会特意收藏一些好听的音乐,走到哪,听到哪。

网上曾经对程序员有一个特别的称呼——电脑界的"贝多芬",意思是说程序员敲键盘的手速,像钢琴家按琴键那么快。虽然没有向钢琴家那条路发展,但可以成为电脑界的"贝多芬",戴盛笑着说,"还是挺满足的"。

(本文原载于《都市快报》2019年11月5日C02版)

王伟豪:软件开发是一件"烧脑"又有趣的事

《每日商报》记者　葛玲燕

王伟豪

个人名片: 杭州职业技术学院计算机软件技术专业大二学生,获2019年浙江省青年职业技能竞赛学生组比赛计算机程序设计员赛项一等奖。

王伟豪一进门,和他一起集训的两个小伙伴就异口同声地说:"看,真正的高手来了!"原来,王伟豪高中的专业是物联网应用技术,高中时,王伟豪就被选进学校训练队,并代表浙江参加过有关物联网的全国团体赛,还拿了二等奖。

偏分刘海、米色圆领毛衣,王伟豪给人一种温和、玉面书生的感觉。"可能在陌生人面前比较高冷吧!"聊的时间一长,王伟豪话就多起来了,还会开一些小玩笑。

小伙伴的"启蒙老师"

在程序设计方面,至今,王伟豪心里都有一个崇拜的人,这个人就是高中时候和自己一起进学校训练队的学长。"同一时期进的训练队,但成长速度不是一个等级的。"王伟豪说,自己的编程基础,有很多是这位学长教的。

可能是受学长的影响,平时,王伟豪也会热心地帮助身边的同学。这也是他一进门,小伙伴就叫他高手的另一个原因。"我们的基础大部分是跟他学的。"小伙伴陈龙在一边笑着说道。

"编出一套程序不难，难在发现 bug 和修复 bug。"王伟豪解释，因为用户的操作是未知的，开发者不知道用户会怎么用他们的程序，所以每一套程序出来，都需要专门的测试环节，发现漏洞后，立即通过改代码修复漏洞。"虽然我们在编程的过程中都是写一个接口自己测试一个接口，但难免还会出问题，所以必须有专门独立的测试阶段。"王伟豪说。

"小 bug 不是问题，大 bug 在短时间内是解决不了的。要是比赛的时候出现一个致命的 bug，那比赛基本就'凉凉'了。"王伟豪说，其实比赛就像是一个快速开发的过程，要在几个小时内把一个项目成品交出来。而集训就是不断挑战新技术，在原有框架基础上不断升级的过程。"平时训练碰到的 bug 越多反而越好，因为你有过修复的经历，如果比赛时遇到类似情况，你至少能临危不乱，快速解决。"

软件开发是一件很好玩的事

"我都在关注防脱发产品了！"王伟豪自嘲，说自己隔几天就会确认一下发际线。

"编程的更新换代速度太快了，所以程序员每天都在追着时代奔跑。"因此尽管熬夜、'烧脑'，但王伟豪依旧乐在其中。"其实软件开发是一个很好玩的过程，就像玩冲关游戏，当你完成了冲关，会有一种特别的成就感。"王伟豪告诉记者，程序员还有一个很好听的名字——"电脑界的贝多芬"。"因为钢琴家在弹琴时经常把琴键按得很快，就像程序员编代码时敲键盘的手速一样。"他说。

关于职业规划，王伟豪说，进入 IT 行业是必须的，但具体从事哪个工种，还要看情况。"虽然做 IT 的很多都被叫作软件工程师，但其实是有很多细分的，比如有做应用程序 App 的，有像我们这种做响应式软件开发的，也有做硬件底层编程的。"

"眼下最要紧的就是打好这次国赛。"说到这次国赛，这个曾经拿过全国大奖的男孩表示仍然有些紧张。"希望小伙伴们都能拿奖吧！"王伟豪笑着说。

（本文原载于《每日商报》2019 年 11 月 14 日 A5 版）

陈龙:脑袋有宝藏的"哆啦A梦"

《每日商报》记者　　葛玲燕

陈　龙

个人名片:杭州职业技术学院计算机软件技术专业大二学生,获2019年浙江省青年职业技能竞赛学生组比赛计算机程序设计员赛项一等奖。

一身偏卡通着装、圆脸、圆镜框,以及标准的圆弧形刘海……陈龙给人的第一印象,就是"萌",乍一看,跟动漫卡通形象"哆啦A梦"还颇有几分相似。就像"哆啦A梦"总能从口袋里掏出各种各样的新奇东西一样,作为未来的程序员,陈龙就是要设计各种各样的程序,"变"出新事物,方便人们的生活。

从杭州市选拔赛到浙江省选拔赛,陈龙的成绩都是第一名。但面对国赛,他表示还是挺有压力。"毕竟是每个省的佼佼者一起来较量,实力不可小觑啊!""不过整体还好,我们也时刻准备着!"他说。

"犯困? 不存在的!"

杭州职业技术学院实训中心三楼的计算机教室,是陈龙和另外两个小伙伴每天训练的地方。早上9点到晚上8点半,除了吃饭时间,你基本都会在教室看到他们。

"是比平时累点,不过还可以吧!"陈龙认为"还可以",除了自身原因,和另外两位小伙伴也不无关系。原来,他们3位都是杭职院计算机软件技术专业的大二学生,本身就相互认识。除了切磋、交流技术,休息时间打打闹闹也是他们的日常。要说早上起不来、练的时间久了犯困? 不存在的! 他们都相互监督着呢!

"老师每天会给我们一套题练习,他没课的时候,就过来看看我们练习的情况。"陈龙说,练习过程中偶尔有卡壳的时候,遇到这种情况,他会先自己查资料、钻研,实在不行就问老师。"自己摸索出来的,记忆会更深刻。"他说。

期待国赛一等奖的成绩

陈龙的老家在台州,家里还有个比他大5岁的姐姐。据说,他最开始接触计算机软件设计,就是因为姐姐。"我姐姐是一名程序员,每次看到她用一套套程序解决问题,就觉得,懂电脑的人实在太帅了!"陈龙说,父母给他取这个名字,的确有望子成龙的意思。从目前来看,他还没有令父母失望。

翻看陈龙的朋友圈,可以看到,他还是一个爱旅游的男孩。暑假期间,他就依次去北京、西安、洛阳、襄阳、武汉玩了一趟。"我喜欢去没有去过的地方,见见世面,吃吃美食。"陈龙说,等这次国赛结束,他打算去苏州玩一玩,算是对自己这段时间认真备赛的奖励。

"国赛希望自己能得一等奖吧!"陈龙信心满满地说。

提到今后的就业,陈龙说,等大三的时候会有校招,到时候打算找个程序员的工作进行实习。而眼下,主要是练好本领。对于未来想落脚的城市,陈龙的目标倒很清晰:杭州!"我们一家人都很喜欢杭州,这里无论是工作还是生活都很适宜。爸妈也希望我留在杭州。"

(本文原载于《每日商报》2019年11月6日)

林秀维:爱笑的男孩运气总不会太差

《每日商报》记者　葛玲燕

林秀维

个人名片:杭州职业技术学院工业机器人专业大三学生,获2019年浙江省青年职业技能竞赛学生组比赛电工(维修电工)赛项一等奖。

"指导老师只要没有课,就会过来给我们做技术指导,陪我们训练到很晚,吃饭也跟我们一起。"林秀维习惯性露出几颗大白牙,同学和老师都叫他"爱笑"男孩。

"开心就笑咯!"林秀维说,心态是成功的一半。对于即将到来的"振兴杯"全国学生组决赛,他说,"紧张是有的,但是也有信心"。

选择机器人专业　是因为"玩心"大?

虽然爱笑,但林秀维对自己的要求很严格。

在训练室,林秀维正对着老师给的PLC编程任务书,一条一条地钻研。"要在一个半小时内,把这80多条任务全部做完。"PLC编程考试是电工比赛3个模块中的其中一个。每天,林秀维都要把3个模块按照比赛要求整体练一遍。"第一天练完了,第二天改改任务顺序,重新做。第三天第四天也是如此。"林秀维说,只有训练的时候万无一失,比赛时才能稳扎稳打。

这次国赛,将是林秀维迄今为止参加的最高规格的比赛。"之前也参加过省里的比赛,是关于机器人的,可惜没得奖。"他不好意思地笑了笑,继续说,"当初大学选这个专业,就是看到了机器人这几个字,感觉会很好玩。"

林秀维的"玩心"一直不小。据他介绍,从小时候的玩具,到长大后的电子产品,基本上都被他拆了重装过。"只拆属于我的东西,爸妈的东西不敢拆。"林秀维可能觉得哪里不对,又补充说道。

不过对于林秀维的专业,爸妈一直很支持。来自江西的他,平时跟父母沟通的方式,基本就是电话和微信。"平时每隔一两天就要打一次,最近训练,回寝室就很晚了,所以就不再去打扰他们。"省赛成绩出来后,林秀维第一时间打电话给爸妈,把自己获得一等奖的好消息告诉他们。"他们都很开心。"林秀维说,虽然爸妈对他的专业不怎么了解,但只要是自己做的决定,他们都会全力支持。

在自己喜欢的道路上摸索 是一件很幸福的事

2019年过年来学校后,林秀维就没有回过家。暑假期间,他在杭州一家企业找了份与电气相关的兼职。"想通过兼职,进一步了解自己的专业,更加明确自己的就业目标。"林秀维说,"企业上班比学校学习要严谨更多!"

尽管林秀维本人没回家,但暑假期间,爸妈倒是来杭州看过儿子。"他们都挺喜欢杭州。"林秀维说,杭州的环境、就业氛围都很好。这次国赛后,他就要准备找实习、找工作的事情了。

"希望在国赛上能取得好成绩,毕业后能在杭州找到一份好工作。"林秀维对未来的规划很明确,做一名工程师,在自己的专业上不断深耕。"学无止境,在自己喜欢的道路上摸索,不断发现新的东西,还是很幸福的。"眼下,林秀维正朝着自己的梦想,一步步前进。

(本文原载于《每日商报》2019年11月8日A3版)

薛城:站更高的台阶 看更远的远方

《每日商报》记者 葛玲燕

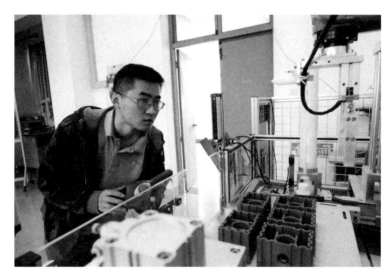

薛　城

个人名片:杭州职业技术学院电气自动化专业大三学生,获2019年浙江省青年职业技能竞赛学生组比赛电工(维修电工)赛项一等奖。

10月30日早上7点,薛城已经在杭州职业技术学院的友嘉机电学院,开始了电工项目的训练。当天是他在浙江省集训队训练的第三天。时间安排依旧是早上7点到晚上九十点。"训练强度跟在杭州市集训队的差不多。"薛城揉了下眼睛,云淡风轻地说道。"中午会眯上20来分钟。"他补充道。

平头、方形黑框眼镜,这位来自嘉兴的男孩,初见时就给人一种内向严肃的感觉,但是说到刚刚过去的省赛和即将到来的第十五届"振兴杯"学生组决赛,他立马眉头一挑,兴奋了起来:"当天晚上我本来睡着了,半夜两三点醒来一看手机,知道自己获奖了,特别惊喜,没想到自己会有这么好的成绩。希望国赛也能拿到好成绩。"

多练习,让"不可能"成为"可能"

"为何选择电工? 知道电工这个专业很辛苦吗?"当记者问到这个问题时,这位1999年出生的男孩,脱口而出一句感慨:"知道很辛苦,没想到这么辛苦!"薛城学的是电气自动化专业,他告诉记者,当初选择大学专业时,就是觉得这个专业今后好就业,工作比较稳定。"比想象中难,要学的东西很多。"不过辛苦归辛苦,薛城还是挺喜欢现在的专业,特别是这次能有机会参加国赛,让他获得了很大的成就感。

参加比赛,就是一次一次地挑战自己。

听薛城介绍,电工比赛分3个模块进行,要用到4套设备,其中PLC编程考试时长90分钟,机器人考试120分钟,排故50分钟。"比赛的时候就是,老师告诉你要完成什么任务,然后你要写程序,在规定的时间内去完成它。"他说,"比如让这个机器人搬盒子,你得先输入程序,然后它就会根据这个程序自己'跑'。"

回忆起省赛的经历,薛城觉得有些不可思议:"刚开始觉得,1个小时根本接不完!"薛城说的接线,就是50分钟的排故。省赛开赛前约1个月,他刚接到样题时,第一反应就是"懵":"这么短的时间要接完80根线,比市赛多了很多,要求严格了不少。"

不过这原来想着"不可能"的事,最后还是被薛城变"可能"了。"当然是想办法,多练习。"经过杭州市集训队一天天从早到晚的练习,薛城把接线图背得滚瓜烂熟,在老师的指导下和自己一次次的探索中,他也找到了加快接线速度的小窍门,最终,在省赛中完美地完成了排故任务。

站更高的台阶,看更远的远方

对于即将到来的"振兴杯"全国学生组决赛,薛城自称压力挺大。"不过只要尽自己所能付出努力了,比赛时正常发挥,应该会有好的收获。"薛城说。

当聊到自己的职业规划、梦想时,薛城摸了下自己的头,停顿了下,"最近一心扑在国赛上,好久没想了。不过以前考虑过,想当工程师"。薛城说,大三毕业后,他应该会选择继续学习深造,让自己在技术方面更上一层楼。

"杭州城市挺不错,也有考虑留在杭州。"薛城说,平时老师在讲课的时候,也会经常说起杭州的一些人才政策,说明杭州对职业技能人才这块非常重视,在这里上学、工作都会很幸福。

(本文原载于《每日商报》2019年11月11日 A3版)

吴涛:做一个头顶有星空 脚下有大地的人

《每日商报》记者　葛玲燕

吴　涛

个人名片:杭州职业技术学院模具设计与制造专业大二学生,获2019年浙江省青年职业技能竞赛学生组比赛钳工(工具钳工)赛项一等奖。

"这孩子最重要的就是能吃苦,不能吃苦的都干不了钳工。"这是指导老师陈楚对吴涛脱口而出的评价。2019年7月初,吴涛被陈老师带进学校的钳工集训队,备战"振兴杯"学生组。4个月来一路过关斩将,吴涛从众多佼佼者中脱颖而出,终于要迎来最终的决赛。

> **每天100个俯卧撑1000个跳绳**
> **只为离"0.02"更近一点**

锯子、锉刀、千分尺……这是吴涛在钳工训练中用得最多的工具。"先锯、再拼装、再锉平,千分尺用来量精度。"对吴涛来说,0.02是一个极其重要的数字:两个工件配合起来的间隙以及平面整齐度的误差,都要小于0.02毫米。

0.02毫米是什么概念?指导老师陈楚给出的答案是:一般人头发丝的四分之一。要锯平、锉平,把误差控制在0.02毫米以内,首先需要的就是力气。

"刚训练的时候感觉什么都做不好,工件老是锯歪。"据说,这位体重连100斤都不到的男孩,整整练了3个礼拜,才把工件锯平整。工件锯平了,最难的是锉削。"只有发对力才能锉得平。没有体能真干不下去,我第一次完整做一套,用了7个小时,而比赛规定时间是5个小时。"为了让吴涛的体能迅速跟上训练节奏,陈老师给他布置了一个特别的任务:每天早上练100个俯卧撑和1000个跳绳。坚持了一个暑假后,吴涛的体能慢慢上来了。

目前最想做的
就是把每一个细节做好

国赛在即,相比市赛和省赛,吴涛的压力更大了:"心里绷着一根弦,怕停下来就没力气了。"他告诉记者,为了这次"振兴杯",学校、指导老师陈楚都付出了很多心血,室友也经常放弃晚上的休息时间,主动帮他补习因比赛落下的课,一些生活琐事也帮着处理。"虽然练得比较辛苦,但还是觉得很温暖,我会好好努力,争取不让大家失望。"吴涛说。

"热爱生活,以最好的状态过好每一天。"是吴涛对自己的定位。

平时的课余时间,他喜欢打打羽毛球、用CAD软件画漫画。除此之外,他还有一个特殊的爱好:看星星。

"第一次看到满天繁星,就很想知道里面到底有些什么秘密,而且看星星的过程会很空灵、很放松。"吴涛说,小时候的他有一个当天文学家的梦想,他最崇拜的人是天文学家南仁东。"曾经在一本书上看到过他,被他为科研全身心投入、孜孜不倦的精神所折服。"吴涛说,现在最想做的事,就是把每一个细节做好,每一天都比前一天进步一点。把专业知识学扎实,今后在杭州找一份好工作。

(本文原载于《每日商报》2019年11月12日)

刘明杰:"宝藏"男孩的工匠之路

《每日商报》记者　葛玲燕

刘明杰

个人名片:杭州职业技术学院模具设计与制造大三学生,获2019年浙江省青年职业技能竞赛学生组比赛钳工(工具钳工)赛项一等奖。

11月7日傍晚5点多,刚下过一场小雨的杭州职业技术学院内,空气中泛着淡淡的清香。刘明杰和同伴吴涛一进校门,就直接往钳工教室走去。10月28日—11月7日,他们在新昌技师学院进行了10天的钳工集训,接下来回到杭职院继续训练。

"新昌的老师是浙江钳工的总教练,我们的指导老师陈楚就是他教的。"回顾在新昌训练的这些天,刘明杰感慨:"以前觉得陈老师已经很严了,没想到师爷的要求还要高很多。"

"十"过家门不入

2019年10月24日浙江省青年职业技能竞赛学生组比赛闭幕那天,刘明杰发了个朋友圈,纪念自己在钳工赛项获得一等奖。

"4个月的训练总算没有白费。"刘明杰告诉记者,7月初,他得知有"振兴杯"这个比赛,就和几个小伙伴一起报名了杭州市选拔赛。"正好赶上了大学比赛的末班车。"今年大三的刘明杰介绍,当时报名的初衷就是想多学一点技能,没想到比赛的要求远比平时的学习更严更精。

"整个暑假我们都在学校训练,早上8点到下午5点先按比赛流程整体练一遍,吃过晚饭再查漏补缺,哪里不足练哪里。"刘明杰说,训练最明显的感受,就是手上的茧子长了又破,破了又长。

"不练怎么能出成绩呢!"刘明杰还介绍,在新昌准备国赛的这10天,师爷、师父、师叔每天都跟他们待在一起,发现问题当场指出。

记者在采访中了解到,新昌其实是刘明杰从小长大的地方,他的父母都在那里。每天早上从酒店到新昌技师学院,中途都会路过家门。"爸妈知道我在这里训练,前几天晚上10点多还来看我,给我买了些吃的,让我好好加油。"

刘明杰介绍,虽然国赛的压力挺大,训练也很辛苦,但欢声笑语也有很多。他和指导老师陈楚的"商业互吹",就是平时一大笑点。"他夸我练得好,我夸他教得好。"乐观积极,是陈老师教会刘明杰的一个重要品质。"他经常告诉我们,要放宽心态,每解决一个问题,就是一次进步,要随时保持积极态度。"

"宝藏"男孩的工匠梦

刘明杰的朋友圈封面,是一张用CAD绘图软件画的小猪佩奇。原来,他在杭职院的另一个身份,是模具协会会长。这张小猪佩奇是他之前给会员留的作业。"我只是想告诉刚刚接触模具的学弟们,做模具会涉及很多方面,是一件很有趣的事情。"

在刘明杰的房间内,2个约24英寸(约60.96厘米)行李箱大小的泡沫箱占领了至高的地位,那是他最珍惜的"宝藏":这里有他从小学就开始收集的各种各样的玩具。"主要是各种小车、遥控艇、靠马达行驶的船等。"刘明杰说,只要是邻居小伙伴、同学觉得坏了不要的玩具,他都会要过来,然后把它们组装成自己想要的样子,好多还真的"复活"了。

"长大以后就玩高端的了,现在学的专业,我就觉得挺高端的!"刘明杰说,每次看到视频里那些大国工匠时,心里就由衷地敬佩。"希望有朝一日也能成为像这些前辈们一样厉害的工匠。"他说。

(本文原载于《每日商报》2019年11月13日 A3版)

拼"脑洞"赛技能 国内首个3D打印领域 国家级赛事在杭举行

浙江在线记者　吴俏婧　通讯员　周　曦　田伟娜

比赛现场

小朋友爱玩的乐高,是用固定的零部件搭建物品。而3D打印却可以更加自由地实现大人的创造梦。11月29日,2019年中国技能大赛"创想杯"3D打印造型技术竞赛在杭州职业技术学院举行。本次比赛分为职工组、教师组、学生组3个类别,有来自中国兵器装备集团等的45支职工组代表队,有来自清华大学基础工业训练中心等的46支教师组代表队,还有来自贵州航空职业技术学院等的55支学生组代表队参加决赛。

下午2点左右,现场实操裁判长杨荣祥正在等待测试教师组选手们用3D打印技术制作的滑翔机作品。他告诉记者,不管教师组选手做出来的滑翔机是什么样的形状,首先要具有滑翔的功能,这次比赛设置的滑道长2米,同时还要兼具美观性、合理性,可以说要求是非常高的。"这个比赛还考验选手对机械方面的应用,当然也需要具备一定的艺术审美。"杨荣祥说。

据介绍,这是国内首次举办3D打印领域国家级赛事,由北京企学研教育科技研究院、杭州职业技术学院、杭州市公共实训基地联合承办,包括理论、实操2个环节。赛项理论设计引入了国际职业能力8项指标,以检验选手发挥应用基础理论判断、分析、解决专业技术问题的综合能力;赛项实操设计引入FDM和LCD2种3D打印工艺,充分发挥3D打印技术特点,以检验选手独立完成综合产品(配合件)设计、造型及输出打印的能力。赛项层次高、覆盖面广,本次竞赛的参赛队伍构成也充分展示了3D打印技术在装备制造、建筑、汽车、航空、冶金、模具、焊接、工业设计、教育等典型领域的应用。

据了解,中国技能大赛是我国技能竞赛的顶级赛事,由国家人力资源社会保障部组织开展,本次大赛以"新时代、新技能、新梦想"为主题。其中全国电子信息服务业职业技能竞赛的"创想杯"3D打印造型技术竞赛,是由中国电子商会和中国就业培训技术指导中心联合主办的,赛项旨在加快培养和选拔3D打印高技能人才,推动我国3D打印技能人才队伍建设,为产业发展提供人才支撑。

决赛竞赛综合成绩第一、二名的职工组选手和第一名的教师组选手,经核准后,将由大赛组委会报请人力资源和社会保障部授予"全国技术能手"荣誉称号。

(本文原载于浙江在线2019年11月30日)

杭职院送别3727名毕业生，盼做"新时代的能工巧匠、大国工匠"

杭州网记者　张　晶　通讯员　周　曦刘　薇

杭职院党委书记金波从毕业学生手中接过针织作品《融以至善》

　　"过去3年，你们见证了时代的伟大成就、见证了学校的跨越发展、见证了自己的别样精彩。未来人生，希望你们厚植家国情怀，追求卓越，做实干型的能工巧匠、大国工匠；开拓人生格局，臻于至善，做精益型的能工巧匠、大国工匠；走在时代前列，勇于探索，做创新型的能工巧匠、大国工匠。"近日，杭州职业技术学院以线上线下结合的方式隆重召开2021届毕业典礼，该校校长徐时清面对3727名毕业生深情呼吁，工匠精神历来都是中华民族的重要精神动力，在这个"智能制造"风起云涌的新时代，他希望杭职院的毕业生们"眼里有光、肩上有责、手中有艺、脚下有劲"，都能成为"新时代的能工巧匠、大国工匠"。

　　该校毕业生代表、特种设备学院学生于振坤回忆了自己从初入校园的迷茫恐惧到毕业时的累累硕果，他在母校老师们呕心沥血的教诲关爱中，在一次次创新创业和技能大赛中快速成长，有效提升了自己的动手能力、组织管理能力、抗压能力、沟通交流能力。"经历的挫折越多，承受的压力越大，在项目取得成绩后，我的成就感就越强。"

　　该校教师代表、商贸旅游学院袁江军以电商教师角色，风趣地表示要在"618"为杭职院毕业生带货，并希望全体毕业生能始终具备学习意识、敬畏意识，抱有初心、专心、恩心。毕业典礼上，该校达利女装学院的毕业生们还向母校赠送了一幅精美的《融以至善》针织作品。这是同学们历时2周时间精心制作的，在经纬编织中表达了毕业生把母校"融""善"文化理念植入血脉的深情与决心，传递出他们对母校的深情厚谊与惜别之情。

"我们站在舞台中央,肩上扛着使命荣光,仰望星辰大海方向,内心拥抱超越力量,芳草青青最美时光,汗水泪水一样闪亮,召唤着春天一起远航……"在一曲由杭职院学生摄制的《强国一代有我在》MV中,2021届毕业典礼顺利落下帷幕。3727名意气风发的毕业生,带着母校的嘱托、师长的祝福,以及学校特意赠予每位毕业生的"清廉一生"宣传折页,奔赴祖国最需要的地方,努力成为更高质量、更加卓越、更受尊敬、更有梦想的青年一代。

(本文原载于杭州网2021年6月22日)

如何培养德技并修的工匠人才？
浙江这所高校有了新动作

浙江在线记者　吴俏婧　通讯员　周　曦

"浙江工匠精神研究"项目启动仪式

一件类冰似玉的青瓷，一坛清澈醇香的黄酒，一杯味甘香郁的绿茶……浙江地区这些司空见惯的生活物件，背后倾注的是工匠们传承坚守的精湛技艺和精益求精的工匠精神。为系统研究凝练浙江工匠精神、探寻工匠人物、传承工匠文化、培养工匠苗子，9月24日上午，由杭州职业技术学院牵头主办的"浙江文化研究工程《浙江工匠精神研究》重大项目启动会暨新时代工匠精神高峰论坛"在杭举行。

论坛特邀了省市总工会、省市社科联等政府部门人士，省委党校、浙江大学、浙商研究院、浙江龙泉龙渊古剑研究所、中国高教学会职业技术教育分会等专家学者，大家汇聚一堂，共议工匠精神研究。

杭州市人大常委会党组副书记、副主任，市总工会主席郑荣胜指出，自2019年杭州设立全国首个"工匠日"以来，浙江省各地尊重工匠、关爱工匠、学习工匠的习性已蔚然成风。作为培养高素质技术技能人才的高职院校，杭职院也有多名教师获评"浙江工匠""杭州工匠"，进一步把劳模精神、劳动精神、工匠精神带入校园，引导学生更坚定地走上技能成才之路。

浙江省总工会党组成员、副主席张卫华表示，期待更多部门关注浙江工匠精神研究、更多院校积极投身浙江工匠培养实践，为浙江工匠精神研究、工匠人才培养、工匠文化传承等多做贡献，共同擦亮"浙江工匠"这块金字招牌。

　　浙江省社科联党组成员、副主席谢利根表示,高职院校开展工匠人才培养、工匠精神、工匠文化方面的理论研究和实践探索很有意义。他希望项目组以更高的政治站位、更好的精品意识展开研究,在研究问题方面更聚焦、在研究方向方面更精准、在研究布局和研究方法方面更优化,为社会产业升级和经济社会发展贡献职教力量。

　　杭州职业技术学院党委书记金波表示,学校党委积极贯彻落实省委省政府关于实施新时代浙江工匠培育工程的意见,充分发挥党建引领优势,完善"三全育人"体系,讲好身边"工匠故事",开展大国工匠进校园等活动,让工匠精神滋润学生心田,着力将学校打造成"工匠摇篮",培养德技并修的新时代工匠人才。近2年,10名杭职院学生参加"振兴杯"全国青年职业技能大赛,斩获4金2银4铜,在国内同类院校中名列前茅,服装设计专业学生7年蝉联全国技能大赛冠军。

　　杭职院校长徐时清汇报了由学校牵头主持的浙江文化研究工程《浙江工匠精神研究》重大项目研究情况,项目择取了浙江的青瓷、黄酒、茶叶、丝绸、铸剑、雕刻、制笔、纺织、船舶、中医药等传统产业,数字领域等新兴产业,沿着工匠、工匠精神与工匠文化脉络主线,立足工匠人物传记,挖掘工匠制度时代变迁,研究工匠精神理论内涵,探析高水平浙江工匠人才培养的路径创新与实践。

　　论坛上,浙江省政府咨询委员、浙商研究院院长陈寿灿教授,杭州市决咨委委员安蓉泉教授,中国高教学会职业技术教育分会理事长、浙江金融职业学院党委书记周建松教授,中国职业技术教育学会副会长丁金昌教授围绕"工匠精神",从不同维度做了研究阐述。浙江大学公共政策研究院研究员、杭州工匠学院客座教授夏学民认为,"工匠精神"并非工匠阶层独有的,其实科学家也需要工匠精神,党政官员也需要工匠精神,人人都需要工匠精神,也就是那种精益求精、反复打磨、追求卓越的精神。工匠精神与创新精神不可相互替代,都是鲜明的时代精神。

　　据介绍,为响应刚刚召开的省委文化工作会议精神,助力新时代文化浙江工程建设,更好地开展工匠精神研究、传承工匠文化、培育工匠人才,杭职院在"十四五"事业发展规划中,提出了"数智杭职·工匠摇篮"发展目标,将全力打造工匠学院、工匠研究院、工匠书院、工匠文化博物馆、工匠培训中心和工匠科普教育基地,倾心研究德技并修的新时代工匠人才培养模式,努力培养更多学生成为高素质技术技能人才,为浙江经济社会发展提供更大的智力支持和更多的人才资源支撑,为高质量发展建设共同富裕示范区贡献"职教力量"。

(本文原载于浙江在线 2021 年 9 月 24 日)

杭州职业技术学院虞婧怡：
爱写代码的"00后"女孩

陆小晴

八九岁的女孩,天真、懵懂、爱穿漂亮的碎花裙,热衷和小伙伴玩过家家。而对杭州职业技术学院信息工程学院软件技术专业的虞婧怡来说,她儿时专注的世界,就与众不同……

"为什么这箱金属片可以装下世界"

"我记得读小学时,有一天妈妈抱回一个又大又重的机器,告诉我它叫'计算机'。我看着妈妈一顿操作,屏幕上就出现了好多神奇的东西。"虞婧怡回忆,她从小就喜欢计算机。对计算机的最初认识,来自她的妈妈。

在那个四四方方的屏幕里,箭头闪烁移动,一个未知的世界就呈现在眼前。从那时起,虞婧怡便开始了探索计算机世界的奇妙旅程。

虞婧怡

一到放假,身边的同学有的去游乐园玩,有的学习各种才艺,虞婧怡则一头扎进房间,拆开计算机主机的后盖,研究起芯片的学问。

遇到不懂的问题,虞婧怡自己上网查资料,但一不小心下载了很多垃圾软件,导致电脑数次中毒死机,她担心被妈妈发现,就学着自己重装系统。

十几岁的虞婧怡通过各种"钻研",尝试理解抽象的计算机语言,修复黑屏故障,那些复杂的按键操作早已烂熟于心。

儿时的经历,在虞婧怡心底埋下了种子,她隐约感觉到,自己的未来会和计算机结下不解之缘。

"想成为厉害的程序员"

高中科目七选三,虞婧怡选择了生物、历史和信息技术,她说:"那时最期待的事就是去机房上课。"

高中信息技术相对简单,虞婧怡想探索更多未知领域。了解到大学计算机专业都要学习计算机编程语言,虞婧怡去书店买了很多书,决定自学。"因为高中课程涉及程序设计语言,所以学计算机编程语言时理解起来比较轻松。我大学第一学期学习进度很快,毕竟基础已经打下了。"虞婧怡说道。

除了看书自学,虞婧怡也会在网上看视频,跟着教程学习写代码。当在键盘上敲下一连串英文和符号,一个五彩缤纷的世界就被创造了出来,仿佛一种神奇的魔法,让她着迷。

虞婧怡说:"虽然像'女孩子不适合做程序员'这样的话不绝于耳,但当年的种子早已在我心里发芽长成了参天大树,希望有朝一日,我能成为一名厉害的程序员。"

"独立解决难题是必修课"

大一下学期,在学校老师的指导下,虞婧怡开始参加计算机类比赛,收获了颇多奖项:"2020RoboCom机器人开发者大赛"Python编程设计大赛获项目二等奖、第十七届"挑战杯"全国大学生课外学术科技作品竞赛三等奖、2021年浙江省第十八届大学生程序设计竞赛三等奖、第九届浙江省大学生服务外包创新应用大赛二等奖……2022年3月,虞婧怡还荣获"省级优秀毕业生"荣誉称号。

2021年6月,虞婧怡参加了第九届浙江省大学生服务外包创新应用大赛,她说:"我们小组选择的赛道是数字化基层治理,组员一共5人,我是组长,要负责整个项目的规划分配统筹等。我们组需要设计一个数字化基层治理系统,通过打造面向村民服务的App、小程序以及钉钉端,简化基层治理流程,提高基层管理效率,同时创造更多机会让村民参与村中的建设,进一步提升群众在基层治理中的参与度和获得感,促进基层治理高效透明。"

项目初期先要进行需求调研,虞婧怡和组员采用大数据调查和线下问卷调研2种方式,通过了解全国各地的政务及便民服务平台,明确基层治理的业务流程和功能点。之后他们又前往社区、村镇深入了解村务工作的流程,向群众请教目前社区治理的不足,总结平台的可提升点。

调查结束后,团队开始项目开发。整整5个多月,虞婧怡团队利用暑期和课余时间,建立网站、设计App,最终项目获得了比赛二等奖。

虞婧怡所在班级,一共45人,女生只有8人。"许多男生选择从事计算机行业,其实女生也挺适合的,她们有着自己的特点和优势,比如耐心、细致。很多困难在热爱面前,不值一提。"虞婧怡的眼里闪着自信的光。

生活中的虞婧怡,还是个多才多艺的"宝藏女孩",喜欢画画、弹吉他、在电脑上设计表情包……

说到毕业后的选择,虞婧怡显得很笃定:"希望有一天,我可以成为一名很厉害的前端工程师,或者一名信息技术老师,传递知识,在这个领域贡献自己的力量!"

(本文原载于学习强国2022年6月22日)

携手钱塘区成立"劳模工匠学院",杭职院将从三方面下功夫培养工匠人才

杭+新闻记者　王泽英　史俊杰　通讯员　周　曦

钱塘区"育工匠助共富"专项行动发布暨劳模工匠学院成立仪式

邀请多位劳模工匠加盟、发力打造多类型工匠培养"摇篮"……今天,为了庆祝杭州第四个"926工匠日",杭州职业技术学院携手钱塘区总工会成功举办了钱塘区"育工匠助共富"专项行动发布暨劳模工匠学院成立仪式。

成立仪式上,校长徐时清致欢迎辞,简要介绍了近年来学校"数智杭职、工匠摇篮"建设情况。他强调,下一步,学校将继续在工匠人才培养方面下功夫:一是深化合作,聚力培养"工匠人才"。依托"校企共同体"办学优势,深化与钱塘区的战略合作,汇聚多方资源协同育人,合力培养更多工匠人才。二是崇德塑身,奋力打造"工匠摇篮"。高质量推进浙江文化研究工程重大项目"浙江工匠精神研究";认真实施《"工匠摇篮"建设实施方案》,系统构建工匠人才培养体系。三是立足钱塘,努力提升服务水平。高水平打造工匠学院、工匠书院、工匠研究院、工匠文化博物馆、工匠培训中心和工匠科普教育基地,大力弘扬工匠精神、厚植工匠文化,奋力培养适应区域经济社会高质量发展的工匠人才。

钱塘区委常委、组织部部长吴勇指出,成立劳模工匠学院,是学习贯彻习近平新时代中国特色社会主义思想的具体行动,是贯彻落实区委一届七次全会精神推进"四个全域"建设勇担"两个先行"时代先锋的具体举措,是展现钱塘工人阶级风采的时代体现。希望劳模工匠学院进一步发挥劳模工匠的辐射、引领、示范和带动作用,聚焦产业工人共富赛道,弘扬劳

模精神、工匠精神,为钱塘区打造世界级智能制造产业集群,扛起高能级战略平台的政治担当,做出工会应有的贡献。

为提升劳模工匠学院的教学水平、优化师资力量,特聘浙江工匠朱立赞,杭州市劳模童光红、李鹏,杭州工匠祝新华、张利舟,钱塘区劳模朱建龙,钱塘区工匠朱瑛、姜集勇等一批劳模工匠代表担任学院讲师,并颁发聘书。同时,邀请全国五一劳动奖章、浙江省首席技师、浙江省劳动模范、杭州市第五届"杭州工匠"获得者——杭州职业技术学院陈楚教授,讲授劳模工匠学院的"开学第一课"。

(本文原载于杭+新闻 2022 年 9 月 26 日)

造国产大飞机的高职生

《都市快报》记者　程　超

在 C919 项目区工作的胡腾飞

昨天上午,习近平总书记在北京人民大会堂会见 C919 大型客机项目团队代表,并参观项目成果展览。远在浙江西子势必锐航空工业有限公司(简称"西子航空")车间里的胡腾飞,迫不及待地把消息转发到家人微信群里,"快看,我参与装配的大飞机,已经拿到了合格证,年底就要交付了"。

作为杭州职业技术学院毕业的高职生,胡腾飞在加入西子航空后,成为西子航空首批参与 C919 零部件研制的工作人员,还拿到了中国商飞评选颁发的"C919 大型客机首飞先进个人"称号。

像胡腾飞这样的高职生,在西子航空并不是特例。西子航空品牌行政负责人龚奇珍表示,航空制造业高技能人才一直很紧缺,之前一直靠外地招聘。从 2015 年开始,西子航空与高职院校开展合作,目前已经有 30 多人入职,月薪都在万元以上。

C919项目供应商中唯一的民营企业

C919 大型客机是我国首次按照国际通行适航标准自行研制、具有自主知识产权的喷气式干线客机,于 2007 年立项,2017 年首飞,2022 年 9 月完成全部适航审定工作后获中国民用航空局颁发的型号合格证,将于 2022 年底交付首架飞机。C919 大型客机研制成功,获得型号合格证,标志着我国具备自主研制世界一流大型客机的能力,是我国大飞机事业发展的重要里程碑。

西子航空是 C919 项目 9 家机体供应商中唯一的民营企业,承接着应急发电机舱门(RAT 门)和辅助动力装置门(APU 门)的研制工作。这两个舱门项目,涉及 30 多项航空特种工艺技术,涵盖数控机加、钣金成形、热表处理、金属胶接、理化测试、复合材料、部件装配等过程,结构复杂,科技含量极高,对参与者有着很高的要求。

西子航空总工程师傅云说,作为中国商飞的结构件供应商,西子航空在接到订单后立即开展了批量订单的生产准备工作,包括能力评估、产能评估,并通过了由民航局牵头的审核、获得了授权。为了做好这笔订单的生产制造工作,西子航空的装配车间还专门开辟了一条生产线,由专门团队负责装配。其中,就有 2015 年毕业的胡腾飞。

第一批来西子航空造飞机的高职生

今年 30 岁的胡腾飞来自杭州临安,虽然祖祖辈辈都没与飞机打过交道,但冥冥之中父母却给他取了"腾飞"这样一个名字,"本来父母的寓意是希望将来我长大成人,能出人头地,一飞冲天,没想到 20 多年后,我还真的和'腾飞'结下了不解之缘"。

2015 年,C919 拿到了全球的首个正式购机合同。同年 9 月份的校园招聘会上,杭州职业技术学院友嘉机电学院的 15 位毕业生,被西子航空相中录取,胡腾飞就在其中。

龚奇珍说,胡腾飞他们是第一批被招入西子航空的高职生。航空制造业高技能人才一直很紧缺,浙江之前也没有航空产业,所以都要去沈阳、西安等地的高校招聘。而胡腾飞他们所就读的杭职院友嘉机电学院,是学校与全球数控机床业巨头——友嘉实业集团合作共建的二级学院,所以从大一开始,他们就跟着企业师傅操作、装调和维修数控机床,参与过多个企业实战项目。胡腾飞对于数控机床装调的熟练度,让西子航空招聘人员非常满意,向他伸出了橄榄枝,并把他分配到了公司制造中心的装配车间。

做飞机有了职业病,太细致

胡腾飞这批新人,经过理论学习后,进入西子航空进行为期一年的"师傅带徒弟"的实习锻炼。他们在严格的学习、选拔后,逐渐参与为空客、庞巴迪等世界顶级飞机制造商,以及国家 C919、蛟龙 600 等大型的零部件生产项目。"最开始做的是庞巴迪飞机的腹鳍,这是一种在飞机机身尾部下面顺气流方向布置的刀状翼片。腹鳍相当于垂直尾翼,侧滑时起增加飞机航向稳定性、保持平衡的作用。"胡腾飞说,正式参与 C919 舱门生产是一年之后,他主要负责最后一道把零部件装配起来的环节。

"主要是生产的精度要求非常高,组装又是最后一道环节,差一点就是不合格。一点点小灰尘没有用风扇吹干净,舱门就有可能报废。"胡腾飞打了个比方,如果以前学校里零件要求的误差在 0.1 毫米的话,在飞机生产车间要求的精度就要达到 0.001 毫米,差不多相差 100

倍。组装时又要涉及各种复合材料,包含了30多种特种工序,手工拼接一旦有一丝误差,对接到飞机上,就会产生很大的差距,真是一点都马虎不得。

西子航空总工程师傅云解释说:"航空制造业的零部件生产非常严格,哪怕是残留的一颗小铝屑没清除,就可能造成几万甚至几十万美元零部件的整体报废。所以在验收时,甚至需要用手电筒顺着一排排的铆钉逐颗照过去,只要稍有阴影的地方就必须重新返工。"

胡腾飞说,自从参与了飞机制造,他就落下一个"职业病",看任何工业品都觉得做工不够细致,瑕疵很大,"去年我的车被人刮擦了,去修理厂维修时,总是觉得他们的工人师傅拼接得不行,缝隙太大,当时他们还不服气,觉得我故意挑刺,直到我说了'我是做飞机舱门的',他们才不吭声了"。

"C919大型客机首飞先进个人"

飞机制造,历来被称为制造业的"工业之花"。大型客机的研发和生产制造,是一个国家航空水平的重要标志,也是一个国家制造业实力的重要标志。几十年来,我们因种种原因错失研制自己的大飞机的机遇,一直处在"造不如买,买不如租"的时代。

而C919的成功,无疑实现了"让自己制造的大飞机飞上中国的蓝天"这个航天梦。作为直接的参与者,胡腾飞则显得更加自豪和骄傲。因为工作表现优异,2017年,胡腾飞拿到了中国商飞评选颁发的"C919大型客机首飞先进个人"称号。每逢家里亲朋好友节日聚会,父亲都会很自豪地提到这一点:"咱家里可是有个造飞机的。"

2021年10月份,胡腾飞还受邀去女儿的幼儿园,拿着公司的飞机模型,给小朋友们讲解飞机的构成和起飞原理,"小朋友们都特别喜欢特别爱听,尤其是女儿,对我又多了一种崇拜的感觉"。胡腾飞对这次经历,一直记忆犹新。

航空制造人才紧缺　优秀高职生投身做飞机

除了C919,西子航空还为空客、波音、庞巴迪等世界著名航空制造企业提供重要零部件。西子航空人力资源部相关负责人表示,航空行业属于高端制造行业,有着高要求、高标准的质量理念,对员工在素质、专业技能方面都有严格要求。航空制造业高技能人才一直很紧缺,培养本地化的技术人才,是他们一直想要做的事。

从2015年开始,西子航空与交职院、杭职院、第一技师学院、萧山技师学院、金职院都展开了合作,同时还与杭职院合办了西子航空工业学院,至今已有了8届毕业生。每年各大高职院校都在持续地为公司输入技术人才,为公司发展提供助力。2022年6月份刚入职的丽水小伙子李剑锋是杭职院模具设计与制造专业毕业的,他觉得自己能通过面试进入西子航空,是一件很幸运的事,"这个行业里绝大部分都是本科以上学历的,博士生很多,大专生很少"。

目前,西子航空里的高职生人数达到了30人左右,占到全体员工的9%。他们主要从事生产技能(装配、钣金、机加)岗位,税前月薪在11000元左右,这些高职院校毕业生目前大部分在公司各岗位中已经是技术骨干人员,参与公司各大项目的生产研制任务,部分员工在公司及区级比赛中取得傲人的成绩。除了"C919大型客机首飞先进个人"外,还有些获评杭州市高层次E类人才、首批杭州市钱塘新区金牌工人,入选浙江省"百千万"高技能领军人才培养工程"优秀技能人才"培养项目等。

(本文原载于《都市快报》2022年10月1日)

四、定位精准　高质就业

　　我国从"十二五"开始就确立了就业优先战略。党的十八大提出,要推动实现更高质量的就业,贯彻劳动者自主就业、市场调节就业、政府促进就业和鼓励创业的方针。习近平总书记在党的十九大报告中明确指出:"就业是最大的民生。"

　　面临逐渐严峻的"就业"形势,杭州职业技术学院党委将引导、教育和帮助大学生就业创业作为学校责无旁贷的历史责任和时代使命,提出了"为了学生体面就业"的办学指向,以就业为导向,通过精准的人才培养定位、正确的就业观念引导、全面的求职技巧培训以及贴心的创新创业服务,为拟就业或创业的学生提供大量的指导,帮助他们快速适应工作岗位、满足行业发展需求,顺利走向社会,实现了高质就业。杭州职业技术学院的毕业生在就业市场上往往供不应求,是被企业"一抢而空"的香饽饽。

　　而在鼓励扶持学生创新创业上,杭州职业技术学院更是始终以学生利益为先,出台了一系列政策文件,从个性化的人才培养方案,到项目孵化、政策指导、场地提供,再到为失败者保驾护航的"护犊"行动……鼓励投身创业的学生创新发展、勇往直前。

全力打造一片高职院校学生创新创业的热土

6月2日,教育部在北京召开深化高等学校创新创业教育改革视频会议,对深化高校创新创业教育改革工作进行动员部署,旨在深入贯彻落实《国务院办公厅关于深化高等学校创新创业教育改革的实施意见》和国务院刚刚召开的全国就业创业工作电视电话会议精神。

杭州职业技术学院校长贾文胜是会上唯一代表高职院校发言的代表。他以"融创新创业教育于人才培养全过程,全力打造一片高职学生创新创业的热土"为题,介绍了杭职院近年开展创新创业教育的实践与体会。

构建"四阶段"渐进式创新创业教育体系

"创新创业能力是高职院校学生的核心能力之一,要将创新创业教育融入人才培养全过程,并以此带动学业,提升就业能力。"

基于此,杭州职业技术学院从2007年开始提出并实践了"四阶段"渐进式创新创业教育体系:一是通识教育阶段,重点是面向全体学生开设"创新创业教育"必修课;二是创新教育阶段,重点是结合不同专业的特点,融入企业岗位创新的典型案例开发创新教育课程;三是专门化教育阶段,重点是系统组织开展基于案例导向的SYB创业培训和模拟公司实训;四是创业实践阶段,重点是与杭州开发区合作共建高职学生创业园。

截至目前,杭州职业技术学院编写的创新创业案例教材已更新6版,开发创新课程30余门,开展创业培训191期5000余人,创业园入驻学生企业143家,培育"杭州高新技术企业"11家,带动学生就业1400余人。

推出"护犊资金"等系列保障举措

"创业成功是我们的教学成果,创业失败也是我们的教学成果,要想方设法鼓励和保护学生创新创业的积极性。"

基于此,杭州职业技术学院先后推出了系列保障举措。一是每年拿出100万元设立"护犊资金",为学生创业保驾护航,不让创业学生背负债务走出校门。二是为在校创业学生量身定制个性化培养方案、提供创新创业成果学分认定等个性化教学管理服务,破解在校生"创业与学业矛盾"难题。据不完全统计,近万名在校生中曾经参与创业的比例在8%以上,个别专业高达50%。三是强化创业服务体系建设,让学生创业"轻装上阵"。短短数年间,学校已为100多家学生创业企业提供免费工商登记注册等服务,帮助50余家学生创业企业获得500多万元的补助,同时通过聘请企业家和创业成功人士担任创业导师,定期开展"创业大讲堂"等活动,不断浓厚校园创新创业氛围。

打造"国家级"高职院校学生创业园

"杭职院可能没有'马云式'人物,但必须要有培育'马云式'人物的平台。"

基于此,2007年底,杭州职业技术学院专门拿出3栋教学楼(建筑面积10000多平方米),与杭州开发区共建了高职学生创业园。但当时因为这3栋楼属教学划拨用地,不能用于学生注册公司。开发区专门下文临时将用地性质变更为综合用地,在全国开学生在校内真实注册公司进行创业之先河。教育部领导来校视察时给予充分肯定,认为"这在我国大学生创业教育改革进程中是具有重要意义的"。

目前,杭州职业技术学院的这个创业园已获得"国家级大学生科技创业见习基地""杭州创业最佳平台"等10多项殊荣。

创新创业实践带来显著成效

通过近年来开展的创新创业教育实践,杭州职业技术学院的学生创新创业能力明显提高,毕业生就业竞争力明显提升,学校校企合作吸引力明显增强。

在2014年全国首届"挑战杯"创新创业大赛中,杭州职业技术学院的3个参赛项目全部获奖,其中有1个获奖项目当场被企业相中,以20万元签约转让。无独有偶,在2013年评出的"杭州市年度十佳大学生创业之星"中,杭职学子也占了2席地位。

友嘉实业集团朱志洋总裁对杭州职业技术学院的教育水平给予了高度评价:"杭职院数控技术专业的学生有多少我们要多少,因为他们不仅能出色地完成岗位任务,而且在各自的岗位上总是能有这样那样的创新想法,这让企业受益良多。"

这些年创新创业教育改革培养出来的人才效应,也让杭州职业技术学院的校企合作在悄然间发生了巨大变化:原来是"找企业合作难",现在是"企业主动找上门来寻求合作";原来是"校企合作流于形式,难以深入",现在是"服装企业主动把产品研发中心搬到学校,制造类企业把投入500万元的机床博物馆建到学校"。2014年,杭职院还因此获得了国家级教学成果一、二等奖。

(本文原载于新华网2015年7月2日)

杭州职业技术学院：
8个岗位争抢1个毕业生

新华社记者 方益波 余靖静

2014年号称大学生"史上最难就业年"。然而记者在杭州职业技术学院采访时发现，凭借全国独有的"校企共同体"模式，这里的毕业生不仅不愁就业，而且能实现"体面就业"。

8个岗位争抢1个毕业生，学生充分就业更要"体面就业"

2014年全国高校毕业生就业市场普遍低迷，然而杭职院毕业生并不愁就业——全校有2744名毕业生，从2013年10月至今到校招聘岗约2.3万个，是毕业生数的8倍多。

在过去6年，每年到杭职院招聘的岗位数量都在20000个以上，是毕业生数的6—7倍，毕业生的初次就业率都在97%以上。据调查：杭职院2011届毕业生毕业1年后的平均薪水为2778.3元，高于全省高职高专院校的平均水平（2713.4元）；毕业生享受到社保待遇的比例为81.8%，也高于全省高职高专院校的平均水平（79.9%）。

多家用人单位反映，杭职院的毕业生综合素质高，不仅首岗适应快，而且多岗迁移和可持续发展能力强。如2008届数控技术专业毕业生徐金泉毕业后进入全球三大数控机床生产商之一的企业，工作出色，连续几年被授予"绩优人员"，企业负责人说："像徐金泉这样的学生，多少我都要。"

创新"校企共同体"模式：把专业办在龙头企业的兴奋点上

大学生就业难只是个表象，决定因素是前段的人才培养质量，在于高校培养的学生是不是社会所需要的。

杭职院院长叶鉴铭说："学校要培养什么样的人，不是学校的老师和专业负责人最清楚，而是作为用人单位的企业最清楚；每个专业的新技术、新工艺、新设备和新材料等也不是掌握在学校手里，而在处于市场最前端的龙头企业手里。"

杭职院因而提出了校企共同体的"企业主体、学校主导"模式，杭职院共设8个学院，7个是和专业内的龙头企业合办，将专业方向精准定位在"急需的高素质技能型人才"。

"有些企业本来对合作没有兴趣，但一听说我们想设置的专业都是企业及业内稀缺的，态度立刻转变。"杭职院教务处处长陈加明说。

2008年，学校敲掉了2万多平方米的教室，建成了一个个实训车间、教学工厂。作为"校企共同体"实体的多个二级学院相继落地。这些学院既是学校的二级学院，又是这些龙头企业的二级部门，在人才培养上具有优先选择权，因此企业愿意拿出人、财以及最好的资源。学

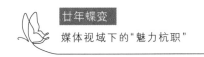

生在校学习期间,就熟悉或掌握了龙头企业岗位的工作任务和工作能力,无论毕业后是否在相关企业中就业,都具有很高的就业竞争力。

友嘉机电学院是杭职院第一个校企共同体。友嘉实业集团在杭企业培训中心整体迁入学校,目前投入设备约2000万元,数十位企业技师常驻学校全程参与教学。

达利女装学院院长由达利集团总裁兼任,除了派人、更新设备,企业每年划拨100万元用于学院建设,同时还联合8家在杭知名女装企业开发"服装制版师岗位技能证书",拿到该证书的学生有优先被录用权,且报酬高于同岗人员一级。

高校的自我革新:就业是第一市场

杭职院党委书记安蓉泉说,"高校面临的大环境差不多,只有具备强烈的"自我革新"的意识和能力,才能走出一片新天地"。

据介绍,近五六年,杭职院撤销了定位不清或与产业接轨不紧密的10个专业,增设了紧密结合区域经济社会发展、产业结构升级和企业需求的新专业,专业总数从36个减少到27个。

安蓉泉说,"学校专业的缩减和调整,直接事关老师。但学校首先要向学生负责。在我们学校,招生市场要服从就业市场,就业市场是第一市场"。

目前杭职院教师超过500人,有一半来自企业。为帮助高校原先熟悉理论教学的教师转型,杭职院规定老师要"走出教材、走出课堂、走出学校",必须具备2个经历:其一是企业经历,明确专业教师3年内必须有不少于半年到企业一线实践的经历;其二是学生工作经历,专任教师必须担任学生工作2年以上。

青年教师吴晓苏曾花半年整时间吃住在企业,整天与工人们一起泡在车间。他带回来的是一套完整的人才培养方案,"一开始对有些新概念的接受确实很痛苦,但在这个过程中,我不仅知道了专业人才需求的情况,而且了解了整个数控机床行业的发展情况"。

（本文原载于新华社2014年6月24日）

高职院校如何打通从校园到职场的"最后一公里"？

新华社记者 黄 筱

根据教育部公布的数据显示,近5年,应届毕业生数量呈逐年增长趋势,2022届高校毕业生总规模将突破千万人。就业问题是重大的社会问题,在疫情背景下其重要性、紧迫性、长期性日益凸显。近日,记者在杭州职业技术学院调研获悉,该校通过持续加强产教融合、校企合作,走出了一条引领全国校企合作的"杭职路径"。

纵横双向拓宽校企合作,建成校企共同体

早在2008年,杭州职业技术学院的老师们便深刻认识到:"职业教育的生命力和活力,在于校企合作。没有深入的校企合作,就没有真正意义上的职业教育。"在校企合作上,杭州职业技术学院完成了"破冰"之旅,率先提出校企合作要双赢,以他赢为律,而且有相对独立的办学实体。

在这个理念引领下,杭职院在校内选出一栋教学楼,大胆实行"敲墙"行动,由校企联手装修、改造,并允许教学楼在名义上归企业所用。杭州职业技术学院党委委员、副校长楼晓春介绍,学校教师下派企业,企业专家进驻学校,校企双方教师按照教育规律带领学生为企业进行产品研发,实现了所有成果双方同步共享。

如此合作方式,后来在杭州职业技术学院内屡见不鲜,杭州职业技术学院校企共同体的"金字招牌"也被不断擦亮,形成了引领全国校企合作的"杭职路径"。近年来,学校撬动行业企业投入5000多万元,探索发展"专企融合"(西子航空工业学院)、"政行企校"(杭州动漫游戏学院)、"行企校"(特种设备学院)等多元合作模式,并创新探索混合所有制办学实践(杭州数智工程师学院),与多个行业主流企业共建校企共同体。

2014年和2018年,杭职院分别以《基于校企共同体的服装专业人才培养模式创新与实践》和《公共实训基地"杭州模式"创新与实践》连续2次获国家级教学成果奖一等奖。同时,杭职院的两个"双高"专业群——电梯工程技术专业群、服装设计与工艺专业群,也凭借校企合作中卓然的育人成果,摘得了2021年浙江省教学成果奖的特等奖。

有了校企共同体的合作基础,该校学生的就业也不再是难题。据统计,杭职院近年来学生就业率逐年攀升,持续达到98%以上,稳居浙江省内高职院校前列。

服务区域经济,探寻校地合作新机制

"校企共同体是校企合作的一种绝佳模式,但非唯一模式。"楼晓春介绍,随着校企合作

的不断深入,杭职院基于校企共同体的多元模式再向深行,比如特种设备学院实行"行、企、校"模式,杭州动漫游戏学院实行"政、行、企、校"模式。学校对接区域产业发展需求,紧密服务杭州产业结构转型升级,立足"校企共同体",践行"重构课堂、联通岗位、双师共育、校企联动"的改革思路,探寻校地合作新机制。

在专业融入产业发展上,学校也是"快准狠"。但凡不适合在杭州发展的、没有本地土壤的、发展不够好的专业,全部都被砍掉了。学校所开专业严格坚守3条标准:要有产业背景,要有紧密的企业关系,要能讲好杭州故事。

杭职院毕业生汤武臻如今和同学一起,立足杭州的电商平台资源和新兴国潮文化氛围,在学校创业园内创办黑星服饰有限公司,已在行业内小露头角。"在学校感触最深的是被老师言传身教培养起来的创新意识,就是适合自己的才是最好的,细节决定成败。"他选择专业和创业方向时也听从了学校老师的建议,服务区域经济才能乘势而上,有更深远的发展潜力。

随着城市化进程的不断加速,"电梯越装越多、维保工却越来越缺"这一问题日益突出,但杭职院电梯工程技术专业学生就业却不愁,他们在校内就以"青苗式"早早被企业预订。同时,杭职院主动响应"教育扶贫"号召,将优势专业的优势外溢至贫困地区,建立政企校电梯人才培养联盟,与全国14个省份的16家中西部院校合作,创新职业教育精准扶贫模式,帮扶贵州、甘肃、云南等中西部12省份的24所职业院校310名贫困学员完成精准脱贫,并开展南非留学生电梯技能培养项目,将电梯人才培养范畴从杭州辐射到全国乃至全球。

让学生体面就业,建设四级联动批量就业机制

杭职院教务处处长潘建峰提到,目前社会上对高职教育,企业是"叫座又叫好",政府是"叫好不叫座",家长学生是"叫座不叫好",解决最后一个问题的方法就是推动学生的体面就业。自2008年起,杭职院一直坚持"学生体面就业、教师幸福生活"两大办学指向,将学生发展视为最关键一环,秉持"首岗适应、多岗迁移、可持续发展"的人才培养目标,多措并举扎实做好毕业生就业工作。

潘凯龙是杭职院特种设备学院奥的斯电梯2019级学生,他中专毕业后考入该校,进入该校奥的斯电梯班,目前已顺利签约于国内电梯行业龙头企业——奥的斯机电电梯。

"这里用的教材是企业内部教材,能够学到行业里最新鲜的技术,只要完成所有课程正常毕业就可以入职,第一年收入能在7万到8万元。"潘凯龙说,他和家人对这个选择很满意,"收入高、工作稳定、企业名气也大,既有面子也有里子。"

据了解,学校联合浙江省特种设备检验研究院围绕特种设备人才培养,共同成立特种设备学院,并战略引进浙江省第一家专业从事特种设备职业技能培训的公司,把特检院的行业资源、学校的教育资源和企业的市场资源通过"成果共享、风险共担"的利益纽带整合在一起,极大地提高了人才培养效率。

楼晓春表示,"学校构建'学校、学院、专业组与班级'四级联动批量就业机制,成立毕业生就业工作专班,实施'一把手'工程,就业网格化管理、'一生一策'网络化联动,毕业生就业竞争力强,岗位适配性高,就业质量持续提升"。

2020届模具设计与制造专业毕业生刘明杰,曾获第十五届"振兴杯"全国青年职业技能大赛学生组钳工赛项第一名,第十六届"振兴杯"全国青年职业技能大赛职工组模具工(冲压)赛项第一名,是全国唯一连续从学生组到职工组的"双料"冠军。目前留校担任实训教师,并被评为杭州市 C 类人才,享受杭州市购房补贴、免摇号、车牌补贴、交通免费等高层次人才政策。

"我也会把学校尊重技能人才的理念,把工匠精神、对技能的精益求精,通过教学实训和技能竞赛传递给学生。"刘明杰说。

据浙江省教育考试院调查:该校近 3 届毕业生(毕业 3 年后)月收入高于全省同类院校平均水平,并逐年提高;用人单位对杭职院毕业生综合素质满意度为 95.76%。统计数据显示,杭职院毕业生留杭就业数连续 5 年居全省高职院校首位。毕业生职业发展好,社会认可度高,用人单位满意度高,实现了学生满意、家长满意、社会满意的有机统一。

(本文原载于新华社内参《高管信息》2022 年 5 月 2 日)

当很多大学生抱怨就业难时 杭职院毕业生却成为就业市场的"绩优股"

《杭州日报》记者　艾丹青　通讯员　王蓉娟

"其实工作不难找,我们班大多数同学已经签约了。"凭借内衣作品《缠》从中华杯国际服装设计大赛捧回奖杯的孙冰鑫,马不停蹄地奔赴杭州某服装公司签下就业协议。谈起找工作,这位开朗漂亮的小姑娘语气轻松,着实让人羡慕。

和小孙一样,2007年杭州职业技术学院很多毕业生找工作都不太吃力。数据显示:2004年学院毕业生初次就业率为95.4%,最终就业率99%;2005年该校毕业生初次就业率攀升到96.34%;2006年学院毕业生初次就业率再创新高,达到98.7%,不少专业甚至达到100%。而2007年,正当不少大学生都在感叹就业难时,杭职院毕业生截至6月10日的初次就业率就已接近96%,超过了2006年同期水平。

为什么在许多本科院校的毕业生一再降低就业门槛,努力冲击就业大门时,杭职院的高职毕业生能像股票市场中的"绩优股",营造出一个区域内的小"牛市"呢? 下面几个案例也许能带给我们一些启示。

> **大三女生成为企业技术主管**
> **课堂教学与就业岗位无缝对接**

"现在的大学生理论行,动手不行。"——这是很多用人单位的评价。

怎么样让学生的动手能力"行"起来? 杭职院的解决办法之一是强化实践环节:根据学生就业的岗位要求,由1名或1名以上教师带若干名学生组成"岗位模拟工作室"。

以学院艺术系为例。艺术系与一家曾为苏泊尔公司、横店影视城、华辰假日酒店等单位提供制服的大型服装企业联手,成立了服装设计岗位模拟室。

最初,服装公司只是想租用学校场地,没想到杭职院学生设计的几套制服款式独特新颖,在竞标中频频中标。这一点让企业震动很大。于是公司决定生产基地仍然在台州,而核心部门搬迁到杭职院内。于是,企业走进学校,模拟升级为"实战"。

这家服装企业也不再另请设计师,因为杭职院的学生完全可以挑起大梁,潘李婧就是其中的一位。"我现在从打版做起,先了解服装的结构,制作的工艺,把基础打扎实。太多的设计师不会打版,但想成为一流的设计师首先要是一个一流的打版师。"谈及未来的职业规划,小姑娘很有主见。

为了成为优秀的设计师,从大二开始,潘李婧就认准打版,一直在干这第一线的工种,苦练着基本功。而只有经过打版师的手,设计稿才能成为样衣,才能投入生产,这让小潘对打版这道工序充满热情也颇有成就感。

在真实的工作岗位中历练着,实践中能随时得到老师的指点,潘李婧迅速地成长起来了。目前她已是这家服装企业技术部的负责人,尽管她还是个大三学生,尚未毕业。

"让学院的教学空间和学生的学习空间不断延伸,使学生能真刀真枪地在企业里顶岗训练,实现课堂教学与就业岗位零距离对接。"杭职院党委书记洪永铿说,企业进学校,课堂教学就在企业里,这样的校企合作有利于培养学生的实践动手能力,才能使学校人才培养与企业需求无缝接轨。

在本科生扎堆的地方脱颖而出
2个本本为就业打下基础

2006年底,当身边很多同学还在四处找工作时,化工系学生王则冠就在实习时被杭州一家知名药业集团接收,做研发部实验室的分析员。

"我没想到最后能留下来,毕竟竞争非常激烈。"说到顺利签约,王则冠觉得很庆幸。在这家知名企业里,每年都有很多实习生挤着进来,小王所在的分析实验室更是"香饽饽"。最激烈的时候,一个小小的实验室就有15个实习生,其中本科生占一半,还有几个研究生。学精细化工的小王在学历和专业上并无优势。

第一年在校学习,掌握综合理论知识,培养综合职业能力;第二年一边学理论,一边训练专业技能;第三年一整年都在校外实训基地实践。3年学习时间,实践操作和理论教学比例为1:1。

王则冠就是这种教学模式下被培养出来的。将近一年半的实践,使他在工作岗位上得心应手。"加原料的顺序,如何调节等技术,师傅一点拨我就懂了,学校里主要原理都学过,只要稍微变通就可以了。"实习没多久,他便脱颖而出,给实习单位留下的印象是"动手能力强,上手快"。

凭借娴熟的技术,小王在全国职业院校操作技能大赛上轻松得奖,捧回个人全能二等奖奖杯。不久,他又考取了由国家劳动部颁发的含金量很高的化工高级分析工职业资格证书。据了解,和小王同批考证的18位同班同学,一次性拿到化工高级分析工职业资格证书的就有16位。

杭职院设有国家级化工职业技能鉴定站,学院充分发挥职业技能培训和鉴定优势,结合职业资格考证的要求,将技能认证类的课程整合进专业课程结构中,根据教学进程,鼓励学生以证代考。每一个从杭职院毕业的学生,手上至少有2本证:一本毕业证,一本职业资格证——这2本证将为他们未来就业打下坚实基础。

在校生办的企业有口碑
校园社团成为创业"孵化器"

这几天,杭职院旅游管理专业应届毕业生章晓健一边在一家跨国商贸公司工作,一边忙

着完成毕业前的手续。

2006年,杭职院管理系旅游管理专业与杭州一家旅行社合作在校内组建了学生旅游俱乐部,章晓健就是学生旅游俱乐部的主要创办者。区别于校内学生社团组织,旅游俱乐部挂靠在校外一家专业旅行社下,完全市场化运作。俱乐部下设计调部、导游部、营销部、财务部、办公室等,运营所需的办公场地、电脑、传真机等硬件全部由学校配备,俱乐部要独立完成广告推广、联系客户、带队出游等全部业务流程。

旅游俱乐部成立时,一切都是空白。小章和他的同伴对俱乐部如何运营一窍不通,是俱乐部的指导教师手把手教会他们。指导老师杨强在"旅行社经营管理""中国旅游地理"等课程中,布置学生完成旅行社中计调的作业,如制作"西安5日游"等计调单,让学生熟悉最重要岗位的工作流程。同时,老师还鼓励学生自己去工商局、税务局、旅游等相关部门了解实际情况,知晓开设旅行社的条件和要求。就这样,大学生的羞涩腼腆逐渐褪去,慢慢地他们与人打交道也不再难为情了。

作为旅游俱乐部的核心成员,章晓健主要负责计划和市场营销。采访中,他好几次和记者说:"真的要感谢俱乐部。"俱乐部成立初期,开展业务很艰难。部门成员在查遍资料,进行市场调研分析后,决定着重开发下沙高教园区的师生市场。

那时,俱乐部几个骨干骑着单车专门跑各大高校的学生会,依靠这一在学生中有影响力的组织拉客源。慢慢地,俱乐部在学生中赢得了口碑。如今,每到周末或假期,大学生们就会主动打电话询问旅游路线、出游事宜,俱乐部的业务也像滚雪球一样越做越大。

小章正是在这样的环境中练成好手。后来参加跨国商贸公司的面试时,老总对他考虑问题的周到、处理问题的老到、良好的沟通协调能力和较强的团队意识非常赞赏。最终他从几十名应聘者中脱颖而出。而让人羡慕的是,旅游俱乐部的12位旅游管理专业毕业生,目前已全部就业。

参与创办俱乐部的旅游管理服务专业指导教师张伟国说:"像旅游这样实践性很强的专业,光靠书本知识肯定不行,但都到校外去实习实践也不现实。俱乐部就是旅游专业学生的校内实践基地。"据了解,学校还总结俱乐部经验,提出"LPU"创业教育模式,"L"指对创业理论的学习(Learning),"P"指对创业行为的实践(Practice),"U"则指整体创业(Undertaking)。该模式强调"学习—实践—学习"过程循环,让学生在完全真实的环境下进行创业尝试,弥补专业知识的不足。据悉,今后学校还会建立更多像旅游俱乐部一样的创业实践载体。

大学女生半年谈成5笔生意
进校就培养职业规划能力

每年9月新生一入学,学院就为他们准备了一份"特殊礼物":学生就业指导中心协同各系部推出新生就业教育第一课——"做好职业规划"。

"根据职业规划,制订一份翔实可行的学习计划,学习动力会更强,时间安排会更科学,就业目标也更明确。"大二学生周丽君深有体会。大学第一年,她加入院学生会外联部,作为一名干事,需要经常与其他学校学生会同学联系、商谈工作。慢慢地,她的自信心增强了,组织能力提高了,沟通也越来越有技巧,这些让她轻松获得了在服装企业兼职的机会。

有了一份明确的规划表,学生小周不再浪费时间。她成了图书馆常客,经常手捧专业图书刻苦研读。"和同学一起,少了嬉戏,多了专业探讨。"现在的周丽君常利用假期、课余时间陪同老板洽谈业务,运用她的专业知识,半年内谈成了5笔生意,深得老板器重。

"现在就业竞争激烈,用人单位的要求逐年提高,及早接受就业教育,能帮助新生更好更快地安排学习生活。"杭职院招生就业处芦京昌处长认为,在新生刚报到入学的始业教育环节,开设"职业规划"讲座,引导新生一入学就打破"毕业之际再关注就业"的滞后观念,通过就业教育,指导新生合理规划大学学业。

【编后】

最需要的就是最好的

胡海燕

近年来,高职教育在我国发展迅猛,高职院校的招生情况和就业情况也一年比一年好,但还是有很多人不了解它,以为跟中职教育差不多。其实,高职院校培养的人才被称为应用型白领或者高级蓝领,也有人称之为"灰领"。"灰领"是指既掌握较丰富的现代科学知识又具有较强操作技能的复合型职业技能人才,也是众多企业最需要也最为紧缺的人才。

记得有一次跟某高校博导聊天,他新办了一家科技开发公司,可是招人却很难,我不解地问他:"你不是有很多学生吗?"博导说:"这些岗位他们全都不合适。"最后,他招了几个高职毕业生,试用了几个月后,非常满意,把他们全都留了下来。

这位博导告诉我,企业最佳人才梯队要由不同学历、年龄的人员互相搭配而成,比如研究生、本科生从事电路设计等技术开发工作,中专、技校学生担当流水线上的操作工人,而介于两者之间的技术管理工作最好由高职毕业生负责,好比一个"金字塔",塔尖、塔身、塔基各司其职。在他的公司,"塔尖"的研发工作很多可以在高校里完成,"塔基"的生产工作可以在工厂做,而高职生组成的"塔身"恰是他的公司最需要的人才。

"最需要的就是最好的。"这位博导的话正好为杭职院毕业生"俏销"做了注解。

(本文原载于《杭州日报》2007年6月27日10版)

这个杭职院大三学生,上月仅实习工资就拿了15000元

《钱江晚报》记者　林晓莹　通讯员　周　曦

陈哲轶是衢州人,是杭州职业技术学院青年汽车学院汽车技术服务与营销专业的大三学生。从2012年6月开始在衢州的一家4S店担任汽车销售顾问实习生至今,连续5次荣获销售冠军,月均收入超过了8000元。

上个月,他一口气卖掉了14辆汽车,拿到了一笔令人艳羡不已的实习工资15000元。

那么他是怎么做到"卖车王"这个称号,成为一个最牛实习生的? 他说,"活都是靠自己干出来的"。

陈哲轶在衢州一家4S店
任实习销售顾问

一个月卖掉了14辆汽车,荣升"卖车王"

到4S店实习快一年了,这家4S店专卖东南汽车和三菱汽车。扣除前面4个月的适应期,从2012年10月至今陈哲轶已经卖了近70辆东南汽车,平均3天卖出一辆。

在销售最火爆的上个月,陈哲轶卖掉了14辆。最多的一天,陈哲轶下了4张单子,填单的时候手心直冒汗,他一直嘀咕:这年头有钱人怎么这么多啊!

陈哲轶仔细算过,该4S店的15名销售顾问中,2012年收入8万元以上的占了一半以上,平均收入较2011年略有增长,也算是尝到了车市丰收的果实。

"虽然不是卖豪车,但只要够勤快而且运气不是特别差,月入达到6000元以上并不太困难。"陈哲轶说,他们店里的销售顾问2012年月入最高纪录是2万多元。

尽管陈哲轶当之无愧成为上个月4S店里的"卖车王",但讲起自己的销售经验却是非常谦虚,称比起其他前辈销售员还差很远,要好好努力。

月入过万跑的是量,按揭利润占了大头

陈哲轶说,他销售的汽车不比豪车,无论顾客买哪个配置的车型,他的提成都差不多,所

以他必须要跑量。

"我并不羡慕那些卖豪车的销售员,因为同样是卖一辆车,既然我的提成没他们高,那么就多卖几辆,也能达到一辆豪车的提成。"陈哲轶自信地说,关键要看你怎样卖出去,做到量高。

每个销售顾问每月都有考核要求,公司有规定要卖出几辆车,如果没到量,那么销售顾问将得不到该月应有的奖金。但这从来不是陈哲轶担心的,他似乎已经抓到销售此款车的规律,不到月中他基本都能完成考核,并且都能达到自己的预期计划。

"按揭的利润也很高,所以按揭的提成往往比车子本身的销售提成要高。一个销售员的收入除了看他卖了多少辆车之外,还看他做了多少笔按揭。"陈哲轶说,卖出一辆按揭的高配车,可以抵得上四五辆普通车型的车。

当然,销售顾问从汽车装潢中也是可以拿提成的,但对于陈哲轶他却并不看好这块:"我们这款车主要客源来自城镇居民,本身就是一辆几万元的车子,一般买车的客人不会花钱去装潢汽车,你说让他贴个上千元的汽车膜,那是不可能的。"

此外,车价对提成也有很大影响。陈哲轶说,4S店对车型设定了"底价",低于这个价格,销售员提成几乎没有。不过,价格卖高了的话,一不小心就有可能吓跑客户,到头来得不偿失。如何让客户心甘情愿多掏钱,这对销售员来说确实是一个不小的考验。

好好学习课堂知识,把专业用到实践中去

当陈哲轶谈起如何做到"卖车王"时,他笑了:"大家都说销售员一定要口才好,其实我觉得除了口才,在大学里一定要好好学习课堂知识。因为学校的课程对现在的岗位工作非常有帮助,在上课时老师教我们如何分析顾客,了解他们的购买力、决策力、喜欢的车型颜色、可能的购车时机等,在我做汽车销售过程中都能应用到。"

在杭职院,陈哲轶并不是唯一一个在实习岗位上大显身手的学生。在近日学校评选出的优秀实习生中,也有同学在实习期间卖出了150辆汽车,还有同学得到了企业授予的年度最佳新人奖等。

学校就业负责部门统计数据显示,截至5月24日杭职院毕业生就业签约率达63.86%,比2012年同期增长了7.57%,且90%以上毕业生已有就业意向单位。2013年至今,该校招聘岗位已达到21400余个,是毕业生数的7倍多。

杭职院学生处处长韩亮分析说,在保证毕业生充分就业的基础上,学校更重视毕业生的专业对口率、平均起薪等就业质量数据,努力让学生学有所用,就业后发展有后劲。

(本文原载于《钱江晚报》2013年5月30日Q4版)

"云招聘"让求职不"停摆" 大学生不出家门也能被录用

《杭州日报》记者 方秀芬 通讯员 林晓莹 周 曦 石丛珊

疫情让人们的生活从线下搬上了"云端"。正值大学毕业季,找工作的毕业生或多或少受到影响。不过,从浙江多所高校的反馈情况来看,大学生求职之路并未因疫情"断线"或"停摆"。不少大学生甚至坦言,已经适应了"在线求职、网络面试"的新就业模式。

数据显示,2020年全国高校毕业生总人数预计将达874万,就业形势更加严峻、就业压力更加巨大。一段时间以来,浙江各高校未雨绸缪,想方设法帮助学生就业。

远程面试

"空中双选会"给毕业生"雪中送炭"

李婧杰寒假回到湖北老家后至今尚未返杭。正当她为求职发愁之际,2020年3月19日浙江工商大学举行的首场"空中双选会"为她带来了惊喜。李婧杰在线上招聘会中选定了30家单位投递简历,获得了好几家单位的远程面试机会。"雪中送炭,太及时了!"李婧杰语气里掩饰不住喜悦之情。

这场"空中双选"云招聘会,在一定程度上解决了湖北籍学生因疫情居家隔离的求职困难。包括一些知名企业在内共计有644家企业参会,提供了3.3万个岗位。统计显示,3400名学生"入场"参会,共向企业投出2万多份简历。

浙江工商大学招生与就业处处长王忠华介绍,"'云端招聘会'只是多项就业战'疫'工作举措之一。接下来,学校还将陆续举办春季专场、校友企业专场等5场'空中双选会',预计招聘企业将超过1200家"。

同样,浙江理工大学、杭州职业技术学院等高校也深化"互联网+就业"服务,将线下招聘服务改为线上(远程)"云招聘"。仅3月份,杭职院就联合杭州人才服务中心、杭州市就业管理局、浙江省高校产学研联盟钱塘中心、高新区人才开发中心等单位举行了3场空中招聘会。

云招聘受到毕业生和用人单位的一致认可。"比起传统校园招聘,线上应聘目标更明确也更便捷。"浙江工商大学商务英语专业毕业生小周参加了在线面试,感觉不那么紧张。

杭州一家外贸公司人力资源部经理林先生也点赞线上招聘会,目前已参加多所高校云招聘会的他说:"一来省钱,展位成本、交通费都省了;二来效率更高,接收线上简历后,我们就能第一时间通知对方面试。"

"一人一策"帮毕业生缓解焦虑情绪

在杭某高校毕业生小马今年春节没回老家,就是希望留出更多时间准备毕业和就业,但疫情打乱了他的计划,原本谈好的几家单位他都没能按计划实习。

"不确定性和焦虑感不可避免,我们尽力做好应对。"浙江多所高校就业办负责人向记者表示,学校已出台了一系列举措,让焦虑的毕业生们吃下一颗"定心丸"。

浙江工商大学为学生提供专业的线上职业咨询和心理咨询,在线简历诊断为毕业生提供简历指导,提升就业竞争力;同时对疫情重点地区的未就业毕业生,学校建立帮扶机制,对受疫情影响等原因造成求职存在一定困难的应届毕业生给予求职资助。

杭州职业技术学院推出网络课程平台和实训平台,包括简历制作、面试技巧、时间管理、商务礼仪、公文写作等菜单式课程和线上简历投递、修改、面试模拟等实训内容,并组织辅导员、班主任为毕业生开展就业指导线上课程。杭职院还在第一时间开展了3260名毕业生的情况排摸,为每个毕业生开展精准动态服务。

"目前已有1328位学生与用人单位达成意向,像软件专业的毕业生,已经开始朝九晚五地进行'云实习'就业了。"杭职院职业发展与就业指导中心主任杨乐克说,学校同时安排专业辅导员为毕业生一对一开展心理调节、就业咨询、就业指导帮助。"祝老师您好!通过线上面试,学校帮我介绍的2家公司都确定要我了!"杭职院艺术设计1722班学生甘帅凌开心地向辅导员祝丽霞汇报就业情况。甘帅凌身在武汉,但却在杭州找到了工作,一家人都由衷地替她高兴。

(本文原载于《杭州日报》2020年3月27日A11版,有删节)

浙江省举行高校毕业生"技能型人才"专场招聘会 数字领域技工受青睐

浙江电视台记者　夏学民　卢嘉玺

杭州职业技术学院招聘会现场

今天由省教育厅和省人社厅首次联合举行的浙江省2022届高校毕业生技能型人才专场招聘会在杭州职业技术学院举行,全省885家企业,现场推出13000多个技能型岗位,其中上市企业有100家,招聘会现场数控机床、数字打板等数字领域高技术工种最受企业欢迎,应届毕业生月工资已在8000元以上。据统计,2022届浙江高校毕业生总数达39万人,其中高职生近18万人。

接下来浙江省各大高职院校将采取双师制校中厂等教学新模式,按市场所需培养高技术人才,建立校企共同体,深化产教融合,培养出更多的高素质的技术技能人才、能工巧匠和大国工匠。

（本文原载于浙江电视台《浙江新闻联播》2021年11月17日）

从"抢板凳"到"造椅子" 杭职院学生让梦想照进来

王蓉娟

　　大学是个人发展的重要时期,在这个阶段进行的理性思考和积极准备,会帮助你开启成功的职业生涯。当很多同学还在就业路上摸索时,杭州职业技术学院有一些学生却不约而同地选择了创业路线。学生从就业到创业,其实就是一个从"抢板凳"到"造椅子"的过程。在这里,让我们一起关注这几位同学从就业到创业,最终让梦想照进现实的经历。

> **项华杰:"我从迈入大学的那一天起,就有意识地做好创业的准备。"**

　　项华杰,1980年出生于宁波一个普通的农民家庭,2000年考入杭州职业技术学院机电工程系模具专业。说起他的创业,其实应该从大一兼职打工开始。当别的同学还在为考上大学而满足,认为找工作是毕业时才需要考虑的事情时,项华杰看到的却是生活中潜伏的竞争和危机。从跨入大学的那一天起,他就给自己施加压力,积极地为自己的未来做准备。

　　于是,刚进大学的大一新生项华杰就四处寻找兼职的机会,发现有一家单位在招设计人员,和自己所学的专业比较接近。虽然那家单位只招专职人员,但小项还是勇敢地拨通了这家单位领导的电话,他诚恳地诉说了自己对于这份工作的渴望,以及对于这份工作具体的想法和看法,并请求对方给自己一个机会。

　　结果是令人欣喜的。虽说是在课余时间从事设计类的工作,但产品的设计需要深入市场进行调研,紧紧把握市场的需求。2年多的兼职,他不仅养活了自己,赚取了学费,还积累了比较丰富的专业设计经验,也更多地接触了社会。

　　在兼职的过程中,小项产生了将来毕业后自己创业的想法。他说,"传统的择业观使人们总是把宝押在别人身上,自己所做的一切努力,是想得到别人的认可,进而受到别人的重用,并借此得到希望得到的。创业的人要有意识地改变这样的想法,要相信自己,明白自己现在缺的只是更多的工作历练和资金的积累"。小项毕业后选择进入宁波余姚天方集团工作。先从产品设计员做起,随后随着经验的积累慢慢向管理层发展,最后全面负责工厂的生产状况,晋升为常务副总经理,管理员工100多人。

　　从在企业兼职到管理高层,从一名学生到一个公司的负责人,项华杰在工厂一线扎扎实实磨炼了5年。正是这5年的时间,让他面对困难都做到了心中有数。2005年他与朋友合股成立了慈溪天元重天塑料制品厂,走上了自主创业的道路。在闯过了资金关、产品销路关、技术关等难关后,企业终于稳步发展。

　　对于自己的成功创业,项华杰感触颇多。他说:"在杭职院学习的3年内,我学到了许多专业知识。学校拥有近500万设备的模具实训中心,8家单位作为模具专业的实践教学基地,我们在那里轮番培训、顶岗实习,练就了纯熟的操作技能。同时,通过2年多的兼职,我学到了很多课堂上学不到的知识,积累了丰富的工作经验。再加上近3年的工作实践,这些就是我成功创业的基础。"

> **陈云峰:"创业者要具备与时俱进的学习能力,知识和经验是任何人都夺不走的。"**

2006年,毕业3年的管理系市场营销专业2003届学生陈云峰,抓住时机,投资40万元,创办了杭州盛邦人才服务有限公司,大胆地走上了自主创业的道路。公司主要开展人才招聘、培训等专业化人事服务。目前员工10余人,发展势头不错。

一提到陈云峰,教过他的老师啧啧称赞:"这孩子很好学。"老师说,学院为培养营销专业学生的核心技能,开设好多配套的选修课程,如"推销技能训练""创业学"等,需要进行推销技能、营销策划和为期8周的专业顶岗实习。每次上课,总能看到陈云峰坐在前面几排,认真记笔记。实习前,小陈总是预先"做足功课"。从他的实习报告,看得出他花了很多心思。

在许多同学的眼里,陈云峰是一个品学兼优的学生。他性格随和、做事公平、稳重仗义,同学们都称呼他"老大哥"。一直都担任系学生会主席一职,4次获得学院"优秀学生干部"荣誉称号,3次获得学院奖学金。毕业后就职于浙江省人才交流中心,先后在档案管理部、人事代理部、就业指导部工作,仅1年多时间,就从一名普通员工升任副部长。工作之余,小陈始终不忘在忙碌中挤时间阅读书籍,勤于练笔。2年时间内就在省级刊物上发表论文多篇,在报纸杂志等媒介发表专业文章百余篇。3年前,小陈还在为就业问题寻求专业人士的帮助,而在3年后,身为专业人员的他负责高校就业指导,已被省内各高校邀请,为毕业生开展就业指导讲座百余场。

与市场亲密接触的这2年,陈云峰感受颇深。刚毕业时,创业时机不成熟,就先给别人打工。把公司让我做的事情做好,从成功人士那里学到一些优点,听取好的建议,提高自己的能力,逐步就明确创业的方向了。在公司里踏踏实实干了3年,虽然是打工,实际上是公司在给你"缴学费"。他说,创业者要具备与时俱进的学习能力。在不同的平台学习、积累的经验,这是任何人夺不走的,只有不断学习,积累经验,你的创业能力才更高,才更有把握。这也是在创业。因为是在积累自己的能力,积累自己的资源。

> **夏方正:"在学校生物技术岗位模拟工作室中工作,我学到了很多知识。"**

这几天,杭职院化工系大三学生夏方正非常忙碌。接不完的电话,熟悉的来找他要植物克隆技术产品——手机挂件和微型盆景,不熟悉的慕名而来向他咨询植物克隆技术问题,不知道的人会以为小夏是某高科技公司的研发人员。事实上,小夏和他的合作团队都是杭职院化工系的在校学生,都是生物技术岗位模拟室的成员。

不久前,浙江省首次面向高职高专院校组织举办的"挑战杯"创新创业竞赛,吸引了省内37所高职高专院校前来参赛。此次大赛中,杭职院生物技术与应用专业的夏方正等人递交的"生灵物语创业计划书",一举获得特等奖以及大赛唯一的"最佳创意奖"2项殊荣。杭职院内,上至学院院长,下至普通同学,都知道了夏方正他们及让他们小有名气的植物克隆技术产品——手机挂件和微型盆景。

也难怪,在一种特定的培养基里,放入植物的任意部位,能长出一株一模一样的植物。这种像指甲盖大小的绿色植物,装在瓶子里翠绿欲滴,在培养基里能生长6个月,能当成手机挂带在身边……这么好看好玩的"瓶景"创业项目,连评委也啧啧称奇。而这些小挂件,都是夏方正他们亲手"养大"的。评委赞叹说,高职高专院校学生的创新创业计划离生产实际很近,参赛作品就可以直接拿来创业。确实,夏方正他们也计划着把产品投入市场,目前正接受预订,很受欢迎。

"在生物技术岗位模拟工作室中工作,我学到了很多知识。"小夏好几次提到了岗位模拟工作室。一开始,夏方正感觉新鲜,报名加入了田晖老师的工作室。没想到,越做越有兴趣。"光从书本上学习知识,有点流于形式和表面,而在工作室,我们现在每个人都在亲自尝试。"配备营养液——对培植的植物进行消毒(使其达到无菌状态)——转接,这一过程都是在实验室培养瓶里完成的。

整整一年,他们都跟着老师做"植物克隆",书本上花几分钟就明白的流程,在实际操作中却没那么简单快速。"在做的过程中会碰到许多问题,我们会试着用各种方法来解决。当一个又一个的困惑有了答案时,每个人都很有成就感。"小夏说,"一件件精致的手机挂件玻璃瓶,里面生长着绿色的小植物。当看到自己的努力开花结果时,有一种莫名的激动"。

（校方声音:创业创新教育　倒贴钱也要继续）

为鼓励学生创业创新,培养适应高职院校发展需要的"双师型"师资队伍,从2006年起,杭职院就推出了岗位模拟工作室制度,根据学生的专业需求,在校内创建一个模拟学生就业岗位工作环境、指导学生开展与就业岗位相应的实践活动的工作室。一般工作室由1名或1名以上教师带若干名学生组成,学校给予实践经费上的支持。当然经费支持也不是无条件的,学院规定,创建工作室的岗位首先应有社会需求,最好能在工作室内形成具有实用价值的产品或作品。工作室一旦获批准,学院将提供一次性启动资金5000—10000元,用于购置必需的设备和材料。

据介绍,杭职院共设立了植物克隆工作室、服装设计工作室、保险实务工作室、学生旅游俱乐部、立体裁剪工作室、维修电工工作室、营养食品工作室等11个类似的工作室,光启动资金就是个不小的数目。比如夏方正所在的生物技术岗位模拟工作室,虽然工作室的师生们曾在武林广场试卖过他们的实验品——手机挂件玻璃瓶,还有微型盆景等,但因为还没大批量生产,所以一直在做亏本生意,这个项目的资金缺口都是学校在填补。但花这笔钱,学

院负责人却丝毫不心疼。"创业创新教育倒贴钱也要继续。让学生在真实的情境中实践,能弥补理论教学的不足,缩短磨合期,让他们及早融入社会。"边学边做,从做中学到的不容易忘记;而且边做边学,对于专业知识的理解也更透彻。经过在工作室的实践,学生可以发现自己在专业上的不足,及时补上相关知识,而且促使他们主动学习新知识。

新闻链接:下沙将建高职学生创业园

由杭州经济技术开发区管委会和杭职院共同创建的高职学生创业园2008年起将在杭职院落户,它将建成一个高职教育"工学结合"的示范基地和高职教育创新创业人才培养示范基地。

创业园将依托杭州经济技术开发区的相关产业,借助下沙高教园区的人才和智力资源,根据杭职院现有的专业优势,重点开发和创办以"工业设计"为主的创业项目,如纺织品、时装设计、模具设计、工业产品设计,集成电路设计等,并辐射软件开发、管理服务等相关产业。创业园一方面将为入园企业提供全方位的创业服务,另一方面还将扶持与孵化一批高职院校学生创业企业,同时促进科研成果的培育和转化,指导高职院校学生开展创业系列教育活动,比如进行创业实战运作、创业计划大赛,开展创业作品展示等专题活动。通过优良的创业环境、一流的创业孵化服务,形成拥有一定自主知识产权的具有区域特色的工业设计类创新产业园区。

(本文原载于《杭州日报》2008年1月21日6版)

专业公司1个月没解决的活
一家学生公司7天搞定了

《钱江晚报》记者　俞熙娜　通讯员　周小海　实习生　钱王洁

被一个"音频信号发生器"拖住了几千万元货款的杭州一家外资企业,这两天终于放心了,而帮他们解决问题的是一家创办才4个月的学生公司。

"音频信号发生器"是用于中学物理实验演示的一种仪器,表现不同的波形可以发出不同的声音。比如像波浪一样的"正弦波",会发出比较温馨的声音,"三角波"和"锯齿波"会发出有点沙哑的声音。

因为原有的音频信号发生器经常会出现波形与声音不相符的失真现象,生产厂家想重新开发这一产品。最初他们把项目交给了杭州一家实力雄厚的技术公司,可1个多月过去了,非但没能成功,还破坏了原型机的波形。之后他们又与另外一家公司合作,但也没成功。

这时公司急了,因为几千万的货发出去,客户就一直没有付款,要等这款货发出去后才能收款。此时他们想到了战略合作伙伴杭州职业技术学院。

2008年8月19日,他们与学校应用电子技术专业的蒋老师接触谈合作。蒋老师将这一项目交给学校内"高职学生创业园"中的"格盛电子科技有限公司",这是一家2008年5月19日才成立的公司,总经理是2008年6月才从杭职院应用电子技术专业毕业的赵武。

"说实话,对方公司最初对赵武并不信任。他们的质疑甚至让我感到恼火。但时间紧迫,他们也只能押宝押在我们身上。"蒋老师说。

8月21日合作谈定,对方只给了他5天时间。而这类项目正常开发周期为2个月,加快可以为1个月,最快为2周。

当天晚上赵武就开始工作,几天几夜连吃带睡都在公司了。8月25日,他准时交出了样品,8月27日,所有系统全部交差。

当最后需要把程序下载到芯片上时,那家公司弃用自己公司的员工,全部让赵武一人动手COPY了400块芯片。此时已没有任何人怀疑他的能力了。

昨天,记者在创业园见到了帅气的小伙子赵武。他来自温州乐清,几个办公桌、几台电脑、示波器,是他的全部家当。"我喜欢电子行业,在我家,我的房间里都是电子元器件。中考时就因为中专有电子专业,我就放弃了普高读中专。"大三时,他就开始参与学校老师做的项目了。

记者问他怎么敢接下这么急的任务?他说:"我有把握!"谈判的时候他就在想怎么设计产品框架了;连夜赶工也不是第一次。"我以前参加过省里和全国的电子设计大赛,这种比赛就是给你1个题目,要求3天时间内完成。比赛这3天我们几乎不眠不休。"赵武设计的一个

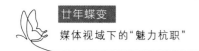

交通警示灯——使用太阳能发电、能闪烁警示并能计算过往车辆数量——就拿了省里的二等奖。

赵武现在手上还有2个项目,项目金额20万元左右。他说要感谢他的学校,给他一个机会创业。他的公司就在学校创业园内,学校给了免房租等一些优惠。

这个高职院校学生创业园是杭职院与开发区管委会合作共建的,目的是激发大学生创新热情和创业活力。目前创业园内已开出企业19家,仅杭职院学生自己开出的就有8家。杭职院院长叶鉴铭说:"我们可能没有马云式人物,但必须要有发现和培育马云式人物的平台。"

(本文原载于《钱江晚报》2008年9月9日C12版)

杭州职业技术学院:学生创业园里"花果飘香"

《中国教育报》记者　朱振岳　通讯员　徐健丰

近日,记者走访了杭州职业技术学院大学生创业园,采撷其中或失败或成功的创业案例,为即将走上创业之路的大学生提供借鉴。

"护犊资金"做后盾

创业青年沈康强的第一家打印服务点,再过一个月就要在杭州职业技术学院的IT服务中心开张了,以后学生可在网上自主上传数据后,在上课的路上就能顺手把自己需要打印的资料从他这儿取走。"我不是单纯地做打印生意,主要是为了把用户圈起来,更好地拓展新业务。"沈康强说。

这是沈康强创业4年来的又一个新项目。此前他为了开发一款汽车GPS系统产品,投入了上百万元资金,但最终因为经验不足,在市场上铩羽而归。不久前,沈康强的公司所在的杭州职业技术学院大学生创业园向他兑现了5万元"护犊资金"。这是杭州职业技术学院早在2007年就推出的政策,通过设立100万元创业"护犊资金"、制订创业学生个性培养方案、推进创业导师队伍建设、完善创业公共服务平台建设等措施,创业园建立了完善的孵化管理和淘汰机制。按照杭职院院长叶鉴铭的想法,学生创业成功或失败都是学校的教学成果。"在学生创业失败时提供帮助,能让他们更加勇敢地走上创业道路。"

对沈康强来说,尽管这5万元"护犊资金"并不算多,但却让他更坚定地想要重新开始,对创业的思考也更趋理性。"拿到这笔钱后,我决定彻底卖掉旧项目,全力投入新项目中去。"在向记者滔滔不绝地描述自己的新创业点子时,沈康强眼中依然闪烁出对创业的坚定信念。"创业环境支撑了我。"

2013年1月8日,创业青年苏仁峰成为"杭州市十佳大学生创业之星",当天晚上,他的公司"杭州卡咔"在淘宝晚宴上被宣布为淘宝、天猫2013年网拍类金牌服务商,跻身全国三大服务商之列。

毕业于中国美院的苏仁峰,是2010年5月进驻杭职院大学生创业园开始创业的,这里距他的母校有几十公里。每当有人问到为什么舍近求远落户杭职院创业时,他总是那句话:"创业环境支撑了我。"

杭职院大学生创业园,是全国首个让学生在校内注册真实公司创业的创业平台。学校和杭州下沙开发区吸引大学生创业的优惠政策包括:为学生创业提供工商登记服务,为创业学生提供免费人事代理;房屋租赁费免一年,补助两年;返还前3年所缴纳的地税;报销前期工商税务登记等费用;鼓励大学生创业和资助孵化企业完成科技项目的创业种子资金;为园

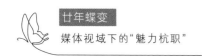

区创业大学生进行免费创业培训……这些优惠政策,能让处于创业初期的大学生们将公司的运营成本降到最低。

最近,创业初步成功的苏仁峰开始考虑起转型升级的问题,打算在原有基础上开辟新的业务,将公司做大做强。"如果扩张成功,我们的营业额至少还可以再翻两三番。"苏仁峰说。

创业经历可算平时成绩

市场营销专业毕业的王杭飞,在读大一时就与团队成立了公司,创建了一种"免费复印广告媒体"的经营模式。如今,他的公司运作得很成功,很快占据了杭州高校九成以上的复印纸广告市场,并在上海、南京、合肥、武汉设立分公司。随着公司的扩张,繁重的工作影响了王杭飞正常的学习,当时还是在校生的他为此很是苦恼。

为解决创业与学业的矛盾,王杭飞所在的杭职院金都管理学院专门制订了适合他创业需求的个性化培养方案,把他的创业经历划为平时成绩和实践成绩。王杭飞的每门课程依然要正常参加考试,但工作与平时课业冲突时他可以不上课,而是在工余时间由学院指派教师进行专门辅导,从而确保不落下教学需要的每一个环节,顺利完成了学业。

叶鉴铭说,为鼓励学生创业,杭职院出台了一系列帮扶政策和创业教育课程,已累计孵化近120家企业,吸纳了近300名大学生参与创业,带动了700余名大学生的实习与就业。

2012年刚从杭职院毕业的苏加健现在已是美购网络的CEO,他深有感触地说:"从大一开始,我每天上课都会路过创业园,很早便有了创业的念头,所以当我真的行动起来时,第一时间就想到了杭职院里的大学生创业园……"

(本文原载于《中国教育报》2013年5月23日4版)

90后大学生投身"智慧农业"开辟
不寻常之创业路

《每日商报》记者　洪　凯

章　斌

个人名片：1992年出生,毕业于杭州职业技术学院园艺技术专业,成立了杭州万倍信息科技有限公司,目前任该公司总经理。

瓜果蔬菜是不是该"喝"水了？施肥、打药如何掌握分寸？设施环境因素可控吗？如果你要问农民们在传统农业生产中,施肥、浇水、病虫害管理靠什么来掌握,或许你得到的答案非常简单:"感觉+经验。"

从过去农民单纯的经验,过渡到如今运用信息化智能系统来控制农业生产,一位大学生实现了从学生到创业者的华丽转身。在一般人眼里,创业者和老板没有什么区别,但是在90后创业者章斌的口中却说出了这么一句话:"我不是老板,我是现代农民,我要用农业物联网技术改变传统农耕方式。"

从学校到社会,从学生到经理,他创建了杭州万倍信息科技有限公司,目前已经发展到了12名员工、200万元注册资金。尽管公司规模还不大,摆在他面前的困难还有很多,但他坚定地认为,创业首先要能吃苦,而且要吃得苦中苦,如果没有百折不挠、坚持不懈、吃苦耐劳的精神,是不可能干成一番事业的。

学生时代"水培种植"的经营经验
让他赢得了创业导师的青睐

大学期间,章斌把大多数时间都花在了各种创业培训、创业实践和创业比赛上。

大一的下半学期,他对水培花卉植物很感兴趣,就以个人的名义向学校租了一块实验用地,专心做起了"水培花农",把课堂从教室搬到田头。"十几平方米的一块小地,就是我的花卉培育基地,让我尽情地倒腾,放开手脚去实践。"他说,自己坐公交车去石桥路的花卉市场拿种苗,然后剪枝育苗,待其长到一定程度时就放入玻璃器皿进行水培。

根据课堂所学,加上去图书馆查阅相关资料,很快,章斌掌握了普通花卉的水培技术,第一次200多盆绿萝在他的精心培育下鲜嫩欲滴。当他把自己的成品展示在宿舍楼下叫卖时,碧绿的颜色搭配精美的玻璃器皿,引来学生们纷纷驻足,220盆植物以15元的单价很快被抢购一空,而他投入的成本每盆不到5元。第一次成功的尝试让他激动不已,于是他用赚来的钱继续引进品种,并叫来几个同学一起合伙干,申请成立了花卉协会,直接从市场拿货,辗转卖给高校的学生和老师,这样的业务,每个月给他们带来几千元的收入。

他的举动引来了一位老师赞许的目光,这位老师就是他现在的导师吕伟德教授。章斌告诉记者,现在公司的骨干成员就是以他为首的大学生创业团队,吕教授就是公司的技术带头人,当年吕教授带领他们一起参加了浙江省高职高专院校"挑战杯"创新创业竞赛,参赛的"农业物联网项目"得到了在场评委和专家的充分肯定,获得特等奖。"我觉得自己很幸运,有一个这么好的团队,还有一名资深的创业导师。"他说。

后来,章斌在"挑战杯"项目的基础上,提出了"智慧农业"的理念,开始规划自己的职业生涯,并参加了第四届浙江省职业生涯规划大赛,获得一等奖、最佳职业规划之星的荣誉称号。

他说,"每一次参赛,都是一次洗礼,让我清晰地看到自己的项目还存在诸多不足,通过与评委一次次的问答和交流,也让我更加坚定自己的创业信念。"2012年9月,章斌引入注册资金200万元,成立了公司。

点击鼠标打理农田
物联网技术成为种植企业的智慧助手

章斌创立的杭州万倍信息科技有限公司位于下沙高教园区,专注于园艺信息化技术化领域的研究与开发,专门为园林、园艺、现代农业等行业提供产品和系统解决方案。短短半年,他的公司已经为多家农业企业搭建了农业物联网项目平台,其他农资公司闻讯后,也纷纷向他伸出了橄榄枝。

目前,公司与省内5家大型企业达成合作协议,共建农业互联网试验基地,成为省内农业信息化建设一支新秀。公司成立9个月时间,章斌就通过设备安装、技术转让和出售知识产权软件等合作方式,盈利数十万,让公司的经营步入正轨。在章斌的带领下,公司申请授权实用新型专利6项、著作权登记5项,公司在软件产品开发应用、农业物联网技术等方面保持强劲的发展势头,国内共有13所中职、高职院校选用他们开发的软件产品。

走进公司,映入记者眼帘的是两台大屏幕液晶显示器,通过农业物联网技术,我们在屏幕上可以清晰地看到建德一家农业合作社大棚苗圃的全景,另一个屏幕上不断闪动着数字、曲线和图表,工作间里的技术人员正在实时记录,将数据汇总入库。

谈到自己努力经营的事业,章斌言语中透露着自豪感。他说,农业物联网技术,是当前农业领域比较先进的技术之一,2012年,他的公司就给余杭一家农业科技企业装上了农业物联网技术平台,给大棚装上了"千里眼",实现了对植物生长环境的远程控制,成了国内首家水培植物农业物联网示范基地。

他拿出手机,给我们现场演示农业物联网的操作系统。在他登录管理平台后,记者发现,距离公司几十公里外的种植大棚全景就显示在手机屏幕上,通过简单的操作,安装在大棚顶端的喷雾器根据远程发射的指令开始工作了。他说:"这个系统最突出的特点就是智能化,所有大棚内的环境因子都可以自动检测,传输到平台上,实现智能化管理。"

章斌又指着一个盒子介绍说,这是无线传感器,负责采集温室内土壤的温湿度、空气的温湿度和光照强度。传感器每隔30分钟将采集数据通过无线网络传送到监控室,实时反映温室内植物生长环境的变化,技术员足不出户就能及时、准确掌握设施内的环境情况。除了传感器,温室内还增加了二氧化碳浓度监测设备,并且安装了IP网络对讲系统,对讲系统与中控系统连接,操作员与温室工作人员直接交流,实现"无缝隙"对接。

在某农业合作社3000平方米左右的种植大棚里,记者看到,1米多高的地方装上了感应装置,地面上铺着黑色地膜,地膜下隐隐露出滴灌管,井然有序的农业生产,却看不到工作人员的身影。章斌说,有了农业物联网技术,种植大棚的整个生产过程都靠信息化智能监控系统,当然不用那么多人了,你只要用手机或者电脑登录管理系统,即使远在千里之外,也可以实时看到棚内的温度、光照、作物生长情况,对大棚内的水阀、排风扇、卷帘门进行开关控制。

章斌给记者算了一笔账,原本像这样一个大棚至少需要5个工人,现在1个人就能管理整个园区,如果按这样算下来,光给企业节省的人工成本就是一笔可观的数字。

> **他的梦想是:**
> **为农民配备一个智能化的"种植保姆"**

谈到公司的发展前景,章斌充满了信心,农业物联网作为整个物联网发展中非常重要的一部分,国家相当重视,国内企业也都跃跃欲试。

"我已经通过'校企联合、师导生创'的方式,开发出了比较成熟的产品,抢占了先机。"章斌说,公司的下一步规划是进一步完善农业物联网系统平台,利用互联网云技术,建立大数

据库,开发衍生产品。"目前,公司正在研发农产品可追溯系统,开发增值服务,消费者只要登录合作社网站,与系统连接,输入农产品包装上的条形代码或扫描二维码,就可以了解种植企业信息、农产品信息、农残检测信息、农事记录信息、种植者信息等完整生产过程,从而提升消费信心,帮助企业建立品牌忠诚度。"

章斌说,"在传统的农业生产中,生产的环境参数检测分析主要是依靠人工经验,缺乏系统的科学检测方法,把农民牢牢地束缚在地头田间"。他的梦想是,以后农民一旦有什么疑问,就可以在他的数据库里查询或者在线咨询专家,这相当于为每一位农民配备了一个智能化的"种植保姆"。

(本文原载于《每日商报》2013年7月7日9版)

谈生意可以请假不上课创业成果可抵学分

《都市快报》记者 沈积慧 邬愉波

前天,杭州职业技术学院的同学们正式进入暑期。汽车销售专业大二学生陈翔并没有像其他同学一样急着回老家,他的打算是利用暑假的空闲时间把自己的工作室装修一番,下学期他的"菜鸟驿站"将成为同学们每天上千个快递的一个中转站,并借此开始运转自己的电商微平台。

在千军万马的求职大军中杀出一条血路,还是索性放弃工作的念头给自己打工? 昨天,杭州市工商局交出了一份关于在杭大学生创业的答卷:截至2014年6月20日,登记在册的杭州大学生创业企业达6698户,注册资本达31.66亿元。

在学校建立快递中转站 2周签下快递大单

和杭职院所在的高职科技(学生)创业园中其他60多家大学生企业相比,陈翔从阿里巴巴那里代理的"菜鸟驿站"还是一家只有十几天生命的小公司。不过陈翔对这个刚刚成立的物流平台充满了想象。

陈翔的"菜鸟驿站"有点像快递中转站,快递公司将这个学校区域的快递包裹集中在这里,同学们收到短信后凭短信和密码来取件。同学们要投递的快件也可以先集中在这里,由陈翔负责投递。

陈翔说,"以前快递员来送快件很不方便,快件到的时候如果学生正在上课,快递员不可能一直在学校里等你。投递也一样,要跟快递员预约时间。"

虽然公司成立才2个星期,陈翔已经谈下了一个快递大单。"这家快递公司每天送的学生物件在300件左右,老师的物件在30—70件之间。目前还有一家在谈。"陈翔说。

陈翔做过一个调查,杭职院附近有申通、圆通和EMS3个快递服务点,这3个点在杭职院每天的快递投递量就超过1000件。"3个快递公司每天拉3辆车来收件和发件,耗时又耗力,我一个人就可以解决。"

和快递公司合作,陈翔可以从每个快件拿到0.7—1元不等的抽成。不过,对陈翔来说,更大的吸引力在于这个物流平台未来还是一个不错的微电商平台。"1000件快递,相当于我这里每天有1000的人流量,通过阿里巴巴的数据分析和整合,为商家提供精准的广告投放。"陈翔说,他打听到在附近的学校,已经有相宜本草等品牌通过类似的物流平台进行广告投放。

"谈生意"可以不上课　创业成果还能抵学分

上周,为了"谈生意",陈翔不得不向老师"告假",老师很爽快地一口答应了。等他忙完"生意",老师还得给他"开小灶"单独补课。

在杭职院,因为谈"生意"需要而请假是学生们的"特权"。"可能没有'马云'式人物,但必须要有培育'马云'式人物的平台。"学院负责大学生创业的马佳老师说,为了鼓励学生创业,学校赋予了不少这样的"特权":比如可以请假、用创业成果抵学分。

2009年,学校专门出台了《杭州职业技术学院在校生自主创业教学管理原则意见(试行)》。该意见提出了给创业学生定制个性化培养方案:"负责个性化教学方案的教师有义务提出相应课程具体的教学和学习方案。创业学生须按照教师的要求完成单独布置的学习任务及相应的作业,并定期与任课教师进行沟通,及时上交作业,由任课教师进行记录和考评。"

"创业学生所取得的各项创新成果、创业成果等经教务处认定后计入学分,该学分计入学生的成绩总表。""创业学生所进行的创业活动经学分认定后可抵公共选修课、实践课学分。""创业学生创业项目、创新成果与所学专业课程内容相近的,可以申请免修该课程。"

"简单点说,就是可以不按正常的考核来考核创业学生。公司有业务,不上课可以请假,老师负责课后补课。如果创业有成果,还可以抵学分。"马老师说。

除了这些"特权",即使创业失败了,学校还负责"买单"。杭职院专门设立了100万元创业"护犊"资金,对于符合条件的项目,经过学生申请,可以在创业失败之后获得补助。"跟保险有一点像。希望学生们不要带着债务出校门。"马老师说。

前几年,杭职院专门成立了创业园。目前园区累计孵化企业133家,在孵企业85家,其中学生企业64家。马老师说,每年都会收到大量学生的进园申请,不过因为园区场地有限,不得不从递交的申请里一再挑选优化。

（本文原载于《都市快报》2014年6月27日C1版,有删节）

满怀"护犊"深情 托举"双创"梦想

——记杭州职业技术学院的创新创业教育

《职业》杂志记者　陈　晓

学校一景

"创新创业能力是大学生的核心能力。"

"创业成功是我们的教学成果,创业失败也是我们的教学成果。"

"杭职院可能没有'马云式'的人物,但必须要有培育'马云式'人物的平台。"

……

"创新能力并没有多么高不可攀,在工作岗位上改进工艺与开办一家企业同样都是创新。"谈到创新教育,走过8年多创业历程,将学校"双创"教育送上杭州高职双创"头把交椅"的杭州职业技术学院党委委员、副校长陈加明语重心长地说。从2007年创立高职学生创业园开始,杭州职业技术学院的创新创业教育收获了累累硕果,盛名之下更需冷静,学校不把创业教育与创办大学生企业简单地画上等号,而是从所有学生的创新思维、创新能力培养出发,提出了创新创业教育的独到见解。

创业园里"护犊"情深

学校创业园始终坚持为所有有创业梦想的学生提供热情和优质的服务,既见证了多家创业公司的成立、起飞和翱翔,也记录了多个创业项目失败的全过程。创业园以优质的条件、舐犊的深情,孵化每一个创业梦想,开辟出杭州下沙经济开发区的一片"双创"新天地。

全真实战,初尝甜头

浅滩里练不出搏击海洋的技能,校园里的创业公司要想在真正的市场海洋里存活,必须

架构一个与市场一样的商业运作环境。为此,杭州职业技术学院在建设创业园伊始就树立起全真实战意识,主动申请将创业园区用地性质进行变更。

学校将高校教学用地变更为综合用地的诉求,在全市尚属首例,受到了杭州市有关部门和领导的高度重视。经过论证分析,最终同意杭州职业技术学院在高教园区内设立科技型企业。从此,学校创业园内的创业项目都可以进行合法的工商注册,以正规公司的名义运营。这一创举,使创业园内所有经过合法工商注册的公司在校园孵化阶段就能平等地参与市场竞争。这些创业公司不仅可以享受创业园区提供的一系列优惠政策和高质量服务,而且可以同时享受浙江省、杭州市支持小微企业的优惠政策,比社会上的企业具有更多的优势。全真实战,让学生创业者初步尝到了在校园内就可以参与市场竞争的"甜头"。

"杭职院可能没有'马云式'的人物,但必须要有培育'马云式'人物的平台。我们凭着这样的理念,为学生搭建了一个施展才华的孵化平台。"陈加明自豪地说。

物竞天择,适者生存

高职生的未来在哪里?陈加明深有感触:现在高职生面临着越来越激烈的就业竞争压力,因此我们鼓励学生积极从创业方面突围,挖掘自身潜力,将压力内化为成长的动力。学校从创业教育伊始,就确立了"立足开发区,服务杭州市"的定位,引入竞争机制,让园区内的创业"小牛犊"们从一开始就浸润在竞争的环境里。

杭州职业技术学院主动打破校园这道无形的"围墙",吸引全市高校里怀揣创业之梦的大学生到杭州职业技术学院的创业园区"历练",为学生无差别地提供各种创业资源和特色服务,以此鼓励校内外学生创办的企业在共存中竞争。学校以包容精神开放创业资源,用心良苦:通过兼容并蓄和优渥的创业资源,吸引校外创业学生,让校内创业学生摒弃"关起门来搞创业"的狭窄思想和侥幸心理,珍惜和善用学校提供的宝贵创业资源和条件,以有限条件挖掘无限可能,增强校内创业学生的内驱力。

除此之外,学校还建立了严格的淘汰机制,按照3:6:1的原则,实行定期末位淘汰制,在这些大学生创业者头上悬起了一柄"达摩克利斯之剑",让其在创业规划时就做好通盘考虑和远景规划,审慎创业,不然就有可能被淘汰。

学校对这些入驻园区的校内外创业公司实行"竞争中存活"机制,旨在提升创业格局,使成功渡过创业初始难关的公司,能够在以后更残酷的市场竞争中稳扎稳打,取得更辉煌的业绩。"只有夯实基础,才能走得更远、更顺。"陈加明表示,这也体现了学校开设创业园的宗旨,"不为办而办,最终是为了促进全校学生的创新创业教育"。

在创业园的孵化过程中,有成功的案例,也有失败的教训。在陈加明看来,失败更是一笔财富:"学校收集这些失败的案例作为教材,通过梳理这些鲜活案例的创业难点、创业陷阱,让后来的创业者避免重犯错误,少走弯路,快速成长。"

"护犊资金"，后顾无忧

都说"初生牛犊不怕虎"，在校的创业学生天生有一种"初生牛犊"的精神和以小博大的气魄，但"初生牛犊"的生存经验不足，在成长道路上更容易遇到各种难以逾越的沟坎。为使这些"初生牛犊"的创业之路走得更顺畅，学校专门拨款设立了"护犊资金"项目，每年拿出100万元的金额为学生创业者购买"创业保险"，让创业失败的学生没有后顾之忧。

为了确保"护犊资金"真正用到"刀刃"上，让遇到瓶颈的学生企业能够再次"起飞"，学校建立了一套严明的审核制度和实施规范。首先，对于需要帮扶的创业公司，学校有专门的工作小组对其进行论证和评估，然后按照一定比例（根据公司项目前景、规模等要素划分）发放"护犊资金"，为公司的项目转型或进一步研发提供资金后援。截至目前，学校已经累计为近10家学生企业提供援助，使这些公司重新起飞，加速前进。杭州网匠科技有限公司创办人沈康强，就是"护犊资金"的受惠者。自创立公司以来，沈康强先后做过自助打印技术、汽车互联网导航设备和高端网站设计制作，一路走来并非一帆风顺。2008年，其自主研发互联网汽车导航设备的项目失败，导致公司资金不足差点倒闭。"但我又很幸运，获得了学校'护犊资金'的支持，借助高端web设计、手机软件界面设计，公司重新站了起来。"

杭州职业技术学院在创业公司入驻园区之前，就向学生创业者言明"护犊资金"及发放要求，让学生创业者心里有底，打消顾虑，使得越来越多的创业者勇于将自己的创意和项目价值发挥到极致。

功夫在创业园外

创业园只是小部分优秀学生创业的练兵场，面对全校学生的"双创"教育大工程，杭州职业技术学院的领导和老师怀揣着"惠及每一个学生"之心，将创业教育植入整个教育体系，将功夫下在创业园外。

梯级进阶，升华创意

"实施创业教育，不是只帮助少数几个人或几个项目成功。"杭州职业技术学院在建立创业园的同时，将创业教育与专业教育相结合，纳入专业化的人才培养体系，让创业创新能力成为高职院校学生的核心能力。为此，学校构建了一个梯级式进阶创业教育体系，既让学生普遍受到创新意识的熏陶，更能让有强烈创业志向的学生在层层提炼中，将创意升华，最终成就创业梦想。

第一层为通识教育，全校学生必须上完1个学期的创新课程，并修满2个学分，使全校学生对创新创业有一个基本的了解，激发出创新意识，保持一定的上进心和好奇心。学校根据创业园教材，自主编写了《高职学生自主创业指南》作为校本教材。该教材涵盖了创业内涵、创业机会识别、创业前期准备和创业实践知识等模块，对创业园内的孵化企业案例进行深度剖析,让学生从成功中总结经验,从失败中吸取教训,培养学生的创新意识,开阔学生的创新视野。

第二层为创新教育。这个阶段是一个"提升"过程,并不要求所有学生都参与,但针对不同专业的学生,学校进行了创新知识的专业区分,让学生通过这一阶段有的放矢的学习,形成创新创业的知识体系。友嘉机电学院是该校机电专业下设的二级学院,是最有特色的专业创新教育学院之一。友嘉机电学院在实施FMPS(精益制造计划)创新教育时,由友嘉机电企业的员工来讲解创新思路和方法,并向机电专业的学生示范岗位上的大改造(机床等设施设备)和小改造(机电装配、销售等),并将FMPS成果发布会上的创新创业成果作为学生的学习案例,为学生烹制创新"鲜活大餐"。

第三层为专门教育。在面向全校学生进行创新创业教育的基础上,让有创业意愿的学生提供创业项目,学校提供一定的试验资金,开展SYB培训项目和模拟公司实训,让学生在试验的过程中,做好更充分的创业准备。

第四层为创业实践阶段。学校从所有参与试验的创业项目中进行遴选,由学校的创业指导领导和专家组进行评估,以4%—5%的比例进行筛选,让有较成熟的创业项目和创业规划的公司入驻学校的科技创业园区,然后开展全真创业实践。

汲取失败中的"养料"

创新教育之难,难在内容,难在教学。"向学生讲解创业知识,最忌泛泛而谈。"这是指导过无数创业学子的陈加明的经验之谈。在内容上,学校推陈出新、就地取材——将创业园里的学生创业案例原封不动地拿来作为学生的学习素材。"创业成功是我们的教学成果,创业失败也是我们的教学成果。在一定程度上,创业失败的案例更能让学生迅速成长。"陈加明的说法让人眼前一亮,在学校为学生准备的案例集里,创业失败的案例占到了一半的比例。那么究竟怎样从失败的案例中汲取创业的养料呢?

在教材上,学校首先对创业失败的案例进行收集整理,然后找到创业者本人,通过其自我创业历程回顾和原因剖析,初步找到创业失败的原因。然后,将这个初步总结交由校内外创业指导专家评析,深挖创业失败的根源,提出改进的建议和措施,最终形成一份翔实的案例深度分析材料,作为学生学习的教材。每一个创业项目失败的原因各有不同,创业"盲点"也各不相同,这样的教材更鲜活生动,更具针对性,让学生在创业路上避开"雷区"。

在教学上,学校为上创业课的学生提供三方教师资源:学校领导和中层干部以丰富的人生阅历向学生传达创业和生涯规划的概念,校企合作单位的企业家、创业成功人士讲述创业经历中的成败得失,专业课老师为学生进行创业专题化教学。"有时同一门课程会有好几个老师在上课,每个老师负责自己最拿手的内容,学生同时尝到了用不同的'烹饪方法'做出的同一种'食材',积极性一下子就提高了。"

创业带动学业,提升就业能力

据2012年第三方权威数据统计,杭州职业技术学院的学生创业率高达7.76%,在全省名列前茅。高创业率来源于学校"创业带动学业、提升就业能力"的创业教育模式。一方面,学校鼓励学生勇于创业,并提供资源和资金帮助学生实现创业。学生在创业之后,能切身体会到自己知识储备的不足,知道了为什么要学,应该学什么,找到了学习的目的性和动力,从而变被动学习为主动学习,达到"创业带动学业"的目的。另一方面,学生在专业学习中越钻研越深入,能找准自己未来的发展方向。创业教育并不能让所有人都最终走上创业之路,大多数学生在学校创业过程中,大大提升了专业技能和创新能力,就业也就变得相对容易了,从而达到"提升就业能力"的宗旨。

在创新创业教育模式下,杭州职业技术学院已经有300余名学生成功参与创业。创业公司的相继成立,也带来了相应的人员需求,成功带动了学校1000余名学生顺利就业,实现了创业、就业的"双赢"。随着创业园区内创业企业数量增加、类型拓展、规模扩大,将会有越来越多的学生受惠于这一教育模式,从而在创业和就业路上各自圆梦。

成绩属于过去,未来仍需努力。陈加明对学校双创教育,已经着手全新的谋篇布局:"接下来还必须做好专业定位,依托我们的创业园,做出特色、做出区分。在资金管理和保障方面,学校有意向设立专门的'风险投资管理资金',与已有的'护犊资金'项目一起,为学生创业提供资金'双保险'。"

(本文原载于《职业》杂志 2015年6月30日)

只要心存梦想，终会璀璨花开
"高职生"发明获企业风投

《浙江日报》记者　王　婷　通讯员　徐健丰　周　曦

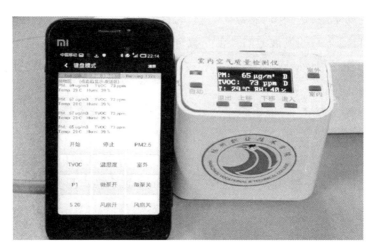

便携式空气检测仪

一个小小塑料盒，几个简单按键，就可以实时测定室内外空气质量——杭州职业技术学院临江学院大二学生蒋校栋等人的小发明——"便携式室内空气质量检测仪"，不仅在刚刚结束的全国职校创新创效创业大赛上荣获特等奖和最佳创意奖，还以8万元的意向金额与杭州沿山化工有限公司签署了商品化开发的产学合作协议。

随着雾霾天气的多发，公众对空气质量的关注从户外延伸至室内，针对室内环境的检测产品很有市场需求。"便携式室内空气质量检测仪"的小发明应运而生。谈起这个小发明，蒋校栋回忆说："那是2年前的冬天，$PM_{2.5}$成为一个很热门的话题，学环境的我们就想设计一款仪器，测定一下室内空气和室外空气并进行比对。"

在专业课老师的指导下，按照自己的设想，蒋校栋和团队行动了起来。在最初的设计中，他们希望能引入$PM_{2.5}$、总挥发性有机物（TVOC）和温度、湿度等几个指标，主要针对室内装修污染。

在具体操作过程中，问题出现了。由于指标的测定需要对应的传感器，而市面上没有针对$PM_{2.5}$测定的传感器，小组不得不选用了检测$2.8\mu m$以上颗粒物的传感器。经过不断尝试，研发团队成员的姚斌设计出了一种T型通道，室外空气由气泵驱动，室内空气由风扇驱动，吸入气道，再由传感器来进行测定，实现了一组传感器可以测定出室内外不同的空气质量。这一双向单通道气体采样系统目前正在申报国家发明专利。

这款轻便小巧的空气检测仪,成本仅在百元左右,曾担任全国大学生"挑战杯"评审的沈伟然教授给这件小发明很高的评价:"使用起来简单快速,仪器体积小,设置方便,更重要的是和实际需要密切结合。"在沈伟然看来,职业院校的学生做科研并不比本科生差。相比而言,他们"更重视动手,自己实现自己的创意,实现自己的效益"。

蒋校栋、姚斌就读的是杭职院临江学院的环境监测与治理技术专业,这是一个整天与实验室打交道的专业,学生们在这里学习如何为水、大气、土壤、噪音和室内环境等做监测。"环境监测与治理技术专业的课程都是参照用人单位的需求设置的。"专业老师徐明仙透露,大一新生进校学习完专业基础课以后,会根据心仪的就业方向接受专业化训练。

除课程按照社会需求进行设置外,各门课程的考核标准也直接参考了行业标准。以大二的《水及废水监测》课为例,课程由学校教师与企业兼职教师一同教授,考试内容就是技术人员日常工作中的水检测。期末考试时,学生要像专业技术人员一样,到固定区域抽取水样,并在实验室对样品进行氨氮测定、COD测定等,同时出具一份正规的数据分析报告。由学校邀请的企业技术人员进行打分,学生的动作规范程度、数据正确率情况、报告写作格式,甚至检测完毕后的实验室台面整洁情况,都被纳入总成绩中。

徐明仙说,"环境监测与治理技术专业的教学都以行业标准来要求学生,目的就是培养起足够的职业素养和职业精神,这样才能研发出与市场接轨的小发明来"。

(本文原载于《浙江日报》2014年12月5日13版)

杭职院时装零售班,全班38人有8人创业开公司
学以致用,要数他们班最牛

《钱江晚报》记者　林晓莹　实习生　张金晶

蔡瑜(右)和她的"大头儿子"童装店

　　有那么一群热爱服装和具有创业精神的人,他们将所学专业融入自身特色,打造出自己的服装品牌,宣扬一份独属于他们的青春活力。

　　"吉之红"服装品牌、"大头儿子"童装品牌、"李大大"淘宝店,这些品牌的经营者都是杭职院2015届时装零售与管理专业班的学生。这个班的38人中,有8人创业开公司,从校园到社会,他们坚持着自己的服装梦想。

【 8人开公司,涉及服装生产到销售的全过程 】

　　"这种早出晚归的日子,差不多有1个月了,我深刻体会到爸妈赚钱的不容易,说白了都是血汗钱。但是自己亲手赚钱,才会知道钱的美妙。"这段内心独白,出自时装零售与管理专业蔡昌炀的朋友圈。

　　其实,蔡昌炀很有"地理优势",因为他家就是经营服装厂的,而且在杭州四季青有档口。但在先前,他并不想尝试服装产业。直到大二专业实习期间,他在老师的督促下,每天凌晨到四季青档口开门,接待批发客,这才体会到父母赚钱的不容易。

　　之后,他运用网络营销和微营销手段,帮助家里销售服装,之后还注册了"吉之红"服装品牌。现在的他,更加明确了自己的方向:"我现在在工厂帮忙,了解服装的生产过程,各个

流程都学,觉得自己进步很多。"

　　此外,他们学院还有一位时尚达人,叫李鹏达。在校期间,他利用家人和国外的朋友,做起服装代购生意。"大二时,我去台湾交换学习,认识的朋友比较多,也因为自己感兴趣,就做起服装代购。"现在,他全心投入代购事业,开设"李大大"淘宝店和微店,成了专职买手。

　　对于未来,李鹏达有更加长远的规划。他说:"现在,虽然代购生意还不错,但也希望能有一个转变,我正在计划做自己的品牌。"他将自己的想法融入服装之中,并走访了一些杭州的服装工厂,希望从中获取更多的经验。

自创童装品牌,已经有直营店和加盟店共260家

　　"除了创业开公司,班里还有几个女生还在商场开服装店,也算是一个小型创业。"杭职院时装零售与管理专业方向负责人杨龙女老师介绍:"在平时的课程设置上,也有涉及创业内容,在课程的选取上也会选择一些店铺选址、供货渠道分析的课程,给学生带去帮助。"

　　在课余时间,杨龙女老师也会带着学生逛商场,做市场调研,告诉学生如何找到目标人群,如何制定商品的价格。有些学生在大三时,就在学校周边的商场经营服装店,积累经验。"就目前的情况来看,学生都经营得不错,大概一个月有8000元到10000元的利润,一年10多万元不成问题。"杨龙女老师笑着说。

　　蔡瑜也是这个班的学生,毕业后和哥哥一起做童装,一起创业打拼。2015年下半年,在原来的基础上,又注册了"大头儿子"童装品牌,目前有直营店和加盟店共260家。

　　"我们班温州人比较多,所以大家都比较喜欢做生意,老师也帮了我们很多,氛围特别棒。"蔡瑜自豪地说。

(本文原载于《钱江晚报》2016年4月5日 Q5 版)

大学生创业，怎样才有生命力

杭州有大学请来投资人把关

由学校牵线搭桥，该校学生毕业1年后自主创业率达8.5%

《钱江晚报》记者　林晓莹

前两天，杭州职业技术学院有一场"孵化园场地"竞标赛，吸引了不少企业投资人和学生围观。

"孵化园场地"竞标赛？以往大学生有创业项目想要进驻孵化园必须要经过申请，由学校各关审核通过了才能入驻孵化园，获得办公场地。而杭职院这次颠覆原来的规则，开出"擂台"，让有项目的学生上台，以路演的形式来竞争孵化机会。

特别的是，这次竞标赛的评委不是学校老师，而是由企业投资者和大学生代表组成。参赛学生现场还有机会对接企业，不少选手和投资者现场签约。

> **想要入驻孵化园**
> **12个项目竞争4个名额**

竞标赛中，项目包括师生共创项目和在校学生项目，内容包含农业物联网、智能家居和游学等。12个师生项目参加路演，最后前4名获得机会入驻孵化园。

比赛中，选手要进行项目展示介绍，再由企业嘉宾和大学生评委进行提问，最后由他们打分并投票。

边天煜是杭职院软件专业的学生，他和杭职院吕伟德教授一同带来的是关于农业的智能化项目。项目围绕农业智慧信息处理与智慧装备、农业生物环境控制工程与自动化技术进行科技攻关，例如大棚里几点开始浇水、施肥，都能通过手机智能控制。

"台下大概有10多位嘉宾，我没有慌张，展示了团队对农业物联网和销售项目的想法。"边天煜说。

> **7名企业嘉宾和学生代表作为"投资人"**
> **只有得票率高的才能入选**

现场除了路演人员，还有7名企业嘉宾和100名学生评委。企业嘉宾邀请了资深投资人、创业精英、年轻科学家，从最专业的角度点评各个创业项目，并为其健康可持续发展提供珍贵建议。100名学生评委作为"虚拟投资人"，每人手上都有一票，为自己喜欢的项目进行虚拟投资。通过观摩，也增强了自己的创新意识和创业能力。

展示完后,企业投资者会对这些项目提出质疑,有的团队还拿出已经在销售的业绩,说服这些挑剔的评委。

"在嘉宾互动环节中,我们陈述对项目的想法,并将项目所需条件罗列出来,让投资者了解到我们的发展前景和潜力。"学生小陈做的是娱乐文创空间项目,他说,"除了介绍,参赛队员还要列举自身优势,使投资者了解到选手是否真正适合该项目。"

读大二的边梦琦是学生评委中的一员,他把仅有的一票投给了一个"甜品工作室"项目。

杭州高职科技园管理办公室负责人徐江城说:"把'孵化园场地'拿出来竞标,不但为了公平,也是给学生提供了一个很好的平台,尤其是对有创业项目却又没有场地以及孵化机会的同学来说是一次很好的机会。"

目前,在杭州高职科技园的企业达103家,其中大学生创业企业73家,共有11家杭州市高新技术企业,7家企业股权交易中心挂牌,专利64件,年产值突破7000万元。

徐江城说,以2014年的数据为例,学生毕业一年后自主创业率达8.5%,"这个数据不算小,其他高校的创业率平均值大约是5%,可以说我们学生创业执行力还是值得可喜的。毕竟真正去创业的大学生需要有一定的技术和能力,而类似的创业赛是为了让学生得到锻炼"。

"现在学生都在校园里,没有多少机会能真正接触到企业,而当前很多企业又需要大学生团队以及青年教师的创业项目。我们通过这样的活动来进行资源整合,为有创业想法的师生提供平台,一举两得。"徐江城说。

（本文原载于《钱江晚报》2017年1月24日B10版）

一个箱两个大 杭职院学生的这项发明
颇受企业青睐

浙江在线记者 吴俏婧 通讯员 周 曦

指导老师、参赛学生和他们设计的行李箱

出门旅游时，是应该带一个大箱子还是小箱子呢？杭州职业技术学院工业设计专业的大二学生王佳炎曾经带着一个20寸的小箱子去桂林旅游，结果要回家的时候发现，箱子里根本塞不下他为家人带的纪念品。于是，他和他的小伙伴杨帆、王思佳、叶灵杰共同设计了"X-Lite suitcase超伸缩旅行箱"。在5月26日举行的浙江省第十六届"挑战杯"大学生课外学术科技作品竞赛上，这个创新又实用的作品获得一等奖。

这个"X-Lite suitcase超伸缩旅行箱"可以根据收纳物品进行相应的容量调节，可伸缩机构主要由"X"型伸缩支架、控档卡条结构及外部风琴防水罩式结构等部分组成，伸缩调节过程顺畅，控档稳定，箱体容积可以扩增至收缩状态的2倍。目前，这个作品已经通过了浙江方圆检测集团股份有限公司的检测认证，获得了行业承认的质量检测报告，还受到了企业的青睐，签订了技术开发合同。

王佳炎向记者介绍说，他们从大一开始设计这个行李箱，历经1年多时间，产品更新了好几代。"最开始我们设计的是布料伸缩帘，既不能调节挡位，用起来也很费力，所以自我否定了。"现在，他们用的是铝合金的"X"型伸缩支架，可根据箱内物品的增减，在1个箱子到2个箱子间多档调整箱体厚度。

据了解，浙江省第十六届"挑战杯"大学生课外学术科技作品竞赛自2019年初启动以来，共有71所高校的1203件作品参加省级复赛，覆盖了全省3万余名大学生；经复赛选拔，共有43所高校的268件作品入围省级决赛。除了《X-Lite suitcase 超伸缩旅行箱》获一等奖外，杭职院的《数控机床智能润滑系统》《牛粪沼渣烘干（杀菌）机》《多花黄精种质资源开发与高效种植模式》《基于物联网技术的西红花智能栽培设施开发与应用》《基于"按需维保"的自动扶梯物联网智能清洁设备》《西红花智能生产系统平台的研制》《移动式多功能机电教学平台》7件作品也同时获得三等奖。

（本文原载于浙江在线 2019 年 5 月 28 日）

创业带动学业 提升就业能力
杭职院"双创经验"辐射全国

《杭州日报》记者 方秀芬 通讯员 周 曦

杭职院入选教育部"2018全国高校创新创业50强"，
是浙江省唯一入选的高职院校

西红花，又名藏红花，非常珍贵，也是市场上的"宠儿"。凭借这朵花中"软黄金"，今年杭州职业技术学院园艺技术专业吕伟德教授带学生在浙江省"挑战杯"大赛中又拿下大奖。

这是吕伟德第16次拿奖了，奖状挂满了办公室的一面墙。在学校的创业园里，吕伟德开办了一家公司，员工都是在校生，师生们一起在智慧农业中遨游……

这是创新创业教育的一个缩影。多年来，杭职院创新创业教育改革领跑全国，这与学校独创的育人模式有着直接的关系。

3年打造原创设计品牌 全真实战让年轻人尝甜头

程奕维是杭职院纺织服装与艺术设计专业2017届毕业生，也是一名幸运儿，今年24岁的他，跟志同道合的叶城俊一起创造了男装品牌 KILL WINNER，现在年营业额达几千万元。短短3年，在杭州这个时尚之都走出自己的路，对很多人来说都是一个梦。程奕维和叶城俊却梦想成真了。

两人都是运动爱好者，在一个骑行俱乐部相识后，两人选择了一起创业，原创设计品牌，专注设计运动休闲风格服装。创业初，还在读书的程奕维设计的机能束脚裤、冲锋衣、教练夹克就大受市场欢迎。"让追逐速度与激情的小伙伴能更肆意地穿梭在大街小巷中。"程奕维说,所有设计都突出年轻人鲜明的个性风格。

眼下,二人的公司就开在杭职院创业园中,上下2层有300多平方米。"第三方仓库安置在外地,这里主要是办公区域。"叶城俊说,在这里办公很舒心,校园环境美,租金也便宜,遇到问题还可以请教专业老师,这些都对初创公司走向成功有很大帮助。

杭职院的创业园可以追溯至2007年。它位于杭职院校园西南角,占地15亩。当年,学校专门拿出3栋教学楼,与开发区共建高职科技园,在全国开学生在校内真实注册公司创业的先河。这之后,创业园内的创业项目都可以进行合法的工商注册,以正规公司身份运营。

这一创举,使得这些创业公司在校园孵化阶段就能平等地参与市场竞争。创业公司不仅享受园区提供的一系列优惠政策和高质量服务,还可以同时享受浙江省、杭州市支持小微企业的优惠政策,比社会上的企业有更多优势。而全真实战,也让学生创业者初尝身在校园参与市场竞争的"甜头"。

这些年来,杭职院创业园已培育出2家国家高新技术企业,17家杭州高新技术企业,7家企业在省股权中心挂牌,还荣获了国家级大学生科技创业见习基地、浙江省科技企业孵化器、杭州创业最佳平台等20多项殊荣,获得各类资助和补贴近600万元,帮助50余家大创企业获得各类补助近400万元,为大学生创新创业提供了坚实保障。2018年,杭职院入选教育部"2018全国高校创新创业50强",是浙江省唯一入选的高职院校。

2019年初,学校对2018年在园企业的营业收入做了统计,年产值达到10338万元。"浅滩里练不出搏击海洋的技能,校园里的创业公司要想在真正的市场海洋里存活,必须架构一个与市场一样的商业运作环境。"杭职院创业学院常务副院长张赵根说,学校一直致力于打造全国一流高职学生创业园,这一目标从未间断。

另一组数据是:杭职院学生毕业3年后自主创业率达13.33%,其中时装零售与管理等专业更是高达38%,涌现出一大批高职学生自主创业的典型。截至目前,已有300多名学生成功参与创业。而这些相继成立的创业公司,也成功带动了学校1200余名学生顺利就业。

师生团队拿了5个特等奖　创新创业教育成效显著

2018年杭职院创业园在园企业营收达10338万元。学生毕业3年后自主创业率13.33%,其中时装零售与管理等专业达38%。已有300多名学生成功参与创业,并带动了学校1200余名学生顺利就业。

近3年来,杭职院学生在各类创新创业竞赛、技能大赛上获省级以上奖项300余个。通过开展创新创业教育与实践,带动学生学业,显著提升了学生创新创业的先行力和就业竞争力。

"拿奖喽!"杭职院学生何静、莫怡薇、梁莹、吴佳明、张烧丹相视一笑,数月来的"头脑风暴"终于有了回报。放学、课后、节假日,只要有空他们就往吕伟德老师的办公室跑。

莫怡薇说，团队中的学生个个斗志昂扬，成员来自园艺、软件、市场营销、生物制药等各专业。"今年组织了6个团队参赛，5月份有3个获奖，9月份还有3个项目参赛。"吕伟德说，杭职院学生迄今已经在各类比赛中拿到过5个特等奖。吕伟德主要从事园艺作物高效栽培、农业物联系统开发等。每年，他都带队参加各类比赛，因为平常都是"真枪实战"，所以团队在比赛中往往能脱颖而出，像这次关于"西红花的智能栽培设施开发与应用""智能生产系统平台的研制"都是市场项目，正在为养殖户们提供技术帮扶。

近3年来，杭职院学生在各类创新创业竞赛、技能大赛上已获省级以上奖项300余个。通过开展创新创业教育与实践，带动学生学业，显著提升了学生创新创业的先行力和就业竞争力。创业园只是小部分优秀学生创业的练兵场，而面对全校学生的"双创"教育大工程，杭职院怀揣"惠及每一个学生"之心，将创新创业教育植入教育体系中，将功夫下在创业园外。

"创新创业能力是高职学生的核心能力之一，要将创新创业教育融入人才培养全过程，并以此带动学业，提升就业能力。"杭职院校长贾文胜介绍了学校构建的"四阶段"渐进式创新创业教育体系：一是通识教育阶段，重点面向全体学生开设"创新创业教育"必修课，让全体学生接受创新创业通识教育，同时重视创新创业教育与思政教育融合，拓展选修课程和在线共享课程，拓宽学生创新创业视野；二是创新教育阶段，重点是结合不同专业特点，融入企业岗位创新的典型案例开发创新教育课程，实施学期项目课程、"2+1"创新实验班、班级特色创新项目等，培养学生基于不同专业、不同岗位需求的创新意识和创新能力；三是专门化教育阶段，重点是开展基于案例导向的SYB培训和模拟公司实训，增强学生创业知识和技能；四是创业实践阶段，重点与杭州开发区合作共建高职院校学生创业园，让学生在"真刀真枪"的实战中提升创新创业能力。

这套"四阶段"渐进式创新创业教育体系，将创新创业教育融入人才培养全过程，既让学生普遍受到创新意识的熏陶，也能让有强烈创业志向的学生在层层提炼中将创意升华，最终成就创业梦想，创造社会价值。

（本文原载于《杭州日报》2019年6月17日A8版）

五、优化治理　改革赋能

　　改革就是创新,创新离不开改革。2014年,习近平总书记在省部级主要领导干部学习贯彻十八届三中全会精神全面深化改革专题研讨班上的讲话指出:"改革是循序渐进的工作,既要敢于突破,又要一步一个脚印、稳扎稳打向前走,积小胜为大胜,不能违背规律一哄而上。"

　　随着近年来不断深入的数字化改革,杭州职业技术学院遵循职业教育办学规律和技术技能人才成长规律,一是积极开展教学诊断改进,构建"五位一体"、全程管评、数据循证的具有职教特色的内部质量保证体系;二是系统构建职业教育评价体系,为部门评价、学生评价、教师评价树立更具系统性、整体性、协同性的评价指标;三是搭建数智财务治理体系,推动数字技术与财务治理的深度融合,从而实现能够支撑战略、支持决策、服务业务、创造价值、防控风险的财务目标。在不断优化内部治理制度、依托数字赋能改革的过程中,杭州职业技术学院正高质量、高水平推进国家"双高计划"建设,全力建设"数智杭职",奋力打造"工匠摇篮",努力为职业教育贡献更多的"杭职力量"。

深化教育评价改革 助推学校高质量发展

徐时清

教育评价改革是全面提升教育质量的关键突破口。作为高水平高职学校 B 档建设单位,杭州职业技术学院以立德树人为根本任务,围绕"双高"建设,在部门评价、学生评价、教师评价等方面探索深化改革,不断提高教育评价改革的系统性、整体性、协同性,学校教育评价改革取得实质性突破。

部门评价突出"三重",激发教学工作活力

创新"校企共同体"高职教育特色办学模式,建立友嘉智能制造学院、达利女装学院、特种设备学院等 8 个"人财物融通、产学研一体、师徒生互动"的校企共同体。修订《部门目标责任制考核办法》,优化《二级管理改革实施意见》,完善《经费划拨办法》等制度,放权强"院"。给二级学院在物理空间、资源使用、人才引进、考核激励等方面更大的自主权。

一是重视产教融合,坚持内涵发展。学校把产教融合的成效作为部门考核的关键指标,重点评价各教学单位在对接杭州"十四五"新兴产业发展、建立健全专业群产教融合发展机制、推动政行企校等优势资源集聚校园、推进基于产教融合与科技创新的校企合作迭代升级等方面的工作实效。1 年来学校与华为、西奥、方圆检测、安恒、联想等一流企业在基地建设、平台建设及课程建设方面形成了紧密合作关系。同时,进一步丰富基于校企共同体的校企合作新生态,构建了"政园企校"中高职长学制独山港新材料产业学院和"政行企校"中高职一体化杭海龙渡湖国际时尚产业学院,开展了混合所有制二级学院杭州数智工程师学院和基于钱塘区产业平台的杭州医药港学院建设。

二是重视人才培养,深化"三教"改革。学校把人才培养的实效作为部门考核的核心指标,重点评价各教学单位在教学改革中的成效,引导专业全面落实立德树人根本任务。2021年学校"三教"改革不断深入,获教育部首届全国优秀教材奖二等奖 1 项;2 门课程获教育部门课程思政示范项目;获全国教育科学研究优秀成果三等奖、浙江省哲学社会科学优秀成果二等奖各 1 项;立项全国教育规划课题 1 项;在省高职院校教师教学能力比赛中,7 项作品全部获奖,其中一等奖 3 项;2 支团队入围国赛,斩获二等奖、三等奖各 1 项;获省第 12 届高校青年教师教学竞赛一等奖和二等奖各 1 项,学校荣获"优秀组织奖"称号;在浙江省 2021 年教学成果奖中,学校斩获 2 项特等奖、2 项一等奖和 3 项二等奖。

三是重视社会服务,突出成果转化。学校把社会服务的实绩作为部门考核的重要指标,重点评价各教学单位是否推动职业院校科技创新资源落地转化和产业化,引导教师"论文写在产品上、研究做在工程中、成果转化在企业里、效果体现在市场上"。2021 年学校立项省科

技部门"尖兵"研发攻关计划项目1项,在浙江科技成果竞价(拍卖)会杭职院专场会上,共推出35项科技成果进行拍卖,起拍总价1236.5万元,成交总价1736万元,溢价率40.4%。

学生评价注重"四融",激发学生成长活力

落实立德树人根本任务,打造"工匠摇篮",将工匠培养与思政教育、专业教育、社会实践、劳动教育相互交融,构建德智体美劳过程性评价指标,出台《"融·善"工匠成长学分制度实施办法》,全面综合评价人才培养质量,构建新型高职院校校园生态。

一是搭建工匠培养平台,制订"工匠摇篮"实施方案。立项开展浙江文化研究工程重大项目"浙江工匠精神研究",推进工匠书院、工匠学院、工匠研究院、工匠文化博物馆、工匠培训中心、工匠科普教育基地"三院一馆一中心一基地"建设,充分发挥平台在工匠人才培养、工匠精神塑造、工匠文化传承创新等方面的作用。

二是开展工匠培育工程,制定工匠成长学分制度。学生"融·善"工匠成长学分包含思想成长类、技能竞赛类、技术研发类、创新创业类、文体健康类、公益服务类、劳动实践类等,通过线上线下相结合的客观记录,有效认证、科学评价学生参与"融·善"工匠成长计划的实践经历和成果,形成全面提升高职学生综合素养的成长学分体系。

三是创新工匠型人才培养模式,实施"拔尖人才培养计划"。首批422名学生进入"金顶针"计划、"英创"冠名班和"数字商贸创新班"开展拔尖培养,实施"工匠精神"融入课程计划,系统开展校级专业技能大赛活动,实施技能大师、大国工匠进课堂。2021年学生参加技能大赛获省级以上奖项48项,其中国家级别4项;参加省"互联网+"、挑战杯、职业规划大赛,获一等奖3项、二等奖5项、三等奖14项;一名学生跻身"第46届世界技能大赛"十进五种子选手。

教师评价聚焦"五力",激发人才创新潜能

坚持"人才强校"战略,改革"优绩优酬"教师考核评价制度,将教师评价的重心转移到教书育人的本职工作上,围绕师德魅力、专业功力、育人效力、服务能力、创新活力5个核心能力,形成教师评价的综合指标体系。

一是建立职教特色的引培机制,把牢人才质量关。严把教师招聘引才的关口,发挥改革指挥棒作用。首先,不拘一格引人才,对于学校急需的紧缺人才、特别优秀的技术技能型人才适当放宽学历、年龄等条件。对于在职研究生、应届毕业生等一视同仁。其次,改革引进形式,对高层次、高技能人才以直接考查的方式公开招聘,采用技能测试、试讲的方式考查引进,高层次、高技能人才不设考查比例限制,按照1:1的比例进行考查,力求人尽其才。再其次,进行周期性评价,高层次人才引进后建立以品德和能力为导向、以岗位需求为目标的人才使用机制,通过3年或5年的周期培养潜心做学问的优秀人才。2021年学校出台《人才强校战略三年行动计划》,为引才育才"保驾护航",学校全年新引进高层次领军人才、青年博士等30人。

二是改革优化职称评聘机制,注重教育教学实绩。第一,破除单一化评聘标准,打破"唯论文、唯课题"限制。修订专业技术职务方案,丰富对论文课题要求的形式,采用"业绩当量替代"的方式,具备相应成果的可相当于相应等级的论文或课题。第二,扩大直聘范围,对取得标志性成果的高层次人才实行直接聘任。对学历(学位)或任职年限未达申报要求但业绩显著突出的,允许破格晋升,对取得学校"卓越教学奖"的教师可以直聘。第三,实行分类评聘,鼓励教职工各展所长、错位发展,对不同系列、不同类型、不同层级的专业技术人员实行分类评聘。第四,破除单一化评聘标准,除了论文课题要求外,还从参加教学能力比赛、指导学生竞赛、发明专利等方面进行考查,突出专业特色、教学质量和对学校的贡献等。第五,成立常设委员会。对新引进高层次人才根据其业绩情况,可给予直接聘任。2021年学校通过线上线下结合,顺利完成职称评聘工作,共有13人晋升正高级职称,21人晋升或转评副高级职称,25人晋升或转评中级职称。

三是建立团队分类评价机制,注重师德师风建设。学校搭建大平台,组建大团队,攻坚大项目,培育大成果。首先,开展国家、省级、校级创新团队培育创建工作。机电一体化专业获批第二批国家职业教育教师教学创新团队立项建设单位,立项2支省级创新团队、1支黄大年式教师团队、60支校级各类团队,给予配套经费500万元。其次,团队考核注重标志性成果,激发团队产出高水平、有影响力的成果,推进学校"双高"建设和高质量发展。学校培育出国家级别教学名师、国家级别科技创新领军人物、享受国家特殊津贴专家、全国"五一劳动奖章"获得者、全国技术能手、省级教学名师等各层次人才。

"十四五"期间,杭职院将遵循职业教育办学规律和技术技能人才成长规律,进一步推进部门、学生、教师等综合改革,系统构建具有类型特色的职业教育评价体系,并以此为抓手,高质量、高水平完成国家"双高计划"建设,全力建设"数智杭职",奋力打造"工匠摇篮",为职业教育贡献更多的"杭职力量"。

(本文原载于《中国教育报》2022年2月21日7版)

"五位一体"全程管评 数据循证

——杭州职业技术学院内部质量保证体系的创新实践

徐时清

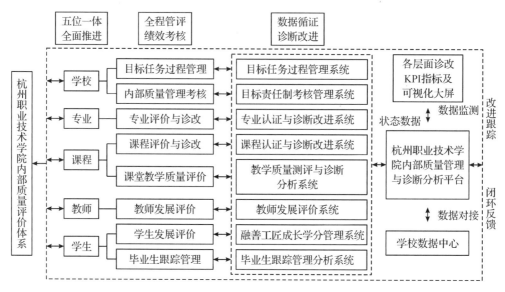

"五位一体"、全程管评、数据循证的内部质量评价体系构架

高职院校诊断与改进工作的核心是完善内部质量保证体系建设。杭州职业技术学院以立德树人为根本任务,按照深化新时代教育评价改革总体方案要求,遵循"学生中心、产出导向、持续改进"原则,将质量主体的业务过程性管理与质量管理结合、制度设计和信息化开发同步,通过数据分析诊断,改进结果评价、强化过程评价、探索增值评价、健全综合评价,构建了"五位一体"、全程管评、数据循证的具有职教特色的内部质量保证体系,服务学校"双高"建设,全面提升办学水平和人才培养质量。

> 职教改革,提质培优,教育评价,引发内部质量保证体系建设新思考

结合国家相继出台的系列提高教育质量的政策性文件,"双高"建设、大数据时代、产业转型等高职面临的发展变化,以及"职教本科"的未来趋势,学校认为,新时代质量保证体系应具有如下特征:

一是满足学校内部外部评估的需要。内部能有效开展各类评价和诊改,形成质量闭环,同时也满足未来高职专业认证及高职本科教学工作合格评估等外部评估工作的要求。

二是满足学校过程质量管理的需要。能提升质量管理水平,落实重点工作,将过程管

理、质量监控、绩效考核融为一体,用数据说话,有效满足结果、过程、增值、综合等评价的需求。

三是满足学校数字治理改革的需要。制度设计与信息化能同步进行,业务过程性管理和质量管理合二为一,形成稳定的内部质量管理长效运行机制,将产教融合、"三全育人"等职教特色工作信息化精准落地。

"五位一体",全程管评,数据循证,实施内部质量保证体系建设新举措

学校将内部质量保证体系建设和内部质量管理与诊断分析平台一体设计,同步运行。质量管理体系从学校、专业、课程、教师、学生5个方面整体设计,梳理出8项质量相关的核心工作,分别出台相应的质量管理和考核制度,开发对应的系统进行过程管理;八大应用系统既是内部质量管理过程性工作平台,又可以实现数据采集、分析、评价和反馈;所有系统统一入口,底层数据打通,相互独立又相互关联。同时,通过设置各层面诊改KPI指标,实现导航画像功能,最终构建"过程管理+质量监控+绩效评估"一体的内部质量管理与诊断分析平台。

一是实现学校层面目标管理和绩效监控。重点是工作目标的分解落实、重点任务的管理与督办及目标绩效考核。通过目标任务过程性管理系统对包括"双高"项目在内的重点工作全程信息化管理,实现注重过程管理、协同、及时反馈优化的诊断改进工作模式。出台《部门目标责任制考核办法》,通过目标责任制考核管理系统,对核心指标进行动态监控,提供数据为部门考核和整改提供依据。

二是实现专业层面专业认证和过程监控。重点是专业的标准化建设管理、评价和诊改。出台《关于专业认证工作的实施办法》,通过专业认证与诊断改进系统记录专业建设成果,根据专业建设质量标准,对专业建设质量进行标准化诊断考核评价,通过KPI指标对质量关键值常态监控比较,开展"专业认证+专业核心KPI常态监控"的专业质量管理工作。

三是实现课程层面课程认证和常态监控。重点是课程的标准化建设管理和课堂的教学质量评价与诊改。出台《关于课程认证工作的实施办法》,通过课程认证与诊断改进系统,采集课程教学资料,根据课程建设质量标准,评选出"金课"和优质课程,通过指标评价数据分析,引导教师改进课程建设,对通过认证的教师在绩效、职称评审等方面倾斜。

四是实现教师层面绩效评价和成长监控。重点是对教师的工作业绩和成果进行管理、评价和整改。出台《教师工作业绩考核办法》《标志性成果业绩清单》,以教师分类管理为前提,以业绩贡献和能力水平为导向,建立年度教师评价考核体系,考核结果与年度奖励、职称评审等挂钩。教师发展评价系统及时记录教师的业绩情况,形成数据分析报告,用于绩效考核及教师发展评价。同时系统将教师的成果按照团队汇总后,还可用于团队的管理与考核。

五是实现学生层面成长管理和全程监控。重点是对学生在校期间及毕业后的全过程管理和监控,建立新生入学即匹配导师的制度,跟踪到毕业3年后。出台《"工匠摇篮"实施方

案》《"融·善"工匠成长学分制度实施办法》,通过"融·善"工匠成长学分管理系统采集学生活动数据,进行量化评价,形成综合素质档案,结合课程学分,建立完善的学生成长管理与评价体系,通过数据分析,进行学生成长分析与指引。

体系完备,平台先进,数字治理,取得内部质量管理改革新成效

一是通过将体系建设和平台建设紧密结合,增强了学校的治理能力。实现内部质量保证和常态监控数据的动态管理,做到数据有分析、过程有预警、要素有对比、诊改有报告,目前平台有上千条任务在系统上实现数字化过程管理。

二是通过将质量管理与业绩考核紧密结合,激发了学校的办学活力。学校"双高"建设以来,获全国五一劳动奖章、国家教师教学创新团队、全国学生技能大赛一等奖等国家级别荣誉70余项;省教学成果特等奖、省高校黄大年式教师团队、省有突出贡献中青年专家等省部级成果400余项,入选2021年高职院校教师发展指数100所优秀院校,入选2022年省深化新时代教育评价改革综合试点校。

三是通过将成长管理与"三全育人"紧密结合,提升了学校的育人水平。导师全程跟踪学生从入学到毕业成长的全过程,信息化实现学生全生命周期管理,落实"融·善"工匠培养,入选2021年高职院校学生发展指数100所优秀院校。

面向未来,学校将继续深化内部质量保证体系建设和平台大数据分析功能开发,助推学校高质量发展。

(本文原载于《中国教育报》2022年11月3日8版)

有请校长丨职业教育数字化转型升级如何做？

浙江新闻客户端记者　林　婧　通讯员　周　曦　商雅萍

徐时清

【杭州职业技术学院院长徐时清】

近年来互联网发展的脚步不停，5G、人工智能、云计算、大数据都与我们的生活息息相关。这些耳熟能详的科技热词对于未来职业教育的技术技能培养提出了时代新需求。最近教育部印发了《职业教育专业目录（2021年）》优化和加强数字领域相关专业设置，体现了职业教育数字化转型升级的理念。

当前省委省政府在全力推进数字化改革，杭州市也提出了"数字杭州 宜居天堂"的"十四五"发展目标，面向数字化杭职院深化基于技术服务与科技创新的校企共同体迭代升级。

与国际一流企业开展校企合作，加快了数字专业化与专业数字化变革的步伐。学校与华为签约共建了"华为云计算学院"，新建了物联网、移动通信5G、鲲鹏云计算等专业，培养鲲鹏生态及产业人才。

华为的浙江适配中心、杭州培训认证中心和技术成果转化中心也将入驻校园，我们与联想集团（杭州市）钱塘新区签约共建了联想工业互联网研究院，瞄准区域企业数字化改造，共同打造国内工业互联网人才培养高地。我们还与杭州安恒信息合作谋划共建杭州数智工程师学院，围绕信息安全、软件技术、数字技术等专业，培养数字安全运营与网络安全技术人才，未来这些毕业生将会是亚运会的安全卫士，助力城市网络安全建设。

习近平总书记强调，要大力弘扬劳模精神、劳动精神、工匠精神，省委提出实施新时代浙江省工匠培育工程，杭州市更是设立了全国首个工匠日，围绕工匠型人才培养方案，学校提

出了工匠摇篮的"杭职方案",系统构建了工匠型人才培养体系,学校以培育知识型、创新型、复合性高技能人才为重点,深化人才培养体制机制改革,以工匠学院、工匠书院、工匠研究院、工匠文化博物馆,工匠培训中心,即三院一馆一中心建设为载体,引导学生秉持工匠之心,锤炼工匠之技,成就工匠之才,传承工匠精神。

同时工匠摇篮也向社会开放,学校联合社区、企业对不同群体开展多元化的培训,达到产教训融合,政企社协同,真正做到树匠心、育匠苗、培匠才。

"十四五"期间杭职院将立足新发展格局,响应新发展要求,高质量高水平完成国家"双高计划"的建设,全力建设"数智杭职",奋力打造工匠摇篮,增强职业教育的适应性,为国家经济社会发展培养更多的创新型高素质技术技能人才而努力贡献更多的"杭职力量"。

(本文原载于浙江新闻客户端 2021 年 3 月 31 日)

"四阶魔方"财务治理模式打造"业—财—效—控"一体化

金徐伟　　林春树

"双高计划"被视为落实"职教20条"的重要举措和下好"职业教育这盘大棋"的重要支柱,也被业界视为国家新一轮职业教育改革发展的"领头雁"工程。

要让"双高"建设更高效,财务治理需要升级迭代。杭州职业技术学院探索了"四阶魔方"财务治理模式,打造数智财务治理新典范。

以政领财　以财辅政

财务治理是"双高计划"项目建设的重要任务之一,也是探索"管理提效,方法提质,服务提速,监管提档"的重要试验田。

项目建设院校必须做到"手中有财,心中有政",这就需要从宏观、中观、微观3个维度去思考"质"与"量"的关系、"绩"与"效"的关系、"内部"与"外部"的关系,树立"双高"背景下财务治理现代化新思想与新内涵。核心内容有3个方面:一是把握大财务观的发展理念;二是树立绩效引领的战略思路;三是实施精细管理的建设目标。

探索"四阶魔方"财务治理模式

国家"双高计划"按照"总量控制、动态管理,年度评价、期满考核,有进有出、优胜劣汰"的建设机制,聚焦职业教育改革前沿,部署了"一个加强,四个打造,五个提升"共10项建设任务。

杭州职业技术学院主动求变,建立"制度+技术+服务"的财务管理机制,实现了"业—财—效—控"一体化管理模式,探索了"四阶魔方"财务治理新模式,形成预算绩效全流程闭环管理体系,实现了预算指标和绩效目标"顺向可控、逆向可溯",各层级数据"严丝合缝,动态追踪",业务数据"环环相扣,自动生成",从而提高了各层级预算绩效规范化、标准化、自动化水平。

模块化管理是"四阶魔方"财务治理模式之"魂","轨道"和"转盘"是"四阶魔方"财务治理模式之"纲"。通过借鉴"四阶魔方"的结构和运转模式,将预算、绩效、内控与项目建设有机连接,以预算目标、绩效目标、内控目标构建3条互相垂直的轨道,以预算经济指标、预算功能指标、绩效投入指标、绩效产出指标、单位层面内控、业务层面内控构建6个弧形转盘,各管理模块与轨道和弧形转盘紧密相连,各管理模块之间既互相连接又可360°旋转,通过管理模块在3条轨道和6个转盘上的滑动完成各管理模块之间的衔接,并通过魔方复原验证项目单位战略目标的实现程度和过程动态追踪。

"四阶魔方"管理模式本质上是一种管理工具和理念,体现了管理系统化、多维化、动态整合的理念。每个职能模块都有内在系统,"四阶魔方"起到穿针引线的作用,把内在系统有机串联起来,进行资源整合,通过发现问题和解决问题,不断进行优化提升,促进"双高计划"项目院校战略目标落地见效。

管理提效　方法提质　服务提速　监管提档

杭州职业技术学院围绕"学校层面与业务层面""预算绩效管理与内控管理"两大"循环体系",形成"业—财—效—控"一体化数智财务管理平台与"数智项目库"管理平台。基于大财务管理理念,深度对接和全面推进业财融合,践行"纵向贯通,横向集成",实现业务处理智能化、信息共享自动化,监控预警实时化,财务管理精细化。具体成效分析如下。

一是管理提效,牵住预算"牛鼻子",实现双高建设发展战略与财务战略相匹配。在探索"发展战略与财务战略"并行的财务治理现代化前提下,学校重点关注职业院校发展战略与财务战略是否相符,财务资金投入能否实现预期的绩效目标,财务治理过程与项目建设结果是否有效,评价一体化是否有效。

二是方法提质,牵住绩效"牛鼻子",以链条化模块化推进项目全生命周期管理。学校以推进全面预算绩效管理为契机,以规范项目库管理为基础,以预算编审和绩效管理为支撑,以一体化管理平台为载体,打造项目储备、申报、评审论证、预算安排等业务流程和管理链条,构建与现代预算管理制度相适应的精准有效的项目库管理体系。在预算绩效管理工作中,采取ABC分类法对这3类项目进行分类管理,针对不同类型的项目采取不同的管理方式:A类属政策类项目资金,实行全生命周期绩效管理;B类属运行保障项目资金,实行一般性全过程绩效管理;C类属其他项目资金,实行简化绩效管理。

三是服务提速,牵住内控"牛鼻子",消除各系统之间形成的信息孤岛,实现信息互联互通、资源共享。基于"四阶魔方"财务治理新模式,通过一体化平台设计,打造一站式财务办公大厅,融入"数智杭职",实现统一身份认证、信息维护、集中授权、财务信息查询、财务业务办理等,以服务师生需求为中心,利用OCR技术能快速智能识别、自动填单、自动验票、自动稽核、自动记账,实现财务业务"掌上通办"。通过一体化管理平台,把预算管理向业务前端延伸。业务部门与财务部门分工把口,形成合力,实现业务管理、项目管理和预算管理有效衔接,绩效预算申报审批、调整拨款、执行绩效评价等业务环节的闭环管理。

四是监管提档,牵住信息化"牛鼻子",打造数智"云卫士"。数智"云卫士"具有"一体四翼",即1个"大脑"加上"千里眼""顺风耳""照妖镜""紧箍咒"。"大脑"是信息管理系统,汇总经费相关数据。"千里眼"和"顺风耳"是在线监控系统,对经费使用情况进行可视化监控。"照妖镜"是被监管对象的二维码,只要用手机扫一扫,就能获取被监管对象相关信息。"紧箍咒"则是被监管对象二维码的颜色(如红码、绿码、橙码),全过程记录项目实施单位的经济行为,有效约束被监管对象行动。这座数智"驾驶舱"可以24小时在线监测经费执行情况,自动生成预警信息,引导监管人员进行现场核查。

随着大数据时代新技术、新方法的应用,"四阶魔方"财务治理模式有效推动"业—财—效—控"一体化增值赋能,让系统成为数据的"驾驶舱"、监控的"摄像头"和决策"导航仪",为国家"双高计划"项目建设保驾护航。

（本文原载于《中国会计报》2022年11月8日）

"双高计划"财务治理现代化路径研究
——以某双高项目建设为例

金徐伟　赵文君　林春树

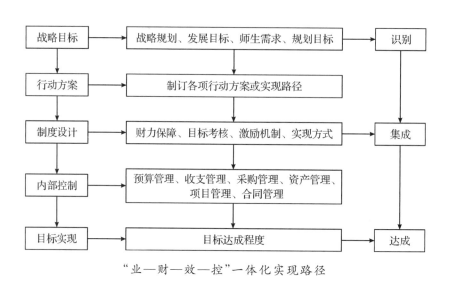

"业—财—效—控"一体化实现路径

当前,职业教育从"示范时代"迈向"双高时代",急需探索一套适应中国特色高水平高职学校和专业建设计划项目建设的财务治理体系,实现战略层面遵循"事财相适协同化"、管理层面探索"'业—财—效—控'一体化"、机制层面实施"财务共享服务高效化"、监管层面突出"财务监督管控实时化"、生态层面支撑"双高决策分析精准化"。

党的十八届三中全会首次提出"推进国家治理体系和治理能力现代化"这一命题,出台了系列决策部署和政策措施,继而做出"财政是国家治理的基础和重要支柱"全新论断,为国家治理提升指明方向、路径和目标。在这一背景下,职业教育实施"双高计划"是一项从国家层面打造引领改革、支撑发展,具有中国特色、世界水平的重大建设工程,也是推进我国教育现代化的重要战略布局。据统计,197所双高建设院校累计投入资金达700多亿元,其中带动地方财政、行业企业、学校自筹资金达600多亿元。由此可见,财力保障、资源配置、绩效管理、风险防控、可持续发展等方面是重点建设内容与考核对象。规划构建"双高时代"财务治理体系的路径,实现财务治理数字化、信息化、自动化、智能化的协同发展,推动数字技术与财务治理深度融合,推动数字技术支撑战略、支持决策、服务业务、创造价值、防控风险等已成为国家"双高计划"建设院校面临的重大课题。

双高院校财务治理过程中存在的主要问题

业务规划与财务规划缺乏协调性

"双高计划"是一项前瞻性、系统性、持续性、标志性战略工程,具有涉及建设任务面广、改革政策性强、项目资金体量大、动态监测评估严等诸多特点。围绕"一个引领、四个打造、五个提升"的建设内容,部分双高院校并未系统性规划建设任务,论证不及时、不充分现象突出,绩效目标设置缺乏明确的目标性、设置不完整、匹配性较差,预算编制缺乏科学性、前瞻性,导致业务规划与财务规划"两张皮"、业务规划与财务规划协调性差。

"预算—绩效—内控"难以共享交换协同

当前国家"双高计划"建设任务繁多,表现各异,要实现"事财相适",必须依靠"预算—绩效—内控"一体化平台支撑,并建立数据共享交换机制。但部分"双高计划"院校信息系统仍各自为政,财政预算管理系统、校内预算管理系统、绩效管理系统、内控管理系统还存在"信息孤岛",难以形成共享交换协同,极易造成数据误差,跨系统、跨部门、跨平台的"一网通办"生态尚未形成。

"双高计划"项目院校财务治理数字化生态尚未形成

在"数字中国"战略大背景下,以数字化、网络化、智能化为特征的现代信息技术飞速发展,财务治理数字化转型是必然趋势。为此,"双高计划"项目院校财务治理也在持续变革,财务组织架构需要升级与创新,财务职能的重心正面临新的调整。但从目前情况分析,大部分双高院校尚未构建"数字神经网络","内外部协同"生态系统尚未形成。

财务服务决策往往依赖经验主义

让财务数据"说话"、让财务数据赋能决策已成为双高院校财务治理的重要举措,同时也是创造数字生命力的价值所在。但现行大多数双高院校仍然存在单一的财务管理职能或依赖经验主义,难以满足"双高计划"改革的需求,导致预算编制不合理、业财两张皮、预算执行率低、数据简单搬运等现象突出。

双高院校财务治理数智化总体框架

推动财务迭代升级实现财务治理数智化,意义重大。为此,笔者将双高院校财务治理数智化总体框架设计如下:制度赋能是基础、机制激活是关键、数智生态是目标。围绕"学校层面与业务层面""业—财—效—控"一体化数智财务管理平台与"数智项目库"管理平台,基于大财务管理理念,深度对接和全面推进业财融合,践行"纵向贯通,横向集成",实现业务处理

智能化、信息共享自动化、监控预警实时化、财务管理精细化。

制度赋能:"业—财—效—控"一体化推进财务职能由效率向效能转变

高质量发展离不开战略引领,绩效评价也离不开学校战略与发展目标。识别学校"战略规划、发展目标、师生需求、规划目标",并集成到"管理制度、实施细则、行动方案",多元主体围绕学校战略规划目标高效执行,紧扣学校"事业规划—财力规划—绩效评价—内部控制",按照PDCA(Plan计划、Do执行、Check检查和Act处理)的4个阶段循环,直到目标实现。

数智生态:构建"上下联动、纵横协同、条块结合"的数智生态

"数智生态"是落实"财政是国家治理的基础和重要支柱"的重要举措。"数智财务'业—财—效—控'一体化"综合应用平台充分体现了技术创新和制度创新双轮驱动,促进学校财务治理改革创新。"数智财务"是财务治理模式和技术应用融合变革的过程,具有理念创新、制度创新、技术创新、服务创新、安全创新的整体创新特征,突出顶层设计,构建"上下联动、纵横协同、条块结合"的数字化创新发展格局;强化系统推进,以数字技术创新推动财务流程再造、规则重构、方式重塑;强化安全运行,创新建设涵盖基础设施、数字技术、数据要素、业务应用的安全保障体系。数据是财务治理的重要抓手。通过预算绩效平台与业务平台,以及数据共享中心的协同,利用信息技术的规则内嵌、框架搭建、流程再造,实现业务流、数据流、资金流的联动分析,以达到"预算执行—目标管理—绩效评价—结果应用"全生命周期自动化和智能化。

机制激活:形成"共建—共治—共享"的预算绩效一体化治理机制

财务治理现代化是院校治理体系和治理能力现代化的应有之义。新时代,要健全财务治理制度、完善财务治理体系、构建现代财务治理组织结构、改善财务治理机制和方式,从而打造现代财务治理新格局,推进财务治理现代化。共建是基础,要求突出制度和体系建设在财务治理格局中的基础性、战略性地位;共治是关键,要求树立大财务观、大治理观,打造各部门、全体师生参与的开放治理体系;共享是目标,要求使财务治理成效更多更公平惠及全体师生,不断增加师生获得感、幸福感、成就感。三者相互作用,有机统一于财务治理全过程。同时要创新治理手段,通过建立数据共享中心,实现"一源多用"、精准反馈、数据画像等。

双高院校财务治理数智化实现路径

顶层设计:注重"点—线—面"精准发力,助力"横向协同,纵向一体"

"点"是职业院校、"线"是职业教育互联网应用平台、"面"是职业教育治理大脑和标志性教育链。围绕"横向一体化、纵向一体化"建设思路,打造"数智财务'业—财—效—控'一体化"综合应用平台。其中,横向一体化指打通预算、报账、采购、合同、资产、基建、财务核算、决算以及绩效之间的信息壁垒,实现数据自动流转、信息共享;纵向一体化指打通学校层面与业务部门的信息壁垒,实现管理要求、数据标准、规则标准的落地执行以及数据抓取分析、辅助决策、数智画像、数智"驾驶舱";等等。打通财务与业务数据"孤岛",对经济活动进行"数智画像",对行为进行"互联网+"线上管控,实现财务服务与管控方式的整体"智治",实现"既无事不扰、又无处不在",努力打造"服务做加法、流程做减法、活力做乘法"。

聚焦"战略+预算+绩效+内控"协同化。国家"双高计划"项目建设院校面对复杂的建设任务、全面绩效评价,财务管理面临前所未有的挑战。在理念上,需要建立"业务关联、信息网状、随需而应"的三大协同管理理念;在管理上,需要建立基于项目库管理的全生命周期项目管理系统,实现"一源多用""顺向可控、逆向可溯"的精细化管理闭环;在机制上,需要建立多维度、多层次、多元主体协同共建。

打造"共建—共治—共享"的一体化治理机制。国家"双高计划"是一项系统性工程。在绩效管理上,执行"立项定目标—拨款带目标—过程扣目标—验收查目标"预算绩效闭环管理;在预算管理上,突出"任务相关性—经济合理性—政策相符性"事财相适、业财融合;在内部控制上,关注"业—财—效—控"一体化综合管理平台建设。

逻辑重构:聚焦"业—财—效—控"一体化,畅通数智财务"经络"

新技术、新方法的应用为财务治理能力的提升赋予新的动能。以基础通信网络、数据算力、网络中台等为重点,加速夯实新型信息网络基础,打造"连接+算力+能力+应用"的数智信息服务体系,为促进数智财务互联互通提供坚实支撑。全面梳理"业务规划""财务规划""绩效管理""内部控制"的运行机制与内部逻辑,依托现代化信息技术,将内部规则、审批流程、业务表单、数据口径、绩效指标等信息内嵌一体化管理平台,形成多维度、多层次大数据,实现"业务—财务—绩效—决策"的协同分析。

数字驱动:打造大数据共享体系,激活数智财务"细胞"

基于大数据共享体系,支撑战略、服务决策,促进数据治理,有效利用数据要素价值,集成各业务系统的大数据平台,形成数据按需归集、高效共享、合规利用的赋能格局,为数智财务综合应用提供坚实支撑。通过对预算绩效一体化与"双高计划"绩效评价研究,按照"业—财—效—控"一体化协同治理机制为主线,聚焦数字技术这一关键驱动力量,紧扣国家"双高计划"项目绩效评价改革重点,探索预算绩效管理一体化"新范式"。在此基础上,利用数字化关键驱动因素,构建国家"双高计划"绩效评价的"指标标准规范、运行标准规范、内控标准规范、技术标准规范",形成数字化绩效评价规范标准,实现"战略+预算+绩效+内控"的深度融合协同机制,助推国家"双高计划"项目建设高质量发展。

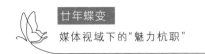

整体智治：搭建"驾驶仓"运行平台，建强数智财务的"大脑"

建立健全财务数据治理制度和标准体系，坚持标准化和信息化同步开展，标准化促进信息化、信息化贯彻标准化，加强数据汇聚融合、共享开放和开发利用，提高学校决策科学化水平和财务管理服务效率。"数智财务'业—财—效—控'一体化"综合应用平台是业务数据化和财务数据化融合互促的过程，具有全层级、全流程、全场景、全环节和全系统融合数字赋能的财务整体智治特征。平台着重把握"纵向与横向治理一体化、分层与协同治理一体化"等要求，强化财务整体性数字制度规则建设；把握"财务治理主体数字化、财务治理工具数字化、财务治理模型数字化、财务治理资源数字化、财务治理对象数字化"等要求，强化整体性数字基础设施建设；把握"责任体系重在事财相适，标准体系重在动态调整，绩效体系重在遵循规律，监管体系重在综合施策"等要求，强化财务整体性数字技术系统建设。通过对预算绩效数据标准化、集成化、自动化处理，对应用 FDP 模型如 MertonDD 模型、Hazard 模型及 Logit 模型进行实证，实现数据共享，强化数据应用，为"双高计划"项目绩效评价持续改进提供全面、准确、及时的数据支撑，实现管理决策科学化与智能化。

应用为王：创新跨平台场景应用，延伸数智财务的"触角"

统筹推进各业务应用系统互联互通、协同联动，创新管理和服务方式，全面提升服务效能，创新"业—财—效—控"一体运行、协同互补的综合应用体系，为提升学校治理能力与治理水平现代化，更好服务全校师生提供坚实支撑。特别是在线监管方面，推动"双高计划"项目院校绩效监督管控实时化。通过构建"全业务、跨层级、端到端"的内控体系，构建"绩效评估模型"，实现"信息实时反映、过程实时控制和结果实时监督"。

结束语

随着大数据时代新技术、新方法的应用，财务治理模式显现数字化、信息化、自动化、智能化的协同发展。以国家"双高计划"项目建设为契机，聚焦数智赋能、支撑战略、支持决策、服务业务、创造价值、防控风险等，提高制度执行力，加快推进"双高计划"项目建设院校财务治理现代化。

（本文原载于《新理财》2023 年 3 月 1 日）

"清廉学校"建设护航事业高质量发展

高云飞

近年来,杭州职业技术学院认真落实中央全面从严治党要求、省市委关于清廉建设的决策部署,积极贯彻落实省市教育主管部门关于清廉学校建设的文件精神,以"清廉杭职"建设为主线,一体推进"四责协同",持之以恒正风肃纪,不敢腐、不能腐、不想腐一体推进,为推动学校职业教育高质量发展提供坚强保障。

"四责协同"机制化落实

理清"四责"。清廉学校建设是全面从严治党、党风廉政建设的重要内容,在制定校院两级党组织全面从严治党主体责任和主要负责人的第一责任、校院两级领导班子成员"一岗双责"职责和纪检干部监督责任时,将各自有关清廉学校建设的职责条文式明确,便于组织和个人时时对照检查,自觉担当。强化"四责协同"传导联动机制。制定《关于落实全面从严治党主体责任的实施办法》,签订"一部门一册"年度党风廉政建设责任书。健全全面从严治党"一个部署、两张清单、三项机制、四次报告"工作机制,即每年一次全面从严治党暨"清廉杭职"建设工作部署会议,制定领导班子全面从严治党年度责任清单和问题清单,坚持党风廉政建设问题研判机制、责任落实机制和监督考核机制,每季度开展全面从严治党工作总结和党风廉政建设情况分析。将包括清廉学校建设在内的党风廉政建设情况纳入部门目标责任制考核以及领导班子成员年度述职中,实行一票否决制。构建起了较为完善的明责、履责、督责的"四责协同"的机制化落实体系。

权力监督网格化覆盖

以强化政治监督为统领,紧盯"关键少数",贯通专项监督、日常监督、群众监督,形成监督合力,提升监督质效。出台《关于加强政治监督的实施意见》《关于加强对"一把手"和领导班子监督的实施意见》,细化落实"五张责任清单",推进政治监督具体化常态化。强化专项监督,深入开展"一清理、两专项"、教育乱收费专项治理、公职人员酒驾醉驾及其背后"四风"问题专项治理等10余项专项监督工作。紧盯学校招生招聘、招标采购、评奖评优、"双高"项目建设、科研经费使用管理、资产管理、食堂管理等重点领域、关键环节,做深做细日常监督。开展廉政风险排查防控工作,形成校院两级《廉政风险排查防控目录清单》。以数字化改革牵引学校内部治理机制优化,出台《数智杭职建设工作方案》,开发56个线上流程,启用一站式网上办事大厅,实现项目建设进度在线监控,进一步加强"查、防、控、评"动态管理,优化权力运行机制。出台《重点领域关键环节自我监督与再监督实施办法(试行)》,强化二级单位作为第一监督人的自我监督职责,形成"监督的再监督、检查的再检查"有效工作机制。做好巡视巡察整改监督。做好2018年市委巡察、2019年主要领导经济责任审计和2021年省委授权巡视整改"后半篇文章",制定完善各类规章制度73个,高质量完成整改任务。2020年启动校内全面从严治党专项督查工作,分3轮完成对9个二级学院的全面从严治党专项督查工作,2022年底实现二级学院专项督查全覆盖。

清廉教育体系化推进

"万名师生共听清廉讲堂"工程,面向干部、教师、学生等开展"清廉讲堂"近百场次,参与人数达26000余人次。组织开展"八个一"警示教育月等多项活动,对新提任干部进行廉政谈话,打好防腐拒变"预防针"。面向行政管理人员、新入职教师开展《筑防线 守底线助力清廉机关建设》《扣好廉洁从教的第一粒扣子》等主题讲座,不断加强廉洁教育和师德教育。推进大学生清廉修身教育进课堂、进社团、进公寓。开发清廉教育微课和微视频,开展线上"微清廉"教育,编撰《系好人生第一粒扣子——新时代大学生清廉修身教育十五讲》校本教材,制发《清廉杭职画册》《新生清廉修身手册》《毕业生清廉教育折页》等清廉文化宣传册,开设"清廉诚信考场",评选"清廉班级""清廉学生社团""清廉寝室"活动。编发《纪检监察法规制度选编》,编印"清廉杭职"党风廉政建设学习材料",推出"杭职清风"微信公众号300余期。构建起了党员干部清廉治校、教师清廉育人、学生清廉修身"三位一体"清廉教育体系。

清廉文化品牌化打造

浓厚清廉文化校园氛围。连续4年开展"清廉杭职"主题宣传月、清廉文化建设月活动,组织开展优秀清廉微电影微视频进高校展播、师生廉润艺术作品展、廉韵诵读会、清廉文创设计等主题活动59项。打造清廉文化特色项目。开展二级学院"一院一品"清廉文化培育项目建设,打造具有杭职特色清廉文化品牌项目13项。将清廉文化融入专业教学,在专业实践中强化廉洁意识。实施"'清廉二级单位'三年行动计划",细化"清廉杭职"建设颗粒度,将"清廉杭职"建设延伸到基层。"党纪一刻钟"警示教育机制在全校推广;数智化"清廉教学行动"规范教学流程,提升教学质效;"青春正发声"、"师生廉韵诵读"、清廉班风助推学风建设,激发学生专业学习热情,清廉教育融入思想政治理论课研究,取得一批课题、专著、论文成果。清廉二级单位建设成效初显,"清廉杭职"建设颗粒度逐渐饱满。

纪检队伍梯度化完善

加强纪检队伍建设,形成了学校—党总支—党支部三级梯队,以及校纪委委员、党总支纪检委员、党支部纪检委员、特约监督员4支纪检队伍的"三级梯度四支队伍"组织架构,实现了监督从上到下,党内监督与党外监督相结合的全覆盖格局。完善监督制度建设。出台实施《关于加强纪检监察队伍建设的实施意见》,修订《校纪委委员联系基层党组织制度》,加强对二级学院党总支会、党政联席会、"三重一大"事项集体决策制度等执行情况的监督检查。出台《党风廉政建设特约监督员工作办法(试行)》,发挥特约监督员等广大师生民主监督的作用。加强纪检业务能力建设。编制《二级党组织纪检工作实务》,开展纪检干部"精业提能"素质提升工程,不断提升纪检干部思想政治素质和履职适应能力,锻造忠诚干净担当的纪检铁军。

"清廉杭职"建设得到了浙江省、杭州市纪委的充分肯定。2019年和2020年校纪委连续获评杭州市纪委监委系统综合考核优秀。获评杭州市教育系统第二批清廉学校示范点,"清廉讲堂"建设获评市教育系统首批"清廉学校"优秀案例。"清廉杭职"建设多篇文章被省政府、省纪委网站,市委、市纪委简报和省教育厅、市教育局媒体平台录用报道。其中《杭职院清廉文化融工匠精神展独特韵味》《杭职院首设清廉诚信考场在学生心中播撒清廉种子》等新闻报道分别在省人民政府网站、省纪委网站、市纪委《纪检监察信息》、"杭州教育发布"微信公众号和《杭州信息》上发布。

"清廉杭职"建设营造了风清气正的校园政治生态,有力推动了学校事业高质量发展。在入选国家"双高"B档建设单位,跻身全国高职院校第一方阵前列之后,学校上下正乘势而为、踔厉奋发,积极回应新时代"美好教育"新期待,全力以赴推进"双高"建设,奋力争创本科层次职业院校新目标。

新时代新使命对清廉学校建设提出了新要求。必须立足新时代党的建设新的伟大工程在学校的生动实践,一体推进"不敢腐、不能腐、不想腐"。学校将继续以"清廉杭职"品牌为抓手,纵深推进全面从严治党,努力打造新时代党建高地、清廉建设高地。

一是抓政治引领,增强学校立德树人的使命担当。始终全面贯彻党的教育方针,落实立足立德树人根本任务,聚焦培养德智体美劳全面发展的社会主义建设者和接班人,把思想政治教育贯穿人才培养全过程,坚持德育为先,推动习近平新时代中国特色社会主义思想进课程、进教材、进教案、进学生头脑。把清廉文化融入德育课程,使清廉理念入耳入脑入心。

二是抓师德师风,增强新时代模范教师的风尚引领。坚持尊师重教,严管与厚爱并重,认真落实新时代教师职业行为十项准则,进一步增强立德树人、教书育人的责任感和使命感。推进师德师风建设工作制度化、常态化。开展教师师德师风自查自纠和专项整治、开展师德师风警示教育,着力提升师德修养和职业道德水平,切实增强教师的职业荣誉感,讲好师德故事,引导广大教师以德立身、以德立学、以德施教、以德育德,推进全员全程全方位协同育人效应。

三是抓权力规范运行,构建有效的权力运行监督机制。把完善权力运行和监督制约作为基础性工作。完善以学校章程为核心的内部治理体系,聚焦学校小微权力清单和办学行为负面清单,优化完善决策事项监督流程。深化廉政风险防控机制建设。坚持党内监督和外部监督相结合的要求,各种监督协调贯通,形成常态长效的监督合力。

四是抓专项治理,增强科研、采购等重点领域的清廉底色。坚持系统整治,将完成上级

巡视巡察整改、开展学校内部巡察、审计发现问题整改、专项督查整改等各类问题与整改工作有机结合、协同推进,建立上下联动整改机制统筹解决;切实加强科研经费管理使用、双高建设经费管理使用、招标采购、兼职教师队伍管理等制度供给和执行,推动科研经费使用、招标采购等透明、公开、规范、廉洁。推进重点领域监督机制改革,有针对性地补齐制度短板。

　　五是抓数字监督,推进"智慧监督"建设。结合学校数字化建设,推动"智慧纪检监察"在学校落地,聚焦高校科研监督、职称评审、招标采购、招生招聘等领域监督场景的探索应用。提升纪检工作智能化水平。

　　　　　　　　　　　　　　　　　　（本文原载于《中国报道》2022 年 11 月 24 日）

"教、管、评"一体化实现数智赋能

张 杰

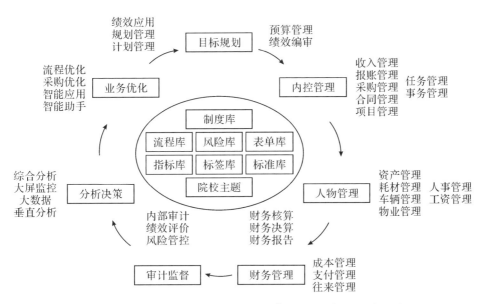

"预算—绩效—内控"一体化闭环管理平台总体设计思路

当前,以数字经济、智能经济为代表的新经济已成为经济增长的重要引擎,新一代信息技术集成创新对人才的素质结构、能力结构、技能结构提出了全新要求。对职业教育而言,数字化是增强职业教育适应性的重要契机,是培养具有数字化思维和能力的技术技能人才,服务地方、区域经济社会发展的重要抓手。作为一所国家"双高校",杭州职业技术学院"十四五"提出了"数智杭职·工匠摇篮"的发展目标,坚持数字赋能、系统智治、全面协同的数字化改革理念,重点建设"教、管、评"一体化智治平台,着力打造全国职业院校数智标杆校。

专业数字化改造全域覆盖,实现智"教"

围绕杭州"打造数字经济第一城"和"打造数字基层治理第一城"的目标,杭州职业技术学院实施以"专业数智化、数字专业化"为核心的专业结构改造和升级。

首先,对现有专业进行全面升级与数字化改造。学校按照系统培养人才、对接新职业岗位(岗位群)、重构专业设置、服务产业转型升级、紧跟技术进步、匹配新技术发展的工作原则进行专业数字化改造。学校开展工作任务与职业能力分析,全面梳理专业转型路径,参照中职、本科的新专业目录,结合高职新专业目录,形成"中职—高职—本科"的一体的数智化专业体系。"十四五"期间,按照"增、转、强、停"的原则,学校至少完成30%的专业数智化转型。

例如,学校从2021年开始新增智能控制技术等专业,模具设计与制造调整为模具设计与制造(精密模具智能制造),旅游管理调整为旅游管理(智慧旅游),汽车检测与维修技术调整为汽车制造与试验技术(智能网联汽车检测与运维)等。同时,按照"调整一批、带动一批"的思路,学校在已调整专业的基础上带动其他相近专业进行数智化转型。比如,学校对于大数据技术、信息安全技术应用等电子与信息大类专业,通过加强与华为、安恒、联想、海康威视等一流科技信息公司的深度合作,提升专业数智化建设水平。在专业数智化转型过程中,部分专业无法结合专业自身进行转型的,或者在转型过程中无法真正落地实施的,学校根据实际情况对此类专业进行调整处理。

其次,重构和创新教学资源体系。在专业数智化转型的同时,学校开展"专业群—专业—课程—课堂"教学资源体系建设,以优质微课、在线开放课程、教学资源库、新形态教材等为载体,重构和创新教学资源体系。例如,学校建设了一批具有示范引领作用的精品在线开放课程、"互联网+教学"示范课、虚拟仿真教学项目、新形态数字化教材。另外,学校对现有的省级精品在线开放课程进行迭代更新,扩大应用规模,发挥示范引领作用。同时,学校积极引进优质在线开放课程,以校企合作方式开发新型活页式、工作手册式数字化教材及配套的数字化教学资源,丰富学校优质课程和教学资源,满足学生多元化、个性化学习需求。

最后,大力推动线上线下混合式教学新模式。运用虚拟现实、物联网、人工智能、云计算等技术,学校开发了基于职场环境与工作过程的理实虚一体化的教学场景、虚拟仿真实训资源与平台,培育了一批示范性虚拟仿真实训基地和智慧教室,探索了信息化环境下的实训教学模式创新与实践,拓展了产教融合的途径和手段。同时,学校以教师教学能力大赛为抓手,通过新型教学、新型考试、人工智能与教育的深度融合等技术的发展和深化,助推数字化时代教师转型,支撑了更高质量教与学的信息技术迭代升级,提升了"三教"改革成效。学校由此入选了全国第一批职业院校数字校园建设试点校。

"业财效控"一体化系统全域联动,实现智"管"

杭州职业技术学院以党的政治建设为统领,把内控体系建设作为全面从严治党的载体,推动党风廉政和内控建设工作融合发展。学校以责任清单、权力清单、负面清单为抓手,压实主体责任,规范权力运行,构建学院廉政风险内部控制体系,建立起权力运行的制衡机制、业务运转的制约机制、纪检监察监督的防控机制,实现经济运行和干部队伍"双安全",党风廉政和内控机制建设"双促进"。结合内控体系建设实际情况,学校践行"以政领财、以财辅政"的工作思路,围绕"预算—绩效—内控"一体化建设重点,绘制了"三张清单",即预算管理权力清单、预算管理责任清单和预算管理负面清单。

"预算—绩效—内控"一体化平台的建设思路是围绕"横向一体化、纵向一体化"进行设计的。横向一体化,即打通预算、报账、采购、合同、资产、基建、财务核算、决算以及绩效之间的信息壁垒,实现数据自动流转、信息共享;纵向一体化,即打通学校层面与业务部门的信息壁垒,确保管理要求、数据标准、规则标准的落地执行,实现数据抓取分析、辅助决策、数智画像、领导驾驶舱等功能。

以"预算—绩效—内控"一体化系统建设为重点,按照"小切口、大场景",为切实保证学校治理现代化与履职运行向纵深推进,有力提升内部治理体系和治理能力水平,学校将平台设计与功能模块聚焦以下4个方面。

一是建立绩效指标库和标准库。财务处牵头建立了学校绩效指标库和标准库,使学校高质量发展和管理效能提升有了抓手。根据各部门职能,学校对各项工作进行科学分类,为每类项目制定了核心指标库。结合学校发展规划、高质量考核及重点建设任务等要求,学校建成了整体绩效考核标准库,即工作质量衡量的标准库。

二是实施全生命周期项目库管理平台。从项目核心绩效目标和标准出发,财务处牵头建成了申报库、储备库、执行库、退出库,转变"资金等项目"为"项目等资金"模式,从源头上规范了学校各类项目的管理机制。项目过程实现了"三监控",即项目进度、预算执行和目标完成开展监控,可以自动分析原因并给出整改建议。

三是全面开展绩效评价。学校采取ABC分类法对这3类项目进行分类管理,针对不同类型的项目采取不同的管理方式:A类属政策类项目资金,实行全生命周期绩效管理;B类属日常运行项目资金,实行一般性全过程绩效管理;C类属其他项目资金,实行简化绩效管理。对照学校核心考核指标库和标准库,财务处开展学校各类绩效考核自评价,对自评存在的问题开展再评价即整改评价,自动生成考核报告和整改报告,并对下年预算安排和评优评先产生约束影响。

四是打造"领导驾驶舱"。通过大数据分析平台解决管理风险和问题及时预警,学校统一数据中台可以有效支持学校领导科学决策,对项目进度、建设成效、资金绩效指标等开展全景数据监控分析和可视化呈现。

基于上述思路,学校围绕"学校层面与业务层面""预算绩效管理与内控管理"两大"循环体系"进行研究与探索,构建了"预算—绩效—内控"一体化平台,形成了"纵向贯通、横向集成",实现了统一身份认证、信息维护、集中授权、财务信息查询、财务业务办理等功能。通过以服务师生需求为中心,平台利用OCR技术能快速智能识别、自动填单、自动验票、自动稽核、自动记账,为报销人员和财务人员带来了极大的便利和良好的报销体验,实现了业务处理智能化、信息共享自动化、监控预警实时化、财务管理精细化。

"预算—绩效—内控"一体化闭环管理平台总体设计思路

通过打通财务与业务数据"孤岛",对经济活动进行"数智画像",对行为进行"互联网+"线上管控,平台实现了财务服务与管控方式的整体"智治",实现了"既无事不扰、又无处不在",并打造了"服务做加法、流程做减法、活力做乘法"的智慧财务。该案例已入选浙江省高校数字化优秀案例。

内部质量管理平台全程闭环,实现智"评"

杭州职业技术学院依据立德树人、学生中心、产出导向、持续改进的理念和"五位一体"、全程管评、数据循证的建设思路,以提升管理水平、规范专业建设、保障教学质量、激励教师发展、促进学生发展为抓手,坚持将质量主体的业务过程管理与质量管理结合、制度设计和信息化开发同步,对过程的关键节点进行质量评价,构建具有学校特色和职教特点的质量保证体系和质量管理平台,实现了内部质量管理的数字化转型。

管理平台从学校、专业、课程、教师、学生5个方面进行整体设计。通过梳理得出目标任务过程管理、内部质量管理考核、专业评价与诊改、课程评价与诊改、课堂教学质量评价、教师发展评价、学生发展评价、毕业生跟踪管理等8项质量相关的核心工作,学校质评处对应这8项工作分别出台相应的质量管理制度和考核制度,根据制度开发对应的应用系统进行过程管理,主要包括目标任务过程管理系统、目标责任制考核管理系统、专业认证诊断改进系统、课程认证诊断改进系统、教学质量测评与诊断分析系统、教师发展评价系统、融善工匠成长学分管理系统、毕业生跟踪管理分析系统。八大应用系统既是内部质量管理过程性工作平台,又可以实现数据采集、数据分析、数据评价和数据反馈,所有系统统一入口,底层数据打通,相互独立又可相互关联,构成"过程管理+质量监控+绩效评估"的内部质量管理与诊断分析平台。

"五位一体",全程管评,数据循证的内部质量评价体系架构图

目前,平台所有任务在系统上实现内部质量保证和常态监控数据的动态管理,能做到数据有分析、过程有预警、要素有对比、诊改有报告。同时,平台通过KPI指标可视化监控预警,对学校质量发展的核心指标进行实时的监测,导航画像,精准支持领导决策,全面提升内部质量管理数智化治理水平。

通过将质量管理与业绩考核紧密结合,充分激发学校的办学活力。学校自入选国家"双高校"以来,通过对教师的成长规划和绩效激励,全面提升了教师的业务水平和学校的综合实力,获评国家万人计划人才、全国五一劳动奖章、国家职业教育教师教学创新团队、全国学生技能大赛一等奖等国家级成果70余项,省教学成果特等奖、省黄大年教师团队、省有突出贡献中青年专家等省部级成果400余项。学校入选2021年高职院校教师发展指数100所优秀院校。

通过将成长管理与三全育人紧密结合,提升了学校的育人水平。导师全程跟踪学生从入学到毕业成长的全过程,信息化实现学生全生命周期的过程管理,有效提供学生成长指引,用数据精准落实学校的融善工匠培养计划。学校入选2021年高职院校学生发展指数100所优秀院校,学生留杭就业率连续3年位居全省高校前列。

杭州职业技术学院以数字化改革为抓手,加快育人观的转变,主动适应信息时代的人才

需求,通过系统设计和规划教育教学、管理服务和监督评价等各方面业务逻辑,力求实现"教、管、评"一体化协同推进和业务闭环,着力提高教育管理、决策与评价的智慧性,提升学校内部数智化治理水平。

(本文原载于信息主管网2022年9月21日)

打造职业教育数智标杆校

张 杰

电梯实训基地全息投影教学现场

在浙江省大力推进数字化改革、撬动经济社会全方位数字化改革的背景下,杭州职业技术学院围绕浙江省和杭州市数字化改革目标,聚焦"双高"建设,以数智化改革为引领,综合运用数字化思维、数字化技术,做好数字专业化改革、专业数字化改革和治理数字化转型3篇文章,努力打造职业教育数智标杆校,为区域经济社会发展赋能助力。

推进数字专业化改革,以数字技术技能人才培养赋能"数智杭州"建设

学校对标数字浙江建设和"数智杭州·宜居天堂"发展目标,深入推进数字专业化改革。

一是与华为技术有限公司合作共建"华为云计算学院"。该学院基于云计算、大数据、物联网、软件开发等专业方向,通过引入华为公司的技术标准、人才等资源,共同构建基于华为鲲鹏数字技术的人才培养体系。面向人工智能与云计算等领域,利用华为公司的数字化技术全方位优势,共同开展科研与技术服务项目,搭建产教融合协同创新与育人平台。同时,学校联合华为公司及其生态伙伴建立VUE国际认证考试中心、鲲鹏适配中心和成果转化中心,共同开展网络、云计算、大数据等高端技能人才培训与认证。

二是与杭州安恒信息技术股份有限公司合作共建"安恒信息安全学院"。该学院聚焦数字安全运营和网络安全测试人才培养,致力于打造"立足杭州、服务浙江、影响全国"的数字安全人才培养高地,为本地数字经济发展、构建数字安全基石提供人力资源。学院开设网络安全专业、大数据专业,打通企业用人和学校育人新模式,通过专业"2+1"教学改革,校企联

合培养网络安全实战人才,着力打造"亚运卫士""护网尖兵"。

推进专业数字化改革,以"双高"专业群建设引领专业高质量发展

学校瞄准区域产业数字化转型升级,率先在2个国家级高水平专业群建设中启动数字化改革,通过推进专业结构、课程体系、教学实践等数字化转型,探索专业数字化发展新生态,以"双高"专业群建设引领专业高质量发展。

一是以数字赋能和工学一体为抓手,推动电梯工程技术专业群升级发展。学校与浙江省特种设备科学研究院共建特种设备学院,联合奥的斯、通力、西奥等全球一流电梯企业,培养电梯维修技术人才。坚持"数字赋能",增设多维一体虚拟空间教学,利用微知库、学习通等平台,引导学生利用碎片化时间自主学习,实现教学管理、评价数据的智能化。依托共建的电梯大数据平台,联合开展数字电梯智能制造、电梯智慧管控平台等技术领域攻关,解决了学生入行时间短、接触电梯少、实践经验不足等痛点,快速拉满学生"经验值"。坚持"工学一体",实现"教室即井道,井道即教室",依托校内国家级职业教育示范性虚拟仿真实训基地,校企共同开发了包括基于VR全息投影技术等课程数字教学资源,借助虚拟真、全息投影、5G—AR眼镜、全井道摄像头创设虚拟空间,解决了电梯教学中操作工位空间大、跨区域多、观察空间小、直接操作风险高等问题。学徒班留企率超90%,企业满意度95%以上。

二是以产业新技术为引领,推动服装设计与工艺专业群数智化改革。学校瞄准服装产业"新制造、新技术、新零售",引入合作企业达利公司最新生产技术,创新人才培养模式,开启"数智化"转型之路。服装设计与工艺专业引进三维设计软件(clo3d);针织技术与针织服装专业全面实现"全成型"电脑横机教学化应用,同时与中纺联纺织人才交流培训中心合作成立"中国成型服装人才培训基地";艺术设计(纺织品设计)专业用数位板替代了纸笔墨,学生在电脑上绣花,用软件实现提花面料肌理。

实施治理数字化转型,运用信息化手段提升学校内部治理水平

学校大力推动以"绩效考核为导向、内控机制建设为抓手、流程再造为主线"的治理体系变革,聚力打造两大平台,推进学校治理体系和治理能力现代化。

一是构建智慧校园公共服务平台。紧扣师生工作学习需求,打造包括统一数据中心、统一身份认证、统一信息门户、"一站式"网上办事大厅的智慧校园公共服务平台。充分运用"互联网+校务服务",打破信息孤岛,实现业务协同,强化"网上办""指尖办",简化办事程序,减少办事材料,优化办事服务,从而推动学校治理能力和治理水平的有效提升,不断为学校高质量发展注入新活力、新动力。

二是构建"预算—绩效—内控"一体化管理平台。该数字化管理平台涵盖3个层面:在决策上,建立包括党代会、教代会、党委会、校长办公会、各类领导小组等的学校决策机构;在执行上,将国家规定的预算、支出、合同、基建、资产、采购六大方面和学校的"X"项业务(如

校企合作、"双高"建设、人才引进等),通过"管理制度化、制度流程化、流程岗位化、岗位责任化、责任表单化、表单信息化"实现;在监督上,对学校决策和业务执行的运行进行全方位、全过程、全覆盖监督。通过构建数字化管理平台,把牢"预算""牛鼻子",推动决策、执行和监督的数字化转型与可视化管理,实现资金安排直观、运行权责匹配、岗位职责清晰、管理规范高效的效果,大大提升了学校内部治理水平。

砥砺扬帆,正当奋进。杭州职业技术学院将对标省市数字化改革目标,持续深化教育数字化改革,提升教育治理数智化水平,加快建设"数智杭职",奋力打造全国职业教育数智标杆校。

（本文原载于《中国信息化周报》2021年9月6日）

"生均成本库"建设赋能职教差异化拨款机制

林春树　宣艳芳

生均成本是制定差异化生均拨款的重要依据,是确定科学合理学费分担标准的基础,是衡量成本效益的重要指标,是精准投入的"导航仪",是推动高校高质量发展的"助推器"。

杭州职业技术学院本着"求深、求实、求细、求准、求效"的原则,聚焦专业大类生均成本核算,聚力"生均成本库"指标构建,聚智信息技术的"成本驾驶仓"展现,实施生均成本核算与会计核算并行,实现了生均成本数据"顺向可控,逆向可溯",得到社会充分认可。

怎么看:生均成本赋能"完善投入机制,优化支出结构"

统计数据显示:我国高职学生占高等教育学生数比例45%,高职财政拨款占比仅20%左右;中职占高中阶段比例40%,中职财政拨款占高中阶段比例38%。由此可见,职业教育存在规模与投入不匹配问题较突出。通过政策设计、制度设计、标准设计带动投入,建立健全国家教育标准体系,科学核定基本办学成本,全面建立生均拨款制度,综合考虑经济发展状况、培养成本和群众承受能力等因素,合理确定学费标准,建立与拨款、资助水平等相适应的收费标准动态调整机制,是"完善投入机制"的重要举措。

建立与办学规模、培养成本、办学质量等相适应的财政职业教育支持机制,新增教育经费向职业教育倾斜,是"优化支出结构"的重点课题。为此,"生均成本库"建设是探索差异化拨款机制、学费定价、花钱问效、事权与支出责任分担的重要路径。

怎么办:生均成本赋能财政拨款机制改革

花钱矩阵理论告诉我们:"管好教育财政资金与加大教育财政投入同样重要。"从预算视角分析,预算管理由"过程导向管理"向"结果导向管理"转变,由"投入型预算"向"产出型预算"转变,由"花钱办事、办事花钱"向"钱花得怎么样"转变,充分体现财政资金重点关注"花钱问效"。

从财务治理视角分析,应全面引入"预算会计、财务会计、成本会计、管理会计"。其中,预算会计重点监测国库资金花得怎么样;财务会计重点监测学校底子什么样;成本会计重点监测办学成本支出与结构、投入产出比、效益与效率等情况;管理会计重点监测学校中长期财力规划的前瞻性与科学性。由此可见,成本会计是做好预算安排、财务管理、绩效考核、内部控制、事权与支出责任分担、拨款机制改革的重要基石。

怎么干:"生均成本库"实现"顺向可控,逆向可溯"的成本核算体系

杭州职业技术学院主动求变,通过构建"一体两翼"成本核算体系,实现办学成本"顺向可控,逆向可溯"。"一体"是成本核算体系;"两翼"是"专业大类库"与"成本库"。具体路径分析如下:

一是逻辑重构,畅通成本核算"经络"。围绕教育部发布新版《职业教育专业简介》《关于深化现代职业教育体系建设改革的意见》及职业教育类型办学特点,构建"专业大类库"与"成本库"相关核算科目。"专业大类库"按教育部发布新版《职业教育专业简介》设置专业大类及专业;"成本库"下设"教育成本子库""科研成本子库""社会服务成本子库"。其中,"教育成本子库"下设"生均培养成本"(主要核算非财政专项支出成本)和"生均支持成本"(主要核算财政专项支出成本);"科研成本子库"下设"科研平台""科研项目""科研成果转化";"社会服务成本子库"下设"服务国家战略""服务区域经济""服务终身学习型社会"。"待摊项目子库"是一些无法一次性摊到相关专业的项目,通过"待摊项目子库"进行归集后,再通过"9001成本待摊"会计科目进行摊销过渡,期末为零。这些核算科目是畅通成本核算的关键,也称为"经络"。

二是数智驱动,激活成本核算"细胞"。通过搭建"成本库"辅助核算,建立成本核算关联机制与规则,实现大部分成本能够自动关联,减少核算环节的工作量。同时,对往年的财务核算数据,通过打标签的形式,进行批量赋值,或运用财务机器人(RPA)进行自动赋值,有效激活成本核算"细胞",推动成本核算落地有声。

三是整体智治,搭建数智成本的"大脑"。通过研发全覆盖成本的数智"大脑"和数字展示模块,让学校内控带上成本"紧箍咒",自动生成成本预警信息,全过程记录项目实施单位的经济行为,激活成本监测经费的"大脑",实现"横向可比,纵向可溯",辅助学校科学决策。

随着大数据时代新技术、新方法的应用,"生均成本库"建设赋能职教差异化拨款机制的实现,让成本核算体系成为学校管理的"驾驶舱"、监控的"摄像头"和决策的"导航仪",为科学、精准、有效花好每笔财政资金保驾护航。

(本文原载于《中国会计报》2023年5月25日)

六、振兴乡村　服务社会

2003年7月,浙江省委书记习近平在浙江面向未来发展的八项举措——"八八战略"中提出,要"进一步发挥浙江的城乡协调发展优势,加快推进城乡一体化"。浙江具有"山海并利"的自然条件,很早就走出了具有浙江特色的海洋经济和陆域经济联动发展的路子。作为"绿水青山就是金山银山"理念发源地的浙江,率先进入城乡融合发展阶段,美丽乡村建设领跑全国,"千村示范万村整治"工程荣获联合国"地球卫士奖",为全球生态文明建设贡献了中国方案,是全国乡村振兴改革与推进试点的排头兵。

作为一所身处浙江省省会杭州的高职院校,杭州职业技术学院一直鼓励广大师生积极投身乡村振兴与社会服务工作,将论文写在大地上,将就业工作与投身脱贫攻坚、服务乡村振兴相结合,不断书写创新思想政治教育与乡村振兴战略融合的实践案例,积极向社会贡献作为职业教育从业者的一份力量。杭州职业技术学院的师生从不围于象牙塔内,杭州社区、省内乡村、中西部地区,乃至"一带一路"沿线国家,都留下了杭州职业技术学院师生们开展志愿服务、社会实践、帮扶助困、科研攻关、助力经济的身影。无论是作为科技工作者还是作为一线产业工人,他们都积极拥抱社会、努力贡献,为打造"重要窗口"、助力共同富裕添砖加瓦。

贫困县走出193名电梯技工

贾文胜

【扶贫故事】

从2015年到2019年,短短4年时间,杭州职业技术学院开展的"星火计划"培养了193名贫困学生,使之成为国内排名前十的电梯企业的技术人才,带动193个家庭脱离贫困,并以点带面,激发了"老少边穷"地区的生产活力。

> 培养一个学生,脱贫一个家庭

中国作为电梯保有量、年产量和年增长量世界第一的国家,随着产业的发展,企业对电梯维保维修技术人员的需求量越来越大。相关数据显示,仅电梯安装、维护和维修方面专业人才"缺口"就达60万人,这严重制约了整个电梯产业的发展。杭州职业技术学院所在的浙江省作为全国电梯生产大省,相关技术人才同样极其紧缺。

基于此,杭职院与杭州市中华职教社合作,并立足于浙江省电梯人才培养联盟,开办了"'星火计划'精准扶贫电梯班",采用"免费培养、定向就业"的精准扶贫模式,专门招收"老少边穷"地区贫困学生:这一方面解决了学生们在杭州培训期间学习与生活的所有经费问题,另一方面又帮助学生与企业签订协议,在杭职院学习2个月后,进入电梯企业实习3个月,实习结束后通过技能鉴定者,直接进入国内排名前十的电梯企业就业;学生还可以选择在生源所在地的分公司或所在省的其他城市工作,薪酬则全部按照杭州的标准发放,综合起薪为4000元/月,并按绩效逐年上浮。

2015年6月,来自深度贫困县甘肃省会宁县大沟乡刘沟村的丁文祥完成培训班课程,通过各项安全技能考核后入职杭州西奥电梯有限公司,随后成为分公司的骨干人员,并于2017年10月转岗调检技术员主管岗位,独立负责甘青宁分公司的电扶梯调检技术工作。"工作第一年,我的工资是以前同学的2倍多,现在我一年的收入比原来整个家庭一年的收入还要高,整个村子的人都非常羡慕我有机会能来杭州职业技术学院学习电梯技术。"他在给培训班老师们的留言中骄傲而感激地写道。

> 输送一名人才,惠及一方产业

丁文祥的成功并非个例。2015年以来,杭职院"星火计划"精准扶贫电梯班,已培养193名贫困学生成为行业技术骨干。他们获得的收入,直接带动了其家庭经济水平的提升,也起

到了"输送一名人才,惠及一方产业"的作用。

实践证明,"星火计划"定向培养的学生,实现了从学校到企业的"零距离"上岗,是理论基础与实践能力兼有的技术型人才。对电梯企业而言,杭州职业技术学院的"'星火计划'精准扶贫电梯班"一方面缩短了全国范围内的招工时间,降低招工成本的同时提高了招工的质量;另一方面,学生在电梯培训中心学习期间就取得了电梯从业人员上岗证和电梯安装与维修等级证书,降低了企业的用工成本,提高了员工队伍的质量;更重要的是,通过合作,电梯企业实现了"属地维保工人配套电梯销售"的模式,大大提高了企业产品的竞争力和队伍的稳定性。为此,精准扶贫电梯班受到了越来越多的电梯企业关注,并得到了更多的资金支持,仅奥的斯(中国)一家就在杭州职院投入了6台竖梯、2台扶梯和一大批电梯实训零部件。

杭职院就是这样搭建起了定向培养、精准扶贫的平台,不仅让技术人才回到生源地及周边地区就业,更以"造血"推动脱贫攻坚,为老少边穷地区的相关产业注入了可持续发展的新生活力。

(本文原载于《光明日报》2019年6月11日15版)

搭建帮扶之梯:杭州校企合作助力扶贫

中国新闻网记者　曹露浩　张灵仙

项目学员培训中

"老师,我已经回到四川了。""老师,我回家乡云南分公司了。""老师,我在贵州。"这是杭州市中华职教社(以下简称"杭州社")联合杭州职业技术学院、西奥电梯有限公司、浙江省特种设备科学研究院开展的温暖工程"星火计划"免费电梯维修项目学员在踏上工作岗位后,一一在群里报告各自的工作去向。

据了解,2017年12月"星火计划"项目启动,至今共开展3期免费培训,累计培训建档立卡生106人。项目学员主要来自贵州黔东南州、湖北恩施、四川广元及云南等国家级贫困县,人均培训经费2.38万元,共投入培训经费252万元。

项目采用"免费培养、定向就业"模式,3期学员通过学习考取特种设备行业入职资格证书,然后入职西奥电梯有限公司,就业学员人均年收入5万元,目前部分学员最高年收入近10万元。

少年追梦　家穷志不短

项目在遴选学员过程中,把建档立卡的应届毕业生定为首要条件,其次是品学兼优,专业相近,年龄满18周岁,身高超过160厘米,后来遴选标准又从纯招男生扩展到招女生。学员遴选标准随着项目的开展不断成熟起来,变得越来越精准。

在遴选过程中,项目组人员尽可能与学员直接交流,发现他们背后的故事,比如第一期学员丁聪聪。

19岁的丁聪聪来自四川广元,9岁时,爸爸病逝,妈妈独自抚养他、弟弟和多病的奶奶,一家四口唯一的经济来源是妈妈在服装厂流水线上打工赚到的约3000元钱。

高三毕业,他拿到了乐山职业技术学院的录取通知书。然而,继续上学并不在他的计划之内,因为他一早就跟自己算过一笔账,如果去上学,一年至少要花掉一两万元,再加上弟弟读初中的开销,妈妈一人无力承担,所以他准备跟着妈妈去服装厂工作。

就在出发去服装厂的前一天,丁聪聪接到了一个电话,告知他可以到杭州学习电梯维修技术,他马上把这个消息告诉妈妈,可是妈妈认定这一定是"骗子的圈套"。免费培训,管吃管住,免费考证,考出证书后可以到国内最好的电梯企业上班,年薪5万元起,想家了还可以安排回当地就业,并且收入水平与杭州总公司的相同。"这些好事会轮到我们头上?"丁聪聪的妈妈说。

直到广元职教社秘书长孙志波和乡里干部上门做思想工作,丁聪聪的妈妈才相信这一切都是真的。

现在的丁聪聪,已经是浙江嘉兴片区的一个班组长,负责一个小区的63台电梯。上个月整个小区突然停电,他和组员爬楼梯一个个打开电梯门解救被困居民,这让他觉得自己的工作虽然辛苦但是很有意义。

谈到现状,他骄傲地说:"从离开家到杭州培训,我再也没向家里要过钱,我现在赚的比妈妈还多。"过年回家,丁聪聪用自己的工资给弟弟买了新书包、新文具,给妈妈买了一条项链,在他的印象中,这是妈妈第一次戴项链。

丁聪聪只是这些学员们的一个缩影,学员希望通过一技之长改变命运的愿望强烈,哪怕经历魔鬼式的高强度培训也从来不会叫苦叫累,他们对伸出援手帮助他们的人充满感恩,用杭州职业技术学院特种设备学院院长潘建峰的话说,这是他们带过的最能吃苦、最好学、最守纪律的学员,"智志技"三扶让很多学员培训没有结束就被企业相中。

集聚资源 搭建技能扶贫之梯

"感谢你们为西奥培养了这么优秀的技能人才,我们承诺,会为他们配备最好的岗位师傅传帮带,让他们的职业人生更上一层楼。"这是杭州社团体社员单位杭州西奥电梯有限公司人事部部长傅美芬在与温暖工程"星火计划"学员签约时的承诺。

作为统战群团组织,杭州社有近百家团体社员单位,选择什么行业、什么专业、什么单位进行合作才能保证项目高效开展,是职教社考虑的关键问题。

"杭州社之所以选择电梯维修行业,是因为特种设备行业就业准入门槛高、技术含金量高、就业需求大。同时,西奥作为电梯民族品牌第一梯队,分公司遍布全国,发展势头好,就业安置能力强,可以保障项目长期高效开展。"杭州社相关负责人说。

据了解,电梯维保产业是一个全国性产业,电梯生产企业一旦卖出一批电梯,必须在客户所在地安排维保人员进行长期跟踪服务。目前电梯维保人员每年缺口近10万人,这极大制约了大型企业的产业布局和迭代升级。温暖工程"星火计划"通过在当地招工、杭州培训的途径,既帮助了企业解决用工缺口问题,也保证了培训质量和员工的稳定性。

建立基地 扩大扶贫范围

扶一个孩子,改变的是一个家庭。

黔东南天柱县副县长杨长燕每次见到杭州社的人就表示感谢:"你们是天柱的恩人,这么多孩子因为你们找到了工作,改变了命运,改变了家庭。"从项目第二期学员杨武治家里出来时,乡里的干部偷偷和村里的书记说,"太好了,又有一户马上可以摘帽了"。

学员康义龙说:"杭州社的老师告诉我们,技能就是小银行,什么时候都不能放弃技能学习。"

据悉,为了惠及更多西部地区的贫困孩子,让更多孩子拥有一技之长,杭州社主动牵线搭桥,投入经费上百万元,联合杭州职业技术学院、西奥电梯与黔东南台江职校、四川信息职业技术学院签约共建西南片区电梯维保培训中心,由西奥负责电梯设备提供、安装、实训以及就业,由杭州职业技术学院负责人才培养方案、课程及教师培养。

目前西奥提供的60多万元的全自动智能电梯已经运抵台江进入安装阶段,四川信息职业技术学院的基地建设完成前期考察,进入评估签约阶段。

杭州挂职台江县的副县长司文朋说:"台江整个县城只有2个地方有电梯,一个在县政府,一个在台江大酒店,没有想到台江职校以后会成为西奥的西南片区电梯培训中心,这对促进就业和区域经济发展有不可估量的贡献。"

从1个学员到100多个学员,从杭州异地培训到建立2个西南片区实训基地就地培训,从电梯项目拓展到电商和工业机器人项目,杭州社精准扶贫实施3年来,统筹高校、企业、行业、政府、社会组织等各方资源,充分发挥各方优势,不断创新摸索出了一条以群团组织为牵头单位,社员单位各司所长,无缝对接,高效务实的社会力量多元帮扶长效机制,构建出了一个经费成本可控,技术含量高,项目模式可复制可推广的技能精准扶贫"杭州样式"。

(本文原载于中国新闻网2020年8月25日)

全国高校与湖北高校就业"一帮一"行动启动 首批48对高校已全部完成对接

【主持人】

目前首批开展"一帮一"行动的48对高校已经全部完成对接,将进一步明确帮扶工作目标和具体措施。

首批48对高校中,支援高校包括:北京大学,清华大学,中国人民大学,北京航空航天大学等34所中央部委直属高校,4所省属普通高校,10所全国示范性高职院校,湖北受援高校包括8所中央部委直属高校,30所省属本科院校,10所高职院校。

【贾文胜】

杭州职业技术学院是首批支援高校中10所全国示范性高职院校之一,这次与恩施职业技术学院结对,学校组建了云就业平台,将举办面向恩施职院大学生的云宣讲、云招聘、云面试、云签约。我们学校迅速启动了对口帮扶的工作方案,整合了企业人才需求库,启动了专场招聘会,我们将从平台共建、过程共管、资源共享等方面建立起常态化机制,为疫情之下湖北学生的就业做出我们"杭职人"的努力。

（本文原载于CCTV《新闻直播间》2020年4月15日）

这所高职用"拍卖会"回答怎么搞科研

《中国青年报》记者　蒋雨彤　通讯员　周　曦

高职院校教师的发明专利,能否落地转化?高职学生设计的作品,能值多少钱?杭州职业技术学院用一场科技成果转化拍卖会给出了答案。

11月12日,在2021浙江科技成果竞价(拍卖)会杭州职业技术学院专场会上,共推出35项科技成果进行拍卖,起拍总价1236.5万元,成交总价1736万元,溢价率40.4%。据了解,这次拍卖所得经费,学校只留5%,团队或研究院可以支配95%。

这次专场会也是杭职院举行的第二届科技成果转化拍卖会。2020年,在该校举行的第一届科技成果转化拍卖会上,有17项科技成果参与竞拍,成交总价958.5万元,引起了广泛关注。

据悉,2021年该校师生的参与度高涨,报名人数至少比去年提高了1倍,有不少教师连续2年参与。不少企业也是连续2年参加,因为这次拍卖会上很多项目出发点就是瞄准一线应用的技术难点,成熟度相对高,企业拿去就能直接应用。

该校特种设备学院党总支书记、执行院长郭伟刚已经连续2年都有科技成果参与拍卖,且成交价均在50万元以上。2021年转让的科研成果是"一种基于云原生的MES制造管理平台技术及应用",目前已尝试应用于杭州钱塘区内工业物联网领域内企业的数字化改造。拍卖所得款项将大部分用于所在团队成员的科研能力提升和其他项目预研工作。2020年,郭伟刚带队的一个项目最终拍卖成交价是60万元,团队中有位优秀学生拿到了1.5万元。

在接受记者采访时,郭伟刚介绍,他在德国做访问学者时,发现那边的学生很多都是边学边干,他现在也让学生深度参与,培养学生发现问题、解决问题的科研能力和工匠精神,助力学生成长。

郭伟刚介绍,他办公室的密码锁,就是学生们设计制作的。为了造密码锁,学生们要编程,然后钻孔、打槽、抛光,最后进行安装。他发现,参与项目多的学生,到企业后实际动手能力很强,得到了用人单位的好评,虽然是大专生,但起薪和本科毕业生的差距很小。

该校服装设计与工艺设计专业群团队转让的"系列服装新产品研发和新材料制备技术",拍出了120万元的高价。团队负责人郑小飞介绍,虽然整体而言,高职院校的科研能力和科研素养相比本科院校偏弱,但高职院校科研的特点是重视"立地式"研发,面向企业生产一线开展新产品研发、技术改进以及新技术在企业产品研发和生产中的应用等研究。

在高职教育圈内,对于"高职院校能不能搞科研""要不要搞科研"的话题一直有争议,但一线生产、技术管理、操作能力方面的项目研发对高职院校而言更有优势,却是大家的共识。

杭职院院长徐时清说,国家在制订中国特色高水平高职学校和专业建设计划时,十分重

视高职院校科研平台建设,提出"打造技术技能人才培养高地和技术技能创新服务平台"的总体目标,将其列为十大建设任务之一。"高职院校要承担起'用明天的技术,培养今天的人才,为未来服务'的重任,还要研究新技术、开发新课程、传播新技能。"

关于高职院校怎么搞科研,徐时清认为,先应从思想上认识到科研的重要,高职院校专业教师多认为做好教育教学工作是主业,科研工作只是锦上添花。其实,科技创新和技术服务能进一步促进教师提升教育教学水平和人才培养质量。"学校举行科技成果拍卖活动,是希望更好地推动职业院校科技创新资源落地转化和产业化,打通科技成果转化'最后一公里',为地方经济社会发展贡献'职教力量'。"

(本文原载于《中国青年报》2021年11月22日6版)

全国学校急救教育试点工作推进会在杭召开

全国学校急救教育试点工作推进会

7月25日,全国学校急救教育试点工作推进会在杭州职业技术学院举行。教育部体育卫生与艺术教育司体育与卫生教育处副处长樊泽民,中国教育装备行业协会常务副会长夏国明,浙江省教育厅体卫艺处处长李建章,浙江省红十字会党组成员、专职副会长黄元龙,杭州市教育局党委委员、副局长高宁,杭州市红十字会党组成员、二级巡视员谭湘,全国校园急救教育试点工作办公室副主任李梦莹、王艳,杭州职业技术学院校长徐时清、副校长楼晓春以及浙江省各试点学校相关负责人出席会议。会议以线上线下相结合的形式召开,并覆盖全国各试点学校。

樊泽民在讲话中指出,要把学校急救教育放在非常突出的位置,深刻认识急救教育是新时代学校卫生与健康教育工作的重要组成部分,加强学校急救教育是构建高质量学校卫生与健康教育体系工作的重要举措。他指出,自全国学校急救教育试点工作开展以来,试点办全力推动,组建了试点工作专家队伍,研制了《学校急救教育教学大纲》《校园急救设施设备配备规范(试行)》等,确保试点工作积极稳妥推进。他强调,下一步试点办将继续做好整合资源,通过加强学校急救教育设施设备配备,部署推进第二批试点学校建设,加强急救教育宣传,指导推动省级教育行政部门加大急救教育工作力度等,推动急救教育取得新的更大成效。

黄元龙指出,开展急救教育是普及全民急救知识、落实健康中国战略的重要抓手,浙江省红十字会将配合教育部及省教育厅,会同各级力量一道将安全教育、健康教育融入学校教育各环节、学生成长全过程,牢固树立"生命至上、健康第一"理念,引导师生敬畏生命、关爱

他人、帮助他人。

李梦莹代表试点办从试点工作情况、教学资源建设、师资标准建设、信息化平台建设和宣传展示等方面,对上半年急救教育试点工作推进情况做了总结,对下一步重点任务推进做了部署。

徐时清代表学校致欢迎辞并介绍了办学情况、急救教育工作开展情况和下一步工作考虑。他表示,杭职院先期已投入80余万在餐厅、学生公寓、体育场馆等重点公共区域布置AED设备,整合医学教育、省市红十字会、急救管理中心等专业资源,建立具有高校急救教育特色的协同机制,在培训基地建设、导师团队培训、师资队伍建设、校园急救技能证书开发等方面开展合作,不断提升学校急救教育的规范化、专业化、数智化水平。

浙江东方职业技术学院校长王佑镁、浙江省人民医院康复医学科重症康复副主任医师朱蔚分别作报告交流。

会上开展了全国急救教育工作平台试运行及logo发布仪式,进行了浙江省试点学校授牌仪式。会后,与会人员一道参观了彩虹鱼康复护理学院内的急救教育智慧教室及急救教育省培基地。

下一步,杭职院将认真落实全国急救教育试点工作要求,培养学生乐于施救、敢于施救、善于施救的精神,把急救教育作为思政教育、健康教育、生命教育的重要内容,作为培养学生掌握急救专项技能、提高教师的专业知识及教学能力的有力举措,德技并修培养更多高素质技术技能人才,不断总结校园急救教育经验,力争为辐射全省全国提供路径借鉴。

（本文原载于人民网2022年7月26日）

浙阿两校开展"云端"创业大讲堂活动

新华网记者　胡潇潇

11月1日,由阿克苏职业技术学院联合浙江省"双高校"杭州职业技术学院发起的"云端"创业大讲堂活动通过视频连线方式在浙阿两地同步举办,1000余名"双创"教育课程师资、"双创"责任辅导员及青年大学生通过"云端"参与直播互动。

"云端"活动现场,阿克苏职业技术学院笃行创业学院宣传片正式发布。杭州职业技术学院创业学院副院长、团委副书记李海涛围绕推动政校合作与创业资源整合,运用"互联网+"创新思维,为广大师生带来《"3334"创新创业教育模式创新与实践》的主题宣讲,引导两地大学生学习浙江创新创业教育新模式、创业生态新系统和组织服务新体系,指导学生掌握创业教育、创新辅导和创造活动的设计技巧。

阿克苏职业技术学院党委委员、副院长王新萍表示:"我们以开展连线活动为契机,希望促进两校在课程体系、师资队伍、平台空间、实践活动、制度建设等领域的交流互通,协同培育'双创'人才。"

"两校因对口协作结缘,以专业领域的互促共建为基础,协力探索'双创'教育的同步提升,可以进一步使已有显性成果得到全方位提质,以点带面扩大创新创业领域综合效益。"杭州职业技术学院党委副书记陈泉淼说。

(本文原载于新华网2022年11月5日)

浙江"组团式"职教援疆:从"帮扶一校"到"助推一地"

《新疆日报》记者　张治立　石榴云

"我们虽然人回来了,心依然牵挂着阿克苏。受援地职业院校有什么需求,我们在后方也一定全力帮助。"2月15日,结束援疆工作已回到家乡的杭州职业技术学院"国家双高校"建设办公室主任、教授徐高峰在电话里对记者说。

2021年9月,徐高峰作为中组部组织的浙江省第十批第二期援疆技术人才到阿克苏职业技术学院工作,任学院党委委员、副院长,兼任学院援疆教师团领队。阿克苏职业技术学院在南疆处于"领头羊"地位,经过充分调研,徐高峰发现包括这所学院在内,南疆职业院校最大的制约因素是缺乏高水平的专业建设标志性成果。于是,他决定以此为切入点,发挥浙江"组团式"职教援疆的经验优势,为受援地职教事业发展添砖加瓦。

一年半的援疆时光在繁忙中匆匆而过,在浙江省对口支援新疆工作前方指挥部统一领导下,徐高峰和他的团队用辛勤汗水浇灌出了累累硕果:阿克苏职业技术学院在创新创业、职业教育教学成果、教师教学能力大赛和学生技能大赛等领域获得多项国家级和自治区级奖项,实施传帮带"青蓝工程"培养了一批带不走的本地教师队伍,为学院教育教学进一步高质量发展夯实了基础。同时,借助"浙阿职业教育发展联盟"平台,赴拜城县等县市开展康复培训、大赛指导、专题讲座等活动,实现从"帮扶一校"到"助推一地"的蝶变。

浙江省对口支援新疆工作前方指挥部人才组组长、阿克苏地区教育局副局长蓝邓骏介绍,2022年4月,两地将"组团式"教育援疆列为任务清单之首,并把职教援疆摆在突出位置,迭代升级覆盖中职到本科、职校到特教的全链式组团援疆体系,助力打造区域性职教高地。

搭建浙阿职业教育发展联盟,浙江整合60余所高校、90余家企业,按照"一校包一专业、一企联一专业"的产教融合模式,与阿克苏地区和兵团第一师15所职业学校结对联姻,重点扶持当地60多个优势特色专业。实施传帮带"青蓝工程""双师型"未来职教名师培养计划,开展现场"结对师带徒"指导和"远程式"送教指导,实行"援疆教师+后方专家""双导师制",创新教学管理模式、编写各专业学生实训指导手册、连续举办6届职业院校师生技能大赛……一系列创新改革举措,让阿克苏地区的职业教育院校焕发出更加蓬勃的生机活力。

(本文原载于《新疆日报》2023日2月20日 A7版)

杭职院学生参与监测下沙河流水质

杭州网记者　陈　焕　通讯员　干雅平　周　曦

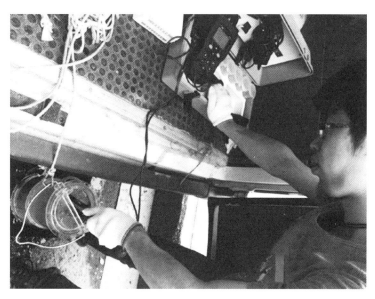

监测水温、pH值、溶解氧

最近,杭州下沙经济技术开发区开展了2014年度上半年的河流水质取样监测工作。与以往不同的是,这次参与水质取样的除了环境监测站的工作人员,还有来自杭州职业技术学院环境监测与治理技术专业"五水共治,你我先行"水质监测暑期实践活动小分队的学生们。

经过2天的系统学习后,杭职院的学生于7月7日前往杭州经济技术开发区环境监测站,与工作人员一起对下沙的代表性河流进行水体采样和监测。

在采集水样的过程中,首先要检测水体的透明度。采样员冯工边取水样边向学生们解释:"取了水样的瓶子要分成2个部分,一部分用于直读仪监测水温、pH值、溶解氧,另一部分分装于不同的瓶子中,编号后带回实验室用于石油类、总磷、氨氮监测。"他只用了10分钟,一个监测点的水样就取好了。但为了力求更客观真实地反映下沙各条河流的水质情况,他们得运用科学的布点方式,花费整整1天时间采集30个河段点的水样。

下沙环境监测站的余站长表示,他们很欢迎杭职院的学生参与此次水样采集监测的活动,希望此举能令学生们学以致用、开阔视野、提高专业技能,用实际行动促进民众环保意识的提高。

等此次采集水样的质量报告出炉后,杭职院的学生还将前往下沙的智格社区、朗琴社区,以最有说服力的水质现状开展节水宣传活动,增强居民保护水源、节约用水的意识。

　　通过本次的暑期实践活动,学生们深刻认识到水污染的严峻性和治理的紧迫感,体会到了"五水共治,治污先行"的重要意义,意识到了全民环保意识提高的重要性,坚定了保护环境的决心,更加强了对专业知识的延续。

(本文原载于杭州网 2014 年 7 月 11 日)

园艺烘焙汽修 这堂技能体验课真棒

杭职院学生牵手弯湾托管中心的孩子,在校园里开展快闪、义卖活动

为特殊孩子开洗车课堂帮助适应以后的职业生活

《钱江晚报》记者　林晓莹　通讯员　周　曦

昨日,杭州职业技术学院迎来了一群特殊的孩子,他们在学校广场上制作手工艺品,并和大学生们一起开展了一场快闪游戏。

这群大学生还定期为孩子们进行洗车培训,让他们在洗车技能上得到很大提升,并掌握了洗车的技术要领,帮助他们就业,助力他们适应职业生活。

> **和大学生一起跳舞**
> **孩子们脸上满是笑容**

昨天下午1点,校园里阳光明媚,图书馆门口很平静,陆陆续续有学生经过。十几个大学生聚集在这里,每人牵着一个孩子并一字排开。随着广场上音乐响起,大学生和孩子们一起舞动起来,上演了一场舞蹈快闪。

这群孩子来自弯湾托管中心,他们存在不同程度的智力障碍。

快闪开始,小朋友小英紧跟着一名大学生扭动身体,一边跳一边嘴巴里念叨:"左一步,右一步,再停顿一下,对吧姐姐?"边上的大学生笑着点点头:"很好,慢慢来,一步一步,不着急。"

一不小心,小英踩到了大学生的脚,立马主动说了句:"对不起,我跳得有点慢,踩到你了。"

音乐在不断变化,孩子们跟着大学生扭动着,虽然动作有点慢,但很认真,每个步伐都跟着音乐跳动。现场非常热闹,很快引来众多同学的围观,在路人的鼓舞下,孩子们跳完一曲舞蹈又来一曲,他们的脸上满是笑容。"这是我们第一次带着这群孩子玩快闪,刚开始还担心他们会跟不上,现在看来,他们每个都很棒。"杭职院青年汽车学院团委总书记陈超说。

快闪过后就是义卖活动,孩子们拿出自己制作的手工艺品进行售卖。见到孩子们制作的杯垫、玫瑰花等手工艺品,大学生们都爱不释手,争相购买。

定期开设洗车培训
给孩子们带去信心和技能

孩子们不但会做手工艺品,还会洗车,因而杭州职业技术学院青年汽车学院的大学生们便长期和这群孩子对接,为他们提供汽车专业的学习帮助。

洗车对于大部分人来说并不是难事,但对于这群孩子,可能需要更多的爱心和加倍的耐心。

胡嘉玉是汽车技术服务与营销专业的学生。这半年来,只要她没课,就会去托管中心和这群孩子们一起洗车。

"洗一辆车大概4个学员一组,因为洗得超级认真,洗一次需要30到40分钟。"胡嘉玉说,"在洗车中,虽然他们的手法有些别扭、不协调,但他们都很用心。而我们会给他们专业帮助,提高他们的洗车技能,并让他们在原本会洗车的基础上提高效率与专注度。

"和他们在一起很开心,我们一起去公园晨练、一起擦车、一起学习、一起做手工,闲暇之余开开玩笑唠唠嗑,就像朋友一样。"胡嘉玉说。

弯湾托管中心创办于2009年9月,是一家为特教学校毕业的孩子创建的学费、托管费、餐费等全免的民非培育托管机构。

"得知托管中心为心智障碍青年量身定做的支持性集体就业的洗车实训点后,我们立马联系,让我们的大学生与孩子们对接,提供专业帮助。"陈超说,这群孩子说话慢,不懂表达,但可以集体就业,他们能完成洗车这种集体配合工作,快乐工作也是一种康复训练。

(本文原载于《钱江晚报》2016年12月9日Q5版)

杭职院为格林纳达学员带去
汽车维修技术知识

《钱江晚报》记者　阮飞霞　通讯员　周　曦

在格林纳达进行汽车维护保养实践教学

　　近日,杭州职业技术学院接到了一封来自中国驻格林纳达大使馆经商处的感谢信,信中特别感谢邱英杰和郑明峰两位老师克服签证被拒、天气潮热、物资匮乏、蚊虫叮咬等种种困难,不远万里为格林纳达学员带去汽车方面的知识。

　　这是怎么一回事呢? 2017年7月12日,由中国商务部主办、宁波职业技术学院承办的"2017年格林纳达汽车维修技术海外培训班"在格林纳达玛丽秀社区大学举行开班仪式。而早在2014年,杭职院就与宁职院合作共同承担一些商务部援外培训项目,这次的"2017年格林纳达汽车维修技术海外培训班"正是其中之一。

　　肩负此次海外培训重任的专业是杭职院汽车检测与维修技术专业。这个专业,有非常牛的一面,它是中央财政支持的国家重点建设专业、全国职业院校交通运输类示范专业、浙江省"十三五"优势专业、"十一五"特色专业和杭州市特色专业。

　　这个专业现有专任教师16人,其中教授、副教授10名,汽车维修高级技师6名,汽车维修高级考评员6名,汽车维修企业精英兼职教师达20余人,形成校企互通、专兼结合、业务精通的专业教学团队。专业拥有实训设备总值约3700余万元的国家重点实训基地"汽车修理技术中心"。与杭州及省内各地的宝马、奔驰、奥迪等多家品牌汽车4S店共建校外实训、实习、就业基地,可充分满足专业学生的实习与就业。

杭职院对这次援外培训项目非常重视,将其作为办学国际化之路上的一次重要海外尝试,特地安排了这个专业的负责人邱英杰老师全程对接。

2017年5月27日至6月4日,学校委派邱英杰老师与宁职院项目主管郑洁琼老师一道共赴格林纳达,进行格林纳达汽车维修技术海外培训项目的前期实地考察。通过与格林纳达相关部门对接,洽谈培训细节,查看培训场地和教学设施,了解学员基本情况,为培训工作的顺利开展打下良好基础。

根据项目要求和前期调研考察的情况,邱英杰针对性地制订了培训内容,主要包括汽车基础知识、汽车发动机、汽车电器、汽车底盘、汽车维护保养、汽车美容及汽车故障诊断。

"因签证的问题,原本由4人组成的授课专家团队,一波三折,最终只有我和郑明锋两位老师成行。"邱英杰回忆说。

海外培训课程于7月13日正式开课,整个培训课程分为3个阶段。第一阶段,由邱英杰完成汽车基础知识、汽车发动机和汽车电器三部分的培训,同时负责带领全体学员开展当地汽车维修企业参观活动;第二阶段,由郑明锋完成汽车保养与故障诊断的培训与实践;第三阶段,由邱英杰完成汽车底盘部分的培训,并对本次专业培训进行了简短的总结。

此次培训班共有来自格林纳达政府部门、T.A.玛丽秀社区大学和格林纳达当地汽修机构26名人员参加学习。培训班重点学习了汽车概论、汽车发动机构造、汽车保养、汽车故障检测等专业课程,并到汽修车间进行实地操作。

据格林纳达教育人力资源及环境部部长宏·安东尼·博茨韦恩先生介绍,格林纳达国家虽小,但汽车保有量高,需要大量汽车维修人员。这次培训班提升了该国汽修人员的技能水平,增进了两国友谊,也期待今后能够在其他领域开展更多的职业技能培训及合作。

据了解,这次汽车维修海外培训班是中国在格林纳达举办的第一批双边海外培训班之一,标志着中格双边培训项目进入新的发展阶段。对杭职院而言,有机会参与承担这样的援外培训项目,对学校、对专业、对教师都具有重要的意义。

(本文原载于《钱江晚报》2017年8月10日 Q8版)

首届"3D打印与智能制造技能大赛"
在杭州举行

央广网记者　谢梦洁　通讯员　周　曦

国外学生正在参赛

　　双屏曲面大弧度的"零界VR眼镜",酷炫的"IRONMAN可穿戴式铠甲",多种传感器集于一体的"多环境智能探测'蜘蛛'机器人"⋯⋯这些科技感十足的产品,都是"金砖国家技能发展与技术创新大赛—首届3D打印与智能制造技能大赛"3D打印赛项的参赛作品。8月24日,"金砖国家技能发展与技术创新大赛—首届3D打印与智能制造技能大赛"在杭州职业技术学院正式开幕。

　　据了解,本届竞赛是在金砖国家"深化金砖伙伴关系,开辟更加光明未来"的时代背景下开展的一项大型国际赛事;目的是为促进金砖国家技能发展和技术交流,落实金砖五国共同签署的有关人才发展合作备忘录的相关精神,搭建"一带一路"暨金砖国家职业技能发展、工程能力培养和智能技术创新国际合作平台。

　　本届竞赛从筹备到预赛和决赛,历时近半年,经过层层选拔,最终杭州职业技术学院等80家院校代表队和南非、俄罗斯等国际代表队的270名选手进入决赛。据悉,这些选手来自国内外高等院校,其中大学占6%、高职院校占82%、技师学院占12%。

　　"3D打印与智能制造代表了产业转型未来的发展方向,这方面浙江是走在前列的。我们杭职院的办学定位立足于浙江的产业转型方向,而3D打印与智能制造这2个领域是我们重点发展和培养的专业方向,此次我们是主动出击去争取这次比赛的举办地。"杭州职业技术学院校长、教授贾文胜向记者透露道,"我觉得这个比赛的举办很有意义,因为这个比赛既

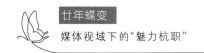
是国际交流的平台,也为学校与学校之间的交流合作提供了很好的机会。"

在大赛现场,记者见到了一款用3D打印技术制作的虚拟现实头盔式显示设备,该款名为"零界VR眼镜"的设备作品是杭州职业技术学院工业设计专业的大三学生吴佳俊和他的团队制作的,该参赛作品已经顺利入选此次3D打印大赛的决赛环节。"我们这款自主研发的产品理念是重新定义虚拟与现实,它有独特的光学结构,镜片由菲涅尔材料以及曲面光学透镜组成,从而营造一种视觉沉浸感。在基于创新设计和光学计算的基础上,最后达到了180°以上的视野包裹效果,这和市面上传统的100°的视野包裹的VR眼镜有本质区别。"吴佳俊介绍道。

"我们从设计初期到产品实体化大概用了3个月时间,当然如此快的完成速度依赖于3D打印技术,传统上,建造一款工程样本需要1到2年的时间,费用也要好几万元,但使用3D打印技术就能很快实现产品实体化,费用只要3000到5000元。"吴佳俊说,"3D打印技术精度非常高,可以达到0.01毫米,与此同时,传统工艺做不出的特殊镂空的产品结构也能通过3D打印技术实现。"

"我们现在已经和杭州阵视科技有限公司合作研发,参数由他们公司提供,我们负责制作部分。这款产品的应用前景非常广阔,比如VR影院、VR电影的放映。这款产品的镜片和屏幕的夹角技术,我们都已经申请了专利。"吴佳俊透露道。

除了参赛选手,现场还有很多参展的企业。在参展现场,一款非常有特色的用3D打印技术制作的北京角楼吸引了参展的观众。"我们这款北京角楼完全是用3D打印技术制作的,建模需要3到5天的时间,然后打印出来需要3到5天的时间,我们是通过不同3D打印机器组合打印的,然后后期再用黏合技术制作出成品。"制作方北京汇天威科技有限公司的负责人告诉记者,"我们制作的理念是运用现代的科学技术来制作传统的中国建筑,展现中国传统文化的独特风采。"

记者还了解到,社会对于3D打印与智能制造的需求越来越大。在就业市场上经过专业训练、有工作经验的自动化工程师底薪在12万—18万元,技术骨干20万—30万元也不成问题。而按照工信部的发展规划,预计到2020年我国工业机器人装机量将达到100万台,大约需要20万工业机器人应用相关从业人员,每年需要4万名工业机器人应用人才。2017年,杭州职业技术学院首次开设的新专业——工业机器人技术专业,就受到了高考考生的热情追捧。

据悉,此次大赛将持续到26日,除开展两大赛项的决赛外,比赛期间还安排了智能制造表演赛、3D打印表演赛、先进制造和非物质文化遗产技能展示等环节,让人们更好地了解3D打印与智能制造。

(本文原载于央广网2017年8月25日)

杭州职业技术学院的这位学生
一年坚持志愿服务380个小时

《钱江晚报》记者　阮飞霞　通讯员　周　曦

1年,380个小时。这是杭州职业技术学院的刘则进一年的志愿服务时间,他用这380个小时,帮助了无数人。

刘则进,是达利女装学院服装1621班班长,达利学工办辅导员助理,也是达利芝兰社副社长。

380小时,相当于平均每天一小时,究竟是怎么坚持下来的? 对于这件事,刘则进有自己的座右铭:"志愿服务是一种生活方式。"

深入偏远山区,给孩子们带去温暖

刚进入大学,刘则进就加入了校青年志愿者协会。他记得很清楚,第一次参与

刘则进给小朋友们讲课

的活动,就是为贫困山区捐衣。从这一场活动开始,刘则进迈上了自己的志愿服务道路。

"其实,我最初参与志愿者活动是受到高年级学姐和学长的影响,想法也比较简单,就是希望能贡献自己的一份力量。"刘则进说,后来他慢慢在志愿活动中找到了真正的意义,于是,在老师的鼓励和学姐学长的引领下,学校的志愿者活动中,越来越多地出现了他的身影。

特别是在"少年宫美术馆""国际动漫节""春泥计划支教"等志愿活动中,刘则进结识了许多校内外志同道合的朋友,在服务社会的过程中收获的纯真友谊,也成为他坚持下去的支柱。

每年参加众多的志愿服务活动,刘则进的脑海里总会保留着很多有意义的片段。

"印象最深的,要数'春泥计划暑期快乐直通车支教活动'。"刘则进回忆说,"当时我们进入偏远山区,一开始开展活动就受挫不小。一是那里艰苦的环境,二是小孩子们都比较害羞,不是很愿意和我们亲近,互动性就比较弱。"

虽然有些受挫,但是刘则进没有着急,反而沉下心来想出了一些别出心裁的活动——"美丽家园写生""陶泥课程""基础美术""盘子画"。"这些动手课程,把小朋友们的兴趣都调动起来了,过程中队员们与孩子间有更多的亲密交流,使得他们迅速融入活动集体中。"刘则

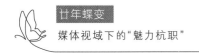

进说。

渐渐地,一些怯懦的孩子变得开朗,一些急躁的孩子变得平和,相似的童年经历让刘则进很容易理解孩子并为他们带来一道温暖的阳光。

为了逗老人们开心,特地学口琴上台表演

去年,刘则进和其他小伙伴一起参与了第八届哥哥姐姐志愿者服务队"快乐乡村直通车",前往洞桥给当地留守孩子们做临时父母。

每天,他们一起去送孩子们放学,一起帮忙做饭。晚上,辅导孩子们做好作业后,和孩子们一起玩游戏。"这是一个感恩小游戏,就是让孩子们说出一天中值得感恩的事和人,小朋友们特别喜欢这个游戏,它让小朋友们懂得了什么是感恩,也乐于去记住生活中别人对自己的好。"刘则进说。

他的志愿服务既服务小朋友,也服务老人。在校志愿服务协会里,他和同学们一起前往养老院与老人互动,为了让老人开心,他还现学了吹一曲口琴,尽管现场吹得很紧张,但听到老人们的掌声,他认为很值得。

丰富的志愿者经历也培养了刘则进一些良好的品质,同学和老师眼中的他勤俭节约、乐于助人,绝不给别人添麻烦。

由于有时志愿者活动会劝导别人,因此他对自己也有更高的要求。所以,他是班长、辅导员助理,也是达利芝兰社副社长。还有"奖学金获得者""优秀学生干部"以及校内各种比赛的奖项,他都积累了厚厚的一打。

平均每天坚持1小时的志愿服务,刘则进感悟极深,他觉得,做志愿者,在帮助他人、服务社会、贡献社会的同时,也在传递着爱心、传播着文明,"其实,大学生的志愿服务也是一种文化的回归与传承。"刘则进说。

(本文原载于《钱江晚报》2018年4月16日Q8版)

杭职院"百千万"活动结硕果，
技术帮扶为企业提升20%生产效率

杭+新闻记者　方秀芬　通讯员　周　曦

杭职院技术团队在企业开展生产调研

　　刚刚，传来一个好消息，位于临安板桥镇的杭州天恒机械有限公司日前取得了一系列的成绩：千斤顶底座的数控加工程序得到了优化，加工效率提升超过20%；工装夹具的重新设计，生产工程中的关键零件——阀体零件的深孔加工报废率也直线下降，大力提升了企业的生产效益。在这场技术变革中，杭州职业技术学院的专业教师团队成了企业的智囊团。

　　其实，这场关系到企业产能全面提升的改造，源于2018年3月杭州市委发起的"联百乡结千村访万户"蹲点调研活动。当时，由杭职院校长贾文胜率队的"百千万"蹲点调研组来到板桥镇的杭州天恒机械有限公司，这是一家主要生产千斤顶的大型企业，产品主要销往欧美国家，年产值2.5亿元。在调研过程中，调研组发现该企业近年来一直受到人力成本高、产能低、技术革新能力弱、人才队伍青黄不接等问题困扰，特别是现在"机器换人"的工业变革迫在眉睫，企业精益管理等工作亟待推进。

　　在了解到企业迫切的需求后，杭职院党委书记金波带领学校友嘉机电学院的专业教师再次前往企业，就其中的技术难点环节进行深入对接，并迅速组建由博士、骨干教师组成的企业技改服务队，在随后几个月内多次主动上门开展技术帮扶。

　　暑假期间，杭职院的技术团队仍连续蹲点生产车间，进行现场技改帮扶，同时邀请企业

来校技术交流。最终,他们从关键零部件数控加工工艺优化、冲压模具结构优化、工装夹具优化设计、刀具修复技术、核心零部件溢流阀功能衰减、板材成形新技术引入等6个方面对企业的生产、加工工艺进行技改,产品加工时间节约了20%,攻破了困扰企业多年的难题,提高了生产效率、降低了生产成本,校企双方也缔结了合作协议,结成了长期合作伙伴。

(本文原载于杭+新闻2018年8月21日)

电梯安装维修工有了国家标准
杭职院是全国唯一参与标准编写的院校

《浙江工人日报》记者　杜成敏　通讯员　周　曦

日前,《电梯安装维修工国家职业技能标准》通过了国家人社部终审,这意味着电梯安装维修工无等级、无题库、无考核标准的现状,将得到彻底改善,而杭州职业技术学院是全国唯一参与标准编写的院校。

据不完全统计,截至2017年底,我国电梯总量达562.7万台,已成为全球电梯使用量第一、年增加量第一和制造产量第一的国家。电梯安全事关人民群众生命财产安全,事关经济社会的和谐稳定,事关国家安全生产大局。

电梯安装维修工是指使用工具、夹具、量具、检测仪器及设备,安装、调试、维修、改造电梯的人员。最近版修订的《中华人民共和国职业分类大典》将电梯安装维修工列入国家职业资格目录。

2017年,人社部将电梯安装工标准列入首批编写项目,并由浙江省人社厅负责编写事宜。受浙江省人社厅委托,浙江省特种设备检验研究院组织全国知名电梯专家完成这部《电梯安装维修工国家职业技能标准》。杭州职业技术学院电梯工程技术专业负责人金新锋是标准编写组组长。据金新锋介绍,《电梯安装维修工国家职业技能标准(终审稿)》将电梯安装维修工划分为5个等级,对每个等级的工作内容、技能要求、相关知识要求做了明确规定。评审专家认为,该标准填补了我国电梯安装和维修保养领域职业标准的空白,对电梯安装维修工的职业教育和从业人员的职业能力水平提升将起到促进作用。

有关人士认为,杭州职业技术学院作为本标准编写组长单位、全国唯一参与标准编写的院校,通过本次工作也对该院电梯工程技术专业人才培养模式创新注入了新生力量,为电梯工程技术专业成长为全国一流专业提供了资源保障。

(本文原载于《浙江工人日报》2018年10月19日3版)

校企携手走出去助力"一带一路"建设

我省谋划共建丝路学院

《浙江日报》记者　马悦　通讯员　钟欢欢　周　曦

5月9日,省教育厅、省商务厅在杭州职业技术学院召开共建"'一带一路'丝路学院"校企对话会。来自浙江省40家高校、56家企业的100余名代表共商校企合作新模式,探讨如何加快"走出去"的步伐,到"一带一路"沿线国家共建"丝路学院"。

会上,省教育厅与省商务厅签署了《省教育厅省商务厅合作共建"'一带一路'丝路学院"谅解备忘录》。双方将共同合作,鼓励企业与高校携手,计划通过3年时间,在"一带一路"沿线国家建设15至20所"丝路学院"。

（本文原载于《浙江日报》2019年5月10日8版）

杭职院师生打造亚运蛋糕助力亚洲美食节

杭+新闻记者　方秀芬　通讯员　周　曦

杭职院学生在亚洲美食节现场

Q萌可爱的马卡龙，精美绝伦的翻糖蛋糕……在刚刚结束的"知味杭州"亚洲美食节上，一批汇聚着杭州亚运会会徽元素的烘焙食品刚一亮相，就让观众们惊叹不已。这些造型精致、构思精巧的甜品，都出自杭州职业技术学院食品营养与检测专业学生和老师之手。

专业负责人支明玉老师介绍说，这套甜品名叫"醇美亚运，悦动杭城"，结合了亚运元素和杭州元素，由亚运主题的翻糖蛋糕、运动元素的翻糖蛋糕、会徽元素的马卡龙等组成。其中亚运主题翻糖蛋糕的最下层是莲花形的奥体中心，寓意体育精神在基层绽放光彩；蛋糕顶部抽象的扇形，是代表杭州温婉气质的折扇，同时也是亚运会徽中的扇形；蛋糕中部的蓝色飘带代表着杭州的水系，既有浪潮澎湃的钱塘江，也有静若处子的西湖；点缀在整个蛋糕的球形组合代表大小球类运动，也寓意我们共处一个地球。

"别看这些蛋糕小小的，光是设计方案就改了很多遍，一个人就要做一天。"杭州职业技术学院大二学生唐丹瑶说，"特别是这个翻糖蛋糕，造型前后改了半个多月，从烘焙到装饰都非常精细，组装各种部件时都要求我们有足够的耐心和细心。"

据了解，这已经不是杭职院食品营养与检测专业的师生首次服务于大型活动了。在G20、全国学运会、互联网大会、世界游泳锦标赛等大型活动中，他们都应邀为主办方提供了专业的食品安全快检服务。而这次涉足甜品制作领域，则是他们的一次崭新尝试，在助力杭州城市发展中展示自己的专业实力与城市服务能力。

（本文原载于杭+新闻2019年5月22日）

累并坚定着:杭职院护理专业
毕业生奋战抗疫前线

中国新闻网记者　童笑雨　通讯员　周　曦　杨叶青

雷晓蝶与同事

　　"护士是点燃自己、照亮他人的白衣天使。"每年国际护士节来临时,杭州职业技术学院护理专业都要组织学生开展"授护士帽"仪式,感受这份神圣的职业。这个 2015 年才成立的康复护理专业,已培养了近百名毕业生,其中不少都在这次抗击新冠肺炎的疫情中走上了前线。

　　这些美丽活泼的姑娘们,在校是优秀的学子,在家是父母的心肝宝贝,而现在,她们都是这场抗击疫情战役中的英勇斗士。

　　2020 年的 2 月 14 日,是杭职院护理专业 2019 届毕业生董诗熠工作后的第一个情人节。正奋战在杭州西溪医院隔离病房工作一线的她,虽然已经很久没见到家人和男友了,但她说自己在这个岗位上一直能感受到满满的爱。

　　"昨天有爱心人士给我们送了巧克力,前几天有送花的,再之前还有不少比萨店、饮料店额外送来许多食物和打气的纸条,让我们充满了动力。"

　　董诗熠是一个活泼爱笑、元气满满的姑娘,工作内容是在隔离病房照顾新冠肺炎疑似病人。"几乎每个病人进来时心率都在 120 以上,特别紧张。面对这样的病人,我们要从生活、医学和心理上都照顾好他们。"

董诗熠说,给病人送饭、打水、抽血时她都会尽量多聊几句,消除他们的紧张感。"现在大家态度都特别好,每天对我说无数句'谢谢',这种齐心互助的感觉挺好。"

董诗熠说,尽管防护服穿着又闷又热,尽管工作又忙又累,但看到每个同事认真工作、每个病人安心治疗的样子,她充满了信心。"这次疫情我们一定可以挺过去的,困难绝不会阻挡我们前进的脚步。"

同在西溪医院工作的雷晓蝶,也是杭职院护理专业2019届毕业生。因为此前接触过确诊病例,目前正在医院自我隔离。

大年三十的傍晚,雷晓蝶接到护士长的电话,电话那头语气十分严肃:"晓蝶,晚上夜班12楼肿瘤科,收治新型冠状病毒肺炎患者,备好生活用品,注意防护。"

雷晓蝶默默退掉了原定初一回温州老家的高铁票,与父母打电话道清缘由,来不及过多安慰便回到工作岗位。

后来雷晓蝶才从亲戚口中得知,父母此后天天为她担心、情绪低落。再后来,雷晓蝶老家的县城成了温州疫情最严重的区域,而她,只能在医院下班后为父母担心,叮嘱他们要注意多消毒。

"突如其来的疫情,打破了我家的春节计划。但作为一名医务工作者,这是我的责任和使命。"雷晓蝶说,科室有位曾参与过抗击非典一线的前辈,让她非常崇拜,没想到这次轮到她自己了。"等我结束隔离后,如果疫情还没好转,我要重返岗位。"

在绍兴上虞中医医院急诊科工作的方林飞,是杭职院2018届护理专业毕业生。虽然家就在上虞,但因为单位人手紧张,她已经1个月没回家了。"年三十值夜班时就忙得脚不沾地,忙完一看时间,早过了12点。"

方林飞告诉记者,最近一些同事被派去武汉驰援,后方工作让她变得更加忙碌。前几天夜班时她刚扒拉了两口外卖,就被紧急派去跟120出车,在飞驰的救护车上又胃疼又恶心,但还是强忍下来先抢救病人。

因为物资紧张,方林飞所在的急诊科现在穿的是防尘服,每天下班后用紫外线灯消毒一下第二天继续穿。

跟参与驰援的同事相比,方林飞觉得自己的工作强度算不上什么,只是要纠正自己的饮水习惯。"上班倒一杯水,下了班才可以喝,否则中途想上厕所就太麻烦了。"

（本文原载于中国新闻网2020年2月17日）

职校生坚守火车站防疫点40天
每天志愿服务12小时

中国教育新闻网记者 蒋亦丰 通讯员 周 曦 颜 欢

"贵校的张俊磊同学自大年初三至今,一直坚守在海宁火车站的防疫卡点上,认真做好出站旅客咨询引导等工作,每天服务至少12个小时……"昨天,杭州职业技术学院收到了一封来自共青团海宁市委员会和海宁市志愿者协会的感谢信,对该校汽车营销专业1712班的学生张俊磊表达了感激之情。

张俊磊的家住浙江省海宁市海昌街道的欣旺小区,平时他就热心志愿服务。多次获得校一等奖学金、省技能大赛奖项的张俊磊,也是海宁市优秀志愿者、"志愿汇"系统四星志愿者。

刚刚过去的这个寒假,张俊磊的原计划是备战即将举行的省汽车维修技能大赛。但随着疫情的变化,他决定改变计划。

"我的父母都是党员,防疫战一打响,他们就马上投入其中了。我知道社区在招募疫情防控志愿者时,也就报名了。"张俊磊告诉记者,成为社区的防疫志愿者后,他就与社区干部、小区党员一起张贴防疫宣传海报横幅,发放防疫资料和倡议书,逐家逐户排查外来居民、务工人员,及时掌握小区住户动向。

随着疫情防控工作的深入,张俊磊主动向海宁市团市委报了名,申请到更需要的岗位去参加志愿服务。"当我把决定告诉父母时,他们有点担心,但还是非常支持我。"

从大年初三开始,张俊磊从小区转战到海宁火车站防控卡点继续开展志愿服务。每天7点半到晚上8点,一天工作12个小时以上,这一待就是近40天。

随着最近企业复产复工的启动,火车站的人流也逐渐增加,工作也越来越多。"我现在的工作重心就是帮进入海宁的人员填写健康码。很多年纪大一点的叔叔阿姨都不太会用手机,需要一个个、手把手地教他们。"张俊磊说,一套简单的流程每天要说几百遍,但即便如此,他还很耐心地向旅客讲解流程、宣传防控知识,劝导他们配合工作。

"火车站这个防疫卡点很重要,不只是为了旅客的安全,也是为了整个海宁的安全。"张俊磊说,他会一直坚守下去,等疫情结束、学校开学后,再回杭职院去备战自己要参加的技能大赛。

(本文原载于中国教育新闻网2020年3月5日)

浙江职教不断深化产教融合
打造新时代"工匠摇篮"

《浙江日报》记者　石天星　通讯员　王罗俊　梁　帅

"我不敢相信,过去只有名校生、本科以上学历人才才能进的企业,我竟然已经有一只脚跨进去了。"叶建亮是浙江机电职业技术学院自动化学院机电一体化技术专业的大二学生,最近,他遇到了一个千载难逢的学习机会。

5月12日,由浙江省机电集团有限公司、浙江省能源集团有限公司与浙江机电职业技术学院三方合办的"浙江能源学院"开学了。叶建亮等56名首届新型学徒制班学员进入企业开展生产性实训。在浙江能源学院学习结束后,经考核合格,学员们将拿到机电学院颁发的毕业证书和浙江能源学院颁发的企业职业资格证书,还能与浙能集团签订劳动合同。培养期间,企业还会按月发放学徒津贴,并承担住宿、交通等费用。

为什么要在职业学校开办"浙江能源学院"? 浙能集团组织部副部长黄剑飞说,他们是主动对接学校的,想通过校企"双元"育人模式,缩短人才培养周期,"现在企业普遍感到应用型、操作型的高端技术技能人才很缺,只要有机会培养,都愿意下大力气"。

随着浙江企业转型升级、提质增效,对高端技术技能人才的需求越来越大。2020年3月16日召开的全省制造业高质量发展大会,吹响了浙江全力建设全球先进制造业基地的号角。建设制造强省,需要打造一支庞大的高素质产业工人队伍,而职业教育正是主要途径。

浙江的职业教育,始终以面向市场、服务地方和企业为办学宗旨,产教融合不断深化。宁波职业技术学院近90%的毕业生选择在浙江就业,65%的毕业生选择在宁波就业,是一所"本地离不开"的高职院校。在办学的过程中,学校将专业链紧贴着产业链延伸:对接北仑港万亿级石化产业发展需求,构建"应用化工技术专业群";对接宁波市高端装备产业发展需求,构建"模具设计与制造专业群";对接宁波港口经济圈港航贸易、现代服务等产业发展需求,构建"物流管理专业群"……

产教融合让浙江的职业教育与企业紧紧"绑"在一起。目前全省各地已组建100多个职教集团,与近7000家企业结成紧密合作关系。10多年前,杭州职业技术学院首创"校企共同体"办学模式,"友嘉模式""达利现象"成为影响全国职业教育发展的经典案例。2019年,"推动职业院校和行业企业形成命运共同体"被写入《国家职业教育改革实施方案》。该校校长贾文胜对记者说,"杭职院所设专业严格坚守3条标准:要有产业背景,要有紧密的企业关系,要能讲好杭州故事"。

在不断培养高素质劳动者大军的过程中,浙江职业教育已经把专业触角伸向了高精尖领域。浙江金融职业学院国际贸易实务专业群负责人章安平教授,还有另一个身份——阿

里巴巴数字贸易学院院长。1月3日,阿里巴巴数字贸易学院首届数贸班在阿里巴巴总部举行了开班仪式。金华职业技术学院除了对接金华网络经济、先进装备制造、健康生物医药等五大千亿产业及现代农业、文教卫生等社会事业,还与西子航空、今飞控股集团等企业合作成立"浙江京飞航空制造有限公司",已迎来第一批飞机零件生产下线。

浙江职业教育的成绩单,在全国也是响当当的。去年,浙江推荐参评国家"双高建设计划"的15所高职院校全部入围,其中,高水平学校建设单位6所,高水平专业群建设单位9所,入围总数居全国第一梯队。同时,"高技能青年"不断涌现——第43届喷漆项目金牌获得者杨金龙,第44届汽车喷漆项目金牌获得者蒋应诚,第44届瓷砖贴面项目金牌获得者崔兆举,第45届美发项目金牌获得者石丹……近年来,从浙江走出了一位又一位世界技能大赛冠军,演绎出一个又一个不断追求卓越、走上技能巅峰的故事。

（本文原载于《浙江日报》2020年6月8日1版）

创新路上你我皆可有为

《浙江日报》记者　李　攀

　　12月16日，2020浙江科技成果拍卖会在杭州职业技术学院专场举行。本次拍卖共推出17项科技成果，其中杭州职业技术学院15项、中国计量大学2项，涵盖智能制造、健康医疗、教育、新材料、农林畜牧等技术领域。17项成果，一次清盘，拍得近千万元。

　　与拍卖汽车、房子等资产有所不同的是，这场拍卖会拍卖的是各种各样的科研成果，主角也很特殊——高职院校。形式新颖，效果亮眼。现场有企业家表示，第一次遇到在学校里办拍卖会，认为这样的将科技成果向社会开放共享很新奇。

　　科技成果拍卖在浙江已不是什么新鲜事。早在2012年，浙江就敲响科技成果拍卖第一槌。然而，我省高职院校举行专场竞拍尚不多见，因此这样的拍卖会虽然规模不大，但很有启发和借鉴意义。这样的拍卖会既让我们窥见浙江高职院校科创硬实力的冰山一角，也让我们注意到高职院校在推动科技成果转化方面的创新探索。

　　其实，科技创新不一定都是著名高校和科研院所的事情。我们既要攻克高端芯片等"卡脖子"技术难关，也需要生产出一个个质量过硬的电饭锅、电梯、马桶盖。因此，高职院校和技能型、工程型人才在科技创新中同样发挥着不可替代的作用，并且具有更加贴近生产和市场一线的优势。我们常说，要促进人才链与产业链、创新链有机衔接，这必然少不了高职院校这一环。在完善科研评价体系、培养科研人才、开展基础研究、实施科研攻关等各个方面，高职院校也可以积极作为。

　　浙江正在打造三大科创高地，这离不开优化"产学研用金、才政介美云"十联动创新生态。不论是广大科技工作者还是各大高校院所，乃至奋斗在一线的产业工人，都大有可为，在科创当中找到自己的位置、做出自己的努力。科技创新的活力充分涌流，在全社会形成人人都能创新、人人敢于创新的浓厚氛围，定能为奋力打造"重要窗口"添砖加瓦。

（本文原载于《浙江日报》2020年12月17日7版）

杭职院:17项科研成果拍出近千万元

周　曦

"一部电梯有几百个电气部件,我项目的作用就是让各部件实现本地控制,降低主控制器的系统压力。每部电梯可以降低生产成本8000元。"12月16日,杭州职业技术学院专业教师崔富义的一款专利在2020浙江科技成果拍卖会杭州职业技术学院专场拍出了60万元。

这场由杭职院、杭州钱塘新区管理委员会共同主办,钱塘新区经发科技局、温岭市科技局、浙江知识产权交易中心以及中国计量大学科技处联合承办的科技成果拍卖会,吸引了来自省内外数十家企业代表共300多人参加。

拍卖会共推出17项科技成果,其中杭职院15项、中国计量大学2项,涉及智能制造、健康医疗、教育、新材料、农林畜牧等技术领域。最终,总起拍价678万元的17项科技成果全部成交,总成交价958.5万元,溢价率41.37%。

拍卖会现场还举行了产学研合作签约仪式。杭职院与联想集团、钱塘新区共建联想工业互联网研究院,与温岭市科技局共建技术转移中心,与浙江知识产权交易中心有限公司签订高校科技成果转移转化合作协议。

杭职院校长徐时清表示,科研成果转化"最后一公里"是否顺畅,既关系到教师科研团队的积极性与自信心,又对区域经济发展和产业布局带来重大影响。"杭职院会发挥好自身的资源优势,联合浙江知识产权交易中心的平台优势与钱塘新区的区位优势,积极开展技术合作,打造技术技能创新服务高地。"

(本文原载于《中国教育报》2020年12月22日9版)

四川水职院与杭职院共建乡村治理与发展研究院（学院）

《四川在线》记者　邵明亮

四川水职院与杭职院共建乡村治理与发展研究院（学院）签约仪式

4月24日，记者从四川水利职业技术学院获悉，该院日前与"国家骨干、国家优质、国家双高院校"杭州职业技术学院正式签约，双方将共建乡村治理与发展研究院（学院）。

乡村振兴作为脱贫攻坚战的"后半场"，大力培养现代农业产业者或新型农业职业者，是职业教育紧贴社会经济发展需求做出的重要改革。为此，两校瞄准乡村治理精准发力，分别发挥资源优势和专业特长，共建乡村治理与发展研究院（学院），架起了两校合作的桥梁和学习的通道。

据了解，该研究院（学院）将以服务基层、服务地方为本，推进学术科研、专业设置、师资建设和"三教"改革，不断增强职业教育与农村现代化发展的适应性，为农村高质量发展培养更多技术技能人才。

四川水利职业技术学院相关负责人表示："两校作为东、西部地区行业领先发展的职业院校，在产教融合、校企合作、创新创业等方面都积累了较好的经验和做法，此次战略合作将对杭州、成都两地职业教育高质量发展产生积极意义。"

（本文原载于《四川在线》2021年4月24日）

大学生"变身"智慧监管卫士
守护"舌尖"安全

杭州职业技术学院文明实践微现场

【孙菲】

想知道餐饮企业的食品安全是如何（被）智慧监管的吗？来跟着我们的大学生暑期社会实践团队一起前往现场看看吧。

【食品检验检测技术专业负责人 支明玉】

杭州职业技术学院一直很重视第二课堂的实践育人，我们专业这次和临安区的市场监管局合作，通过让学生参加食品安全、智慧监管共治模式这样的社会实践活动，培养学生的实践技能，增强社会责任感，为打造"数智杭州"出一份力。

【店主】

一开始觉得用这个App比较麻烦，每天都要弄的，后来在学生手把手的指导之下，发现也挺方便的，比较智慧的，也是对餐饮行业的监督和管理，让消费者更加放心。

【学生 顾月】

今天是暑假社会实践的第七天，我们已经完成了累计1000多家中小型餐饮企业的调研量。虽然天气很炎热，大家都很辛苦，但我们也收获很多，智慧监管省时省力，化纸质为电子，能够为保障群众的舌尖安全做出一份贡献，这让我们感觉到非常有意义。

（本文原载于学习强国2021年8月8日）

杭州:劳模工匠进校园讲好"开学第一课"

《工人日报》客户端记者　邹倜然　通讯员　王钰哲

"开学第一课"

　　浙江省杭州天地实验小学的孩子们收获了一堂别开生面的"开学第一课"。这节课的授课教师是5位劳模工匠,他们将劳模精神、劳动精神、工匠精神与"五育"教育结合起来授课,用"三个精神"培育新时代的学生,促进他们"德、智、体、美、劳"全面发展。

　　品德课的授课教师是全国劳动模范、全国道德模范、杭州市公交三分公司驾驶员孔胜东,他以访谈的形式向学生们讲述了他驾驶公交28年,为市民免费修车30年的奉献故事。"公交车有终点,奉献没有终点。"这句孔胜东始终践行着的座右铭,深深地感染了在座的学生。

　　科学技术课由省五一劳动奖章获得者、杭州职业技术学院机电学院教师王赟带来。他从KN95口罩的制作讲起,分享了自己接触数控,投身于机械加工的故事,以此勉励学生们树立报国理想,为中国"智"造贡献力量。

　　劳动技能课由拱墅工匠、钱塘剪纸非遗传承人方建国授课,他给学生们带来了自己的作品——《西湖十景》剪纸,和同学们讲述了自己从事剪纸40年来,从一次次的失败中坚持下来的故事,他"四次剪纸"的成长故事让学生们深刻地感受到了坚持的力量。

　　"文明其精神,野蛮其体魄。"体育课由省劳动模范、杭州市陈经纶体育学校游泳教练魏巍讲授,作为奥运冠军叶诗文的教练,魏巍通过叶诗文的奥运冠军之路,勉励学生们发挥"更高、更快、更强、更团结"的奥林匹克精神,在拼搏中登上属于自己的梦想之巅。

美术课则由"杭州工匠"、杭州第七中学美术教师吴江东讲授。他通过画家李可染"废画三千"的故事,激发学生们的想象力和创造力,让学生们感受求异创新的可贵之处,在新时代做好"独一无二的自己"。

"劳模工匠们的故事让我明白了坚持的可贵,让我相信坚持一定会带来收获。"同学们纷纷表示,要以劳模工匠为学习榜样,认真学习,增长本领,用专注和精益求精的精神激励自己不断前行。

"劳模工匠们的授课立意高远、故事生动,学生们近距离与他们接触,听得进,学得进,深切地感受到了榜样的力量。"学校大队辅导员黄煜说。

当天的活动中,上城区教育局党委书记、局长项海刚带领全区优秀教师代表发起向劳模工匠学习的倡议:"弘扬劳模精神,争做时代楷模。我们应当向这些劳模工匠学习,用精神凝聚力量,用匠心托举梦想,用创新书写华章。"杭州市人大常委会党组副书记、副主任,市总工会主席郑荣胜向学生们赠送劳模工匠系列丛书《逆流而上的力量》,勉励学生们坚定理想信念,迈上成才报国之路。学生代表向5名授课老师献上鲜花,表达敬意。

2021年是中国共产党成立百年,同时也是杭州"926工匠日"设立的第三年,举办"劳模工匠进校园传承精神接好班"开学第一课活动,旨在贯彻落实习近平总书记提出的"立德树人"重要指示精神,进一步营造尊重劳动、尊重创造的良好社会风尚,用劳模精神、劳动精神、工匠精神培育新时代的学生,促进他们"德、智、体、美、劳"全面发展。

(本文原载于《工人日报》客户端2021年9月1日)

杭职院学生"拜师学艺"讲好红色故事

商雅萍

杭职院旅游专业的优秀学生讲解员

"80多年前,在这片红色的土地上,多少人在千难万险中跋涉,多少人在枪林弹雨中战斗,多少人在壮怀激烈中牺牲,多少人在上下求索中坚定……"十一黄金周,中国工农红军北上抗日先遣队纪念馆,来了一批特殊的参观者——来自杭州职业技术学院旅游专业的优秀学生讲解员。

位于淳安县中洲镇的中国工农红军北上抗日先遣队纪念馆,是国内首座全面展示中国工农红军北上抗日先遣队奋战征程的纪念馆,也是一座集红色教育、廉政教育、国防教育和党史研究、干部培训、乡村旅游等于一体的综合性场馆。

杭州职业技术学院旅游专业的优秀学生讲解员一到纪念馆,首先重温了革命先烈的英雄事迹,深入了解了中国工农红军北上抗日先遣队奋力征战的历史。淳安县党史办还为每位学生讲解员配备了讲解员老师,并以"师徒结对"的形式,一对一地进行辅导传授接待讲解技巧。

"讲解员老师给我们的讲解,仿佛将我们带回到那段战火纷飞的岁月,回到学校之后,一定要讲好这段历史,让红色基因代代传承。"许盼盼不仅是一名优秀学生讲解员,而且还是一名预备党员,她说这次不仅学习到了接待讲解技巧,使自己的讲解能力有了进一步的提高,而且还加深了对红色文化的认识,增强了使命感。

为期一周的学习与实践结束后,学生讲解员们将把他们在纪念馆看到、听到、感受到的

红色历史,形成每人8分钟左右的红色主题演讲,带回去分享给更多的在校学生,让更多的人感受这段历史和先烈们所表现出来的革命英雄主义精神。

党史学习教育启动以来,杭州职业技术学院不断创新学习形式,选拔优秀学生通过青年视角讲好党史故事,充分发挥"以青年视角讲党史"的独特优势,通过宣讲过程中的培训、备课,不断引导学生在读懂党史、理解党史、讲好党史过程中增强"四个意识"、坚定"四个自信"、做到"两个维护"。

(本文原载于杭+新闻 2021 年 10 月 3 日)

一份"老友计划" 七年"忘年之约"

《钱塘新区报》记者　徐红燕　通讯员　徐轶婷

杭职院学生志愿者教授老人智能手机用法

每周六上午9点左右,白杨街道云水社区居民余增良和老伴都会出现在社区党群服务中心二楼的会议室,无论刮风下雨,这是他们夫妻俩雷打不动的日常。"我们要活到老,学到老。"今年77岁的余增良和邻居们重回"课堂",学习智能手机的使用与操作。

"年纪大了记性变差了,儿子工作忙不能老是麻烦他。每个星期这些小同学都来,又有耐心,教会了我们使用很多App,让我这个老年人也能跟上社会的脚步。"这堂课,酷爱音乐的余增良计划在淘宝买萨克斯调音器软件安装包,他戴上老花眼镜,等待着"小老师"的到来。

头戴小红帽,身穿红马甲,这门课的老师,是一群来自杭州职业技术学院的学生,是一群致力于志愿服务的热血青年。

2014年,老年智能手机课负责人杨林攀带着一份"老友计划"的策划书来到云水社区,仔细讲述了老年智能手机的益处以及他们的"教学安排"。近些年,云水社区住着许多随子女来杭"老漂"一族,这一计划当即就得到了社区负责人的极大支持。自此,云水社区党群服务中心每周六早上老年智能手机课正式开课,到今年已经是第七个年头了。

网络信息良莠不齐,老年人在使用智能手机的过程中会接触到各种各样的信息,志愿者们针对目前电信诈骗高发的情况,在教授老年人学习使用各种软件的同时,更加注重向老年

人宣传如何安全地使用手机,帮助老年人在移动互联网时代保护好自己的信息安全、财产安全。

一群学生,一种情怀。"老友计划"开展以来,一届又一届朝气蓬勃的学生参与其中,为白杨街道众多社区的老人带去智能手机教学,直至老人们也能"玩转"淘宝购物、抖音拍摄、微信和支付宝支付等功能。有时候,老人们还喜欢跟眼前这些与自己孙子孙女一般大的孩子聊聊家常,借着一对一教学服务,他们成了忘年交。

"每周六上午来社区教老年人使用智能手机已经成为我们生活的一部分,大家都会自觉把这段时间空出来,帮助老年人学习使用智能手机,融入数智生活。"今年,老年智能手机课"接力棒"交接到了杭州职业技术学院学生周宗仁的手上,大二的他在完成自己学业之余,花费了很多精力去组织活动,从志愿者到负责人,智能手机教学课上他几乎没有一次"缺勤"。

目前,"老友计划"正在清雅苑、云水社区和景园社区3个社区火热进行,获得了很好的反响。教学内容涵盖移动支付、网络购物、App使用、美图美颜、信息安全等,帮助社区老人们了解智能手机多项功能,使"老友"们紧跟时代步伐,"玩转"掌上智能。同时,学生们希望未来"老友计划"掌上智能App教学志愿服务能够面向更多社区,持续扩大"老友计划""朋友圈",使更多的"老友"享受到服务。

(本文原载于《钱塘新区报》2021年12月10日6版)

"电梯卫士"积极备战亚运

《杭州日报》记者　王泽英　通讯员　周　曦

"家门口的亚运会即将来临,我们是见证者,也是建设者。"近日,在杭州职业技术学院的电梯实训基地内,开展了一堂与众不同的电梯维保课,一位位志愿参与此次亚运会服务的"电梯卫士"积极备战,期待通过专业技能为保障城市电梯公共安全贡献青春力量。

一个个深灰色的井道鳞次栉比地分布着,一扇扇橙黄色的围栏作为"保护层"分隔其中。走进杭职院这座国内规模一流的电梯实训基地,一眼就看到不少"小黄帽"穿梭其中。在电梯井道顶端旁边的教室内,电梯工程技术专业的王正伟老师正和同学们分享着自己的电梯维保经验:"这座原本普通的扶梯,在G20杭州峰会中运送了许多国际来宾,被誉为'全世界载重最重的扶梯'。"王正伟回忆道,当时他和国内多位专家一起经过近300个小时的检测、调整,最终克服了扶梯噪声大、运行舒适度不佳两大难题,成功跑出高规格运行。

本次课堂,主要围绕"钢丝绳的检测"进行专业内容授课。犹如人体的血管,钢丝绳在电梯的平稳运行中起着至关重要的作用,出现锈蚀、断丝、断股、磨损等故障都可能会引起安全事故。"检测钢丝绳是否出现问题,我们需要严格对接标准,在亚运会的服务中,更是丝毫马虎不得。"在检测是否出现磨损时,王正伟指导学生需运用游标卡尺反复进行精准测量,才可得出检测结果。

课堂上,每两位同学还配有一台专业电脑,电脑中安装了学校和企业联合开发的"虚拟仿真系统"。系统可模拟钢丝绳检测流程,随着镜头的变化,学生可直观地观察电梯各个部件的情况。

"一根根钢丝,汇聚成一股股钢丝绳,零件虽小,却必不可少。如能有幸参与亚运会的志愿服务,我希望同学们也能秉持'钢丝'精神,努力保障电梯安全运行。"课堂的最后,王正伟对同学们认真叮嘱。

（本文原载于《杭州日报》2022年3月7日）

服务亚运培训开始
来看看千名亚运志愿者的第一课

周　曦　王　正

急救知识培训活动

生命健康是人类社会文明进步的基础和前提,多掌握一门技术,更可能在关键时刻帮到他人。3月30日下午,杭州职业技术学院在校内开展"千名亚运志愿者第一课——急救知识培训活动"。

2021年5月起,杭职院面向全校启动多轮遴选,选拔了1300多名师生参加2022杭州亚运会、亚残运会的志愿服务。学校希望他们在正式上岗前都接受应急救护培训,因此举行"千名亚运志愿者第一课——急救知识培训"活动,希望进一步推动杭职院志愿服务专业化进程,提升学校亚运志愿服务水平。因疫情防控,急救培训将分多批次举行,最终覆盖至杭职院全体亚运志愿者,并持续辐射至周边高校。

杭职院党委副书记陈泉淼介绍,2022年1月杭职院被教育部认定为首批全国急救教育试点学校,浙江省共8所学校入选,杭职院是省级协作组组长单位。获批试点之后,杭职院就依托浙江省红十字会的支持,全力发挥校内彩虹鱼康复护理学院和卫生所的专业合力,计划面向全体师生从普及校园急救知识、配备校园急救设施、开展应急救护培训、深化善行善德文化教育等,力争为全国的学校急救教育积累"杭职经验",为教育部推动各级各类学校强化急救教育贡献"杭职力量"。

杭职院团委负责人楼黎瑾表示,志愿者是一张展示大国形象最靓丽的名片,"千名亚运志愿者第一课——急救知识培训"活动进一步帮助杭职院的亚运志愿者树立了志愿服务理念,增强了志愿者们应对突发事件的急救互救意识和专业技能,切实营造了学校"喜迎亚运、奉献他人、提升自己"的浓厚氛围。

(本文原载于浙江在线 2022 年 3 月 30 日)

培训一人 美满一户 共富一方

杭职院:井道里升起星火与希望

《浙江教育报》记者 舒玲玲

来自湖北恩施的"精准扶贫——校校企电梯工程技术班"
学生在杭州职业技术学院实训基地内学习电梯技术

穿过几间矮旧的老房子,但见一栋两层半高的小洋房,簇新而气派。这是雷王鹏在杭州工作几年后,攒钱回老家翻建的。"孩子有出息,我们脸上也有光,好像村里人看我们的眼神都不一样了。"母亲雷松英朴实的话里是满满的自豪,家里经济条件越来越好,日子也越过越幸福。

在丽水市莲都区老竹畲族镇新屋村,雷王鹏"名气"不小:小时候因为家境贫寒,他常常要捡别人穿剩下的衣服,谁见了都流露一丝心疼;现在则是因为他找了份稳定的工作,以一己之力改变了全家人的生活,谁听了都忍不住夸一句能干。"如果沿着原本的成长轨迹,我可能正在老家务农,或是找个小厂子打工。"雷王鹏说,但2017年的一个选择,让他走上了完全不同的人生道路。

那一年,19岁的雷王鹏参加了杭州职业技术学院"宏志班"电梯维修工免费培训。3个月后,他考取特种设备作业人员资格证书,经由杭职院推荐就业,起薪就达到4000元/月。

"家庭是共同富裕建设的最小单元,让每一个家庭都能享有美好生活,是共同富裕的出发点和最终归宿。"在杭职院副院长楼晓春看来,技能致富是职业院校打开通往共富之门的密钥,而特种设备学院从开设"宏志班""励志班"到实施温暖工程"星火计划",多年的坚守就是希望通过"培训一人"实现"美满一户",进而"带动一方",让点点星火燎原成势,助力共同富裕示范区建设。

若有志,就努力指一个方向

2015年,当时还是特种设备学院教科办主任的顾林刚,开始负责学院与省特种设备检验研究院合作的新项目——电梯维修技能培训"宏志班"。因为招收的大多是青田、龙泉、景宁、三门、淳安等地的贫困学生,学校不仅管食宿、免培训费,还帮着争取到了企业的"工资"补助。

"这批学员从不喊苦喊累,夏天在闷热的井道里一待就是一整天,甚至常常主动要求加训到晚上八九点。"顾林刚说,也许受过生活太多的苦,他们格外珍惜手里不多的"甜"。免费培训、管吃管住、略有收入,和杭职院学生同训共学,学成后能推荐就业……这些都是他们加倍努力的理由。

可就是这个连很多男生都扛不下来的辛苦行业,却引得一个女生多次来申请。"她坚持要来杭州,因为不抓住这个机会,她就将面临辍学。"顾林刚口中的这个女生叫蒋志兰,彼时杭职院已经将扶贫项目拓展到了四川、贵州、湖北、云南等中西部地区,并启动温暖工程"星火计划",但尚未招过女学员。

"她一心求学的执着与志气也打动了合作企业。"顾林刚说,杭州西奥电梯有限公司破例同意她加入"星火计划",并提供了更适合她的装配线岗位,"她也被大家亲切地称为'车间花木兰'"。对此,该公司人力资源经理王玉云表示,这并不是西奥电梯第一次为贫困学生专辟岗位,他们希望通过与杭职院的合作,让学员们尽快掌握一技之长,进而改变整个家庭的经济状况。

作为国内电梯人才培养高地,一直以来,对电梯工程技术专业学生的培养,杭职院都采取"学训合一"的现代学徒制。如奥的斯电梯有限公司就在校内派驻了3名工程师,开展现场教学和实训指导。这也给参训的学员们大开方便之门。

"他们同样可以享受企业师父的教学与指导,浙江省特种设备科学研究院还会对他们进行岗前培训,考取证书后会被安排进入西奥、奥的斯、通力等电梯龙头企业实习、工作。"特种设备学院执行院长郭伟刚感慨地说,而在此之前,"很多学员甚至连电梯都没见过,也不知道电梯门该怎么开"。

如有光,就照亮每一个家庭

"老师,我回家乡云南分公司了。""老师,我已经回到四川了。""老师,我在贵州。"……如同"星火计划"所约定的那样,学员们学成结业后,可以根据自己的就业意向,选择留杭就业或返乡就业。"对于回家乡的学员,企业承诺将按照杭州的薪酬标准发放工资。"

高亚峰毕业于河南漯河职业技术学院,借由学校与杭职院、西奥电梯开展的"校校企合作",他得以有机会参加杭职院组织的电梯安全技能免费培训。3个月后,高亚峰顺利通过考核,入职西奥电梯。"我选择回到河南分公司,先后在郑州、商丘等地做过售后维护和线路组长,现在转到了安装监督岗位,管理与公司合作的安装队伍。"工作4年,高亚峰一步一个脚印,走出了明媚的未来。

而在贵州省天柱县一个名不见经传的小村子里,杨武治的母亲成为村民们羡慕的对象。过去家庭年收入不足1000元的建档立卡贫困户,却走出了月工资连续3个月超过2.6万元的一个"金蓝领"。这一切要归功于杨武治参加了"星火计划"电梯维修免费培训项目,并靠自己的努力升任企业班组长。"现在我在村里讲话都更大声了。"杨妈妈特别为儿子骄傲。

不仅体面就业,还能高薪就业,甚至是远超同城薪酬标准就业。"条件这么好,怕不是什么'骗子的圈套'吧?"随着"星火计划"辐射到越来越多的中西部省份,杭职院常因"条件太好"而遭怀疑。

"这样的好事会轮到我们头上?"四川广元的丁聪聪获知可以去杭职院免费学习电梯技术的消息时,就得到了来自妈妈的兜头一盆凉水。还是乡里干部和招生教师找上门,才打消了母子俩的顾虑。"自打离开家,我再也没跟家里要过钱,我现在赚的比妈妈还多。"丁聪聪说,他现在是嘉兴片区的班组长,一个人管理着一个小区63台电梯。

随着老百姓对美好生活需求的日益走高,电梯行业技能人才缺口也进一步拉大,仅维保人员每年缺口就近10万人。"这是一片技能蓝海,我们要授人以渔。"楼晓春表示,杭职院为此专门推出了"工匠摇篮"实施方案,成立了共同富裕研究所,着力整合政府、行业、企业、职业院校优质资源,帮扶贵州、甘肃、云南等中西部12省共24所职业院校,累计培训省内外学员310名,进而改变了310个家庭。

看星火,正燎原好一方未来

但凡能抽出时间,郭伟刚都会随"星火计划"建设项目去到中西部地区。当踏上贵州省台江县的土地时,他发现整个城市几乎看不到电梯的影子。后来才得知,整个台江县城,只有2个地方有电梯,一个是县政府,一个是台江大酒店。然而就是在这里,他们却为台江县中等职业学校建起了一个电梯维保培训中心,使其成为西南地区开展学生实训、社会培训和考证的一体化培训中心。

"大多电梯企业在全国各地都布点有分公司,我们鼓励学员返乡就业,既是服务各地电梯行业发展的需要,也是为老百姓不断增长的对美好生活的需求提前储备人才。"郭伟刚告诉记者,无论是城镇化发展进程对新装电梯的需求,还是人民生活水平提高对老旧小区加装电梯的需要,在未来一段时间里都将保持较快增长,对电梯专业人才的需求也将连年走高。"像我校电梯专业学生还没毕业就被企业提前抢订,就业率始终保持在98%以上。"

更大的市场在中西部地区,意味着更多的人才需求也在那里,把电梯专业人才培养的

"杭职模式"推广出去,成为郭伟刚领衔的特种设备制造与智慧管控技术教师团队共同的愿望。于是,和"星火计划"培训项目一起,"星火计划"建设项目也如火如荼地开展起来。

"威县原本没有电梯安装与维修保养专业,根据四方协议,杭职院的老师们从零开始带着我们创建,不仅帮我们把专业架构建立起来,而且还帮我们理顺了人才培养方案和今后的发展思路。"河北威县职业教育中心学校办公室主任王化涛很感念杭职院的帮扶,自2020年正式开设起,该专业就吸引了大批学生报考。

帮四川剑阁职业高级中学校建实训基地、做师资培训对接;与湖北恩施职业技术学院续签帮扶协议,甚至将线上就业平台与资源向该校学生开放;每年暑期面向省内外电梯专业教师推出教学能力培训;推出面向退役士兵的专项培训和农民培训……"星火"燎原到哪里,杭职院的专业力量就铺陈到哪里。

（本文原载于《浙江教育报》2022年4月29日1版）

团购、直播"带货"齐上阵
大学生爱心助农有妙招

浙江新闻客户端记者 林 婧 通讯员 俞 旭 张佳怡

杭职院学生志愿者直播卖玉米

炎炎夏日,杭州职业技术学院友嘉智能制造学院的学生志愿者们顶着高温,在玉米地里忙碌着。今天是他们开展"情系天林青春行,能量助农振乡村"进文化礼堂志愿服务活动的日子。

早晨,杭州职业技术学院友嘉智能制造学院的10余名学生志愿者来到了淳安县汾口镇天林庄村,刚刚走进文化礼堂,天林庄村的村支书汪书记就"诉苦"道:村里的水果玉米产量大,价格却比普通玉米高,当地的市场小,但又面临着外地售卖物流成本、快递费高的现实问题。"玉米每天都在成熟,怎么样让新鲜可口的水果玉米到城市居民朋友的餐桌上,真的是我每天最愁的事情。"

志愿者们在听完汪书记的讲述后,马上决定要尽自己所能去帮助天林庄村解决"燃眉之急",打算先帮助村里把玉米采摘下来。"掰玉米时有窍门儿,要找个大的、须黑的,往下轻轻一掰,成熟的玉米就下来了。"在天林庄村水果玉米党建生产基地里,汪书记正在向来自杭州职业技术学院的学生们传授掰玉米的技巧。看着汪书记轻巧地掰下玉米,志愿者们争先恐后、跃跃欲试,不一会儿这掰玉米的活就不在话下了。看着自动三两分组动手掰玉米的志愿者们,汪书记忍不住和带队老师说道:"说句心里话,他们过来我挺高兴的,现在人工费高还雇不到人,这可真是帮了我的大忙了。"

如何将当地的水果玉米销售出去是天林庄村亟待解决的难题。为此,志愿者们开通了抖音直播,制订了"亲自试吃+线上宣传+直播带货"的行动方案,通过和村民沟通交流,了解水果玉米种植成长过程,拍摄相关视频,依托互联网中抖音、公众号等新媒体平台,巧妙运用年轻人喜闻乐见的方式直播推介,让外界知晓天林庄水果玉米产业,助力乡村振兴。

"玉米怎么卖?""可以快递吗?"的微信询问消息一个接一个,小区团购、微信群接龙、朋友圈宣传,水果玉米变成了小分队成员们微信对话框里的"关键词"。除此之外,小分队还联系了大巴车,设立了"淳安—下沙"的水果玉米运输共富专车,要亲自将这500公里之外的香甜送到居民的碗中。从玉米的采摘、称重、包装到销售,志愿者们都尽心尽力,仅大半天的时间就帮助农户销售水果玉米累计达300余斤。

看着玉米一斤一斤地销售成功,村民们的嘴角也一点一点地向上扬起。不仅村民们大有所获,对于学生们来说,这也是一堂实践课。杭州职业技术学院友嘉智能制造学院大一学生黄泽锴告诉记者,虽然之前吃过很多品种的玉米,但今天是他第一次吃到水果玉米。"水果玉米可以摘下来直接剥开外皮吃,一口爆浆可以和水果一样生吃。我会推荐老家的亲戚朋友都品尝水果玉米。"对于学生们来说,这更是一堂走进田野的思政课。志愿活动带队老师俞旭表示,他们希望在劳动实践中实现育人价值,组织学生走进田间地头,让同学们在劳动中切身体会"粒粒皆辛苦",具有重要的教育意义,是不可替代的实践课程。

据悉,2022年是杭州职业技术学院连续第四年组织学生赴淳安开展走进农村文化大礼堂活动。该校希望学生们能够在一次次的实践中,与群众、与基层有良好的互动,增强他们对人民群众的感情,进一步强化学好本领、投身"三农"事业、助力乡村振兴、实现共同富裕的责任感和使命感。

（本文原载于浙江新闻客户端2022年6月30日）

杭职院学生赴淳安开展暑期实践

余传林　周　曦

杭职院"新发现"社会实践小分队开展暑期社会实践活动

近日,杭职院"新发现"社会实践小分队在指导老师刘航的带领下,奔赴千岛湖淳安县桥西村、瑶村村、显后村开展大学生进农村文化礼堂暑期社会实践活动。

宣讲反诈知识,护航网络安全

走进桥西村文化礼堂时,就看见桥西村的村支书宋锦岐书记在为同学们的到来而忙碌。经打听才知道,这个文化礼堂经常容易断电,宋锦岐书记正扮演着电工的身份帮同学们恢复电源。他热情地说:"村里的人听说有大学生来这边进行宣讲,大家都特别高兴,特别激动,不少村民一大早就从村里出发来到文化礼堂。"村民们离这边有五六里路的距离,炎炎夏日,顶着日晒,步行几公里来到文化大礼堂参加活动,让杭职院"新发现"小分队的同学们内心激动,也更加坚定了同学们希望把活动做得更有纪念意义的信念。

"昨天接到了一个电话,对方说让我微信转账,当时我没理他就直接给他挂了。"现场的一位阿姨说,"不一会就有警察给我打电话,说我接了诈骗电话,不要相信对方,给对方转账。"原来阿姨之前安装过"国家反诈中心"App,当收到诈骗电话或者诈骗短信的时候就会有公安机关实时追踪,以电话回问的方式防止群众上当受骗。听到这个消息,礼堂里的村民们都坐不住了,开始议论纷纷,大家都表示想下载安装这个软件。

杭职院"新发现"小分队的成员们以一对多的方式,不仅帮叔叔阿姨们下载了"国家反诈中心"App,还教大家简单使用智能手机,为他们添加桌面小插件快速查看天气预报,教他们添加亲戚朋友的微信好友,等等。

活动快结束时,"新发现"社会实践小分队举行了"防诈骗知识我知道"游戏环节,为乡亲们巩固防诈骗知识,并赠送了杭职院校庆周边纪念品。

随后,"新发现"社会实践小分队奔赴瑶村村继续开展进农村文化礼堂暑期社会实践活动。礼堂内来了非常多的爷爷奶奶,年纪最大的已89岁高龄。他们的儿女大多在外打工,一年回来一两次,也很少有机会参加集体活动。活动结束前,"新发现"社会实践小分队用自己带的相机设备,帮奶奶们进行了拍照留念,并现场将照片洗出来送给奶奶们,让他们利用这次活动可以和老姐妹们合影留念。临走前,老人们感慨地说:"感谢你们能过来陪我们聊聊天说说话,平时村子里来的外人比较少,也没有什么事情做,你们不仅过来陪我们聊天,还给我们照片和礼物,我们这些老人真的开心。"

传授摄影经验,助力乡村振兴

次日,杭职院"新发现"小分队来到显后村礼堂,受到了当地村民的热情迎接。

该村的方亮书记向同学们介绍了当地的情况,他无奈地说:"我们这边山核桃特别多,但知道、了解的人却是少之又少。山核桃的旺季在9月份,村里每年也都会有1000多斤的山核桃,卖出去的却只有几百斤。"寥寥数语,道尽了村民的艰难困苦。

方亮书记长叹一声:"我们也进行过宣传,村边就是漂流,但我们没有专业的摄影技术和拍照方法,游客对我们的产品不感兴趣,更不想了解,但他们不知道每一个山核桃,都是我们一点一点用刀刻出裂痕的……"话音未落,方亮书记就对着核桃"一顿操作猛如虎",每一个动作都是那么熟练,这是当地人刻在骨子里的技艺。

小分队成员们听完后感慨万分,都想奉献出自己的绵薄之力来帮助村民们,让显后村的核桃"走出家门,迈向市场"。同时,成员们打算在核桃旺季的时候来帮助村民做一个宣传视频、照片,进一步加大宣传的力度。

"授人以鱼,不如授人以渔",短暂的宣传活动抵不过村民们自身掌握宣传手段而一劳永逸。说干就干,小分队成员面向显后村村民进行了照片拍摄的技巧教学。以"人物"为例,倾囊相授如何突出拍摄主体和选择拍摄视角,手把手指引村民完成拍摄流程。并且给出了因地制宜借用道具布景,增强氛围感的建议。

临走前,显后村的方亮书记笑意满满地与杭职院的同学们一一告别。他表示,这次活动不仅给乡亲们带来知识,还给他们送去了温暖。但收获更多的是走进乡间的同学们,切身感受到村民生活的不易,体会到乡村振兴的挑战和机遇。每一次的社会实践活动都代表着进步和成长,这才是最可贵的。

（本文原载于小时新闻2022年7月7日）

"良渚元宇宙"版的啦啦操亮相动漫节！
与"杭职学子"一起穿越时空

杭+新闻记者　王泽英　通讯员　吴滉铭　苏　焕

《产学结合　助力文旅》节目

　　近日,第十八届中国国际动漫节在杭落下帷幕,由杭州职业技术学院动漫游戏学院选送的《产学结合　助力文旅》节目在动漫彩车巡游活动中与公众见面,赢得广泛关注。

　　《产学结合　助力文旅》表演以"良渚元宇宙"为主题,通过时尚动感、活力四射的啦啦操表演形式,将学院师生创作的良渚文化动漫角色和IP形象生动立体地呈现。运用动漫创作的奇思妙想打破次元壁,5000年前的良渚精灵们宛如穿越时空,动漫元宇宙与现实生活交融碰撞,绽放出绚丽的文化色彩,共同开启"奋进新征程　动漫创未来"的全新篇章。

　　近年来,杭职院杭州动漫游戏学院在深化校企合作和促进产教融合的发展道路上成果丰硕。学院依托动漫设计专业优势,将课程教学、专业建设、学生实践、创业就业等学生培养路径与良渚文化紧密结合,先后与良渚遗址管委会、良渚博物院、良渚文旅集团等多家相关单位展开合作,持续输出动漫人才、创作技术、创新创意和成果作品,用心打造良渚文化IP、开发系列衍生作品和文创产品,多次举办主题展览不断扩大良渚品牌效应。在吸引年轻人热爱中华优秀传统文化、增强文化自信的同时,杭职院杭州动漫游戏学院也实现以动漫为载体,对传统文化的持续守护、传承与创新的目标。

　　杭职院动漫游戏学院通过动漫赋能传统产业,打通了从学生作品到市场产品的产业链条,将优秀传统文化转化成经济价值和社会效益,也更加契合此次"共富新时代　动漫创未来"的活动主题。相信通过本届中国国际动漫节的热烈推广,动漫游戏学院以动漫创意为引领,以传承发展中华优秀传统文化为目标的培养模式,将为文旅、文创、科技、制造业及相关产业的融合发展做出更多积极的贡献。

(本文原载于杭+新闻 2022 年 11 月 29 日)

种苗下乡、技术进村，这所高校助力乡村振兴跑出新年"第一棒"

杭+新闻记者　王泽英　通讯员　周　曦

杭职院开展送科技及种苗下乡活动

一年之计在于春，春耕春种正当时。昨天，杭州职业技术学院为助力乡村振兴跑出新年"第一棒"——联合丽水市莲都区紫金街道，在当地杨坑村开展送科技及种苗下乡活动，举办山海党建、院地合作多花黄精捐赠开种仪式，正式启动大棚杨梅林下套种多花黄精复合高效种植模式。

活动在杨坑村现代化智慧大棚杨梅种植基地举行。杭职院动漫游戏学院向杨坑村赠送了优良品种多花黄精种苗1.5万株。该校园艺技术专业教师吕伟德现场演示了种苗种植技术，并向当地村民交代了后续管护方法。村民们的脸上洋溢着幸福的笑容，对于2023年的大丰收他们满怀期待。

紫金街道党工委书记李勇军对杭职院的科技支持和帮助表示衷心感谢。他说乡村振兴、产业先行，杭职院的大力支持让他们对杨坑村的特色产业发展更有信心，同时带动农业、文化、旅游等方面的相互协调、相互促进。

杭职院动漫游戏学院副院长黄璐表示，此次赴丽水开展种苗下乡、技术进村活动，希望能从科技推广、技术传授和农民素质培训等方面主动作为，靠前服务，精准施策，深入合作，让杭职院播下的种子真正落地生根。

据了解，此次活动得到丽水相关部门的一致好评，助力两地携手共奏"山呼海应"协奏曲，共创"山海共赢"美好局面。

（本文原载于杭+新闻2023年2月8日）

七、名师名匠　精彩课堂

　　教师是教育工作的中坚力量。2022年4月，习近平总书记在中国人民大学考察时强调，培养社会主义建设者和接班人，迫切需要我们的教师既精通专业知识、做好"经师"，又涵养德行、成为"人师"，努力做精于"传道授业解惑"的"经师"和"人师"的统一者。

　　杭州职业技术学院就有一大批兼为"经师"和"人师"的名师名匠。他们既有"言为士则、行为世范"的自觉，以文化引领、匠心铸魂的高度责任感积极开展课程思政，持续传播着社会正能量；他们深谙行业企业需求，是企业求贤若渴的技术顾问，以过硬的技术垂身示范，用企业真实项目训练出了一大批优秀技术能手；与此同时，他们还是社会不可或缺的进步力量，在服务企业技术创新、助力乡村振兴、投身资政议政等领域大放异彩。在带领学生不断提高自身修养、锤炼职业技能的过程中，杭州职业技术学院的名师名匠们把爱岗敬业、争创一流、艰苦奋斗、勇于创新、淡泊名利、甘于奉献的劳模精神，把崇尚劳动、热爱劳动、辛勤劳动、诚实劳动的劳动精神，把执着专注、精益求精、一丝不苟、追求卓越的工匠精神，扎扎实实地浸入学生的脑海，切切实实地做到了教书与育人相统一。

"首席技师"出自毫厘之间

《新华每日电讯》记者　李　平　郑梦雨

陈楚(中)带领学生参赛

【讲述人】

陈楚:杭州职业技术学院模具专业教师

曹桢:杭州职业技术学院教师、服装制版师

郑书剑:浙江中德自控科技股份有限公司工艺经理、数控铣工

"计较0.01毫米的误差"

钻研模具钳工技术达25年之久的陈楚,是一名模具技术上"计较"0.01毫米误差的浙江省"首席技师"。

模具钳工,是做模具的一个工种。小到手机里的电话卡卡槽,大到中国载人潜水器的组装,涉及大批量生产的行业都离不开模具。

制作的模具与规定形状、尺寸偏差越小,就说明这个模具做得越好。陈楚对这个偏差的底线是0.01毫米。

0.01毫米是什么概念? 一般来讲,一个成年人的头发直径为0.06—0.09毫米,模具钳工的技术工艺要求误差通常是不高于0.02毫米,严苛的大型制造业企业对误差的要求是0.015毫米以内。

"简单的事情重复做,重复的事情坚持做,坚持的事情开心做。每一样技术,只有不断打磨、坚持,才会越来越好,越来越精湛。"陈楚说。

不断钻研、不断突破,是陈楚对自身的要求。在原企业工作期间,陈楚负责开发制作的铝制视镜座模具,填补了公司技术上的空白。他自主创造的"模具抛光创新工艺",经应用使加工模具的效率提高了50%左右。他曾参与研发的汽车电子膨胀阀(团队项目),已广泛运用于新能源汽车空调系统上。

将"计较"0.01毫米误差的专业精神,融入教学管理当中,如今已成为杭州职业技术学院教师的陈楚,从教6年来累计带出国家级、省市级技能比赛获奖学生39人次。他开设的中、高级钳工实训课,学生合格通过率超过95%。由于教学精湛、学生学业成绩突出,陈楚也被誉为学院的"冠军收割机"。

"追求技术和艺术的结合"

懂设计、会计算,还要精通裁剪工艺……这是"全国技术能手"、杭州市"首席技师"曹桢的业务标签。

"一件衣服从最初的设计到最后的成品,大约需要经历20多个步骤、180多道工序,服装制版师既要承接服装设计师的工作,又是开启服装投入生产的前奏,是一个非常关键的工作。我们可以说制版师是技术和艺术的结合者。"从事制版师工作20余年的曹桢说。

1980年出生的曹桢,出身于传统裁缝家庭。17岁那年,他先到上海做了3年的缝纫工学徒,在上海纺织工业职工大学进修了一段时间后,2000年来到杭州发展,先后在杭州多家知名服装企业担任首席结构师,多年来累计完成设计稿平面结构制版3700余张。其研发的西装胸省技术、羽绒服冲绒自动计算软件等多项专利技术,为相关企业节约生产成本20%以上。

"看着平整的'二维'布料在自己手中变成精美的'三维'服装,是一件很有成就感的事情。但在这之前,要学会与枯燥为伴。"曹桢说,随着时代发展,人们的审美在变,制版技术也在不断进步,这就需要行业人员紧跟时代脚步做出革新。

"例如制版款式风格各异形成的平面图形是由数据构成的,只有建立成体系模块参数,如面料厚度、弹力、垂度、工艺误差、人体各部位尺寸等,并合理运用AI、3D等先进技术,才能加快推动行业的进步。"曹桢说,目前他正带领团队进行大量实践,为从业者以及后来者提供理论依据。

"制版是一项技术活,虽然不是难度很高的行业,但也一定要具备三心:细心、耐心和好奇心。"曹桢说,"凡事喜欢多问个为什么,对新的事物充满好奇心,多数创新灵感都源于此。"

"充满对新技术的渴望"

作为一名数控"发烧友",34岁的郑书剑,已拥有16年的机械制造加工经验,并已是浙江省技能大师工作室的领办人。

"由于喜欢数控加工技术,2003年时,我放弃了读普通高中的机会,到长兴职教中心学习数控专业。"郑书剑说,"2006年,毕业后我入职一家上海数控企业。由于工作条件较为艰苦,20多名同期入职的同学相继跳槽换岗,而我却越干越觉得有意思,直到如今。"

2014年,入职浙江中德自控科技股份有限公司的郑书剑,运用数控编程专用软件优化生产流程,使公司整条新生产线工作效率提升数倍,为企业年均创造经济效益500万元以上。

为追踪学习先进数控加工技术,郑书剑将长兴新华书店、图书馆关于数控加工的书籍翻了个遍。"我喜欢挑战,喜欢给自己压力,喜欢永不停止,不断往前而行。"已是数控铣工高级技师的郑书剑说。

如今已是公司工艺经理的郑书剑,仍带领团队潜心钻研技术。他参与研发试制的天然气石油管道切断阀门,使得公司乃至整个行业摆脱了相关产品依赖进口的局面,公司生产的产品与进口产品相比,质量更优,价格更低。截至目前,郑书剑已累计获得9项国家发明专利和15项国家实用新型专利。

"我依然像学生一样,充满对新技术的渴望与好奇。"郑书剑说,只要"爱一行钻一行",每个在平凡岗位上的劳动者,都能发光出彩

【记者说】守正创新,行行出状元

"技术工人队伍是支撑中国制造、中国创造的重要力量。"有这样一批人,他们心无旁骛、刻苦钻研,"干一行、爱一行、钻一行",用执着专注、精益求精、一丝不苟的工匠精神,浇筑出新时代大国工匠的品格与气质,也恰恰是这种甘于寂寞的执着劲头,乃至对完美主义的"偏执",成就了他们人生的华彩。

(本文原载于《新华每日电讯》2023年4月20日4版)

杭州职业技术学院：重构课堂，"真刀真枪"练就动手能力

周　曦　吴佳瑜

机电专业是一个"宽口径"专业，3年教学时间，并不足以让学生了解所有的机电设备。面对教学困境，杭州职业技术学院友嘉机电学院推出了"学期项目课程"教学模式改革试验，将每学期的知识点转化为学期项目，实现教学做研合一。

当汽车立体停车库在大陆逐渐普及的时候，城市空间更促狭的台湾企业开始考虑研发摩托车、电动车等二轮车的立体停车库。最近，友嘉实业集团旗下的一家台资企业找到杭州职业技术学院的友嘉机电学院，希望合作开展"二轮车停车设备研制"项目，为企业的产品库增添后备力量。企业负责人邱协理以1年为期，把项目交给了学校。谁知仅用了1个学期，杭职院的师生就交出了一份完善的样品。邱协理不禁感慨："真是太惊喜了！"

这个企业、学校共同合作的研发项目，不仅让企业缩短了研发时间、降低了研发成本，也更坚定了杭职院友嘉机电学院改革教学、重构课堂的信念。

学期项目课程，让学生带着问题来上课

杭职院友嘉机电学院机电一体化技术专业负责人魏宏玲，同时也是"二轮车停车设备研制"项目的指导教师。她告诉记者，机电专业是一个"宽口径"专业，人才培养目标较为宽泛。大到生产车间的机床，小到豆浆机的内芯，都属于教学的目标范围。3年的高职教学时间，并不足以让学生掌握所有的机电设备，更不用说精通了。"面对这个宽口径专业的教学困境，我们推出了'学期项目课程'教学模式改革试验。"魏宏玲表示，他们将每个学期的知识点转化为学期项目，有针对性地开展教学，实现教学做研合一。

以2013级学生为例。这学期刚开始他们就接到了老师布置的"零件测绘"的学期项目任务：1个月后，他们要交出零件的测绘草图；2个月后，他们要交出零件和装配图；学期结束前，他们要交出CAD（计算机辅助设计）图。这些大一的学生目前还处于零件初步拆装技术的学习阶段，要完成最终的学期项目，势必会遇到不少困难。这些困难，恰恰转化成了他们学习机械制图、CAD、公差等理论课程的动力，因为他们在这些课堂上，才能找到如何技术攻关学期项目作品的答案。

魏宏玲回忆说，当她从企业接到"二轮车停车设备研制"项目时，机电一体化技术专业2011级的学生正要开始第五学期的学业。当时的他们已掌握了一定的专业知识和技能，却鲜有机会接触实战类项目，因此成了"学期项目课程"的第一批试水者。

整个项目的研发过程严格按照企业流程进行，整合了大量机电专业知识和技能的教学

应用：与客户对接功能需求，设计二维、三维图纸，采购零件，加工零件，装配零件，设计电气控制，运行、调试样机……机电专业2011级学生在两位学校专业教师和两位企业技术人员的共同指导下，完美地完成了二轮车停车设备的研发任务，同时对自己的专业也有了更深刻的体验。

"以前我觉得在大学里学不到什么东西，对今后找什么工作也很迷茫。"学生王俊深有感触地说，他从"二轮车停车设备研制"项目上找到了人生奋斗目标，明白自己更愿意找一份能够提高创新能力的工作。毕业顶岗实习期间，王俊婉拒了学校安排的大公司普通职位的实习机会，转而投奔金华的一家健身器材生产商，专门从事新产品研发工作。

多地联动授课，让学生了解生产过程

"再好的课程，如果没有有效的课堂教学，就不能落实到学生头上，一切的教学质量也都是空谈。"杭职院副校长、友嘉机电学院院长陈加明这样说。友嘉机电学院数控专业的学生有一张非常复杂的课程表。仅一门"数控机床维修与升级改造"课，一个班级的学生就要被拆成6组，分批前往"校中厂"、工作室、生产车间、售后服务中心等4个场所完成学习任务。任课教师张中明认为，传统教室黑板加书本的授课方式，只能让学生获得理论知识，要想真正提高他们"真刀真枪"的动手能力，就必须增加他们的实践机会，而且最好是能体现企业各种生产环节的实践机会。

学生们的课程表是这样安排的：平时，他们要前往位于校内的杭州市公共实训基地，在对机器进行维修保养的过程中开展探究式学习，或者在"校中厂"的数控4S店里，跟随企业驻校师傅学习机床的拆解、维修、组装和调试技术；到了假期，他们则被分批派往友嘉实业集团下属的友佳、友达、友华等合作企业，在新机床生产车间内熟悉生产过程、参与机床生产线的操作，或是跟随企业师傅前往全国各地，帮客户企业解决机床的售后服务问题。

张中明说："以前数控专业的学生大多先在学校学理论，临近毕业了才去企业实习，学习的目的性、主动性都不够强，甚至有学生临近毕业才发现自己不喜欢所学的专业。而现在，学生在上专业课的同时就要前往各种场合动手操作，大大提升了他们的实践能力，更提升了他们的学习热情和学习效率。"友嘉机电学院的施建东同学说："我们经常是上午学理论、下午动手实践，遇到不懂的操作上的问题就会马上去翻笔记、查资料，每天都过得很充实，也就几乎没人再窝在宿舍里玩电脑游戏荒废时间了。"

这门课之所以在课程内容、课堂安排上都让学生感觉充实，得益于杭职院丰硕的区校合作、校企合作成果。记者了解到，由杭州市人力资源和社会保障局投资3亿元建设的杭州市公共实训基地，就建在杭职院内，这里用于职业技能培训的大量设备都需要日常维管，也就给了杭职院学生丰富的实践机会。而友嘉机电学院更是杭职院与台湾友嘉实业集团校企一体化合作的产物，后者在杭州的11家子公司都将培训中心整体迁入了杭职院，派出了21位经验丰富的企业师傅常驻学校。他们在这里帮客户维修的机床，成为杭职院学生最生动的

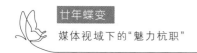

教学案例。

　　"近年来,学校大力实施跨界融合发展战略,其目的就是要以企业的生产实际引领教学,核心就是试图打造并依托政校、企校、校校三大合作平台,有效推进课程内容与职业标准对接、教学过程与生产过程对接,整体提升学生发展的核心竞争力。"杭职院校长贾文胜表示,他们要求各专业"联通岗位、重构课堂",通过科学的教学设计和安排提升教学效果和资源的利用率,给学生尽量多一些提升职业能力的实践机会,使他们更好地了解专业、热爱专业。

　　　　　　　　　　　　　　　　　　(本文原载于《中国教育报》2015年4月9日11版)

达利女装学院人才培养模式获普遍认可

《杭州日报》记者　方秀芬　通讯员　邱佳艳　周　曦

在达利女装学院教学楼一楼,一排排缝纫机整齐列队,静待主人到来。在这里,学兄学姐要为9月即将入学的新生制作军训服,一针一线缝制出来。这是该学院的传统,至今已6年了。这究竟是一所怎样的学院?

关键词:工作室

师傅带徒弟　工作室里得到个性培养

她身穿一袭紫罗兰色连衣短裙,脚上一双过膝长皮靴,脖子上挂着长长的项链。她是杭州职业技术学院达利女装学院的服装设计专业带头人章瓯雁教授。她正在自己的工作室里,为模特新衣别针塑形。

"跟大班统一上课比,教师工作室更注重对学生的个性化培养。一个老师带的学生不多,能兼顾教的东西就多了。不同工作室侧重不同,让学生根据自己的兴趣爱好选择。"章瓯雁说。

达利女装学院最大的亮点之一是实现了基于教师工作室的小班化教学。学生根据职业生涯规划和个人特长做选择,由教师选拔进入教师个人工作室的岗位工作,师生组团做产品开发,每个团队7—10人。

学生报名后,由教师选拔进入工作室学习,指导教师制订个性化人才培养方案,公共基础课和素质拓展课大班教学,专业课小班化教学,教学中注重因材施教,跟踪每个学生的成长,让学生能得到全面、健康的发展。3年来,共有54名学生参加工作室学习,开发产品1350余款。

对老师来说,工作室也是个不错的平台。像立体造型研发中心和达利产品研发部合作,承接连衣裙和礼服等项目的设计和制作,该工作室还和上海第一财经频道合作,为电视台主持人设计制作服装。

关键词:厂中校

"厂中校"模式　高素养人才这样练就

"厂中校"是达利女装学院新开发的教学项目,将课堂搬到达利公司。除周末,学生食宿都在公司,每天上下班打卡,跟在企业上班一样完成课堂学习。不同于以往下发到工厂制版

剪裁实习,2015年起学生在"厂中校"会接触到设计部分,有助于开阔视野和思维。实习优秀的学生未来也会被达利公司优先录取。

张霞飞是达利女装学院服装设计专业大二学生,学期初她就和同学一起去了学院设在达利公司的"厂中校"实习。"我觉得很幸运。学校有了'厂中校'计划,我们就多了选择机会。一般早上在郑露冉老师带领下学课本知识,下午自己画设计图、打样、制版等。"张霞飞兴奋地说,如果创作的作品被达利设计师选中,还有100—200元奖金。看着自己设计的东西投入生产,她觉得很自豪。

章瓯雁认为,把企业产品引入到课堂,更有利于教学内容与企业接轨,从而设计出更符合潮流且实用的服装。"对本科来说,是培养设计师,但在我们学院,服装设计专业学生除了学会设计服装,更重要的是掌握制版裁剪。现在发展了'厂中校'计划,更有利于学生掌握好剪裁基本功和创新设计思路。校企合作紧密,真正开放了学生的想象力,提高了他们的动手能力。"

随着专业整体实力不断增强,学院服装设计专业的社会影响力和知名度明显提高。章瓯雁说:"'整体化教学、生产性实训'的人才培养模式以及基于达利典型产品的专业课程体系,得到了学生、家长、行业、企业及社会的普遍认可。"

(本文原载于《杭州日报》2015年5月7日A14版)

友嘉机电学院有两大教学"王牌"：
因材施教 分层次小班化教学

《杭州日报》记者 方秀芬 通讯员 邱佳艳 周 曦

在杭州职业技术学院友嘉机电学院,随处可见正在维护数控机床和钻研数控操作的学生。作为友嘉机电学院的王牌专业——数控技术,一直坚持着因材施教和小班化人才培养模式。

严谨和细心是一届届该专业学生恪守的品德。据传,资深任课教师张中明会在课间休息时间拉一曲小提琴,让学生劳逸结合。这样的教学环境中,学生不仅觉得上课不枯燥,还提高了专业兴趣和能力。

培养:分层小班化教学 更能发挥学生特长

在友嘉实业集团支持下,友嘉机电学院实现校企合作体制:企业主体、学校主导。以企业为主体,通过企业的生产实际引领学校教学,让学生像在企业工作一样通过打卡来上课考勤,并做到与企业岗位需求紧密结合。

同时开设数控机床维修实训课程,实施分层次小班化教学课堂创新,对学生因材施教,选送优秀学生到相应企业岗位实习,培养符合职业技能标准的优秀数控机械操作员。"每个学生都是个体,兴趣能力不同决定了教学不能一概而论,分层小班化教学有利于学生发挥自身特长。"友嘉机电学院数控技术专业负责人吴晓苏说,入学后,学院通过测试谈话全方位了解学生,再根据兴趣、能力分班教学。这样,一部分学生重点学数控机床维护,提高实践能力,今后去企业能很快上手;一部分学生重点学机床维修优化,增强理论知识,更深入了解数控技术专业,能力也更强。

"数控机床维修和优化"任课教师张中明说:"现在这个班的学生学习水平高,接受能力强。教学就是按照竞赛要求来设置的,对学生的知识和能力的提升帮助很大。"数控技术专业尖子生施建东和韦钺是竞赛小组成员。"准备竞赛比学习数控机械清洁维修枯燥,压力也大,但我们都觉得备赛提升能力快,因为我们一直在解决模拟的问题。"

实训:"校中厂"教学模式 更适应顶岗实习

在教学计划落实上,友嘉机电学院着重实行"校中厂"模式——在学院内建设"校中厂"生产性实训基地,用企业的生产和管理制度增强学生顶岗实习的适应性。

比如:第一年安排学生重点学习机械、电工电子等方面的基本知识,培养加工中心的中级操作与维护保养基本技能;第二年学生全面学习数控机床的软件 PMC 控制、电气控制知

识,在操作技能方面,达到数控车/铣/加工中心高级技能水平;等到第三年暑假,学校就通过"校中厂"生产性实训基地顶岗实习项目、"厂中校"顶岗实习项目等,在友嘉集团从属企业、"校中厂"生产性实训基地和友嘉集团客户群企业进行专业岗位实训,并重点考评学生顶岗实习期间的周记、总结、成果汇报,作为评定学生毕业实践的重要依据。

"把课堂搬到企业、'校中厂'实训基地,此类课程改革彻底改变了之前学生自主找岗位实习,学校无法监控的尴尬局面。"吴晓苏说。

分层次小班化教学和"校中厂"项目实施以来最直观的变化就是:2014届数控技术专业毕业生人均获得2.82本职业技能证书,尚未毕业的2015届数控技术专业毕业生人均已获得2本职业技能证书,高级工占31.06%,以高素质实现了学生"体面就业"。

（本文原载于《杭州日报》2015年5月14日A15版）

杭职院临江学院的导师制模式：
每位导师只带8到10个学生

《杭州日报》记者　方秀芬　通讯员　邱佳艳　周　曦

小家电维修、服装展示、药材识别……每年，杭州职业技术学院校园社团文化节都有专业达人现场秀技能，其中最吸引学生的是临江学院精细化学品专业展台，学生个个都是"美容"达人，能制作出各种香水和手工肥皂等产品——这都得益于导师制模式下的小班化教学。

导师制培养实践型人才

在人才培养模式上，精细化学品生产技术专业很有一套：实施了以集中教学、模块导师制和工学交替为特点的模式。其中，模块导师制很抢眼。

导师制教学，是把精细化学品生产技术专业一个年级3个班分成10到12个组，每位专业教师任课程导师，分别指导1组学生。导师根据课程标准设定教学目标，结合自己的专长，精心选择真实工作作为项目载体。学生根据专业兴趣，选择不同的工作任务和导师，以准员工身份进入导师工作室，在导师指导下，从资料查询、方案制订、材料准备、项目实施和总结等各方面完成全部工作。

大二学生闵燕飞说："因为每个老师带的学生少，我们有不懂的地方请教老师立马就能得到答案，而且老师教得会很细。现在，每个老师都有自己的课题给学生做，一般都是操作类的，让我们觉得很有意思。"

"导师制小班化就是为了让老师有更多精力带好学生。"该专业负责人吴健说，"导师的课题和教学侧重点不同，学生在课题中，团队协作和数据处理等综合能力都能得到提升。"

该专业要培养的人才，除了能辨别化工原料、操作化工机械外，还要具备较高的实际制作能力，这样的毕业生到企业才更有意义。

校企合作实现1+1＞2

临江学院的另一不同点在于建立了以现场教学、顶岗实习、教师企业实践、技术研发为主要内容的紧密合作校外实训基地，优化企业现场教学、微格式顶岗实习等工学结合教学管理体制。让学生尽早适应企业模式，毕业后马上上岗，不与实际脱离。

在第一、第二学期，临江学院给学生安排职业基本技能训练，以期融入项目化课程教学。在学习项目设计中也遵循学生职业能力形成规律，设计由单元化工技术到复合性化工生产任务、循序渐进的学习项目，由校内教师和企业师傅合作开展专业课教学，教学实施强调"做

中学",也就是说以"四真"项目为载体,以"三融"为特征,学做合一,在引导学生完成由简单到复杂的工作任务的同时传授理论知识;学生从行动中学习知识,在完成任务的过程中训练工作能力、学习能力,学会做人做事。

最后的顶岗实习安排在第五、六两个学期,在实习过程中企业全程参与学生指导,建立由33人组成的稳定的兼职指导教师。从2011级试点以来成效非常显著,精细化学品专业导师制教学模式已完成传化集团工艺优化项目5个,其他合作企业项目5个。

(本文原载于《杭州日报》2015年5月21日A13版)

杭职院医务室出了位女诗人

她刚刚出版了2部诗集,赢得了好多学生粉丝

《钱江晚报》记者　林晓莹　实习生　张金晶

胡澄,原名胡彩香,是杭州职业技术学院医务室的药师

　　陆游是我国南宋著名爱国诗人。他一生辛勤笔耕,给后世留下了近万首诗作,至今令人们深赞不已。其实,除了写诗,他还悉心钻研医药学,为别人治病。

　　而在大学城,也有这样一位身兼药师和诗人双重身份的人。她叫胡澄,原名胡彩香,除了是一名诗人外,她也是杭州职业技术学院的药师。

　　目前,她已有2部出版的诗集,分别是《秘密的花园》和《两种时光》。

> ### 忙完一天后开始创作　灵感来源于阅读

　　初见胡澄,她正在学校医务室里忙碌着。对每个生病的学生,她总是叮嘱、再叮嘱。她说,人首先要做好应该做的,然后才可以做自己喜欢做的事。"做好工作是前提,写作是业余爱好。"

　　说到创作诗歌的初衷时,胡澄打开了话匣子,她说:"我的第一首诗是在1997年写的,那时我的小孩刚上幼儿园,空闲时间比较多,就着手写了起来。现在,每天我忙完工作,料理好家务,等孩子也睡了,就开始创作写诗。"就这样,她陆陆续续地写了近20年。

　　诗人需要一颗敏感的内心,在人生百态中寻找创作灵感。而胡澄的灵感来源于长时间的阅读、思考和观察。用她的话来说,叫"在场",就是内心始终专注在诗歌上。她说:"阅读是我长年以来的习惯,阅读的过程是关注某件事物的过程。一边读着,写诗的灵感就来了。"她将灵感比

作春芽:"每到春雨过后,春芽就会一个劲儿从泥土中冒出来,我写诗时就是这个感觉。"

定期开分享会　和学生一起享受诗歌

在杭州职业技术学院文学社,里面的学生都知道医务室的胡澄阿姨出版了诗集。有时候,他们去医务室时,都会对她特别关注。有一些学生,还会拿自己的习作去向胡澄请教。胡澄也喜欢与学生交流,还会把自己写作的心得告诉大家。每年,她都会为文学社的学生组织诗歌欣赏、诗歌写作等。

对于诗集的出版,她笑着说:"出版和发表都是一种分享,是人生过程中的各种体验。"

同时,她也很喜欢校园氛围。她说,学校是一个美丽纯真、蓬勃向上,适宜工作和业余写作的地方。学生单纯和朝气,让她能静下心来写作思考。

"诗歌是灵魂的事业和心灵的寄托,而诗人和药师在我身上是没有矛盾的。反而,在学校的生活能让我静下心来思考。"胡澄说,在空闲时间,她还喜欢和学生以及身边的同事探讨诗歌,她乐衷于倾听别人,然后不断完善自己。

感情真挚的好诗赢得了大批学生的热爱,现在胡澄还在学校里培养了一大批粉丝。

物业管理专业的钟莉姣就爱极了她的诗。她说:"胡阿姨很多诗歌都有故事的,读一些有故事的诗,会让我沉思。还有一些特别灵动的诗歌,能给我一种心旷神怡的感觉。而且,她就在我们身边,对于诗歌有不明白的交流起来更方便。"

她的诗如下:

祖母

在房间里盘旋

十二级台风

在一段段命或爱情里盘旋

而窗户安静,如祖母的脸

印在杂志封面上

她的笑容

仿佛致笑剂

谁看见她都会不由自主地,笑起来

草

它们生长出来

继而又构成了我的原野

我藏身、隐匿其中的乐园

我得以聆听天堂和鸟鸣的地方

（本文原载于《钱江晚报》2016年3月14日Q6版）

他曾是杭州职业技术学院的老师，一双妙手再现西湖美景

"钱塘剪纸"非遗传承人创作"杭州欢迎您"

《钱江晚报》记者　林晓莹

方建国在剪刻

猴子灵动鲜活，三潭印月美轮美奂，一张剪纸里包含了各种杭州元素，再与G20相结合，让人啧啧称奇。这些剪纸出自方建国的一双妙手，剪子与刻刀挥动自如，没一会儿一张张活灵活现的作品呈现在面前。

方建国原就职于杭州职业技术学院，从事剪纸已有30余年。这次，他的G20剪纸作品被学生发到了网上，瞬间得到上千个点赞，还有学生表示要上门拜他为师，学习剪纸。

> 杭州美景、中国元素融为一体
> 剪出传统文化魅力

眼看G20杭州峰会就要开始，方建国便寻思起剪纸的内容设计。

"剪纸要先会画，得想好纸面的图案用什么。"方建国说，小时候就在姨夫边上看剪纸，得到启蒙。自那以后，剪纸在他心里生根发芽，他还练就了一手绘画的好功夫，30多年的潜心练习让他成为第二批"浙江省优秀民间文艺人才"，杭州拱墅区"钱塘剪纸"非遗传承人。

峰会在杭州召开，剪纸的图案离不开享誉国内外的西湖元素，于是，在《杭州欢迎您》这

幅作品中,方建国画出了一幅心目中的西湖美景,对于三潭印月、断桥等著名景点,便取其精华融进图案中,用猴子表示中国元素,还加了绸带,代表"丝绸之路",并嵌入"G20、2016、China"的字样。

绘制好图案、准备好工具,方建国沉下心来,一笔一刀地开始剪刻。不一会儿,喜迎峰会系列的剪纸在方建国的巧手中诞生,除了《杭州欢迎您》以外,还有《拱墅欢迎您》。

剪纸作品在网上发表,好多学生看到后主动联系方建国,希望能买到他的喜迎峰会系列的剪纸。

"前面一批剪纸已经送给学生,还有一些想要的学生现在只能先拒绝了。别看一张剪纸简单,但毕竟剪刻需要时间,倒不是钱的事。"方建国希望有兴趣的同学可以到他的工作室来,和他学习剪纸。

剪纸创作源于各种艺术灵感
希望大学生能传承传统手艺

方建国是一个和艺术结缘的人,除了剪纸以外,还痴迷各种各样的艺术形式,如国画、书法、文学、摄影等。

"我从小喜欢画画,朋友结婚,找我画画,我就画'喜'字,然后再用剪刀剪出各种花样来。大家都说我剪得特别好看,于是我就开始自学剪纸,每天都剪,直到今天,没有断过。"方建国说。在剪纸之前,他爱好文学,初中开始还学书法,玩摄影。

这些兴趣爱好对方建国后来的创作有很大影响。他说,学过文学,能从画面中体现出来,能理解画的内涵。学摄影,可以采风,捕捉美好的画面,然后再根据画面进行创作。而且,他作品上的字都是自己写的。

方建国的剪纸有自己的风格,作品也屡屡获奖。2006年,他的作品《百蝶图》获得杭州首届国际剪纸艺术节铜奖。作品中,他将100只不同风姿的蝴蝶连成了一幅长100厘米、宽80厘米的作品。

如今,方建国会不时回杭州职业技术学院开剪纸讲座,还为多所高校和小学的学生上剪纸课。

"没有尺子、没有胶水,就是用双手拿着笔和刀,只用了几秒钟,一张红纸撕出了一个'三潭印月',太神奇了。"来自杭州职业技术学院汽车检测与维修专业的学生陈琦说,看方建国老师剪纸太过瘾了。

陈琦说,在杭职院,方建国的剪纸课很受欢迎。他开课,同学们个个全神贯注,沉浸在他轻盈翻飞的剪纸动作中。"只要有学生愿意学习并喜爱剪纸这类中国'老底子'技艺,我就不怕后继无人。"方建国说,将中国传统工艺美术更好地传承与发扬,还需要大学生去践行。

(本文原载于《钱江晚报》2016年8月12日Q7版)

杭州女神级插画师真的很多
杭职院最近有个美女老师"火"了

《杭州日报》记者　熊　艳

第十届全国优秀儿童文学奖最近在北京揭晓,杭州职业技术学院杭州动漫游戏学院老师张王哲与浙江少年儿童出版社合作出版的汤汤原创童话《水妖喀喀莎》获奖,这是中国当代儿童文学界最高奖项。

全国优秀儿童文学奖是与茅盾文学奖、鲁迅文学奖、少数民族文学"骏马奖"并列的国内四大文学奖,是由中国作家协会主办的具有最高荣誉的文学大奖之一。本届共有464部作品报名参与评选,最终18部优秀作品获奖。《水妖喀喀莎》是"汤汤奇幻童年故事本"系列故事中的一册,该套图书已列入国家"十三五"重点出版物出版规划和浙江省文化精品工程。该故事以中国传统乡村为故事发生地,讲述了一个叫土豆的女孩和一个由水妖变成的蓝婆偶然相遇后产生的动人情谊和深刻羁绊。《水

张王哲

妖喀喀莎》在出版后的短短一个月就销量3万多册,并被《中国新闻出版广电报》列入7月、8月优秀畅销书榜。

张王哲本科毕业于中国美术学院插画与漫画专业,后赴伦敦艺术大学坎伯维尔学院深造插画专业。作为杭州职业技术学院杭州动漫游戏学院动漫专业老师,她曾荣获中华区插画大赛出版类插画银奖,获奖作品在香港等多地进行巡回展览。

在工作室里,张王哲带领杭州动漫游戏学院的学生们负责整套绘本的创作,在创作过程中与作家、出版社的编辑进行及时沟通,并根据反馈进行及时修改,共同创作出了这套精美的绘本。

张王哲的自白

我叫张王哲,虽然名字带点男孩儿气,但是一个地地道道的南方姑娘,喜欢安静,喜欢听歌,受不了北方的严寒,但也讨厌南方夏天的炎热。最喜欢秋天和春天,因为可以穿我喜欢

的长裙子,梳我喜欢的麻花辫儿。

我从小就喜欢安安静静地在家里画画,长大了更是可以宅在家里画一整天。也许是因为对画画的喜欢,高中我就放弃了普通高中这条路,走上了美院附中的学画之路,在那个时候打下了很好的绘画基础,大学也顺利地考上了中国美院,但是真正让我在画画上开窍的,还是毕业后出国留学的那一年。

在伦敦读插画专业研究生期间,学校的氛围,伦敦城里各种各样的展览,书店琳琅满目的插画书籍让我开了眼界,也给了我一个很好的氛围让我去研究探索,渐渐地我对材质研究着了迷,因为国外很多插画家的作品都很好地运用了综合材料。因为英镑很贵,所以平时我就会省下生活费去买来一大堆的绘本,仔细研究插画师是怎么运用材料的,然后用在我的画面中,表现各种材料的融合和变化。我用的主要材料是丙烯,这是我在大学的时候没接触过的,大学的时候我只会水彩。以前觉得自己画得不好不敢发作品到网上,后来就慢慢把作品发到了像涂鸦王国、微博和站酷上,渐渐地也开始认识很多跟我一样喜欢画画的年轻人。虽然现在画画时间没有以前那么多,但画画是绝对不会中断的,老师的工作只会让我更觉得画画的珍贵。

问答时间

问:你希望自己的画能传达给读者什么?

张王哲:很多人看到我的画都说很梦幻,可能我就是一个理想主义的姑娘,即使做了妈妈也是一个有着满满童心的妈妈。所以我的烦恼特别少,换句话说,应该是很多烦恼的事情我都想得特别开或者一下子就忘记了,只记住令自己开心的事情。

我很喜欢画植物,每当我画完一张有关植物的画,就想象自己身在自己创作的植物王国里,感觉一天的疲惫和烦恼都没有了。

都说画画是反映内在的一种表现,画面总是会带有作画人的影子,画风也会随着一个人在生活中的历练而变化,学生时代懵懵懂懂不清楚自己要什么,也没那么珍惜画画的时光,等工作之后,画画的时间就像挤牙膏那样,一点点却又弥足珍贵,所以心境上更加专注、珍惜、果断。

现在画画,都是趁着宝宝睡觉的时候,还有晚上爸妈下班的时候画一点,但是短暂的绘画时间让我更珍惜,让我更专注。

问:什么能激发你的灵感?

张王哲:我最欣赏的插画师是西班牙插画师 Simone Rea,特别喜欢他作品当中静谧的氛围,可能跟他所用的构图和配色有很大关系,所以我在画画前酝酿情绪的阶段都会翻看他的绘本找找感觉。我平时看得比较多的是摄影图片,不太去看插画类的网站,因为总觉得会被别人的画风牵着鼻子走。摄影类的网站就不一样了,拍摄的图片是现实的东西,我可以通过自己的画面语言转化成属于自己的东西,也就是所谓的画面内容。

问：在读伦敦艺术大学的研究生期间，国外学校在教学上跟国内学校最大的不同点在哪里？

张王哲：我觉得国外读研究生的那一年生活带给我绘画上的东西比国内4年都要多，因为首先国外的整体氛围很艺术化，可以说每个人都是生活在艺术当中，你去超市、餐厅、逛的店里面都能发现艺术的影子，而且每周都有很多艺术展览可以看，书店也有各色画册和绘本，所以只要坐在那里灵感就会不停地冒出来。当然最重要的还有学校的老师和同学，都会给我鼓励，给我充分的时间去探索。留学最大的帮助就是让我开了眼界，让我的画风能够有一个截然不同的变化，也让我找到了画画的乐趣所在。

（本文原载于《杭州日报》2017年9月27日 A23版）

冯涛的"开挂"人生：从职校学生到高校教师

《浙江工人日报》记者　杜成敏　通讯员　周　曦

不到30岁,拥有国家发明专利2项,各级别比赛大奖拿到手软,刚毕业就收到多家名企抛来的橄榄枝……

这是杭州职业技术学院精细化工专业2007届毕业生冯涛的"开挂"人生。

因为优秀,他被母校破格留校任教。但这位1989年出生的青年教师的"优秀"并没有止步。

没有双休日的大学生活

冯涛的办公桌上,摆放着一排迷你Hello Kitty,色泽晶莹剔透,非常精致。

"这些都是肥皂,学生自己做的,很好玩吧。"冯涛对记者说,"当初我也是这样被吸引的,加上自己喜欢化学,就选择了精细化工专业。"

2007年,冯涛以高分成绩考入杭职院。进入专业学习后,冯涛感受到化学反应如此神奇,哪怕万分之一的成分改变,也能引发不同的结果。

"刚开始觉得好玩,但慢慢地就会思考为什么会这样,会去研究背后的原理。因为精细化工跟生活联系紧密,做出来的成果更明显,所以会更有成就感。"

为了培养学生的实践能力,杭职院从2008年开始试行"小试课",即以小班制的形式,由老师带着做项目,类似于研究生的"导师制"。

"小试课"培养了冯涛的动手能力,让他有机会把想法变成现实。他经常钻进实验室一泡就是一天,在老师的指导下,设计研发了很多项目。至今分院的学生作品展示处还放着他研发的一款护手霜。"很成功的一款产品,可以直接拿到市场上销售。"冯涛说。

他不仅是一名"学霸",从大一开始,他就担任校学生会主席、班团支书,还是校广播电视台主持人、学校第一届艺术团团员。当同学悠闲地享受大学时光时,冯涛每天早上起来的第一件事,就是把当天要做的事列表,然后一件一件去完成。事情太多的时候,课程就会落下,他就利用业余时间自学补课。大学3年,他几乎没有双休日,作为杭州本地学生,他一学期才回家一两趟,连母亲都怪他不着家。

但不着家的冯涛,最终成为杭职院首个连续2年获国家奖学金的学生,并多次拿下了市、省、国家级技能比赛的大奖。

拒绝行业巨头抛来的橄榄枝

2010年,在获得浙江省高职院校分析技能竞赛冠军、浙江省挑战杯创新创业竞赛特等奖后,冯涛代表学校参加了全国高职院校技能分析技能竞赛。他不负众望,拿下了一等奖的好成绩。

全国大赛在整个行业有不小的影响力,回校后,即将毕业的冯涛很快收到了6家企业的邀请,包括传化集团、浙江省化工研究院等优秀的企业和平台。

冯涛最终选择了浙江省化工研究院,成为了那里唯一的高职院校学生。"同事都是研究生以上学历,连本科生都很少。"冯涛说。

但很快,他也收到了母校的邀请,希望他留校担任教师。

"从中学开始,我就有当老师的梦想,喜欢和学生打交道,加上对杭职院很有感情,就决定回到母校。"冯涛说。

曾经的学生变成了老师,他更加理解学生的心理。教学的时候,他会用网络流行语、以某个明星用的护肤品来开场,迅速抓住学生注意力,再引申到工艺制作上,由浅入深地展开课程。因此,他深受学生喜爱,被亲切地称呼为"涛哥"。"我跟学生的关系好到他们连恋爱的事情都会找我谈心。"冯涛说。

"学生的成功才是我最大的成功"

2013年,冯涛带领杭职院学生团队以一款"便携式室内空气质量检测仪",获得了省环保创意设计大赛一等奖,这是全省的本科、高职院校同台竞技的舞台,面对浙江大学、浙江工业大学等强手的情况下,冯涛团队的作品获得了评委的高度评价,一位企业的评委对冯涛说:"你这个设备有多少台,我买多少台!"

"便携式室内空气质量检测仪"是一款室内空气检测设备,安装在窗户上后,它可同时检测室内外的空气质量,用户可以知道什么时候应该开窗通气,该设备可连通手机显示,而它的核心技术在于实现一个检测器完成2个气路的空气检测。该技术之后成功申请了国家发明专利。

之后,"便携式室内空气质量检测仪"连续在省、国家挑战杯中获特等奖、全国最佳创意奖。冯涛也荣获了"优秀指导教师"称号。

冯涛致力于指导学生参加技能比赛。"选手比赛当时的心态、赛场的具体细节,都会影响比赛成绩,这些只有参加过比赛的人才最清楚,也是我的优势。"有着丰富比赛经验的冯涛说。

工作7年,冯涛说自己带过的参赛队伍都数不清了。而在同校的老师们的印象中,就是"在这个专业上三天两头拿奖,手都拿软了"。

正是指导比赛,让冯涛更加认识到了教师的意义:"学生参赛,我比他们还紧张,紧张程度超过了我自己参赛,因为我是他们的老师,我知道自己肩上的责任,他们的成功才是我最大的成功。"

（本文原载于《浙江工人日报》2018年2月9日3版）

将教室改造成梦幻花园

杭州职业技术学院园艺教室

【主持人1】

这个如花园一般梦幻的教室位于杭州职业技术学院的园艺技术实训基地里,一走进这里就仿佛置身于一个美丽的大花园,缤纷的色彩,造型各异的园艺,把这个教室装点得与众不同。

这个名为《神兽集合》的作品是由园艺专业1612班的徐彧禾与其他几位同学利用5节课左右的时间完成的,这些"神兽"上可以栽培植物或蔬菜,既可以用来观赏又具有实用价值,同时作品也颇具创意,不失活泼,让人眼前一亮。

这个作品的名字叫作《小天地,大世界》。白墙上挂着用麻花绳编成的方格,格子上点缀着各色各样的花草,纯白的底色映衬,简单的线条勾勒,给人别样的视觉享受。

还有一些同学选择在盆栽里下功夫,这个名叫《山水之间》的作品看似简单,但细看之下就会发现其中别有洞天,让人在寒冷的冬日里也能感受到满眼的春意盎然,勃勃生机。

【龚仲幸】

我们的专业是园艺技术专业,它是一个实践性比较强的专业。在设计课程理念的时候,我们也在想,让学生能够把学到的东西,跟以后的实际生活结合起来,改造这个教室,学生要在里面花的时间基本上是在1个月左右,那么这1个月当中从设计,到材料的采购,到教师最终方案定稿,然后到施工,全程都是让学生自己来完成。我觉得一是培养了学生的动手实践操作能力,二是培养了学生的创新能力。

【主持人2】

同学们用自己掌握的专业技能把教室点缀得这么有特色啊!

【主持人1】

是啊,同学们能够把课本上所学的知识活学活用,融会贯通,结合身边触手可及的材料,创作出了一些不一样的美,给教室也增添了一抹绿色,而且也给城市的生态文明建设添砖加瓦,的确值得称赞。

【主持人2】

让我们一起努力,携手共建绿色家园吧。

(本文原载于钱江频道《李玮脱口秀》2018年1月26日)

培养大学生的"工匠精神"
学校把杭州非遗项目搬进课堂

《杭州日报》记者　方秀芬　通讯员　周　曦

非遗教学现场

在中式旗袍技艺展示现场,非遗传承人韩吾民正在教徒弟们学琵琶扣的制作。"油纸伞制作技艺"代表传承人闻士善,正在指导10多名学生专注地给纸伞穿花线……这是日前杭州职业技术学院首届"非遗不遗　匠心传承"非遗文化节活动中的场景。6位非物质文化遗产传承人带着徒弟向师生展示非遗技艺,讲解雕版印刷技艺、土布纺织技艺、非遗保护等知识。

杭州有一批历史悠久的传统手工技艺,如金石篆刻、雕版印刷、中式旗袍、油纸伞、全形拓、剪纸、土布纺织等,都是重要的非物质文化遗产。在此方面,杭职院走在了前列:2015年,与西泠印社携手共建"非物质文化遗产传承教学创业基地";2016年,与西泠印社共同主持、10所院校联合参建申报的国家级专业教学资源库项目——传统手工业(非遗)技艺传习传承与创新专业教学资源库成功立项,目前已建课程10门,注册用户12000余个;2018年,该校还将建设一个非遗博物馆。

依托非遗教学基地和非遗资源库项目建设,杭职院以非遗大师班、非遗网络课程、学生社团、传统文化活动为抓手,探索学校教育与非遗技艺传习传承有机结合的有效方式,既丰富了课堂内容,拓展了学生知识技能,也使得优秀传统文化的影响不断扩大。"在传承技能的同时,培养学生兢兢业业、一丝不苟的'工匠精神',使其能够数十年如一日地专注和坚守,追求职业技能的极致化,成为某一个领域不可或缺的人才。"杭职院副校长张洪宪说,让大学生传承非遗文化是一种最好的保护方式,也是培育"匠心"的好载体。

（本文原载于《杭州日报》2018年5月18日A12版）

张中明:传承技艺之美

《浙江工人日报》记者　杜成敏　通讯员　周　曦

接受记者采访过程中,"美"是张中明不断提及的词汇

　　他能手把手教学生精密的数控维修,也能拉一手好琴让学生领略古典音乐的美;他能熟读未经翻译的专业书籍,也能用英语与学生讨论李娜的网球赛事……

　　"这是一位很有才气、相当认真,却非常低调的好老师。"一位校领导一口气用了很多褒义词来形容这位老师。

　　他就是杭州职业技术学院友嘉机电学院的数控专业教师张中明。

　　当记者穿过数十台数控机床,踏入张中明办公室时,正在用英语大声备课的他微笑着停了下来,开始向记者讲述他对教学、对艺术、对人生的思考。

"机器坏了,修修能好,教学出错,影响学生整个人生"

　　在2007年进入杭职院成为一位高职老师前,张中明是一名企业机械工程师。从企业到学校的转变,张中明觉得最大的压力来自讲台下那些天真可爱的面孔。

　　"以前我面对的是机器,即使出了问题也是机器,再修修就好了;但在学校,我面对的是一颗又一颗年轻的心,如果出了差错,会影响到他们整个人生。"

　　为了更好地担负起教师的职责,张中明在教学上下了不少苦功夫。2010年,张中明所在的数控技术专业将大方向调整到数控设备装调修上,并计划在新学期利用实训基地的设备,开设数控设备维修课。所以整个暑假,张中明都泡在了公共实训基地里。

"一般老师都是在家里备课,张老师却选择坚守实训室,敬业精神让人钦佩。"友嘉机电学院书记、副院长邵立东说,张中明入校以来一直虚心向同行教师学习、博采众长,在教学中注重培养学生细致观察、精心操作和勇于探索的职业精神,因此很受学生欢迎。

虽然不是师范生出身,但张中明深知"兴趣才是最好的老师",所以他想方设法调动学生的学习兴趣。

"有的学生是因为家长的寄望,选择了并不向往的专业,这对于老师而言是很头疼的。"张中明说,他不希望自己教的学生不爱自己的专业,所以他会花更多的时间和学生谈心。

"学生心灵的枢纽通了,在学习上自然也不会困难了,兴趣和成绩是呈正比的。"张中明的心灵教育法很有效,这几年他带出了很多"下了课也不肯走"的好学生。

作为对实践动手能力要求极高的数控专业教师,张中明对学生采用的是"手把手"教学。从课前的专业知识预习、课堂的操作技术、再到课后的疑问解答,张中明每一步都会陪伴着学生。有时由企业人员前来教授的课程,他也会跟着学生一起走进实训基地。原本就来自企业的他,很愿意和企业师傅一起动手操作。他觉得,长期让自己处在一个动手实践的环境中,能让自己的讲课更加贴近实践,更加受学生欢迎。

"人要善于发现身边的美,包括技艺之美、专业之美"

作为整天与机器打交道的技师,很容易被人赋予了铁铮铮的汉子形象,殊不知这位汉子也有文艺范儿的一面,张中明是古典音乐爱好者,还拉得一手好琴。

张中明说,他8岁时结识了一位乐团的小提琴乐手,受到古典音乐的熏陶与影响,久而久之便爱上了小提琴。有时他会在学生面前露一手,特别是当他的学生在机房中郁闷地面对机械故障时,他会拿出珍藏的小提琴为他们拉上一曲,舒缓他们的紧张心情,鼓励他们振作精神投入工作。"音乐可以使人静心,可以调节心情,是很有效的减压工具。"

除了音乐,张中明还狂热地爱着英语。他喜欢看CCTV-NEWS的国际新闻,从原汁原味的报道中捕捉信息;喜欢读未经翻译的专业书籍,从第一手资料中追随行业动态;他还善于将冷冰冰的机械专业词汇与日常口语交流相结合的方式来给学生上专业英语课,用一些热点新闻图片开拓学生的视野,在图文并茂的授课中让他们感受英语表达中特有的韵味。

在张中明接受记者采访的过程中,"美"是他不断提及的一个词语。他说:"人要善于发现身边的美,要相信音乐的美可以震撼人心,要掌握英语的美来了解世界,要懂得欣赏专业的美、学生的美……"他坚信这些美能让自己过得更充实,也能让生活变得更美好。

(本文原载于《浙江工人日报》2018年5月18日3版)

花三个月爆改成精致小区园省下30万
这些园艺学生有点厉害

《钱江晚报》记者 阮飞霞　通讯员 周　曦

园艺专业学生在改造

能把自己的专业现学现用,并且运用得很成功,这对于大多数大学生来说会很有成就感。

这阵子,杭州职业技术学院动漫游戏学院前面的融池大变样,从四季未变的枯木杂草变成了绿意盎然、充满生机的大庭院,每半小时还有喷泉摇曳。

园艺技术专业指导老师荣先林是融池大变样的主要负责人。他介绍说,"这学期,他和大二90名园艺专业学生一起,把这个3400平方米的融池进行了改造。而这次改造,不仅让学生得到了实践机会,还给学校节省了改造费用——总计13.3万元,至少节省30万元"。

在荣老师的指导下,这场改造分三步走:设计方案、工程预算和实施。这是学生们首次把理论和画图转变为实践的一次体验。

"这个学期,我们做的这个项目以园艺技术专业花艺环境设计师岗位能力要求为依据,以'动漫游戏学院庭院景观环境改造'为载体,整合了园艺技术专业大一、大二学生本学期的庭院设计与施工、测量技术、预决算与标书制作和植物栽培与养护 I 等4门课程,建立了课程之间的关联,形成了集成化的学期综合实践项目。"荣先林介绍。

前两步在课堂上完成,最后一步是去现场,这也是学生们印象最深刻的阶段,再次回忆起这段施工经历,同学们都说是有苦有甜。

"这是我们第一次用所学的知识和技能去完成一个工程项目,还是很有挑战的,因为我们要把所学的庭院景观设计、效果图制作、工程预算和园林测量,还有园林植物配置和植物栽培养护等各个分散的知识都串起来,融会贯通应用在一个项目中。其实项目的完成过程还蛮辛苦的,但我们都非常开心,非常有收获感。"园艺1611班许柯剑说。

男生周志斌说,本来以为做项目轻而易举,没想到搬一棵香樟树就把他们难住了,"我和3个同学一起搬一棵香樟,没想到挺重的,费了好大的力气才搬好"。周志斌还说,好几次施工时间遇上天气热、气温高,大家都会买来草帽戴上,现在这些草帽已经成了他们的珍藏品。不过施工中,也因为一些小失误留下了遗憾,但他们却牢牢记住了这鲜活的知识要点。

园艺1612班潘婷婷告诉记者:"这次体验,除了将上课学习到的知识运用到实践当中去,更好地理解课程中所学的知识和技能,同样也让我们明白自身所存在的不足,知道自己要如何取长补短,为我们将来的工作打下了一个坚实的基础。"

据了解,这样的"杰作",在杭职院内,比比皆是,随处可见。早些年园艺技术专业成立以来,一直将校园作为景观设计、庭院设计与施工、园林植物栽培与养护、园林植物识别与应用和工程测量等课程环节的实训场地。专业组教师利用校园园林景观环境改造和养护的平台,创设真实情景的实践项目,带领学生完成课程实训任务。可以说,园艺师生在不断利用着专业课程的实践美化着校园环境。

（本文原载于《钱江晚报》2018年6月26日Q8版）

杭州职业技术学院动漫设计专业：
将梦想画进现实

《浙江工人日报》记者　杜成敏　通讯员　周　曦

如果你是一个爱好动漫的人，那么有没有一个专业，能将这个"梦想"画进现实？

杭州是动漫人才成长的沃土，这块沃土上就有一所学校，也许能帮你实现"动漫梦"，那就是杭州职业技术学院动漫设计专业。

年轻，但强大

杭职院动漫艺术学院成立于2012年，是一个"很年轻"的专业，但是"成长"迅速。

成立当年，就成为市级重点新媒体实训基地。

2014年，杭职院动漫设计专业被评为杭州市产学对接特需专业、杭州市重点名师工作室、杭州市文创产业示范性职工培训中心。

2015年国际动漫节期间，动漫艺术学院更名为杭州动漫游戏学院，成为杭州动漫游戏协会理事单位。

2016年，被评为浙江省高校"十三五"优势专业、浙江省教育教学成果奖二等奖。

2017年，教育部批复杭职院与新西兰维特利亚理工学院合作办学项目，动漫设计专业开启了国际化办学之路。新西兰维特利亚理工学院是新西兰政府所属的公立院校，是中国教育部首批认可的新西兰大学之一。该校的应用艺术学学科已通过新西兰教育资格认证局（NZQA）认证，主要开设绘画、数字动漫设计、数字多媒体、印刷制作等课程，主要培养学生的创新意识、创业意识，快速适应各种新技能。维特利亚理工学院实施国际化的教育策略与多个国家和地区开展国际合作。

"双文凭"加持的专业

翻开杭职院动漫设计专业现代学徒制班的作品，《盗墓笔记》《假师》……这些近年来热门的动漫作品，竟都出自该专业的学长之手。

据悉，近年来该专业师生的作品，经由浙江少年儿童出版社出版发行儿童绘本共计30余本，学生还参与制作了江苏卫视《我们相爱吧》综艺节目片头、快客传媒车载动画片、VR虚拟现实技术及AR增强现实技术应用开发等项目。

从这些作品中就可以看出该专业的人才培养目标：主要面向动漫、游戏、影视传媒、出版社、文化娱乐等文创行业，培养熟悉动画制作流程与规范，掌握动画前期美术、中期动画及后期剪辑特效制作等能力，能从事动漫设计制作、影视拍摄及后期制作、视觉设计等工作，具有国际化视野的高素质技术技能人才。

师资方面,因为是与新西兰维特利亚理工学院合作办学,除了中方专职教师11人,还有新方专职教师6名,兼职教师4名。同时引进新方课程9门,占总课程数的34.6%。所有引进课程均由新方教师主讲,中方教师辅讲,采用双语授课形式。

此外,在校期间,双方院校的学生都有学习、互访交流、继续深造的机会,并进行学分互认。双方院校负责协助学生办理国外合作院校的申请、签证等手续。同时,杭职院可以减免当年应缴学费中的4500元/学期,新西兰也将设立奖学金。

在顺利修满3年的规定课程后,除了获得一本毕业证书外,还可以获得新西兰方授予的NEW ZEALAND DIPLOMA IN DIGITAL MEDIA AND DESIGN(LEVEL 5)[经新西兰学历评估委员会(NZQA)批准],因为新西兰维特利亚理工学院是中国教育部首批认可的新西兰高校之一,学历资格受中国及国际教育学术机构及社会承认。

在获得了"双文凭"后,学生可以继续在国内攻读本科学位,也可以通过申请"3+1"项目,进入合作院校新西兰维特利亚理工学院继续攻读本科学位,学制为1年,完成后可获得新方授予的本科学位。

据了解,动漫专业近3年的报考第一志愿率均为100%,就业率达98.5%。

"工作室制"育人模式

提起《小蝌蚪找妈妈》《黑猫警长》这些动画作品,几乎无人不晓。而它的作者,中国著名动画片艺术家和一级导演——戴铁郎,就是杭职院动漫游戏学院的名誉院长。

而在课堂上,如果出现学生特别喜欢的漫画家来上课,也是很正常的事情。因为该专业实施校企"双导师"授课,与省内50余家知名文创企业深度合作,以工作室的模式,用真实项目进行教学,并聘请16名企业资深动画导演、漫画家、插画师担任工作室兼职导师。

2016年,该专业"基于企业典型产品开发的工作室制人才培养模式改革",获得了浙江省教学成果奖二等奖。

近年来,该专业教学成果显著,师生在省市以上大赛获奖37项,完成企业项目120余项。

除了专业课堂,学校还成立了动漫、创意手工、24帧微电影、沙画等4个专业社团。截至目前,通过课堂教学与社团,动漫专业已完成各类社会培训8000余人次。

(本文原载于《浙江工人日报》2018年7月27日3版)

杭职院正在建设一座互联网非遗博物馆

互联网+职业教育 让人充满期待

《杭州日报》记者　方秀芬　通讯员　周　曦

互联网怎么跟教学融合？大数据如何跟智慧校园融合？人工智能是否会引发职业教育新一轮课堂"革命"……日前,中国职业技术教育学会信息化工作委员会年会在杭举行,与会专家深入探讨职业教育领域中的信息化建设问题。

未来在校园食堂就餐不再排队

在校园食堂,从选菜到支付,如果每人用时超过18秒,就很有可能排起"长龙"。除了错峰用餐,还有什么办法可以消灭"长龙"？答案就在校园信息化建设上。

本次大会启动了"未来校园云平台系统"捐赠计划,中国职业技术教育学会和支付宝将向全国中高职院校捐赠收费管理云平台及一卡通云平台,助力职教智慧校园建设。首期捐助的1000所学校,主要是具有一定全日制学生规模的中、高职院校,且优先考虑中西部地区学校。捐赠包括1000套软件平台、10000台面部识别/二维码一体消费POS机、80000台二维码/刷卡一体消费POS机。

"未来校园云平台系统"对加速实现职教智慧校园很有帮助。以面部识别一体消费POS机为例,学校在食堂安装这台机器,学生用"刷脸"方式完成支付只需约1秒,比平时刷卡支付省3—4秒,对于一个食堂来说可以省15分钟左右。

除了刷脸支付,还有刷脸上课、刷脸锻炼等。来自高职教育信息化建设方面的专家学者、一线企业和各大院校,围绕着教育信息化2.0、智慧校园、人工智能、AI+大数据技术等信息化前沿话题,交流了各自的观点。还有专家建议,应引入论证平台,建立身份中心数据库,比如某个学生入校后,建立一个身份"您是谁",统计其上课规律和课时数等,根据评分进行对比,分析其学习成果。

大学校园里有互联网非遗博物馆

眼下,教育信息化从1.0时代迈入2.0时代,不少学校建成"互联网+教育"大平台。杭州职业技术学院就有一个这样的国家级职业教育专业教学资源库。

资源库名为传统手工业(非遗)技艺传习传承与创新专业教学资源库,是该校与西泠印社携手共建。目前,有10所高校共建共享资源库的21门课程,可以让上万学生受益。这21门课程包含"道(匠心素养)"类课程"风骨——从西泠印社看中国文人的执着和坚守""大国工匠""传统手工业作品欣赏"3门,"器(技艺传习)"类课程"龙泉青瓷""中国丝绸""中式旗袍""宁夏刺绣""西湖油纸伞"等13门,"术(技艺创新)"类课程"非遗产品会展策划""非遗产品互联网推广""非遗产品包装设计"等5门。

"最主要的是信息化课程建设。"该资源库负责人、杭职院学生处处长韩亮介绍,目前资源库3类线上课程采用"PC""App""O2O"3种学习方式,线下建成非遗博物馆、传习创新基地和非遗体验中心,同时引进技艺传习真实项目。

预计2019年初完工的博物馆,根据传统手工业(非遗)技艺项目的级别分成5个子馆,包含世界级、国家级、省级和民间非遗项目。"打造'一馆一库一平台一基地'模式,实现名社与高校有机结合,反哺社会、服务公众。"韩亮说,今后资源库将在全国推广,让更多人共享非遗资源。

杭职院校长贾文胜表示,职业教育的信息化离不开载体建设,搭建共建共享的平台共同推动实施教育信息化2.0行动计划,实现从教育专用资源向教育大资源转变,实现从提升师生信息技术应用能力向全面提升其信息素养转变,实现教育信息化从融合应用向创新发展转变。

(本文原载于《杭州日报》2018年12月5日A11版)

杭职院学生造了一辆汽车，时速30公里

《钱江晚报》记者　陈素萍　通讯员　周　曦

学生开着自己造的电动汽车，亮相运动会，很拉风

车辆轴距1.546米，整车宽1.579米、长2.589米，可乘坐3人，最高时速30公里……日前，杭州职业技术学院校运动会上，一辆学生自主研究装配的电动汽车惊艳亮相，吸引了全校师生的围观。

这辆车子，由杭职院青年汽车学院学生们制造，从设计、研发到制作以及驾驶，全部是他们亲自上阵。

邱英杰是青年汽车学院汽车检测与维修技术专业的授课老师，今年55岁的他，一直从事着与汽车相关的工作，"我很喜欢车子，大学读的是相关专业，然后曾在汽车企业工作多年，2007年开始进入杭职院从教"。

这个专业里面，爱捣鼓车子的学生不少，但却没有一个可以尽情折腾的平台，怎么办？2014年，邱英杰成立了一个工作室，邀请有兴趣的学生参加，名字叫作"精彩青春汽车生活馆"。

"之前都是天马行空玩一玩，做一辆能开的车子，这是第一次。"邱英杰告诉记者，之前他组建的工作室里，学生们做过一些小玩意，比如用冰棍棒搭成的车模型、汽车形状的餐巾纸盒等，"这次真枪真刀的操作，极大地锻炼了学生们的能力，丰富了操作经验。通过自主研究

装配电动汽车,学生可以将自己所学到的理论知识,真正运用到实际的车辆设计、装配实践中。"

这辆电动汽车自2017年11月获得学院立项,随后立即开始了结构的设计研究。同学们利用课余时间,一起潜心钻研、动手实践。从各部分结构构成设计,到材料切割、焊接、拼装,再到零部件的挑选和组装,历经一年半,同学们最终完成了整辆电动车的制造。

校运会上,杭职院2017级学生方建苗开着这辆团队自主研究装配的电动汽车,沿操场跑道开了好几圈。

记者仔细打量了这辆电动车,外饰有点夸张,细节部分也显得粗糙,车灯和喇叭也还没装上去,但一辆车子该有的样子已经比较完整了,驾驶功能也基本齐全,可以在校园的林荫道上开一会。

虽然车子现在看着还略显"寒碜",但参与造车的同学们都很得意。

2017级学生张路说:"这次造车让我收获巨大。比如焊接,我们在课堂上没有学过,刚开始焊接时,焊接得不牢固、焊点不均匀。后来靠着大家一起努力钻研,才完成了悬架支点固定等工作。"

要造一辆车,其难度和复杂程度可想而知,特别是在制造环节,困难很多。比如,钢管的切割、打磨是个耗费体力且需要耐心的工作,大学生们处理完钢管之后,胳膊时常酸得抬不起来了。这一年来,有些学生从刚开始的一无所知,到学会了焊接、机械加工、车身制造等。

因为这个立项基本没有相关资金支持,学生们在采购零部件时不得不"斤斤计较"。"我和学生们四处搜罗,有时候还要和收废品的大爷抢东西,或者从实训基地找一些用过的废弃零件。"邱英杰指着车子的保险杠笑着说,"你一定猜不到这个原材料是什么,这是我去学校文印室时看到的一个装纸张的卷轴,觉得合适就拿回来了。"

(本文原载于《钱江晚报》2019年5月17日21版)

铁臂阿童木作者月冈贞夫 受聘成为
杭州动漫游戏学院名誉院长

《都市快报》记者　胡信昌　通讯员　周　曦

很多人一定看过"十万马力,铁臂阿童木"这部经典动画。

昨天,日本动画三大元老之一、《铁臂阿童木》的主创之一月冈贞夫,来到杭州访问,受聘成为杭州职业技术学院下属杭州动漫游戏学院的名誉院长。

杭州动漫游戏学院副院长黄璐说,月冈贞夫和他的团队,今后将不定期地通过讲座等形式,指导杭州动漫游戏学院以及学生们的学习和创作。大师能指导学院和学院的学生,让大家都觉得非常兴奋。

他是宫崎骏的师兄

月冈贞夫,日本动漫协会会长,日本宝塚大学教授,与宫崎骏、大冢康生并称日本动画三大元老。

他是日本动画宗师宫崎骏的师兄,也是日本漫画界宗师手冢治虫的助手,曾协助手冢治虫创立虫动画公司。20多岁时就作为《铁臂阿童木》的主创之一而声名大震。他从事动画事业60余年,在业界名气非常大。

80多岁的月冈贞夫,头发和胡子已经花白,穿着休闲西装和运动鞋,精神很好。

昨天上午,在参观了同学们的作品后,他为同学们做了一场精彩的讲座。

面对日本动漫的大师级人物,同学们听得非常仔细。在现场,同学们还送上了自己设计的插花,自己设计的聘书送给月冈贞夫,祝愿他身体健康。

我很感谢中国

月冈贞夫在讲座中说,来到中国,他有一种报恩的心态——

我到过中国好多大学做访问,从各大学看,中国学生学习能力很强,中国学生绘画能力也很强。

但是,论漫画创作能力,中国大学生不如日本大学生,这是为什么? 为什么绘画不强的日本,在漫画界这么有名? 这是非常值得思考的问题。我思考了好长时间,有所领悟。

我要强调的是,日本的动画,好多元素是从中国古典文化中学习到的,比如《西游记》,从西游记中衍生出的作品,在中国不多,在日本有300种。

我刚才看了一圈大家的作品,大家的绘画能力非常强。我发现中国学生喜欢学习日本动漫制作的一些色彩或者绘画的技巧,我觉得这不值得学习。

现在很多中国年轻人,对自己的传统文化慢慢淡忘,这非常可惜。但现在日本很多年轻人还在从古典文学中得到灵感,得到启发,进行漫画创作。为什么中国学生要丢掉传统文化,丢掉创作源泉呢?

我非常感谢中国的传统文化,给了我很多创作的启发。来到中国,我有一种报恩的心态,我希望我考虑的目标和大家考虑的目标是一致的,能够把中国的动漫事业推向更好!

动漫专业毕业的学生,就业情况怎么样?

杭州动漫游戏学院的施老师说,"在高职类毕业生中,动漫专业的就业还是不错的"。

施老师说,近3年,学院动漫专业的初次就业率在98%以上,起步月薪在五六千元,就业去向一般是动漫公司,具体的行业有动漫、游戏、影视、建筑、电商行业。

大家从事的岗位有漫画作画师、场景设计师、三维模型制作员等。

像2016届动漫设计专业毕业生马运伟,毕业后就职于杭州翻翻动漫集团,成为众多漫画作画师中的一员,主要参与完成的作品有《盗墓笔记》《拾又之国》等。

林天庆,2015届动漫设计专业毕业生,成立了自己的文化公司,发展也不错。

(本文原载于《都市快报》2019年10月29日C6版)

王赟:无私传授一技之长 为你们插上成长翅膀

《每日商报》记者 潘婷婷

王 赟

黑色T恤、蓝色牛仔裤、清爽的发型、一副黑框眼镜,在杭州职业技术学院的实训中心,一个面容清秀的小伙子正在数控机床前操作,旁边有两个人正站在身旁操作电脑,你一定以为他只是个普通的学生。

其实,这个1985年出生的小伙子已经是高级技师,拿过省内多项技能大奖,并且还是杭州职业技术学院的一名教师,他正在给两位杭州汽轮机股份有限公司(以下简称"杭汽轮")的员工当"指导教练",以参加接下来的浙江省职工职业技能竞赛。他的名字叫王赟。

数控铣床,王赟可以说是"专家",从2005年就开始跟数控打交道,算一算有14个年头了。"当时大学报名,也不知道数控是什么,只知道专业比较靠前就报了。"他大学是在浙江机电职业技术学院就读的。

大学第一年,他对专业还很模糊,到了第二年有了画图、编程、制作模具等课程,逐渐有了兴趣,"有点像小时候拆卸玩具的感觉,觉得挺好玩的"。他说,在大学期间,考出了数控机床的高级工职称。

他为了挑战自己,大学实习期去人才市场试水,没想到面试进了兆华机械,后来这家企业也成了校企合作的成员之一。"学校里的图纸比较单一,企业里可以学习到更多东西,我想锻炼一下自己。"他在师傅的带领下,接触了很多之前没碰到过的材质,比如塑料、生铁、钢铁,这让他对机械操作有了更深刻的了解,对材料的运用更成熟。

2008年7月一毕业,他进了杭汽轮,一待就是11年。在企业里,大家都叫他"点子王","企业每个月要开展精益生产推广活动,每个小组要交2个创意'功夫',也就是点子"。他第一次一下子交了6个点子,全都获奖了,之后每次点子也都会获奖,并且被企业采纳运用。

这些点子,跟他平时下的苦功分不开,他说,工作的时候每天记笔记,记下某个工序需要调整、某个设备可以改进的地方。他举了个例子,数控铣床需要使用到很多刀具,频繁使用之后,刀具的规格标号都会有磨损,每次找相应刀具要耽误很多时间,他想了个办法,设计了一张标准刀具尺寸的表,标明了直径、规格,只要跟表格一比对,就能快速找到刀具。

生产产品过程中,他坚守的是0.02毫米,"做流水线产品,对精度要求高,我们的误差要在0.02毫米之内,这个数据说得通俗点,就是三分之一的头发丝"。他说,这样的误差,用肉眼根本看不出,全靠一次次生产制作过程中积累的经验,平时多观察就会发现差距。

为了拼这0.02毫米,他从2008年进企业至今,一直为之奋斗。他花了11年时间,从一名普通车床的工人到高级技师,参加大小比赛,2012年获得浙江省技术能手,2016年取得数控铣工高级技师证书,2017年获得浙江省首席技师、浙江省五一劳动奖章、浙江省金蓝领、浙江省青年岗位能手等荣誉,同时,还利用双休日时间进行本科学习。

2017年,他还与临平职业高级中学合作成立了浙江省王赟数控加工技能大师工作室,2019年4月,他来到了杭州职业技术学院,下定决心做一名教师,"我学了那么多年,想把一技之长毫无保留地传授给学生,一点红不算红,一片红才算红,希望学生将来走上社会能够对社会和国家做出一点点贡献。"王赟说。

这是机遇,也是挑战,他坦言做老师跟在企业工作不一样,"在课堂上传授经验,既要与时俱进,又要通俗易懂"。这几天,他自己在学习实训课程,等开学了,打算给学生们上一堂干货满满的课。

（本文原载于《每日商报》2019年11月11日A2版）

停课不停教 杭职院教师寒假网络备课忙

浙江在线通讯员 周 曦

"《礼服立体剪裁》课程已经上线了,同学们可以在家用小人台学习哦,没有的话用芭比娃娃也可以。"昨天,杭职院服装设计专业负责人章瓯雁在朋友圈晒出了家里的教学用具——一个1:2的小模特,并向学生们发出了新学期的课程预告。年初三从温州老家返回杭州后,章瓯雁就严格按照要求在家自我隔离,但这并不影响她的工作安排。"上午进行立体剪裁创作,下午编写教材,抽空还要联系企业提供案例、催促学生抓紧练习,我的每一天都过得相当充实。"

尽管杭职院原定的开学日期是2月20日,受疫情影响是否能按期开学也还未可知,但这几天,杭职院的老师们已经忙碌起来了。

服装教师在朋友圈晒出教具,
在线呼叫学生要准备学习了

2月2日,杭职院通过钉钉软件召开了教学工作视频会议。该校专业建设指导处处长潘建峰告诉记者,"学校已经按照疫情预估影响时间制订了线上教学方案,打算将原来学做一体的课程重新编排,先利用网络平台进行线上理论教学,等疫情结束学生返校后再安排实践部分"。

"其实随着分类教学的需要和小班化教学的推进,学校也一直在推线上线下相融合的教学改革。仅在2019年,就实施了百门在线开放课程专项计划。"潘建峰介绍说,此前杭职院已陆续推出了250多门在线课程,基本能满足这次防疫期间的线上教学需要。

杭职院汽车学院副院长党总支副书记龙艳开设的"汽车学子职业行为与素养"就是其中一门早已上线的课程,内容涵盖职业规划、创新创业、心理健康、始业教育等,有整套视频、课件和习题资源。"以前这门课主要供学生在晚自习自学,现在学生可以提前在家里开始学习,同时我们其他的一些课程也在假期不断地丰富网络资源,确保开学可以供学生开展线上学习。"刚刚与汽车学院教师开完视频会议的龙艳告诉记者,教师们已在开展相应的培训,有信心开展线上教学,届时会根据情况采用直播或录播的方式给学生网络授课。

"为了工作,我打算去买个直播补光的美颜神器。"当晚,杭职院动漫学院教师来洋在朋友圈里晒出的购物车截图,在学校不少年轻老师的心中"种了草"……

（本文原载于浙江在线 2020 年 2 月 4 日）

杭职院自制洗手液备战开学防疫
计划上线食品检测课程

中国新闻网记者　江杨烨

杭职院自制洗手液

近日,杭州职业技术学院教师们自制了237瓶洗手液,为开学的防疫工作做准备。据悉,学校还将上线食品检测课网课,供校外人员学习。

目前,防疫物资紧缺,杭职院临江学院精细化工技术专业的教师们把学校实验室、仓库里留存的原料与半成品都盘活起来。

据悉,杭职院临江学院精细化工技术专业的教师们是国家骨干校重点建设专业的,学院设有"日用化学品技术""典型精细化学品生产与管理""典型精细化学品小试技术"等课程。

平日里,教师们常常带学生自制洗手液、肥皂、护手霜等,在工艺流程上经验丰富。

临江学院副院长何艺接受采访时表示,年前,老师们就有了发挥专业优势助力疫情防控工作的想法。随着形势越来越严峻,老师们从大年初三正式行动起来。

杭职院公共事务管理处负责人张理剑表示,"制作的这批洗手液基本满足了学校220个卫生间开学后的短期需求"。

何艺介绍,等工厂复工、物流恢复后,会再多制作一些抗菌消毒洗手液。同时,也会让返校的学生一起参与制作,更好地把专业技能和社会责任感结合起来。

此外,杭职院还将上线食品检测等课程,供校外人员学习。

据悉,在G20、全国学运会、互联网大会、世界游泳锦标赛等大型活动中,杭职院食品营养与检测专业学生都应邀为主办方提供了专业的食品安全快检服务。

（本文原载于中国新闻网2020年6月8日）

杭州工匠孟伟

维修电工高级技师孟伟

【解说】

杭州市公共实训基地建于杭州职业技术学院内,是一个集实训培训技能鉴定研发于一体的开放性实训中心,为高技能人才培养搭建平台,孟伟所在的机电一体化技术专业,大部分的实训项目就在这里进行。

【主持人】

孟老师现在就在这个实训室里面上课了,我们一起去看看。孟老师您好!孟老师,我们都知道您的专业是电工,说到电工,我们大家想到的可能是维修一些小家电,一些电气设备之类的,您的工作是不是也要教学生们学会这些技能?

【孟伟】

是的。除了您刚才说的这些必备的技能以外,因为现在随着生产线越来越复杂,我们需要学生了解生产线的安装、调试、维修工作,另外我们学生还需要掌握电子技术的一些应用。

【主持人】

咱们今天来到的实训室里有一个什么样的生产线,安排一个什么样的学习内容?

【孟伟】

这是一个柔性生产线的实训场所,学生通过对这些柔性生产线的编程,可以完成生产线的安装、调试工作。

【主持人】

听下来感觉我们现在的这些电工专业人才不仅仅是要去维修了,可能要懂一体化的工作流程。今天的节目当中您就带着我们一块走进您的课堂,去了解一下这个领域的专业知识,好不好?

【解说】

1988年,18岁的孟伟从杭州钢铁厂技校电工专业毕业后,成为企业的一名普通电工。在校时孟伟就对电子产品有浓厚的兴趣,参加工作的第一年,他给自己定了一个小目标,自考大专提升自己。由于自学考试通过率极低,他一考考了8年。

【孟伟】

家电企业后来因为经营不善破产了,也就意味着我下岗了。当时我想我有技术在身的话,虽然下岗了,但我可以通过自主创业生存下去,所以说我选择开一家工业电器和家电的维修店,只要有技术,我就可以有生存之地。

【解说】

2003年,孟伟参加了临安市维修电工技能竞赛,夺得了第一名,之后他又在市级、省级比赛中连续斩获冠军,就在那一年他收到了浙江万马集团有限公司发出的入职邀请。

【孟伟】

我也考虑到家电维修,包括工业电器维修这个行业对我以后的发展、技术的提升,可能效果就不是那么明显了,相反企业的舞台可能更广一些,所以这样的话我在2003年末的时候到万马高能量电池有限公司就职了。

【解说】

孟伟似乎变身"超人",仅用了1年时间就改造和攻关了企业4项新工艺。2004年孟伟就被评为杭州市技能带头人,2006年他被授予全国技术能手称号。受临安市劳动和社会保障局委托,孟伟对临安市维修电工进行技能辅导,这个阶段的孟伟开始意识到传授技能的意义,于是他接受了杭职院的邀请,成为杭职院的一名电工电子应用技术实训教师。

【孟伟】

正巧那一年杭职院因为扩招,需要招聘大量的技能人才,那么受总工会的推荐,我觉得学校这个平台对我传播技能是非常好的,所以决定去学校。

【主持人】

我们看到墙上挂着的这个灯牌特别有意思,我还以为同学们只是学习一些安装、调试之类的工作。

【孟伟】

学生需要掌握的技能是比较多的,除了您刚才说的这些技能以外,学生还需要掌握一些电子焊接技能。这块灯牌是学生特意做了以后送给我的,它是由100多个LED灯组成的,每个灯座有2个广角,所以焊点的话都有好几百个了,假如说这边有一个灯焊接不良的话,它整个底端都不会亮,焊接的工艺要求还是比较高的。我带你看一下我们学生的操作,现在学生在进行的是一个LED灯数字钟的制作。这是由我们学生做好的一个成品,是一个数字时钟,但是我们在这个数字时钟基础上把它扩展成了一个路灯的控制器。

【主持人】

我看到同学们现在正在做的就是一个焊接的工序了,感觉特别多。

【孟伟】

每一个板子都由100多个焊点组成,每个元件都需要通过电烙铁把它每一个点都连接起来,才能构成一个完整的电路。

【主持人】

今天的节目当中我也想体验一下,同学们看看我能不能完成焊接这道工序好不好?接下来我就在孟老师的指导下,来体验一下电子时钟焊接的环节,孟老师您教我做吧。

【孟伟】

我们先看一下,这是一块电路板,我们等一下需要在这个上面进行焊接。这是需要用的材料,这是我们这边最基本的一个电阻丝,这个就是焊气丝,这是我们用到的工具,这是一个电烙铁。我们看一下这个图纸,这个图纸中的比如说R,我们要装这个电阻的话,就是1k,我这个电阻就是1k的,这样我们找到R的图纸,再找到这个板子上相应的位置,把这个电阻从这2个孔上面插进去,再压一下,压到底就是实了,把这个板翻过来,这样我们就可以开始焊接了。我先示范一下,我们把这2个器件同时靠上去,看到熔化得差不多了我们就拿开。

【主持人】

我感觉我肉眼看的时候根本就没有焊上,但是冒烟了。

【孟伟】

您仔细看这边这个点已经焊上去了。

【主持人】

中间是一个特别小的孔,就那么碰一下,就给它焊上了。

【孟伟】

然后我们再把这个板子翻过来,看一下这个电阻有没有变形移位,假设没有移位,正常的话,我们才可以再继续焊另外一个焊点,这样2个焊点都焊好以后,我们需要把这个角剪掉,电阻就可以完成了,您这边再试试。

【主持人】

我试试看。

【孟伟】

这边再焊一个R5好了。

【主持人】

我先取一根电阻,然后找到这个……

【孟伟】

找到那个相应的R5的位置。

【主持人】

我先把它折一下。

【孟伟】

插到那个孔里面去,2个孔。它没有压到底。然后2个角这边拉拉正,这样您这边垫到底就可以焊了,同时送上去。

【主持人】

为什么感觉它都接触不上也不冒烟呢?

【孟伟】

您这个位置还是不对,您稍微把这个角度斜一点,手不要抖。

【主持人】

好了,终于给它误打误撞地焊进去了。

【孟伟】

虽然是焊好了,但是这个焊点还是不合格的,我们可以看一下,这个焊点不够光滑。

【主持人】

我再尝试焊另外一个。这个真的是自己上了手才知道太难了,因为我的手在抖。

【孟伟】

这个比刚才已经好多了,没关系,因为我们这道工序确确实实需要反复练习。

【主持人】

我看到同学们其实都在这儿特别细心地练习,像这样的一个焊点,如果真的能够做到很快速很完整地去焊好,应该要练多长时间?

【孟伟】

我们要达到一个好的工艺标准的话,必须练5万次。

【主持人】

5万次,才能够练好一个焊点。我们想想看其实一个电路板上有非常多的焊点,可以感受到焊接这么一个环节要付出多少辛苦。我的这个挑战是失败了,但是从我的挑战中也能够感受到同学们日常训练的辛苦。

【杭职院　特种设备学院　教师　陈进熹】

孟老师是一位非常有责任心的老师,同时对学生也非常关心,他会利用他晚上和周末的时间来指导学生去制作机电的小产品,以此帮助学生提高技能。

【杭职院　特种设备学院　执行院长　郭伟刚】

孟老师最大的优点是他的技术很专业,我们可以给他4个字:深耕技术。

【主持人】

孟老师,我们都知道您除了有维修电工高级技师证之外,还有一张证叫作仪器仪表装配工技师证,而且听说这张证还是比较少见的,是吗?

【孟伟】

没错,那是因为仪器仪表装配工的要求比较高,同时有2本证的人那就更少了。

【主持人】

所以我们也想通过我们的镜头来记录一下您这方面的技能,今天想给我们展示一下什么?

【孟伟】

我准备了一些材料,打算做一个掌上的便携式的示波器。这是我准备的材料,第一个品种比较多,第二个元器件也比较小,比较多。可以看一下这里的元器件,我这边有二十几个,如果把单个元器件拿出来,可能就比芝麻还要小,所以这个装配的精度要求也是比较高的。

【主持人】

接下来我们就把时间交给孟老师,请他来现场展示一下装配的技艺好吗?

【孟伟】

我现在已经把电阻全部插好了,下面进行一个电阻的焊接。我这边电阻已经都焊好了,我把多余的角剪掉,现在电容已经装完了,那么我们下面装一些其他的器件,我这个板子已经做好了。

【主持人】

现在已经是做好的,我拿到手上都觉得应该小心翼翼的。刚才还是一个平的电路板,现在被您装上了各种零部件之后,我觉得特别精密的一个仪器出现了,但具体它该怎么使用,现在能展示吗?

【孟伟】

可以的,我再把它通电试一下,我们看一下最终的效果。这个是信号,这个是电源,现在这个屏幕上已经显示了,这个是方波,可以看到像长城那个形状。我们再看一下,这是一个三角波,这个示波器的作用跟我们医院里的心电图仪是差不多的。我们在医院里可以通过心电图仪检测出人体是否患了疾病,在电路上检修的时候也是一样的,因为电这个东西是看不到的,我们需要通过一个仪器把波形直观地显示出来,通过这个波形跟标准的波形做一个对比,这样可以帮助我们的维修人员准确地找到故障的范围。

【主持人】

其实刚刚孟老师也说了,电是看不见摸不着的,但是通过这样一个仪器就能把电显示出来,我们就知道原来电是长这个样子的。

【孟伟】

现在显示的就是我们这边家用的那个电。它是一个正形波,可以看一下,这个中心是一个零轴线,上边是正半轴,下边是负半轴,所以我们看到它是不断地在正半轴和负半轴之间交替的,所以说我们叫它交流电,就是基于这个道理。我们在教学中要求学生不仅会做,还要知道它的工作原理,知道工作原理以后,我们会慢慢地引导学生进入一个开发设计层次,

这样学生掌握了这些技能,在工作岗位上就可以游刃有余了。

【解说】

除了给学生带去企业真实案例以外,孟伟尽量让学生参与社会实践。他带领学生深入学校附近小区,免费帮助居民维修小家电,手把手教学生分析,排除实际故障。

【杭职院　特种设备学院机电一体化专业　学生】

不管是生活中还是我们在做项目的时候,孟老师都能够从不同角度思考问题,然后帮我们解决问题。

【杭职院　特种设备学院　执行院长　宋杰】

孟老师的第一理念就是通过技术的学习来实现自我的创新,那肯定是先跟孟老师学习技术,接下来就是靠我们自己去进行创新,参加一些设计方面的比赛。

【解说】

2016年,孟伟指导学生参加全国大学生节能减排社会实践与科技竞赛,"基于双内紊流换热的热循环节能淋浴房"一路过关斩将,杭职院成为全国唯一一所进入决赛的高职学校。最后这款设计获得了二等奖,还获得了7项国家实用新型专利。

【孟伟】

我的愿望:我想等退休以后成立一个公益组织,用我的技能服务更多的人。我觉得工匠精神就是踏实工作,求精求细,把任何事情都做得更好。

(本文原载于杭州电视台《杭州工匠》2020年10月26日)

杭职院为中西部12省精准培养"电梯卫士"

这是中国精准扶贫方略的生动实践

《杭州日报》记者　方秀芬　通讯员　周　曦　商雅萍

【课堂实录】

一开课,金新锋便向学生们展示了一张张特殊通行证,上面写着疫情防控、编号等字样,"这是你们刚毕业的学长的。当时他们凭着证件穿梭于整个城市,到医院以及居民小区维修电梯,成为疫情期间隐形的'逆行者'。"

金新锋是杭州职业技术学院电梯工程技术专业负责人,日前,他以"民族品牌崛起我出力　城市电梯安全我保障"为题,为来自湖北恩施的33名"精准扶贫班"学生上了一堂电梯制动器安全课。"只有城市电梯正常运行,国家的工业才能正常运行,百姓的生活也不会停摆。"他响亮地说。

33名学生齐聚电梯实训基地　听老师讲"安全维保+中国制造"

这堂特殊的电梯安全课,是在杭职院的电梯实训基地内开展的。这里拥有34个直梯井道、6个扶梯井道,实训面积4500平方米,是国内规模一流、省内唯一一家能对电梯进行安装、改造、维保、大修及调试的生产性实训基地。从入学第一天起,学生们就要以绝对严谨的态度对待这些真家伙们,一进入基地范围,全体师生就要戴上安全帽。

金新锋站在两排扶梯之间侃侃而谈,33名学生围坐两旁,越听课越心情激荡。"电梯制动器相当于汽车刹车,是电梯一个至关重要的安全装置,直接关系到乘客的生命安全。"金新锋说,他从事电梯工程师多年,大部分电梯事故原因一般都是维保不到位或违规操作,除了责任心问题外,更是从业人员的技术技能水平问题。

"面对安全,胆小如鼠;国家需要,血战沙场。"金新锋给这些未来的电梯维修师送出了"四不伤害"的金句:不伤害自己,不伤害他人,不被他人伤害,保护他人不受伤害。

据介绍,世界上的第一台电梯是美国制造的,但自2000年起中国电梯民族品牌逐渐崛起后,全球2/3的电梯都是中国制造,同时中国还以700多万台的电梯保有量居世界第一。

金新锋指着不远处的扶梯对学生们说,中国电梯的制造、维保需要大量专业技术人员,希望同学们能心怀感恩、把握机遇、努力学习,为民族品牌的崛起、为保障城市电梯公共安全而奋斗。

"精准扶贫"电梯班学生心愿:学好技术,让家里过得越来越好

"电梯属于国家的特种设备,容不得丁点儿马虎,我们必须毫不懈怠地对待这份工作。"听完这堂课后,来自湖北巴东县杨柳池村的邓志瑞感觉肩上的责任又重了一些。

邓志瑞原本是恩施职院机电一体化技术专业的学生,全家四口人仅靠父亲每月从浙江打工寄回的两三千元生活。听说杭职院与恩施职院合办了一个"精准扶贫"电梯班后,他立刻报名来到了杭州。

目前,邓志瑞与他的32名同学都顺利通过了考核,取得了电梯从业人员上岗证。在西奥电梯实地实岗学习期间,他每月就能拿到2000多元的津贴。毕业后回到湖北老家,如果成功被录取,他会有一份至少七八万元年薪的电梯维保工作。"我弟弟还在读书,所以我得更加努力地学好技术,让家里过得越来越好。"邓志瑞说。

邓志瑞的梦想并不遥远。杭职院特种设备学院执行院长郭伟刚说,杭职院长期以来整合政府、行业、企业、职业院校优质资源,创新职业教育精准扶贫模式,帮扶贵州、甘肃、云南等中西部12省份的24所职业院校,依托电梯工程技术专业,实施温暖工程"星火计划",开设"励志班""宏志班",已成功组织举办9期电梯维保精准扶贫班、累计帮助275名贫困学员达到月均4000元以上的收入。

杭职院电梯专业群的使命,不光是培养技能人才,还包括搭建平台服务社会公共安全。在服务社会方面,杭职院金点子频出,全国首创的"校企精准扶贫班"得到省委领导批示、国务院扶贫办肯定,被教育部纳入"十二五"高校扶贫典型案例。

【思政点睛】

向世界提供了"中国智慧"

2020年是决胜全面建成小康社会、决战脱贫攻坚之年。精准扶贫不是虚无缥缈的口号,而是实实在在的行动,关键在于让人民过上好日子,保证在全面建成小康社会的道路上每一个人都不掉队。

扶贫需要扶智,要充分发挥群众主体作用,培养一技之长,找寻自身存在和发展的价值。

杭职院采用"免费培养、定向就业"的模式,实现了"培养一个学生,脱贫一个家庭""属地维保工人配套电梯销售""职业教育服务产业发展"等多维目标,让参与各方共赢共生。

精准扶贫方略的成功实践,创造了人类减贫史上的奇迹,为解决贫困治理一系列世界难题提供了"中国智慧"。

【思政心语】

希望学生明白,我们要培养的是能够保障城市电梯公共安全的"电梯卫士"。这是一份神圣的职业,这份职业除了能挣钱养家外,也能为民族振兴、国家发展、百姓安居贡献一份自己的力量。

——杭州职业技术学院 金新锋

(本文原载于《杭州日报》2020年12月16日10版)

以赛促教
在展示与诊断中了解"思政课应该怎么上"

教师展示

近日,杭州职业技术学院马克思主义学院举行首届思想政治理论课教师教学技能展示与诊断活动。活动特邀浙江理工大学马克思主义学院院长渠长根、浙江财经大学马克思主义学院院长贺武华担任评审专家,现场诊断指导。

杭州职业技术学院党委副书记陈泉淼表示,思想政治教育工作是学校的中心工作,建强建优马克思主义学院是学校的一项重要任务。提高马克思主义学院的建设水平,要在教育教学、科学研究、人才培养、社会服务、学科建设等方面体现高质量,其中高质量的教育教学是奠基性的工作。此次"教师教学展示与诊断"活动是一件好事、实事,将会持续办下去。杭州职业技术学院马克思主义学院也将逐渐完善活动相关制度,形成特色,达到"以展促研、以展促教,以展促学、以展促建"的目的;思政全体教师也能以此次活动开展为契机,推进思政课改革创新,着力增强思政课的思想性、理论性和针对性,不断增强吸引力和感染力,从而形成一支热爱高职教育、研究和尊重高职教育规律的高素质思想政治理论课名师队伍。

活动现场,杭州职业技术学院马克思主义学院的12位青年教师依次进行了教学展示,2位特邀评审专家现场进行了精准的诊断和专业的指导。

"教学技能展示活动给我们老师提供了一个挑战自我、展示自我、提升自我的舞台,几位'大咖'专家精湛的诊断意见更是让人受益匪浅。"杭州职业技术学院马克思主义学院教师段彩屏表示。

　　"这次活动让我明白,思政课老师讲好思政课需要的不仅仅是扎实的理论功底,还需要联系学生的实际情况,这样才能增添思政课的支撑力、亲和力。"杭州职业技术学院马克思主义学院教师伏志强说。

　　本次教学技能展示,从筹备、组织到现场展示,历时1个多月。所有参加展示的老师经过不断设计、排练和打磨,呈现了精彩纷呈的思政微课堂,充分展现了思政教师饱满的精神面貌和优良的业务素养。

(本文原载于学习强国2022年1月21日)

龚仲幸:像园丁一样 呵护蓝领人才

《杭州日报》记者　葛玲燕

杭州职业技术学院教师龚仲幸

龚仲幸是个"老园丁"了。

1997年大学毕业后,她就进入了市园林文物局从事园艺植物栽培工作;7年后,又被调入杭州职业技术学院,当起了园艺专业教师。

在龚仲幸看来,做园艺和当老师有一种相通的属性,都需要耐心和细心。本次党代会她重点关注的内容,就是园艺和职业教育的发展。

"杭州是一座精雕细琢的城市,在城市建设上吸引了很多城市来取经。这几年借着亚运会筹办契机,城市面貌更加靓丽。"多年的专业工作让龚仲幸看到了杭州园艺产业的蓬勃壮大,行业认可度越来越高,家庭园艺、园艺电商等也得到了充分发展。

"在我们学校,不少学生还会选择自己喜欢的花卉、绿植,自主地在寝室里育种。"龚仲幸介绍,目前杭职院的园艺专业已有13个班级540余名学生,专业从原来的冷门变成了热门。"我觉得,实现人民对美好生活的向往这一奋斗目标,也包括对园艺这一精神生活的享受。"龚仲幸认为,杭州建设"宜居天堂"需要园艺产业的支撑,而该产业的发展也将进一步推动人民的精神共富。

"希望杭州在职业教育、社区培训、阳台园艺、老年大学、中小学反哺等方面更加重视对园艺的普及,从而实现老百姓把家搬进花园的梦想。"龚仲幸说。

针对报告中提到的"大力发展人民满意的教育",龚仲幸也结合自己的教师身份提出了相关建议。

"杭州的发展,既需要高层次的研究型人才,也需要大量技能人才来支撑。"龚仲幸说,近年来,杭州大力推进高技能人才队伍建设,出台并实施了一系列高技能人才激励政策,蓝领在杭州收获了更广阔的舞台。而这个队伍建设,离不开职业教育的推进。希望杭州像园丁一样呵护、发展职业教育,并进一步完善现代教育体系,加快职业本科教育发展,让杭州成为一个宜居宜学宜业宜游的新天堂。

（本文原载于《杭州日报》2022 年 2 月 26 日 A2 版）

汪吾金:杭职院,我们一起前行

杭州职业技术学院党员教师汪吾金

　　大家好,我是汪吾金,今天想和大家分享的是"杭职院我们一起前行"。1992年春天,我入了党,之后大学毕业成为一名教师,回首这30年的党员教师生涯,有27年是在杭职院度过的,所以我就讲讲自己和杭职院的3个小故事,讲讲如何在融入时代需要,融入学校发展中,实现党员教师的价值。

第一个故事:选择杭职院

　　1995年8月1日那天,骄阳似火,我骑着自己的蓝色变速自行车如约来到上城区保安桥河下5号,也就是我们今天杭职院生态健康学院的前身。那时候13亩地的校园门口挂着5块牌子,杭州化工系统职工大学,杭州化工职工培训中心,杭州综合中专化工分校,杭州化工职工中专,杭州化工技校,一栋教学楼,一栋实验楼,一栋学生宿舍,一个食堂,一个小小的操场,这几乎就是全部的建筑。学生打球如果不小心一点,可能就会把边上居民家的玻璃窗给打碎了。加入这个大家庭之后,我发现自己的选择很正确。首先这里的价值观和我个人的价值观非常一致,大家说话做事都认认真真踏踏实实,没有吊儿郎当的,每个人都有自己的工作,但遇到需要配合的事情,好像从来没有你推我我推你的情况,很有一种一家人的感觉,同事们给我的提醒和帮助,让我至今受益。比如有老师就提醒我要记工作笔记,重要的事情必须记下来,不然时间久了容易忘记。这对当时没多少工作经验的我有醍醐灌顶之感,这个记笔记的习惯,我至今保留。其次这里有体验多层次教学的机会,我说的这个多层次教学是指可以给不同层次的学生上课,学校挂着那么多的牌子,哪一块都不是虚的,所以听我上课的学生有职工、大专生、中专生等,这是一种很少有人可以体验的机会,让我不得不去琢磨怎样才能更好地落实因材施教。

第二个故事:坚守杭职院

1999年杭职院实现实质性合并,但那时候要钱没钱,要名气没名气。杭职院这个名字后面还带着加括号的"筹"字,仍旧没个像样的大学校园。今天大家走在杭职院下沙的校园中,还是可以发现我们的建筑和周围高校的建筑不同,人家的颜色整齐划一,我们的颜色却各有千秋,为什么? 因为当时我们没钱,没办法一步建成。2008年杭职院开始走公共课与专业结合的改革道路,很多公共课教师陷入改革的痛苦之中,我更是如此,但我还是没有离开杭职院的想法,依然坚守在语文教师的岗位上。我愿意当教师,因为只有在学生期待和信任的目光中,才能最真切地感受到自己的价值。职业生涯不可能没有挫折和痛苦,但无论如何都不能丢掉自己的初心和使命。对一个党员教师来说更是如此。

第三个故事:共进杭职院

杭职院是一所拼搏奋进的学校,从2002年正式建校起,几乎每过几年就上个大台阶,从合格到优秀,从省示范到国家骨干,国家级荣誉纷至沓来。2019年更进入国家双高建设院校一档,跻身国内高职教育第一方阵。快,真的是快,在杭职院如此快节奏的发展中,我没立下什么功劳,但也曾经有爱。我每年的课堂教学工作量一般都在500课时以上,课外工作量也通常是很饱满的。杭职院的学生很可爱,曾经有位同学因为沉迷网络游戏,差点被退学,我给他争取了跟班试读,又逼他无条件接受学习委员一对一管着帮着,大三时他竟然拿到了二等奖。毕业后他成了小老板,专程回母校送我一款他自己设计制造的野炊用打火机。那一刻我觉得自己收到了这辈子最好的礼物,近些年每年都有学生为了参加省大学生经典诵读竞赛,跟我从3月战斗到10月,连暑假都在备战。2014年以来,我的学生中获得省级竞赛奖项的已经有30多个了,教师的职责就是帮助学生成才成功,自己能帮一把是一把。为什么要在这里吝惜自己的时间呢? 在杭职院62年的办学历程中,多少前辈不就是这样把青丝熬成了白发的吗?

今天的杭职院已经进入了高水平建设"数字杭职"工匠摇篮的新时代,过去的苦难已经成了往事,过去的荣耀也只能成为珍藏,新的使命、新的任务就在眼前。杭职院这所有胸怀有情怀的优秀学校造就了我。如果没有杭职院,我无法想象现在的自己会是个什么样,但选择杭职院、坚守杭职院、与杭职院共同进步,确实是我自主的决定。既然是自己的决定,那就要无怨无悔地走下去。

(本文原载于学习强国2022年7月17日)

一块电子大屏里藏着的共富密码

《杭州日报》记者　王泽英　通讯员　周　曦

在杭职院的电梯实训基地

　　"湖北省7466台""广西壮族自治区1032台"……在杭州职业技术学院的电梯实训基地里,全国智慧电梯装机的区域分布数据,正在一台深蓝色的显示大屏上实时跳跃着。这个来杭职院3年多的"老伙计",见证了电梯智慧系统从祖国东部到中西部的普及,也是电梯工程技术专业负责人金新锋课堂上的"大主角"。

"聪明"的电梯越来越多 跳跃的数字让学生激动

　　一上课,几乎所有学生的目光,都被大屏上密密麻麻的数据图所吸引。看着这些大一孩子脸上的好奇,金新锋指了指大屏上"大数据分析平台"几个大字,笑着说:"我们更喜欢称它是电梯的'智慧大脑'。"

　　为什么说它"智慧"呢?原来,为了降低乘梯安全风险,电梯上被安装了物联网系统,系统会像"黑匣子"一样监测电梯运行状况,一旦出现故障风险、困人情况时,大屏就会出现定点定位的实时报警。

　　随着老百姓对美好生活需求的日益走高,3年来,"聪明"的电梯越来越多,吉林省、贵州省、宁夏回族自治区等中西部地区的城市,从数量0的突破,到实现每年装机量成倍上涨。如今,与杭职院合作的大数据分析平台,可监测到的装机电梯已达15万多台,覆盖全国160座城市。

　　不过,15万多台的装机量,和全国800多万台的电梯总量相比,还存在着较大差距。无论是城镇化发展进程对新装电梯的需求,还是人民生活水平提高对老旧小区加装电梯的需要,在未来一段时间里都将保持较快增长,对电梯专业人才的需求也将连年走高。

"10万人!"话锋一转,金新锋在空中比画出一个数字,"这是电梯行业仅维保人员每年的缺口人数。"短短一句话,让在座的同学们越听越激动,因为未来他们就将成为国家急需人才的一分子。

"电梯卫士"像种子一样 从"一人"到"一户"再到"一方"

"2019年约4800台,2020年约5200台,2021年约5800台。"金新锋又亮出了一组数据,这是杭州市对口帮扶的四川省广元市近3年的电梯数量变化。

对于家乡的变化,"老学长"广元小伙丁聪聪深有体会。看着家乡高楼一座座拔地而起,以前他就常寻思着:要是能把电梯这门技术学到手,以后就不愁了呀! 2018年,他心心念念的想法成了真——可以去杭职院免费学习电梯技术。"从离开家到杭州培训,我再也没跟家里要过钱,因为我已经是家里赚得最多的了。"丁聪聪现在是某电梯品牌嘉兴片区的班组长,一个人管理着一个小区的63台电梯。

像丁聪聪这样的故事,在杭职院还有很多。"有的同学在来之前甚至连电梯都没见过,经过阶段性的学习后,成为行业里高薪就业的技术骨干。"对于这些"电梯卫士"的故事,林玲如数家珍:来自贵州省黔东南州的杨武治是企业里的班组长,原先家庭年收入不足1000元,现在月工资连续3个月超过2.6万元;河南小伙高亚峰,经过培训通过考核,入职西奥电梯……学校多年来实施的温暖工程"星火计划",帮扶贵州、甘肃、云南等中西部12省共24所职业院校,累计培训省内外学员260名,进而改变了260个家庭的生活。

通过"培训一人"实现"美满一户",进而"带动一方",在助力共同富裕示范区建设的进程中,杭职院已在撸起袖子加油干。如何跟上浙江的共富节奏? 作为电梯专业学生,同学们也有自己的想法。

课堂上,"聪明"的电梯给林欢留下了深刻的印象,"大数据在智能救援中扮演了越来越重要的角色,瞄准行业发展需要,努力让自己有一技之长,为国家制造业发展做出贡献"。不仅要苦练技能,还要精进技能,徐晟海平时一直都在了解电梯行业的先进技术,他的目标是成长为一名创新型人才助力技能强国。

从"浙江之窗"看"中国之治",到2035年浙江将基本实现共同富裕。"那时候,同学们30多岁,正是人生特别美好的年龄,作为与共同富裕共进、共享的一代人,同学们,加油奋斗起来!"林玲鼓励道。

从一块大屏说起,本节课2位老师通过精彩的讲解和翔实的数据分析,让我们看到当前电梯行业需要大量的技术技能人才。这个时代,既是快速变革的新时代,也是重视技术人才的好时代。在中国特色社会主义现代化建设的新征程中,世界百年未有之大变局和实现中

华民族伟大复兴中国梦的历史任务,需要千千万万的技能型劳动者在各行各业奋斗和创造。一代人有一代人的使命,在高质量发展建设共同富裕示范区和省域现代化先行的进程中,杭职院学子既是见证者,也是参与者、奋斗者。相信同学们定能以一技之长,在助推制造业的迭代日新中托起强国梦。

——杭州职业技术学院党委书记 金波

（本文原载于《杭州日报》2022年11月30日A9版）

八、文化校园　魅力绽放

习近平总书记指出:"对历史文化特别是先人传承下来的价值理念和道德规范,要坚持古为今用、推陈出新,有鉴别地加以对待,有扬弃地予以继承,努力用中华民族创造的一切精神财富来以文化人、以文育人。"大学的校园文化,是对青年学生开展"以文化人、以文育人"的最佳场所,它为青年人接受教育和个体成长提供了土壤和环境,不仅服务在校生成长成才,也将优秀文化的精神影响力延展到全社会,是当代中国的宝贵财富。

杭州职业技术学院党委高度重视校园的"软"环境、"硬"环境以及"虚拟"环境建设,从精神文化、制度文化、行为文化、环境文化层面发力,将"融善"理念与劳动精神、劳模精神、工匠精神有机融合,构建了融"大思政""大劳动""大实践"和"大工匠"于一体的高职校园新生态,积极开展"名校建设""名师引育""名生培养"工作,凝练文化育人品牌内涵。在杭州职业技术学院独特的校园文化的浸润之下,学生们积极向上、全面发展,逐渐成为先进文化、主流文化的传播者、建设者和践行者,成为技能报国、文化强国的中坚力量。

弘扬"工匠"精神 "非遗不遗 匠心传承"
文化论坛在杭举行

央广网记者　谢梦洁　通讯员　周　曦

"非遗不遗 匠心传承"文化论坛

　　非物质文化遗产作为民族传统文化的展现和传承,一直承载着独特而丰富的历史印记。5月16日,"非遗不遗 匠心传承"文化论坛在杭州职业技术学院举行,现场,多位非遗专家、学者共同探讨了在现代化进程下,如何让非遗文化的传承与时俱进以及如何弘扬"工匠"精神。

> 坚守"非遗"传承阵地40年
> 黄小建:国内唯一完整掌握"饾版拱花术"的人

　　论坛上,国家级非物质文化遗产——"杭州雕版印刷技艺"项目代表性传承人黄小建分享了"我和雕版印刷40年"的非遗传承故事。记者了解到,饾版印刷始于明末,后逐渐失传。该印刷就是将需要印上不同颜色的部分,依照"由浅到深,由淡到浓"的原则,分别刻成同样大小规格的版,逐次印在同一张纸上。最后完成一件近似于原作的彩色印刷品,而黄小建则是目前国内唯一完整掌握"饾版拱花术"的人。

　　"通俗来讲,'饾版印刷'就是套色印刷。这种印刷的难度在于它要把颜色分别套在一张宣纸上,对应的位置的颜色不能有丝毫偏差。"黄小建说,"除此之外,这种印刷对色彩的要求也很高,你要做饾版印刷意味着你要辨别各种不同的色彩,要把它详细地区分出来。"

说到为什么会接触"饾版印刷"这种古老的技艺,黄小建说:"我在1978年时入读浙江美术学院,就是现在的中国美院。我的专业就是雕版印刷,那时候整个雕版印刷的行业大概有30多个人。在学了3年后,我们这个专业突然被取消了。我觉得很可惜,因为那时候我刚刚入门。"

"2006年,我在参加西泠印社拍卖的时候,偶然看到了一本《北平笺谱》,笺谱的前几页就是用失传已久的"饾版拱花术"制作而成的,我看了很惊讶,古人的技艺居然这么高超,我也意识到这种印刷术失传已久,我知道探索的路很艰难,但出于对非遗的热爱,我决定好好钻研这种古老的印刷术。"黄小建表示。

黄小建说,非遗的传承需要社会各界的非遗爱好者共同努力。"我之前在浙江省的第二届非遗传承人培训班中,已经教授了许多热爱此种印刷术的学员一些基础技巧。我觉得这种印刷术是古老的、伟大的,所以我想让更多的非遗爱好者知道并且学会这种印刷术。"

"现代的年轻人能够真的沉下心去学习传统的非遗技术已经很少了。因为现在生活条件也比较好,很多年轻人不愿意去吃苦。我在教授的过程中也发现了一些问题,比如很多人连基本的雕刻技巧也还没有掌握。"黄小建坦言,"其实'360行,行行出状元',只要你用心地跟有经验的老师傅去学习,并且持之以恒,你的人生会有很大的收获。"

匠心传承 藏梭14000余把
郑芬兰:"土布纺织技艺"非遗项目代表性传承人

每年10月,是郑芬兰的旅行季,她一般10月3日以后启程,背上露营的物品就出发。她的"背包客"旅程要寻找的是逐渐在这个时代消失的物件、农家织布机上的一个重要机件——梭子。

说起跟梭子的不解之缘,郑芬兰说:"我是一个从浙江磐安大山深处走出来的'山姑娘',我的母亲叫郑小花,是当地土布纺织技艺的传承人,她能同时使用8个踏脚板进行织布。我从小跟着母亲打下手,在很早的时候就学会了土布纺织的全部技艺。在一次去贵州的旅程中,我在贵州见到了一个当地兴义布依族的民间织布老人,她见我很热爱传统的土布纺织技艺,把一把陪伴了她60年的梭子送给了我,从此之后,我就踏上了收藏梭子之路。"

据悉,目前郑芬兰已经藏梭14000余把。"我走了15年,只有自己知道,每一次背上行囊出发的时候,下一段故事,下一把梭,总会在路上等我。每次收到大家寄给我的梭子的时候,我就知道,在寻找梭子的路上,永远都不止我一人。"郑芬兰说,"15年来,随着梭子的数量的增加,我萌生了一个大胆的想法:我要开一个面向大众的公益性梭子博物馆。"

2012年,土布纺织技艺正式被列入浙江省第四批非物质文化遗产名录。郑芬兰因为对传统工艺的继承和发展,成为土布纺织技艺非遗项目代表继承人。"2014年,我在杭州开了土布生活馆,展出了我们家祖传的织布机,以及我这么多年来收集的上万把梭子,我想让更多的人去了解传统的土布纺织技艺,来看看这些历经岁月沧桑的梭子,因为每一把梭子都承载了独特的文化印记。"郑芬兰表示。

记者了解到，目前郑芬兰还携手杭州市下城区举办了"土布环保书皮项目"，该项目从2014年启动，旨在指导孩子们自己动手制作土布环保书皮，用土布来代替纸张，从而让孩子们体验到独特的非遗魅力。在2017年，"土布环保书皮项目"共走进了浙江省11个省市的22所小学，为杭州市的青少年提供了2000份免费缝制的环保书皮体验券。

"文化是民族的血脉，是我们共同的精神家园。我的目的就是为了更好地做好浙江民间艺术传承和发展工作，也是希望非遗爱好者能进一步了解土布文化的特征与发展状况，回味曾经的农耕文明，感受中国民间艺术的灿烂辉煌。"郑芬兰说。

论坛举办当天，杭职院内还举行了非遗技艺现场展示与体验，内容包括金石篆刻、雕版印刷、全形拓、纸伞制作等中国古代传统非遗技艺。除此之外，还举行了学生文化创意类作品展销会。

"传承是最佳的非物质文化遗产保护形式。举办此次非遗论坛是为了让大学生传承非遗文化，这既是艺术和技能的双重学习，又是最好的保护方式。"杭州职业技术学院副校长张洪宪说，"非遗传承不仅仅是技艺的传承，更需要'匠心'的培育，今后我们要培养我们的学生能够数十年如一日地专注和坚守，追求职业技能的极致化，成为一个领域不可或缺的人才。"

（本文原载于央广网2018年5月18日）

创意十足 风格鲜明 杭职院毕业生文创作品精彩亮相

《光明日报》客户端记者　陆　健　通讯员　周　曦　吴湜铭

杭职院建校20周年、办学62周年系列周边发布仪式
暨杭州动漫游戏学院10周年毕业展开幕式

　　良渚遗址的古玉纹路,转化为糯叽叽的卡通人就多了一份亲切感;天行长臂猿的绘本,直接走进"蚂蚁森林"就为环保事业多出了一份力;建德的豆腐包,提炼出设计元素后就给城市纪念品多一个爆款选项……毕业生创意十足、风格鲜明的文创作品,吸引了来自政府部门、合作企业、行业产业界的广泛关注。

　　5月25日,杭州职业技术学院举行建校20周年、办学62周年系列周边发布仪式暨杭州动漫游戏学院10周年毕业展。本次展览以"春景无限·朝花夕拾"为主题,由20位专业教师指导完成的36组学生展览作品,涉及校庆献礼、数字创意、乡村振兴、现代学徒制和文旅融合5个板块内容,充分展示动漫游戏学院"校企合作、工学结合、文化育人"的办学理念和学生"青春无限、独具匠心、别出心裁"的创作热情。

　　"校庆献礼"板块以杭职院建校20周年、办学62周年为契机,设计全新校庆活动标识和校庆活动形象,讲述杭职院立足新起点、迈向新征程的故事篇章;"数字创意"板块将良渚文化、非遗与现代审美趣味碰撞结合,让智慧生活和公益数创作品乘上了"数字"之势;"乡村振兴"板块结合杭州本土乡村特色,打造以"回到"为主题的新农村景观环境;"现代学徒制"板块深耕产教融合、校企合作的育人机制,通过企业漫画设计、CG插画设计、未来城市建筑设计等项目,充分落实了应用型人才培养的教学目标;"文旅融合"板块对地方文化、地方美食、地方品牌等区域特色文旅项目进行融合设计,将名胜景观、非遗文化、传统品牌等元素与美食、茶叶、门店牌匾设计相融合,输出"文化+旅游"的系列纪念产品,提升地方旅游产业,弘扬地方传统文化。

10年前,杭职院联合杭州市动漫节展办、动漫游戏行业协会、主流动漫企业四方共建杭州动漫游戏学院,探索建立"政府推动、行业引领、企业主体、学校主导"四方联动协同育人机制,以国际化的视野、开放的办学理念,培养服务杭州动漫产业和事业升级发展的高素质技术技能人才。

本次活动中,杭州动漫游戏学院与中国电影评论学会动漫游戏专委会举行授牌仪式,与杭州全速网络技术有限公司共建全速数字创意产业学院,继续推动产教融合、校企合作的迭代升级。

(本文原载于《光明日报》客户端 2022 年 5 月 25 日)

杭州职业技术学院：以"融善"文化之光照亮学校前行之路

张 杰

　　"文化育人"是一项长期且复杂的系统工程，须将学校顶层设计和教育实践结合起来，更好地协同各方力量和资源，形成稳定、持久的教育教学资源。

　　杭州职业技术学院在传承发扬"融惟职道 善举业德"校训精神的基础上，将建校20年来的办学特色和时代要求合铸融通，凝练了"融善"文化理念，有力地拓展了大学文化的内涵，增强了素质教育的时效性，将文化的种子播进育人沃土，锤炼出一批又一批高素质的技术技能人才，以"融善"文化之光照亮学校前行之路的育人经验值得学习与借鉴。

顶层设计 凝练"融善"文化

　　学校成立思想政治工作领导小组和校园文化建设领导小组，将文化育人工作纳入学校综合改革方案、"十四五"发展规划和"双高"建设方案，实现文化育人融入学校人才培养全过程。

　　学校在传承"融惟职道 善举业德"校训基础上，凝练了以"融"为核心、以"善"为价值取向的"融善"文化理念，"融"是学校发展的根本途径和必由之路，"善"是学校汇集优势、聚合能量培养人才的根本目的与终极目标。

　　学校在"融"的核心理念指导下，秉持"学校融入区域、专业融入产业、教师融入学校、学生融入职业"的原则，通过企业全程参与育人过程、校园文化与企业文化相互渗透、学习情境与企业环境相互融通，汇聚融合行业企业、师生、校友等精华与能量，构建了"融合大学文化、融通企业文化、融入区域文化"三位一体的校园文化体系。善是目标、旨归、根本，学校的"善"彰显了"校善、师善、生善"。

　　"融善"文化创新赋予校训精神以时代内涵，增强了职业院校素质教育的实效性，使受教育者内化于心、外化于行，锻造自身软实力。

层层部署 推进"三融"实现"三善"
从理念引领、制度规范、行为塑造和环境熏陶4个维度做好"三融"文章

　　融合大学文化，让文化立校与立德树人同生共长。融入大学文化的重点是学生的个性养成和全面发展，倡导独立思考、锐意创新的科学精神，培养治学严谨的教风学风，以中华优秀传统文化培育师生人文素养。开设"大国工匠"等富有特色的中华优秀传统文化选修课程，让学生用文化涵养个性。重构课堂、联通岗位、"双师"共育、校企联动，把文化育人理念

融入知识和技能培养工作的全过程,融入教学、管理、服务工作的各环节,推进技能育人和文化育人有机融合。

融通企业文化,让人才培养和校企成长同向同行。融通企业文化的重点是培养学生的工匠精神和职业素养,在课程中融入劳模精神、劳动精神、工匠精神,在校园内植入企业文化,让大学文化与行业企业文化有机融合,让学生内化企业精神。校企联合开展校企同台技能比武、劳模工匠进校园等活动,强化学生职业认知、职业情感、职业道德和职业技能,将工匠精神、劳动精神等融入教学实训活动之中。校企合作开发项目化课程,构建基于生产实际和岗位需要的课程教学体系,实现学生专业技能和企业文化的"双提升"。

融入区域文化,让文化传承与社会服务相辅相成。融入区域文化的重点是培养学生的人文素养和文化底蕴,整体布局校园人文景观,统一校园视觉标识系统(VIS),校内道路和路牌皆以"融""善"进行命名;校园融媒体平台、道旗、置石,皆围绕"融""善"命名,让融善文化理念和工匠文化元素浸润整个校园环境。校内建有机床博物馆、职业素养展示中心等,将整个学校打造成区域文化传播中心和工匠文化主题校园。

从"校善、师善、生善"3个维度达到"三善"目标,培育工匠人才

校善,学校向善发展。学校通过"三院一馆一中心一基地"建设,努力把学校打造成新时代工匠的培育引领之地、成长向往之地、技能创新之地,着力涵养"向善向上"的高职院校校园生态,为高质量发展建设共同富裕示范区贡献"杭职力量"。

师善,教师向善成长。实施领军人才攀登工程、创新团队培育工程等,打造一支政治素质过硬、业务能力精湛、育人水平高超、具备国际化视野的高水平"双师型"教师队伍,倡导教师肩负"举善学、垂善行、尊善义、兴善业"的育人职责。

生善,学生向善成才。学校实施"工匠摇篮"培植计划、厚植工匠校园文化、提炼浙江工匠精神、树立典型工匠人物、探索大国工匠培养制度,让学生在弘扬工匠精神、恪守职业道德、提高专业技能的过程中"向学、向上、向善",努力成为一名踏实坚守岗位、以技艺为立身之本的工匠人才。

春华秋实 "三名"彰显文化育人成果

经过不断的创新、锤炼、实践、再创新,现如今,学校"融善"文化育人成效初步彰显。

建名校,跨界融合,打造工匠摇篮

学校提出"数智杭职·工匠摇篮"的发展目标,培养德技并修的工匠型人才,涵养"向善向上"的校园文化生态。成功申报浙江文化研究工程重大项目"浙江工匠精神研究",开展12项课题研究,编写《融以至善》等校园文化读本。讲好"工匠故事",开展大国工匠进校园等活动,让工匠精神滋润学生心田,让工匠文化元素浸润校园角落。学校成功入选全国首批急救

教育试点学校,获评全国职业院校"传统技艺传承与示范基地",建成8个文化场所。"融善"文化育人的成功经验多次被权威媒体报道。

出名师,激发活力,塑造工匠之师

学校成功培育2支国家职业教育教师教学创新团队、2支国家课程思政教学团队、1支省级黄大年式教师团队以及50支校级教学创新、科研创新和人生导师团队。引育了一大批能工巧匠,包括全国技术能手1人、全国五一劳动奖章1人、省劳动模范1人、浙江工匠1人、西湖鲁班1人、杭州工匠1人。推出"能工巧匠"党员先锋示范岗、党员头雁工作室等品牌,选树一批培育学生工匠精神的先进教师典型。校内传承工匠之道,铸就师者之魂,敬重工匠之师的浓郁氛围深入人心。

育名生,赋能成长,培养工匠人才

学校实施"拔尖人才培养计划",首批422名学生进入"金顶针"计划、"英创"冠名班和"数字商贸创新班",1人荣获浙江省"十佳大学生"称号、1人荣获本专科生国家奖学金优秀代表、1人荣获第二十届全国青年岗位能手称号。学生参加技能大赛,获省级以上奖项48项,国赛奖项4项;参加省"互联网+"、挑战杯、职业规划大赛,获一等奖3项、二等奖5项、三等奖14项。10名学生参加全国"振兴杯"职工技能大赛获4金2银4铜,服装设计专业学生连续7年获全国技能大赛冠军。

未来,杭州职业技术学院将不忘初心、砥砺前行,持续深入地推进"融善"文化育人工作,让工匠精神滋养师生,让他们更加热爱劳动、专注劳动、以劳动为荣,为培养德才兼备、全面发展的高素质技术技能型人才贡献"杭职力量"。

（本文原载于《中国教育报》2022年5月25日6版）

波兰知名爵士乐团在杭演出 促中国—中东欧国家文化交流

中国新闻网记者 牛 妍 童笑雨

音乐会现场

蓝色的舞台,炫白的灯光,钢琴和贝斯的绝妙搭配,为在场的观众带来了一次绝妙的视听盛宴。10月18日晚,2017中国—中东欧国家文化季之杭职院波兰帕维尔·卡茨玛尔切克三重奏项目在浙江杭州职业技术学院奏响。此次演出旨在加强中国与中东欧16国间的文化交流与合作,巩固和夯实中国与中东欧国家之间的传统友谊。

为贯彻落实《中国—中东欧国家合作里加纲要》,切实加强中国与中东欧国家的文化交流与合作,由中国文化部主办的"2017中国—中东欧国家文化季"邀请中东欧16国的音乐、舞蹈、戏剧、儿童剧和艺术展览等领域的近300场演出和展览在全国各省市展演。

据悉,本次受邀在杭职院表演帕维尔·卡茨玛尔切克三重奏的成员包括 Pawel Kaczmarczyk(钢琴演奏)、Dawid Fortuna(鼓手)与 Kuba Dworak(低音提琴演奏)。

Pawel Kaczmarczyk 是波兰年轻一代杰出的作曲家、独奏家和伴奏家,也是波兰乃至欧洲爵士乐界的天才,从青少年时就开始参与各种爵士乐大赛,获奖无数。

对于此次在杭职院的演出,他认为,这是一场才艺展示,也是一次文化交流。"之前我们也在浙江音乐学院和其他学校演出过,都取得了不错的反响。我希望能通过音乐,来巩固中国与中东欧国家之间的传统友谊。"

正如 Pawel Kaczmarczyk 所言,"2017 中国—中东欧国家文化季"吹响了文化交流的号角,为实现两地文化交流常态化和可持续发展打下了坚实的基础。

在中国听众醉心于波兰爵士乐的同时,杭职院艺术团的 20 余名学生也向波兰乐者们表演了中国古典舞《踏歌》。其中,《外婆的澎湖湾》作为中国校园歌曲的代表曲目,也以阿卡贝拉版本在观众面前亮相。

"这两个节目颇具中国特色和韵味,我们希望在传播文化的同时,也能让他们喜欢上中国的音乐。"该校人文社科部主任张崇生如是说。

着眼于此,该校对此次演出也十分慎重,甚至通过众多校友资源,租借到了杭州唯一一把低音提琴,满足了国际友人对乐器的要求。"这是我们为办好音乐会彰显的决心,也是学校向世界一流标准看齐、交流与学习的过程。"张崇生说,希望通过本次演出,能促进青年学子在艺术上的相互交流和切磋,扩大中国音乐在国际上的影响力。

(本文原载于中国新闻网 2017 年 10 月 18 日)

杭州职业技术学院开出学生干部领航班

《钱江晚报》记者　汤晓燕

大学生干部学小鸡走路

上个周六,杭职院的操场上不时传来欢声笑语。

"1,2,3,有3个人没有蹲下,准备接受惩罚吧。"话音刚落,3个男生乖乖蹲下,学小鸡走路。打头的高个子男生,学得最像,走几步摇一摇,周围同学笑成一片。

他们是在做游戏吗？走近一问才知道,原来他们都是杭职院的学生干部,正在进行素质拓展。

"刚才那个是热身运动,叫数字抱团。"站在一旁的大二学生任立成说,"它的规则很简单,首先所有人围成一圈,由教官报数字,从指定某一人开始,报多少,就要有多少人蹲下。如果教官报到3的话,从指定人数过去共3人必须蹲下,做错了,就要接受惩罚,就是学小鸡走路。"

做完热身,所有人随机分成3队,开始正式项目。这次拓展一共有2个正式项目,驿站传书和大富翁。

驿站传书,是一个团队PK项目,每个小队排成直线,将一组密码从最后一位队员传递到最前面的队长,队长将最终密码写在题板上,举手交给教官才算完成,看哪队传递过程中不出错。大富翁,是一个团队协作项目,每队要在60秒内完成教官指定的任务,越快则分数越高。

在轻松的游戏氛围里,同学之间的感情增进了不少。

大一的吴星杰是学校团委干事,活动让他熟悉了不少人:"我加入团委不久,有很多人不太熟悉。今天这样的活动,大家手拉手,共同完成任务,现在看到他们,我觉得特别有亲切感,不会像以前那么陌生了。"

大二的许鹏程是学校的社联主席,对于这样的活动,他非常喜欢。"学生会里面,有很多新干事虽然我见过,但都不太认识。这样的活动,让我们彼此间都熟悉多了。"许鹏程说,他通过活动,对一些新干事的性格更加了解了,"比如小刘比较细心,以后做文书类工作比较好,而小张点子多,活动策划可以多找找他。"

这次户外素质拓展,其实是学生干部领航班的培训项目之一,此外还有理论学习和演讲交流。

这样的培训班已经是第四次开办了,主要目的是让这些大学生成为一个称职的学生干部。"学生会里,虽然都是一些很优秀的同学,但不少人的团队协作能力和沟通能力并不是特别强,所以我们希望通过开设这样的培训班,能让这些孩子有更强的凝聚力。"负责这次活动的王天红老师说。

(本文原载于《钱江晚报》2013年4月17日Q5版)

杭职院自主招生火爆 报名录取比接近7:1

不少本校学生带来了弟弟妹妹

《钱江晚报》记者 汤晓燕 通讯员 周 曦

上周六,杭州职业技术学院自主招生进入最后一轮,综合素质测试。

据了解,今年杭职院共有4个专业进行自主招生,分别是服装设计、数控技术、市场营销、艺术设计。"还是非常火爆,报名和录取的比例接近7:1。比较特别的是,来陪考的不少是在读学生和毕业生。"校招办老师说。

学生成了学校的活广告

本月初举行自主招生考试报名确认时,学校老师发现:陪考生前来报名的,不少是杭职院在读或已毕业学生。正是他们向亲友推荐杭职院,使杭职院近年自主招生火爆。

来自嘉兴的小王这次报考艺术设计专业,来陪考的表姐就是该校学生,"表姐在这里是读服装设计的,她找了份实习工作,蛮不错的。我也很喜欢设计,所以就来了"。

大一学生小鲍,带了高中时的学弟学妹来参加素质测试,"我已经在这里读了1年,老师是通过现实项目来教学的,学到的知识马上能用,我觉得特别实在,所以就推荐给他们"。而小鲍来这里读书,也是因为姐姐的推荐。小鲍是温州人,在家里排行老三,大姐、二姐也都是杭职院的学生。

去年暑假,二姐参加社会实践的经历,让小鲍对未来充满信心:"二姐在家乡最大的一家服装店实习,不仅能养活自己,还能往家里寄钱。"

每7人报名只录1人,重专业特长

据学校专业建设指导处负责招生的范敏老师介绍,今年学校自主招生共计划招收370人,"网上报名人数共2522人,经过认真筛选,符合条件的1925名进入文化课测试,基本上是7选1。"

这次招生,通过文化课、综合素质两轮测试进行筛选。

为了彰显学生的动手能力,杭职院自主招生总成绩的750分里,只有300分属于文化课成绩。根据专业实际需求不同,文化课测试的科目内容和分值比例也各不相同,"比如数控技术专业,就比较注重数学水平;而服装零售与管理专业,就更注重语文水平"。

在综合素质测试方面,学校重视对学生各方面素质的考评。比如,服装设计专业比较重视考生的审美能力、口头表达能力、亲和力、反应应变能力等。"招生面试时,我们既要考虑到学生毕业后的就业问题,又要考虑学生今后的职业发展问题。这样做不仅是对学生负责,也是为了给企业输送更好的高技能人才。"专业负责人杨龙女老师说。

（本文原载于《钱江晚报》2013年4月23日Q5版）

校园动漫节，在石头上大做文章

《钱江晚报》记者　汤晓燕　摄影　林晓莹　通讯员　周　曦

创意手工体验

给你一块石头，你会用来做什么？有的拿来压书，有的拿来垫桌脚。这块石头如果落到杭州职业技术学院学生的手里，它可能就成了一件艺术品。

昨天，杭州职业技术学院普达海动漫艺术学院首届动漫文化节拉开帷幕。开幕式上有一个创意手工的体验活动。

活动分成四大区块，分别是创意贺卡、彩绘石头、纺织布包包制作和彩泥创作。大家可以根据自己的喜好，在这里进行手工体验。有的学生就发挥创意，在石头上做起文章，大一的李小萍，找到一块圆形石头，"我平时特别喜欢看哆啦A梦，特别喜欢那个蓝胖子"。于是，她拿起画笔，刷刷几下，石头立刻升级成一件艺术品。

还有人把自己的卡通形象画到石头上，做了一个自画像。有一位老师，在画着一块小石头："我还打算在石头背后粘一块吸铁石，绝对是超有创意的冰箱贴。"

边上的彩泥创作，人气也很旺。大二男生徐佳雨，特别心灵手巧，才花了1个小时时间，就做了唐僧、孙悟空、猪八戒和沙和尚等小摆件，都做得惟妙惟肖。"我是学多媒体专业的，平时经常需要自己设计和创作一些卡通形象，所以捏些动漫作品，就是分分钟的事情嘛。"

姑娘们做的作品就比较文气了，喜欢做一些花花草草的作品。大一的蔡姑娘，用彩泥做了一朵漂亮的向日葵。"我特别喜欢向日葵，它能让人有朝气蓬勃的感觉。"对于这样的活动，蔡姑娘喜欢得不得了，"我从小就喜欢做一些小玩意，但是一个人做，做不了多少，也没气氛。

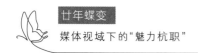

大家坐在一起玩,比较热闹。"

蔡姑娘边上,大一的丁倩倩正在做贺卡。她在一张蓝色的纸上做出一只飞舞的蝴蝶,"贺卡我打算留到下个月送给老爸,祝他父亲节快乐。"还有一些同学用颜料搭配不同的纽扣和碎布,做出一只只别具风格的包包。

据悉,这个动漫节将持续1个月左右,除了手工创意体验外,今后还有动漫剧场、街拍、微电影征集等活动。

（本文原载于《钱江晚报》2013年5月16日Q6版）

半年时间做了30多套衣服，连纽扣都是纯手工缝制的

内容虽然是回忆唐宗宋祖、秦皇汉武，制作班底却是咱下沙杭职院的师生

很骄傲，"俱往矣"亮相国博

《钱江晚报》记者　林晓莹　通讯员　周　曦

缂丝工艺"俱往矣"系列服装，是由杭州职业技术学院达利女装
学院的师生先制作衣服，再由画家陈家泠泼墨创作的

　　大学生制作的服装在中国国家博物馆展出实属难得。杭州职业技术学院的师生凭借运气和努力有了这样的机会。他们的作品就走进该馆展出。

　　杭州职业技术学院的师生配合上海著名画家陈家泠的大型个人艺术展"化境"，先制作衣服，再由画家陈家泠泼墨创作。其中秦皇、汉武、唐宗等6件大气蓬勃的缂丝工艺"俱往矣"系列服装，都是由杭州职业技术学院达利女装学院的师生制作。

半年时间，做了30多套衣服

　　缂丝自古就是为历代皇帝制造龙袍等御制用品的皇家工艺。画家陈家泠以缂丝工艺的历朝大褂为底，通过精妙的绘画创作表现了秦王之后历代杰出帝王的文治武功和礼仪文化。

　　为了完美地配合陈家泠的创作，杭职院达利女装学院教师丁林带领5名学生用了将近半年的时间，才完成了这些衣服的制作。先后做了30多套衣服。

　　"最开始，设计师拿了一件自己收藏的民国大褂给我们参考。"服装设计班大三学生裘华丽说。服装面料是设计师从库房挑选来的，但在使用指定面料前，他们首先要做出一款让设计师满意的样衣。样衣是用白坯布制作的，是为了看衣服打出来后的版型如何。别看样衣

表面简单,做起来非常考验手工和想法。5名学生在老师的指导下,用心琢磨那件民国大褂。

"首先要完成尺寸测量、电脑制版、布料剪裁、小样制作等步骤,再用课堂上学到的现代服装打版技术完成了首套古装的样衣。"裘华丽说,她们和老师用了整整一天的时间才把第一件样衣制作完成,等交样的时候,得到了服装设计师的好评,这让她们很欣慰。

虽然起步得到认可,但之后的几款样衣制作却没有那么顺利。

"后面几套服装连参考实物也没有了,设计师只提供了正面设计图。"裘华丽说,为了让这些纸上的古装能在现实中"立"起来,她们上网查资料、做效果,仅仅样衣就做了近半个月。

大褂宽度就有5米,把工作台转移到地面

当制作的所有样衣得到设计师的肯定后,就可以开始用指定面料制作服装了,在制衣的过程中同学们也遇到了很多困难。

"因为都是大褂,所以面积特别大,有些宽度达5米,在裁剪面料的时候桌子根本放不下。"参与制作的学生汤蕾鸣说,为了把握好裁剪尺寸,大家只好把工作台转移到地面,每个人都是趴在地上完成裁剪工序的。

每款衣服的颜色不一样,大多数是没有图案的,但也有带图案的。对于带图案的面料,制作起来就要特别仔细。"如果有图案,我们就要睁大眼睛了,因为要照着效果图把图案对好。"裘华丽说,这些图案都是画好后拿过来制作的,只有一次机会。如果在裁剪时偏差一点,那么衣服就作废了。

设计师设计的衣服款型是很美,但尺寸不一定精确。在制作中,同学们经常遇到衣袖面料宽度不够,或者衣领面料等问题。裘华丽说,在制作的过程中设计师也会来到学校和她们一起探讨研究,比如袖子面料不够,那么大家就会一起商量着如何把衣领上的面料接到袖子上,又不失原来的风格又节省面料。

作画后的款式修改,只能靠纯手工缝制

在衣服上作画,毕竟与在白纸上作画不同。即使最后陈家泠老先生在空白的衣服上完成创作了,设计师还要针对配色要求对款式细节进行修改。而这个时候的修改,就只能靠纯手工缝制了。裘华丽说,她特别喜欢服饰上的扣子,那都是她们最后用针线手工缝制上去的。

对于作品,指导教师丁林非常满意:"我们根据设计师的修改意见反复修改,而每一次的沟通开会学生都要全程参与。在这些不断的磨合中,学生们不仅做出了让设计师越来越满意的衣服,也变得越来越成熟。"

"做完这个项目后,我们几个的工艺经验都提升了不少。"已经是毕业班学生的裘华丽说,她现在正在忙自己的毕业设计,因为对自己的技术很有信心,所以并不急着投简历找工作,"先完成一件完美的毕业设计,再去找工作吧。"

(本文原载于《钱江晚报》2013年9月25日 Q7版)

废品造出"甲壳虫"

周　曦　吴婷婷

同学们展示"甲壳虫"

这几天,杭州职业技术学院善湖边出现了一辆蓝色小轿车,吸引了不少师生的目光。这是一辆用各种废品打造起来的1:1汽车模型:废木头搭建的底盘,旧沙发改装的座椅,泡沫板做的车门,自来水管拼接的车轴,透明塑料包装纸做的前挡风玻璃,矿泉水瓶做的车灯,还有用废报纸叠出来的车轮和方向盘……

这辆拉风的汽车,是杭职院青年汽车学院汽车技术服务与营销1312班学生合力完成的作品,是他们的班级特色项目。项目负责人符萧弘告诉记者,为了宣传环保理念,同时也为了更好地发挥专业特长,他们发起了一场"废物再生概念车展"活动。

这辆汽车模型的所有材料,都是汽营1312班学生四处搜集来的。符萧弘说,汽车模型制作的最大难点在于设计。一开始,他们想做的是敞篷跑车,还做了一个长方形的底盘。在往底盘上添加车辆部件时发现,这样的造型很不稳定,制作难度越来越高。在汽车维修专业同学的指点下,他们对汽车底盘造型重新做了修改,并加上了顶棚。于是,这辆想象中的"敞篷跑车",最终变成了现在的"甲壳虫"造型。

从最初的构想到最终的展出,历时近6个月。汽营1312班的同学们说,在制作汽车模型的过程中,他们对环保理念有了新的认识,产生垃圾后的第一反应不是丢弃,而是利用,"我们要创造,而不是丢弃"。

（本文原载于《浙江日报》2014年6月3日13版）

让职校学生多长见识 机床博物馆搬进大学校园

《浙江工人日报》记者　许瑞英

一条纤维纱的直径是 0.006 毫米，一根头发的直径为 0.06—0.09 毫米，而一台精密机床所打出来的小孔，直径可能只有 0.001 毫米（1μ），也就是头发的 1/50。在机床制造行业里，机床的精密程度决定了其价值，也决定了企业竞争力。在杭州职业技术学院友嘉机床博物馆内，一台 1000 倍的放大镜镜头生动展示了精密机床打出的 1μ 小孔。

日前，友嘉机床博物馆在杭州职业技术学院友嘉机电学院内开馆，在学校开设此馆旨在让学生们多长见识。

据了解，友嘉机床博物馆由友嘉实业集团出资筹建，是全国首家建在高校内的机床博物馆，共设友嘉主题馆、机床发展史、机床与生活、机床制造工艺等 7 个主题区域，生动展示了机床的发展与应用情况。

友嘉机床博物馆不仅是友嘉企业理念与文化的传承，也是杭州职业技术学院校企深度融合的产物。2008 年，通过杭州市政府牵线搭桥，友嘉集团和杭职院"强强联合"，成立了第一个校企共同体——友嘉机电学院。通过校企双方 7 年来的深度合作，友嘉机电学院建设取得了丰硕成果，为杭州地方产业转型发展培养了一大批高素质的技术技能人才，"友嘉模式"也已成为全国高职教育校企合作的典范，赢得了社会各界的高度赞誉。

在当天的开馆仪式上，友嘉实业集团总裁朱志洋深情回顾了集团以及杭职院友嘉机电学院的发展历程，他说，博物馆的主题是"回顾过去、珍惜现在、挑战未来"，友嘉集团将与杭职院一道，为地方经济发展、全球制造业转型升级和提升人民生活福祉做出贡献。

（本文原载于《浙江工人日报》2015 年 7 月 2 日 3 版）

"非遗"传承后继有人
"百年名社"相约杭职

杭州网记者　王川　通讯员　周　曦

非物质文化遗产传承教学创业基地正式成立

　　古朴雅致的金石篆刻,刻工精巧的雕版印刷,器形逼真的全形拓印,美轮美奂的富阳纸伞,婀娜多姿的中式旗袍……你以为这些被列入非物质文化遗产的手工艺品只能在展览馆、博物馆里出现?从今天起,杭州职业技术学院的学生就要拜师学艺,用自己的双手制作这些作品了。

　　11月11日,杭州职业技术学院非物质文化遗产传承教学创业基地在杭职院正式挂牌成立。

高职开起"大师班" "非遗"传承后继有人

　　杭职院非物质文化遗产传承教学创业基地坐落于杭职院学生活动中心,该基地占地约600平方米,首批引进了西泠印社金石篆刻(人类非物质文化遗产)、雕版印刷技艺(国家级非物质文化遗产)、中式旗袍制作技艺(国家级非物质文化遗产)、纸伞制作技艺(浙江省非物质文化遗产)、全形拓技艺(杭州市非物质文化遗产)等5个项目。5个项目的代表性传承人刘江、黄小建、闻士善、屠燕治、韩吾民都分别在杭职院开设"大师班",正式收徒授课。

　　经过前期自主报名、推荐选拔、大师面试等环节,5个"大师班"都分别完成了招生工作。目前每个班规模约10—15人,计划采用"师父带徒弟"的方式,以每周一次课的频率进行授课。对传统手工艺行业来说,所谓"名师出高徒"就是"大师班"的师父们"手把手"教徒弟,徒弟在师父的指导下反复实践,技艺不断提高,这对于技艺的传承而言特别重要,"大师班"师父带徒弟的传承教学形式与杭职院正在探索的现代学徒制也一脉相承。

5个项目中的中式旗袍制作技艺"大师班",与杭职院达利女装学院所设的服装设计专业紧密相连,全体专业教师和部分优秀学生都参加了这个"大师班"。"大师班"学员、2013级服装设计专业学生陶水萍说:"旗袍制作的镶、嵌、滚、宕、盘、钉、勾、绣等步骤,都非常讲究,也特别注重细节,跟我以前学的服装制版相比,旗袍制作更加精致,也要求我们在量体、制作的时候要更加谨慎。"达利女装学院副院长徐剑认为,通过师父"手把手"的服装制作教学,是达利女装学院落实现代学徒制的又一次尝试,能让学生对中国传统服装制作技艺有更深入的了解,进一步提高学生对服装专业技能的把握和领悟能力。

除开展教学任务外,杭职院非物质文化遗产传承教学创业基地还承担着大学生创新创业的功能。基地负责人表示,杭职院将利用校内大学生创业园的区位优势,在3年内组建5—10个创业小组,配备创业指导教师,开展非物质文化遗产的在线创业及OTO定制等一系列创新创业活动。同时,依托杭职院原有的"台湾大学生创业基地"项目,计划3年内在传承创业基地举办3期两岸大学生非物质文化遗产传承创业交流活动,让杭州的这些非物质文化遗产传播得更远。

"百年名社"相约杭职院 "西泠学堂"落地生根

在杭职院非物质文化遗产传承教学创业基地中,杭职院与西泠印社还合作共建了一项"西泠学堂"项目,双方以"资源共享、优势互补、互利互惠、共同发展"为原则,探索"现代学徒制"模式培养非遗传承人,在"大师班"教学、非遗项目拓展、文化事业人才储备等方面进行深度合作,希望探索出一种名社与高校有机结合、反哺社会、服务公众的有效方式。"西泠学堂"也是西泠印社实现其公共文化服务功能的首次尝试,也是西泠印社第一次与高职院校进行紧密合作。

"西泠学堂"项目2015年9月已经开始,目前已开设的3门课程"中国篆刻""中国书法""艺术品鉴赏"等被纳入了杭职院的艺术类选修课体系。这些课程都由西泠印社派驻的专家亲自授课,从前期选修课报名的火爆程度来看,"西泠学堂"的课程在高职院校学生中非常受欢迎。

这次"西泠学堂"项目进校园,是杭州职业技术学院文化校园建设又一次新的尝试,也是学校文化梯度育人建设的重要内容之一,学校通过"西泠学堂"项目的建设和运行,让更多的学生认识传统文化、熟悉传统文化、喜欢传统文化,让学生人文综合素养得到进一步提升。

杭职院党委副书记赵一文表示,传承是目前最佳的非物质文化遗产保护的形式,杭职院非物质文化遗产传承教学创业基地从大学校园着手、以大学生为主要培养对象,不仅是"艺术和技能"的双重学习、校园文化水平的飞跃提升,也是为了增强学生民族自信心、自豪感。"杭职院非物质文化遗产传承教学创业基地的成立,把'传统文化进校园'与我们学校所探求的'现代学徒制',做了一个很好的结合,希望能把学生培养成为具有传统文化底蕴的大国工匠。"

(本文原载于杭州网2015年11月11日)

大学生为学校拍大片
延时摄影的杭职院竟然这么美

《钱江晚报》记者　林晓莹

杭州职业技术学院

近日，在杭州职业技术学院的官方微信中有这样一段视频被同学们疯转。这是一个关于学校风光的视频，采用的是延时摄影。

延时摄影就是一种将时间压缩的拍摄技术。先拍摄一组照片或者视频，后期通过照片串联或是视频抽帧，把几分钟、几小时甚至是几天几年的过程压缩在一个较短时间内以视频的方式播放。

韩剧《来自星星的你》片头就用20多秒的片长，瞬间展现都教授经历的400年历史变迁。这段校园风光视频也是采取了这种手法，让不同时期的校园风光在短时间内展现在眼前。

用半年时间，拍摄了6000张照片

拍摄这段视频的作者叫胡思源，高高的鼻梁，瘦长的脸蛋，一个典型帅哥。他是汽车检测与维修专业的学生，也是班长。

去年冬天，他扛起相机，架起三脚架，踏遍校园的每个角落，记录每幢教学楼、每处景观的人文风情。

胡思源说，"这一部延时摄影用了6000张照片，通过筛选剪辑在半年时间里完成。除了拍摄，选天气，后期制作以及自学相关软件也花了不少时间"。

当问及拍摄初衷,他说,"毕业前总要给学校做点什么,这么美的校园应该要让更多的人看到"。

视频里,有高大的教学楼,有湖畔,有人来人往,有日出日落,有风吹影动,有云卷云舒,有霞光满天。近三分半钟的视频仅仅是一部分,根据天气季节,还有很多美景会在后面加进去。

因为喜爱,胡思源自学摄影与视频编辑,制作完成这部"杭州职业技术学院延时摄影"。他说,拍摄的整个过程让他更加体会到学校的日出日落、人来人往、花开花落。"这个地方一定会在我的一生记忆中烙下深深印记。"

除了喜欢摄影,胡思源在校期间是一名很上进的学生,多次获得奖学金,在浙江省技能大赛汽车检测与维修项目中也获过奖。

入门单反完成视频,最难的是漫长的等待

用千张照片组成视频,将一帧帧美景浓缩,从前期拍摄到后期制作,都是由胡思源一人完成。

"最难的不是制作与拍摄,而是拍摄时漫长的等待,有时候一等就是一天。"胡思源说,他没有先进的设备,用一部入门级的单反一个三脚架完成了全部的拍摄工作,"其实这个视频还没有拍完,由于进入实习阶段,都不在学校,还有几个二级学院没有拍摄。"

胡思源说,这或许是他最大的遗憾,如果有同学能接着拍,把这部作品完成,那就太有意义了。

学汽车检测与维修的胡思源不像一般"技术男"一样,平常只爱宅在寝室内或车间内,他喜欢拿着他的单反,到处去玩、去拍照。

"摄影是我自学的,我常看这类书籍自学。"胡思源说,他从高中时就喜欢摄影,但由于学业繁重,没时间去学。上了大学后,他就利用课余时间买了单反相机和这方面的书籍,自学摄影。

"杭州这么美,我想带着单反去拍拍。"如今,胡思源是学校里出了名的"摄影师",还有同学向他交流摄影技术。

胡思源的摄影作品在班上很受欢迎。"只要发上朋友圈,大家转的速度很快。"自己的作品受到同学们的认可和欢迎,胡思源十分开心。

除了为学校拍摄大片,胡思源还为自己的家乡拍摄了作品《大美宏村》。目前胡思源在汽车修理岗位实习,他说,虽然每天要与汽车油污为伍,但他不会放下相机,会继续用业余的时间去创作。

（本文原载于《钱江晚报》2016年4月21日 Q6版）

《小王子》导演马克·奥斯本走进大学城

《钱江晚报》记者　林晓莹

近日,3D动画电影《小王子》导演马克·奥斯本(Mark Osborne)现身杭州职业技术学院,和学生畅谈自己制作动画的经历。

除了执导电影《小王子》以外,马克·奥斯本还是“功夫熊猫之父”,他凭借动画电影《功夫熊猫》和《更多》获两届奥斯卡金像奖提名。

马克·奥斯本

做动画要全身心投入,多动手多实践

一走上讲台,马克·奥斯本马上就问:“没看过《小王子》的同学请举手。”

此时,全场大学生一片寂静,没有一个人举手。看到此景,马克·奥斯本嘴角上扬,开心地笑了:“看来我的电影真受欢迎,谢谢大家。”

《小王子》堪称是法国最著名的一部童话,它用浅显的语言隐喻了成人世界的空虚寂寞。这部电影在戛纳电影节首映时,收获了极佳的口碑,观众疯狂地为这部电影鼓掌叫好。

马克·奥斯本说,他与《小王子》有缘分,这本书是他与妻子的“定情物”。说着说着,屏幕上就出现了他和妻子年轻时的照片。“这本书是我上大学时,妻子推荐给我的。因为这本书,我和妻子聊得非常开心,如今拍完动画片,我对它有了更深的理解,因为我已经是两个孩子的父亲。”

“这部影片表达的是我当初接触这个故事时的心情。”马克·奥斯本说,他最喜欢的片中台词是:“最重要的东西,用眼睛是看不到的,要用心灵去感受。”他笑说,妻子还经常把这句话写进情书里。“所以,这部电影对我意义太深了。”

在拍摄电影《小王子》的过程中,可谓是“全家总动员”,妻子对影片的结尾提出了建议,而马克·奥斯本的儿子则为《小王子》配音。

见马克·奥斯本这么风趣,现场的大学生们纷纷抛出问题:“做动画要怎样打开思路?”

听到学生的提问,马克·奥斯本停顿了半分钟说:“做动画要全身心投入,就像我电影里的那句‘最重要的东西,用眼睛是看不到的,要用心灵去感受’,要坚持梦想,多动手多实践,

397

用心去感受。"

马克·奥斯本说,从筹划到最终完成《小王子》,他用了近6年的时间。《小王子》结合了CG和定格动画两种技术,将小王子的世界以定格动画拍摄,小女孩的现代世界则采用CG动画技术;色调上,小女孩的现代世界以灰色系的冰冷色调为主,小王子的世界则用黄色系的温暖色调为主。

说到电影中CG和定格动画手法,马克·奥斯本说,他认为CG更能代表成人的现实世界,而定格则表现的是书中孩子的感受,体现了一种诗意。

"动画运用的方式很多,没有特别区分,只是我自己独爱定格动画罢了。只要能把电影做好,哪种方法都好。我很喜欢定格动画,因为它带我进入动漫世界,我执导的第一部电影就是定格动画。"

但是,完成一部动画并不是那么简单。马克·奥斯本说,仅仅在定格动画的部分,他就用了1年多时间。而且,这还没算之前在剧本、故事板、对白上花的时间。"我还制作人偶和场景,然后进行拍摄,这也用了1年的时间。"马克·奥斯本说。

对影片的构思和设计,马克·奥斯本说:"影片中我用了一个'小女孩'的角色,就是想用她的眼睛来为我们讲述《小王子》,这样不但可以让故事流畅,而且还能让影片更大气。"

下沙有着丰富的高校资源,14所高校彼此依托,缀连成城。对于开发区,是"产学研"链条上重要的一环;对于生活在其中的学生,是4年里可以得到更多提升的可能;对于本报读者而言,则是拥有一个可以在家门口听"百家讲坛"的机会。

(本文原载于《钱江晚报》2016年5月4日 Q8版)

职业院校人文素质工作交流会在杭职院举行

高素质技术技能人才,高在哪

《钱江晚报》记者　林晓莹　通讯员　周　曦

近日,中国职业技术教育学会人文素质教育研究会第二届年会暨职业院校人文素质工作交流会在杭州职业技术学院举行。全国近百家中职、高职院校负责人参加大会。

目前,社会各界越来越关注高素质技术技能人才培养,越来越关注职业院校人才培养质量。职业院校人才培养质量问题的核心不是技能知识培养不够,而在于人文素质教育的不足。

杭职院校长贾文胜表示,早在2007年,杭职院就提出不仅要"校企合作、工学结合",更要"文化育人"。2014年杭职院创新性地提出了"文化梯度育人"的顶层设计,构建并优化了党政齐抓共管、部门协同联动、师生广泛参与的工作机制,从学生素养、职业素养、公民素养3个梯度推进理论研究和实践探索,着力破解高职院校普遍存在的文化育人与技能培养"两张皮"的问题,将素养教育融入人才培养全过程。

"杭职院出版了第一批文化梯度育人系列丛书共7本,提炼了《职业素养融入专业课程方法指南》共40条,还制定了《学生十遵守》和《教师十引导》手册,将素养教育内容可视化和考核目标化。"杭职院党委书记安蓉泉在会上交流了杭职院"文化梯度育人"的理念和做法,"建成了友嘉机床博物馆、职业素养展示中心、非遗传承教学创业基地等文化素养教育场馆,并成功入选第一批'国家职业院校文化素质教育基地'建设单位。"

会上,杭职院的校企合作对象,达利女装学院院长、达利丝绸(浙江)有限公司董事长兼总裁林平捐赠了一批《"羽"众不同》摄影文化作品,在杭职院永久展出。

杭职院还在校内建立职业素养展示中心,这种做法在高职院校中尚属首例。展示中心共分成四大部分,分别从企业人谈职业素养、职业素养教育实施步骤、课堂实施、杭职院小故事的角度,通过图片、文字、视频、案例等,呈现了丰富多彩的职业素养教育。

走进职业素养展示中心,你会看到墙上写了一排醒目的大字"高素质技术技能人才,高在哪?"。在展示中心特别值得一看的是杭职院小故事中的"职业素养故事"这块,墙上钉着一本本塑料书,打开就是一个个关于"素养培养"的小故事。

现场老师介绍,这些书里的故事都是真实的,而且都发生在杭职院学生和老师身上。

会议期间,还表彰了人文素质教育优秀案例,四川职业技术学院、山东畜牧兽医职业学院、广州市商贸职业学院、成都市建筑职业中专校分别分享了人文素质教育的案例。职业教育学者陈衍教授作"职业教育的文化与传承"专题讲座。

(本文原载于《钱江晚报》2016年6月6日Q7版)

杭职院女生专拍"网红"同学

一年积累众多粉丝，未来她想把摄影当成自己的事业

《钱江晚报》记者　阮飞霞　通讯员　周　曦

　　女孩子都喜欢拍照，要是身边有一个专业级的摄影师能随时给自己拍出美美的照片就更好了。在杭州职业技术学院，有一个喜欢摄影的萌妹子，就喜欢给身边的女同学拍摄各种主题的照片，经她的"妙手"，不少同学还成为校园"网红"。

　　在她看来，用影像来定格人们的某一瞬间或人生的某一阶段，很有意义。

　　因为一张微博人物照，她迷上了摄影

雷玉雯

　　她叫雷玉雯，是杭职院商贸旅游学院旅游1512班的大二学生。第一眼看到雷玉雯，便觉得她是一个萌萌的女孩子，一款齐刘海长发，清爽又显嫩，说话的声音特别甜。

　　"喜欢上摄影是很巧合的一件事，2012年初三毕业的那个夏天，我偶然在微博上看见一张人物照片，非常喜欢。"雷玉雯对记者说。

　　如今的她已经想不起那张照片是什么样的，但就是那一眼，这个女孩子萌生了一个坚定的信念：以后我也要拍出那样的照片。

　　雷玉雯说："那时起，我曾经跟爸爸妈妈央求希望入手一台相机，但妈妈说，我只是三分钟热度，买来也是浪费钱。但没想到三分钟热度一直坚持了5年，如今越发热爱，在心中渐渐生根发芽。"而如今，妈妈也是她相机下的模特。

　　按雷玉雯自己的话说，人物拍摄，她绝对是零基础起步，高中时，因为学业没时间没资金，所以最开始自己会买一些摄影书来看。后来高中临毕业的暑假去做兼职，赚了人生第一笔钱买了一个佳能60D。

　　真正以"专业"姿态开始接触人像摄影，是大一开始的，来到杭职院后，她如愿进了学生新闻中心摄影摄像部。

　　"非常庆幸，自己来对了地方，这里有专业级的'大家伙'，有导师级的'摄影家'，也有志同道合的'发烧友'。一群人乐此不疲，从早到晚，不知疲倦，只为拍出最美的照片。"雷玉雯说。

杭职院里的"网红"，大多出自她之手

"我现在拍摄的主要是女孩子，每一次拍摄就好像将她人生最美好的一段时光写下来，寄给了未来的自己。"雷玉雯说。

她拍摄的第一个女孩子，是入学同寝室的室友晴晴。当时，她背着佳能60D在学校图书馆给室友拍摄了一组小清新照片。拍摄后，晴晴和她一起把照片发到微博、微信和QQ空间。就这样一步步，雷玉雯这位校园摄影师渐渐在杭职院里有了名气，成了女同学们的御用摄影师，甚至有周边学校的同学通过微博私信夸赞她的照片好看，或者请她为自己拍摄。

而她，除了上课，其他时间几乎都背着佳能60D在校园拍照片。雷玉雯拍摄的人物照，有各种风格和主题，比如人宠照、汉服秀、小清新的日常生活或工作照等，后期"P图"不多。而为了拍出美美的人物照，她会主动搭讪美女，也愿意早早起床捕捉风景照。

"2015年冬天的一天，我背着相机去上海，因为天冷，我和同学躲进了一家咖啡馆。当时，我看到一个女服务员特别美，我就鼓起勇气主动跟她搭讪，说要给她拍摄一组工作照，那是我第一次给陌生人拍照，拍出来的照片也特别美，我觉得很有成就感。"雷玉雯说。

雷玉雯还特别喜欢汉服的美，空闲的周末，她会约上几个同样喜欢汉服的女生外出拍照，古旧的十五奎巷、粉色桃林都能成为她和姐妹们拍摄的地点，她偶尔也会跑去安徽西递古村拍摄。她拍出来的妹子，各个能成杭职院的"网红"，也有一些本来就有一批粉丝的校园"网红"慕名来找她拍摄。

经过1年多摄影实践，兴趣慢慢变成了雷玉雯的事业。因为粉丝多，去年下半年开始，有几家淘宝店主找雷玉雯拍摄。一个周末，她被安排去桐庐一处民宿拍摄了两天，一直从早上8点拍到晚上10点，第二天早上8点继续拍摄。也有她以前拍过的几个学姐，毕业后开了淘宝店也回头来请她拍摄。因此，她积累了几家长期合作的淘宝店家，最多一个月赚了2000元。

还有1年就要毕业了，雷玉雯说，以后她更愿意去摄影工作室工作，把爱好当成一门事业来做。

（本文原载于《钱江晚报》2017年3月30日Q8版）

杭职院荣膺"非遗教育传承示范基地"

《中国改革报》记者　余云全

记者近日从在江苏无锡召开的全国职业院校传统技艺传承与发展研讨会上获悉,杭州职业技术学院被确立为全国职业院校"非遗教育传承示范基地"。

据了解,该研讨会由教育部职业院校文化素质教育指导委员会主办。为了破解中国非遗保护、传承与创新中存在的后继乏人、匠心缺失、技艺创新能力弱的问题,早在2015年杭职院就成立了"非物质文化遗产传承教学创业基地",并首批引进了金石篆刻、中式旗袍、雕版印刷、全形拓、油纸伞等5个项目。在此基础上,与百年名社西泠印社签署战略合作协议,共建"西泠学堂",探索以"现代学徒制"模式培养非遗传承人。2016年,杭职院又成功申报国家级职业教育专业教学资源库——传统手工业(非遗)技艺传习传承与创新专业教学资源库,以期培养一批集素养、技艺与创新于一身的民族文化传播者和职业人。

"成为全国职业院校'非遗教育传承示范基地'是教育部对我院职业教育创新实践工作的认可。'基地'创建以来,不仅弘扬了中华传统文化,而且构建起多元培养学习机制,实现了多方共建共享。"杭职院党委书记金波说。

(本文原载于《中国改革报》2018年12月19日6版)

求鉴定！杭职院这个南非小哥唱的
中国风小曲，咋样啊

小时新闻记者　陈素萍　通讯员　周　曦

《探杭职院》MV

"桃叶尖上尖，柳叶就遮满了天，在其位那个学生，细听我来言，此事出在那杭州钱塘江边，钱塘新区高教园，有一个杭职院……"

最近，一首改编自清末小曲"探清水河"的《探杭职院》MV，在杭州职业技术学院师生中流行开来。

这首曲子不仅唱出了杭职院师生耳熟能详的"融善"理念，还将风光秀丽的校园美景、古色古香的非遗传统融入其中，甚至出现了中外学生摇着扇子用中英文对唱的场景，画面颇为有趣。

一番打探后，终于发现了这首《探杭职院》的作者，是由杭职院曲艺社指导老师张冀卓改编，曲艺社学生陈开楼主唱、刘明轩吉他伴奏的。另外，南非留学生Zuko的加入，更使小曲增添了几分国际色彩。

1年前，Zuko与18名南非同学来到杭职院，学习电梯工程技术。当时的他对中国文化完全没有概念，更没想到1年后竟能穿起中式长褂、摇着纸扇，与中国学生合作了这一首中国传统小曲。

Zuko说："我在杭职院的留学生活就要结束了，这将成为我人生中最美好的一段时光，在这里我认识了很多中国的好朋友。很荣幸这次能一起参与《探杭职院》的制作，多年后我希望能带着家人再回来看看我的'中国母校'。"

而这首歌的主唱陈开楼，是杭职院青年汽车学院的大二学生。他非常喜欢曲艺，尤其擅长说学逗唱中的"唱"，微信名就叫自己"小辫儿楼一楼"。

　　大一进校后,在学长的影响下,陈开楼对传统曲艺节目有了更深认识,经常结伴观看视频、模仿表演,最终创办了学校的曲艺社。

　　目前,陈开楼作为学校曲艺社的"台柱子",多次在校内校外登台表演相声、快板、小曲等曲艺节目,为观众带去了许多快乐,还通过在杭高校大学生曲艺展结识了不少专业人士,进一步提升了自己的表演能力。

　　陈开楼说:"虽然我有自己的专业,未来也不会以曲艺为职业,但我希望在学校的时候,能让曲艺在校园里生根发芽,让更多的大学生了解传统曲艺,让我们的曲艺社能与传统曲艺一样,一代代地传承下去。"

(本文原载于小时新闻 2019 年 6 月 11 日)

杭职院师生与世界技能大赛冠军面对面

《杭州日报》记者　方秀芬　通讯员　周　曦

　　带上铺盖直接睡在实训室,手掌的茧子起了一层又一层……那种追求卓越和精益求精的"工匠精神"感染了在场的每个人。昨天,杭州职业技术学院举行了"不忘初心　匠心传承"主题分享会。

　　现场,两名技能大赛的世界冠军杨金龙和崔兆举与近500名师生面对面。同时,第十五届"振兴杯"全国青年职业技能大赛获奖学生戴盛、刘明杰、薛城,指导教师杨淼、陈楚、陈岁生,也分享了各自的参赛、备赛心得。

　　"工资不是挑选实习单位的标准,能否学到本领才是应该优先考虑的。"在杭职院整车实训基地,第43届世界技能大赛汽车喷漆项目冠军杨金龙由衷地说出了成功秘诀,在第一个单位从工资400元做到9000元,但为了学习喷漆的新手艺,他果断放弃高薪,选择从薪资1500元的学徒做起。从一名普通的学生到世界冠军,杨金龙一步步走上了世界技能大赛的最高领奖台,这与他追求卓越、追求极致的信念分不开。

　　崔兆举与杭职院园艺专业的学生们在校内的园艺基地,分享了他精益求精的"工匠精神"。瓷砖贴面看似是一件寻常的事,但在崔兆举的手中成了令人惊叹的"绝活"。因为这项绝活,他19岁夺得世界技能大赛的金牌,20岁获得第22届"中国青年五四奖章"。

　　在不久前举办的第十五届"振兴杯"全国青年职业技能大赛学生组比赛中,代表浙江省参赛的杭职院7名学生选手,与来自全国30个省份的263名技能界的青年精英同台竞技,最终不负众望,取得了傲人的成绩,其中获2个冠军、2个亚军,成为名副其实的"最大赢家",充分展示了杭职院技能人才培养的高质量。

　　杭州明确提出实施"新制造业计划",作为全国高职院校的排头兵,杭职院责无旁贷。这次分享活动,在杭职院师生心中激荡起了弘扬和学习工匠精神的动力。杭职院党委书记金波表示,"希望老师们结合岗位认真总结反思,争做在岗爱岗、守岗有责的新时代职教人;希望同学们学习先进榜样,学好专业技能,真正成为一名高素质技术技能人才"。

　　（本文原载于《杭州日报》2019年11月29日A18版）

浙乡非遗馆落户杭州职业技术学院
大师捐百万藏品

浙江在线记者　吴俏婧　通讯员　周　曦

浙乡非遗馆

　　"繁体字的'伞'中有5个'人'字。以前男孩成年时父母会送他一把油纸伞,希望他能撑起整个家;女孩出嫁时父母会送两把油纸伞,希望她'有子'多福。"2006年被列入浙江非物质文化遗产名录的杭州油纸伞,背后蕴含着父母对子女的深厚期望,而要了解这些非物质文化遗产,最好的办法就是走近它们、学习它们。

　　4月24日上午,浙乡非遗馆在杭州职业技术学院内正式开馆。浙江省非遗协会会长杨建新说,这是目前浙江省乃至全国范围内高校中鲜有的以非物质文化遗产为主题的集互动展示、宣传教育、创新研发于一体的综合性场馆。

　　作为展示与弘扬非物质文化遗产的常设基地,浙乡非遗馆依托浙江地区的文化底蕴和非遗传承,结合吴越景致和杭州特色,融入杭职院理念和空间结构,采用实物、图片、视频及现代声光电、VR、3D等手段,多方位展示非遗项目,通过弘扬、互动、展演、传承、培训、反哺教育、文创等活动复兴传统文化,推动非物质文化保护工作,担负起传播与弘扬非遗文化的育人重任。

　　场馆占地1000平方米,共陈列了300余件、总价值超过500万元的展品,包括唐代的越窑腾龙尊、西泠印社执行社长刘江的篆刻印屏、全形拓技艺传承人屠燕治的重拓邓孟壶、"龙泉青瓷"传承人龚益华亲手烧制的兽耳双环六方尊、"缙云剪纸"传承人刘夏英耗时2年制作的"九龙图"……其中有出自10余位非遗大师、非遗传承人之手的精品之作,也有多家企事业单位和社会收藏爱好者的珍藏品,涉及金石篆刻、龙泉青瓷、雕版印刷、剪纸、全形拓、油纸伞、漆艺术、开化根雕、中式旗袍、中国丝绸等10个列入世界级、国家级、省级的非物质文化遗产代表作名录的项目。

杭职院学工部部长韩亮说,像学校的丝绸和针织2个专业都与非遗项目有着非常紧密的关联。非遗技艺的传承,一方面能让学生了解优秀的中华传统文化,另一方面能让学生在了解非遗文化这个过程中,反过来助推专业的学习。对杭职院的学生来说,非遗是一项很重要的文化素养类课程,他们以选修课的形式,跟随非遗大师们学习旗袍制作、金石篆刻、油纸伞制作等项目,在技艺的传承中领略中国传统文化中的工匠精神。

据介绍,2016年底,杭州职业技术学院携手西泠印社,联动10所院校,启动建设教育部职业教育专业教学资源库民族文化传承与创新子库——传统手工业(非遗)技艺传习传承与创新专业教学资源库。他们紧贴国家亟须的非遗保护、传承与创新需求,以独具江南特色的传统手工业类非遗项目为载体,以破解非遗保护、传承和创新中存在的主要难题为己任,首创提出"道"(匠心素养类)、"器"(技艺传习类)和"术"(技艺创新类)为一体的课程体系,并在此基础上,根据资源的层级及功能,建设"一馆一库一平台一基地",打造丰富优质的资源体系。

非遗专业教学资源库通过职业院校、企事业单位、民间组织和非遗传承人四方合作,汇集整理各传统手工业介绍、发展历史、名人名家、代表作、人物专访、工艺流程、作品案例等资源,开发雅修鉴赏、操作视频、教学课件、微课、动画、习题库、试题库等颗粒化素材资源12000余个,开设"金石篆刻""中式旗袍""雕版印刷""中国丝绸"等35门课。

学习平台充分利用现代信息技术和互联网手段,从课前学习、课堂教学、实训教学以及课余学习4个主要职教教学场景中提高资源库的应用效率,为院校老师、学生、企业员工、国内外爱好者四大受众群体提供PC、移动App和O2O 3种学习方式,建设开放、互动、共享的教学资源库。目前已有17000多名用户通过这个平台学习非遗传统文化。

今天的开馆仪式现场也来了很多非遗大师。省级"缙云剪纸"传承人刘夏英就是其中一位。她告诉记者,今后也会在杭职院开班教学生剪纸。

"非遗博物馆是传承国家和民族历史文化成就的重要载体,也是高校开展文化建设的重要平台。杭职院以独具江南特色的传统手工类非遗项目为载体,依托服装、动漫等专业特色,打造出'非遗文化'校园特色。"杭职院党委书记金波表示,学校将努力把浙乡非遗馆打造成为国内外具有重要影响的非物质文化遗产展示场馆和传承平台。在开馆仪式上,杭职院也与西泠印社、南宋钱币博物馆签署合作协议,共同致力提升非物质文化遗产文化在高校的传承力度。

(本文原载于浙江在线2019年4月24日)

"大学生活的每一帧都在我脑海里定格!"

小时新闻记者　陈素萍　通讯员　周　曦

陈博文在拍摄学校花海

"视频角度太赞了吧,大片!""逐梦之路,扬帆,启航!"……杭州职业技术学院2021届毕业典礼结束不久,一则名为《从"零"到"一"》的短视频受到师生们热捧。1万、2万、3万……看着不断攀升的点击量和陌生网友的点赞留言,视频创作者陈博文直呼想不到。

陈博文是杭职院2021届毕业生,也是杭职院学生新闻中心主任。虽然他学的不是传媒相关专业,但从大一起就对视频制作产生了浓厚兴趣,并将自己的校园生活以视频方式一一记录了下来。

毕业前夕,陈博文从网上看了不少其他学校的毕业季视频,便萌生自己也做一个视频的念头。最终,他选择一首自己喜爱的网络歌曲《致谢》,制作了视频《从"零"到"一"》,致敬杭职院2021届全体毕业生。该视频以他的个人视角,记录了他从懵懂到领悟、从无知到感念的经历,展示了他在杭职院学习、生活的点点滴滴。

"时间倒回3年前,青涩的我带着对未来的憧憬来到杭职院。那时校园里的银杏正染得热烈,我认识了善湖里的黑天鹅,加入了学校宣传部的学生新闻中心,遇见了日后并肩作战的小伙伴。"陈博文说。他在视频里记录了自己校园生活的很多个第一次——第一次为一个镜头熬到黑夜,第一次追赶清晨的太阳,第一次与朋友彻夜长谈……印象最深的则是他与小伙伴们凌晨在校园善湖边拍摄星空延时,见证了流星划过夜空的瞬间:"我把3年的经历积攒起来,用视频记录的方式向青春致敬,最后感觉大学生活的每一帧都在我脑海里定格了。"

（本文原载于小时新闻2021年6月22日）

"念廿不忘"！杭职院2022届服装毕业作品秀，精彩亮相

周　曦　车菊燕　曹文英

"念廿不忘"毕业作品秀

　　6月16日晚，杭职院达利女装学院2022届"念廿不忘"毕业作品秀在校内举行，这是该学院每年的"固定节目"。

　　在一场创造美、传承美、传播美的视觉盛宴中，杭职院毕业生提出了自己对服装、艺术、时尚在设计中的时代性感悟与思考。

　　本次参展的毕业作品以"念廿不忘"为题，在献礼杭职院建校20周年、办学62周年庆典之际，充分展现了国家"双高"专业群——杭职院服装设计与工艺高水平专业群的建设成果。

　　服装设计与工艺、针织技术与针织服装、艺术设计(纺织装饰)、时装零售与管理等专业的毕业生们独立设计、制版、制作的120余款优秀毕业设计作品，在毕业作品秀中逐一亮相。针织技术与针织服装专业毕业生庄芷若的作品《皮囊之下》，采用针梭结合方式，以到位的局部细节处理技术，展现了茂密繁华的花朵从荒芜的裂缝中破土而出的画面，展现了生命的力量。服装设计与工艺专业毕业生侯陈程的作品《colorful 斑斓》，以自然界生物为灵感、以蝴蝶为载体，用夸张饱满的整体廓形和对比强烈的色彩冲击，将人带入了斑斓多彩的自然界。……这一件件精美的毕业设计作品，充分展示了当代青年学生对工匠精神的传承与创新，博得了来宾的阵阵喝彩。

　　在本次毕业秀上，合作企业达利(中国)有限公司还向优秀学生颁发了奖状和奖金。

　　据了解,2022年以来该公司已有200余款服装面料和服饰产品是由杭职院学生参与设计的,不少学生的作品未出校门便已走上了市场。比如杭职院学生刘一璇以百合花为基础,采用"油画风格"的配色方案,设计了4款高雅浪漫的服装花稿纹样,得到了企业的高度赞赏,也备受市场的认同。

　　"我们希望通过'工作坊'的个性化人才培养模式,为学生搭建产学研赛创一体化个性展示的'大秀场',用'小工坊大秀场'模式个性化培养出一大批服务女装产业链'懂设计、精制版、能制作、会营销'的高技能人才。"杭职院党委书记金波表示,将推动达利女装学院充分发挥"双高"专业群优势,深化探索产教融合、校企合作新机制,不断创新工匠型人才培养模式,为区域服装产业发展提供更多人才支撑。

(本文原载于小时新闻2022年6月17日)

8名杭州学生参演杭州亚运会主办城市推广曲《最美的风景》

杭州网记者 张 晶 通讯员 周 曦

杭职院学生志愿者

3月6日,杭州亚运会主办城市推广曲《最美的风景》正式上线。在这首热情四射的 MV中,杭职院8名志愿者也成为一道"最美的风景"。

拍摄过程中,由杭职院3位同学扮演的亚运吉祥物琮琮、宸宸和莲莲与人们热烈互动,大家挥舞着小旗帜,跟随着快闪队伍从四面八方汇聚,阔步行走在"大莲花"的跑道上,昂首高唱《最美的风景》,形成了一道亮丽的风景线。其他学生以志愿者形象、参与大合唱演奏等任务出镜,他们的尽心尽责、积极配合,得到了摄制组的一致好评。

这些学生志愿者说,本次拍摄活动不仅让他们了解到亚运会丰富的项目,感受到了杭州的文化魅力,也感受到了"用心交融,互相包容"的亚运精神,"拓展了我们的知识,促进了同学之间的友好关系,也进一步培养了同学们乐于助人的美好品德"。

（本文原载于杭州网2023年3月7日）